明治期の米日外交史観

第1巻　米国の対東外交

佐藤元英　監修・解説

クレス出版

『明治期の米日外交史観』（大日本文明協会編）刊行にあたって

中央大学文学部教授　佐藤元英

大日本文明協会は、一九〇八（明治四十一）年四月に創立された。会長は早稲田大学総長に就任していた大隈重信である。同協会の目的は、「欧米最近の思想を移植し、真に活動的国民たるの品格の涵養に努め、以て新興の国運に応ずる新文化開進の基礎に貢献せんことを期す」ことにあり、その方法として「当代の碩学に依嘱し、欧米最新の名著中、最も健全にして我国に薦めて適当なるものを選択し、達意を主として簡明に和訳し、或は編纂し、若くは世界最近の思潮を窺ふに足る学者の新書を上梓」することであった。

大隈は刊行の辞において、以下のとおり述べているが、まさに大正デモクラシー期最大の出版事業となった。「他国の学者が研究の成果を発表説明した新著の翻訳は、我が国の学術の振作に刺激を与える必要条件である。『現代真個の大学は書籍の蒐集に在り』という諺がある。然るに東洋には古来書籍少なからずと雖も、多くは過去の経典、史類、または随筆、小説などである。万有の法則を穿ち天然の勢力を征服するに足るべき科学的知識の提供については甚だ乏しい。そこで、本協会の事業が真に文明国民に必須なる高等教育を社会に普及し、将来大学教育を一般民衆に与える一助となるべきは疑を入れず」（一九一二（大正元）年十月）。

大日本文明協会の叢書は、一九二一（大正十）年頃までに、百九十五冊に及び、その後も同協会は、一九二二（大正十一）年から一九二七（昭和二）年の間に『精訳叢書』六十巻を刊行しつづけた。この叢書から五冊を撰定して「明治期の米日外交史観」とした。アメリカおよび日本が互いに明治期の外交について、それぞれどのように観察・研究していたのかを知り得る好書である。

『米国の対東外交』の著者ジョン・W・フォスターはハリソン大統領期の国務長官であり、一八九四、五（明治二十七、八）年の日清戦争に関わり、日清講和談判の際には清国の顧問として来日している。『世界的米合衆国』の著者A・C・クーリッジはハーバード大学の史学教授である。米合衆国の膨張と世界の大勢に関する米国の外交政策を、外交文書に依拠して論述されたものである。本書の末章において日米間の移民問題が取り上げられている。

北崎進『日米交渉五十年史』は、大日本文明協会が当該研究の第一人者北崎に執筆を依頼したものである。そこで論じられていることは、明治維新以来の日本の外交の主題が、「条約改正」と「対韓問題」の二大問題にあったこと、日露戦争の勝利によって概ね解決し、その後のさらなる外交の二大問題は、「満洲問題」と「対米問題」に変容したことである。「満洲問題」は日清交渉事件に止まらず世界的外交問題であり、また、「対米問題」は東西文明、黄白両人種に関わる人道問題、人種問題である。この二大問題の解決に資すべき各種の問題を調査研究し、国際的平和維持、東西文明の調和を保つことに邁進することを怠るべきではないと、本書では主張している。

大隈重信もまた、明治期日本外交の残された課題として、世界平和と人種差別撤廃を唱えていた。しかし、歴史の運命は日米対立の萌芽とも言うべき「満州問題」「人種問題」を解決できずに、アジア太平洋戦争へと繋がっていく。今改めて「明治期の米日外交史観」（全5巻）を通して、明治期外交の実像に迫ることができよう。

■各巻収録一覧■

第1巻　米国の対東外交

米国の対東外交

●大日本文明協会編／明治四十五（一九一二）年《原書一九〇四年》／大日本文明協会

第2巻　世界的米合衆国

世界的米合衆国　全

●大日本文明協会編／大正二（一九一三）年《原書一九〇八年》／大日本文明協会

第3巻　日米交渉五十年史

日米交渉五十年史

●大日本文明協会編／明治四十二（一九〇九）年《原書一九〇九年》／大日本文明協会

第4巻　欧米人の極東研究

欧米人の極東研究　全

●大日本文明協会編／大正元（一九一二）年《原書一九一二年》／大日本文明協会

第5巻　国際的現代日本

国際的現代日本　全

●大日本文明協会編／大正三（一九一四）年《原書一九一四年》／大日本文明協会

米國の對東外交

序

本書は米國ジョン・ダブリュー・フォスター(John W. Foster)の著す所にして、一九〇四年米國ボストン及紐育なるホートン、ミッフリン會社の出版に係る。フォスターはハリソン(Harrison)大統領たりしとき國務長官の椅子を占めたりし人にて、明治二十七、八年戰役中、張蔭桓及邵友濂淸國媾和使として我が邦に來りしとき、顧問として之れに隨伴したり。故に外交の時務に關して經驗に富み且東洋の形勢に就きて趣味を有せる者と謂ひて不可なかるべく、本書の價値、推測に難からざらん。

米國の外交は國初以來、幾多の變遷を經たり。一八二三年モンロー(Monroe)大統領は宣言を發し、歐洲諸國の勢力を米大陸内に及さざらしめ歐洲の紛爭に關渉せざらんことを唱道せり。是れ所謂モンロー主義なり。爾來米國人は之れを以て不磨の條規とし、當に之れを準據として外事を處斷せしが、國權擴張主義、即、世の所謂帝國主義は輓近人心に浸染し、モンロー主義の解釋自ら異なるに至り、摩羅哥問題に關しては、代表者をアルゼシラス會議に出席せしめ、猶太人虐殺に就きては露國及ルーメニアに對して抗議的態度を取り、波斯に財政總監を派遣して波露紛擾の基を開かんとし、着々モンロー主義の範圍を超脱せんとせり。殊にモンロー主義に牴觸せんとするの精神は漸次亞細亞方面に現出し來り、布哇を併合し、非律賓を領有せしより以後、太平洋に於いて覇權を把握せんとするの理想は米國人の胸裡に往來し、布哇なる根據地の防備に從事し、パナマ運河に於て要害咽喉を作り、敵國の死命を制せんとし、淸國に於ける利害關係の多大なるを覺知して、盛んに經綸を行ひ、モンロー主義の精神に包含すべきは歐洲、レヴント及印度に外ならずして、日本支那其の他太平洋全體は除外すべきものたりとの說勢力を占むるに至れり。是れ全く國權擴張主義の思潮に基けるものにして、之れを太平洋沿岸の地、猶、未、十分なる發達を爲さゞりし當時に比せば、轉、今昔の感に堪へざるなり。而して此の思潮の殊に盛なるに至りしは實に布哇併合及非律賓領有の頃よりとす。第十九世紀の中葉、ダブリュウ・エーチ・シューワード(W. H. Seward)北米合衆國の命運に就きて演說して曰へらく。貿易は古大陸を接近せしめ、合衆國をして新地位を作るの必要を生ぜしめたり、東と云はず、西と云はず、遠隔の地を合衆國の保護に歸するか又は舊時の壓制政治に委ぬべきかは細心熟慮今日に於いて之れを決せざるべからず、此の重大問題に逢着して、能く之れを解決し得ん者は果して誰ぞと、所謂重大問題はマッキンレー(Mckinley)大統領の時に際し、米西戰爭の終結と共に其の眞相を露出し來りて、以て今日の形勢を釀成せり。

本書論述する所、米西戰爭の終結及團匪事件の解決を以て終れり。故に菲律賓領有以後米國が國權擴張主義に向ひて猛進せんとするに至りし狀勢は本書に據りて窺ひ知ることを得ず。然れども、其の以前に在りて、亞細亞諸邦に及したる勢力は之れを詳にすることを得べくして、而かも常に正義公平を標榜して、友愛和親を之れ保たんことを勉めたるの狀況歷々紙上に現れたり。之れを讀みて、之れを現時の政策に比するときは大いに徑庭の存するあるを見ん。其れ然り、然れども是れ時勢の推移のみ。曩には其の標榜せる正義公平は確實に之れを實現し、其の保持せる友愛和親の主義は遺憾なく之れを貫徹し得たれども、領土の膨脹竝に利益關係の增加は米國をして漸次從前と異れる方途に出でしめたる、世界の均勢上事の自ら此に至れるに由ること爭ふべからざるなり。モンロー主義の解釋其の趣を異にするに至りしこと亦是れのみ。其の是非曲直は姑く置きて論せず。思ふに我が邦開國以來茲に五十餘年、西洋の文物制度を輸入して、第二十世紀に於ける列國の伍伴に入りたり。而して開國の方針を取るに至りしは米國に負ふ所、最、多し。其の恩誼は吾人の須臾も忘れざる所なり。本書之れを論じて詳なり。讀み去り讀み來りて、其の光景眼前に髣髴たり。世或は日米兩國の衝突を說く者ありと雖も是れ道義の上に於いて實現し易からざることなり。然れどもモンロー主義の解釋前述の如くにして、米國が極東に於いて外交界の主動者たるの地位を把取せんとするが如きあらば、或は其の常に標榜せる正義公平、其の保持せる友愛和親に背反することなきを保せず。然れども是れ近き將來に於いて實現し得べきに非ざるべく、本書說述する所の外交上の史實を玩味し來らば、米國人の人も極東の民も相衝突するの理なきを知らん。フォスター曰へらく。米國東洋外交史は米國人をして愛國心を發揮せしむる者なりと。寔に然り。米國の人、歷史の示せる事實を準據として、外交塲裡に入らば、モンロー主義の解釋も頗温和なる方面に傾くべくして、正義公平友愛和親は永く其の政綱たることを得、東洋の平和は是れより鞏固となるべくして、而かも米國の名譽信用は益〻揚らんこと期して待つべきのみならず、極東の民亦長へに之れを敬重して、昔日の恩誼を腦裡に鏤刻せん。斯くありてこそ、粗、暴無定見なる一部の人士が唱ふる所の日米衝突論の如きは自ら消滅するに至るべけれ。是れ吾人の希望して已まざる所なり。フォスターが本書記述する所の史實を以て米國人の愛國心を喚起する者と爲すと同じく、余は之れを以て米國に對する極東士民の信誼を加ふる者と爲さんと欲するなり。其の何れなるを問はず、本書は米國人をして歷史に鑑み、襟度を寛濶にせしめ、極東の民をして米國の異心を挾まざりしことを知悉せしむる者たるや疑を容るゝ事の餘地なきなり。

本書の翻譯を企畫するに當り文明協會々長大隈伯は書を著者に送り、翻譯權の讓與を求められしに、著者は欣然之れに應ぜられたり。是れ同協會の最多とする所なり。翻譯は今の京城府尹法學士大庭寬一氏に託し、氏は任に就くの前約一月にして稿を脫し、余に附せらる。余乃、聊、校訂を加へ、以て剞劂氏に託す。書中譯者曰云々とあるは皆余の責任に屬し、假字遣及副假字用法は總て文明協會の校正に成れり。卷首に序するに當り、本書の來歷を併せ記すと云爾。

明治四十四年十一月念五夜

平沼淑郎識

原序

亞細亞問題を論ずるの書、汗牛充棟も啻ならず。然れども今や世人は特に本書に開列するが如き事項を包羅せる著書の必要を認むるに至りぬ。合衆國富源の開發頗る大にして、亞細亞に販路を擴張するの要益〻加り、殊に晩近太平洋上の領土を取得せしより、絕東との國際關係は更に重要となり、利害の交涉亦其趣を改むるに至れり。事情斯くの如きに際し、合衆國政府と東洋との外交に關し、序次を逐ひて沿革を略說し、從來此方面に對する合衆國國民の行動を指導したる政策を精確に理會せしめんは希望すべき一事たりと思惟す。

著者は自ら以爲らく、東洋交通の記事は大に我邦の名譽を宣揚するものにして、國民の愛國心を鼓吹し、喜んで政府を援助し、以て責務の益〻大且つ難きものを履行せしむるに至ることを得んと。是に於てか欣々然本書の述作に着手したり。

然れども問題の關涉する所、數國に及び且つ百有餘年の時期を包括するが故に、一卷の書中に之を網羅し盡さんには、文頗る簡に從ひ、興味ある事實を節略するの已むを得ざるものあり。是を以て廣く引用書目を臚列し、讀者をして研究を重ねしむるの便に供したり。庶幾くは簡略の缺點を補ふの一助たらんか。

本書の記事、土耳其帝國を省きたり。これ其首都歐洲に在りて、其關係は主として歐洲各國の協商に左右せらるゝに由りてなり。波斯も亦記中に入らず。何となれば該國は土耳其と同一の關係を有するのみならず亦合衆國との外交貿易共に微々たるに過ぎざればなり。

一九〇三年一月ワシントンに於て

著者識

目次

目次終

米國の對東外交

第一章　歐洲諸國東洋交通の初期

一七八三年、北米合衆國の獨立するや、通商航海は著しく活氣を呈し、英國との媾和後未だ二年ならずして、米國船は早く已に檣頭に新國旗を飜し、全世界の海上に往來せり。其商路を求めて、始めて太平洋に達せし時は、亞細亞諸國は大抵皆鎖國の狀態に在りしが、幾もなくして、事態は一大變化を生じ、爾來政治上及び商業上之と重要なる關係を有するに至りし國頗る多し。而して此變化を來すに當り、名譽ある活動をなし、且つ與りて大に力ありしものは實に合衆國なりとす。其斯く世態の變化に關與したる事實を記述するは本書の主眼とする所なり。

第十九世紀の初期より遡りて二百年間は勿論、同世紀以後に至りても、亞細亞諸國は久しく外人交通の自由を禁遏したりしが故に、通商は實に甚しき煩累と拘東との下に行はれたり。其主因蓋し二あり。一は諸國が毫も世界の事情に通せざりしこと、二は第十五世紀中の海上發見以後幾ならずして東洋に航通せし歐洲人の行爲暴戾にして、且つ侵略を事とせしこと是なり。今此等の事情を想一想せば、米人が始めて東洋諸國と交通するに當りて、如何に辛酸を嘗めたるか、又米國政府が之を鎖國の狀態より救出して、政治上に通商上に外國と交際せしむるに當り、如何に與りて力ありしかを了解するに難からざるべし。

今亞細亞諸國に於ける鎖國政策の由來を尋ぬるに、其起源の比較的近世に在りしことは其歷史の證明する所なり。日本の支那、朝鮮に對する交通遣使の事は既に同國最古の記錄に見え、爾來約二千年間近世に至るまで之を繼續し、其航海者は亞細亞洲中船を寄せざるの地なく、歐洲人が始めて太平洋上に來りし頃より第十五、第十六兩世紀を通じて、日本の船舶は業に已に印度、暹羅、馬刺加、菲律賓群島、支那、朝鮮と貿易を營みたるのみならず、亦遠く亞米利加の海岸に至りしものもありき。

支那の記錄中には、希臘の亞歷山大帝が亞細亞に侵入せし當時既に西洋との交通ありしことを言へるものあり。又支那、羅馬の古書は共に羅馬帝政の初世既に兩國間に多少の貿易關係ありしことを證明せり。降りてビザンティン帝國時代には、兩國間に陸上貿易あり。更に降りて西暦紀元の始めより中古時代に至れる間には、亞刺比亞、印度と支那とに使節の往來數次之ありしとの記事あり。殊に第九世紀と其以後とに於ける亞刺比亞旅客商人の記錄は最も精確にして、皆當時亞刺比亞諸港並に波斯灣頭と支那との間に廣大なる通商ありしことを證し、支那の帆船も亦當時早く已に印度錫蘭と其以西とに航行したり。回教帝國隆盛の時代に於ける交通狀態に關しては一四二〇年（譯者曰く、明太宗永樂十八年）支那帝國が使節を西洋各國に遣したることありて、記錄は其到る處に欵待せられたることを記述せり。但し當時の所謂西洋はアラビア・フェリックス（Arabia Felix）に至るまでを限とせり。（譯者曰く、昔時トレミー（Ptolemy）は亞刺比亞を三部に分ち、其西部及び南部の海岸をアラビア・フェリックスと稱したり）

一八六六年、倫敦に於てハックライト協會（Hakluyt Society）の爲めに刊行したるユール大佐（Colonel Yule）飜譯「支那と其行路」（Cathay and the Way Thither）第一卷序論第一節乃至第五節。一八三七年紐育刊行サー・ジョン・エフ・デヴィス（Sir John F. Davis）著「支那人」（The Chinese）第一卷第一章。一八三四年紐育刊行チャールス・グーツラーフ（Charles Gutzlaff）著「支那史」（History of China）第二卷第二十章。一八七一年倫敦刊行ドクトル・イー・ブレッチュナイダー（Dr. E. Bretschneider）著「亞刺比亞人と支那人」（Arabs and Chinese）、一七三三年倫敦刊行エー・ルノードー(E. Renaudot)著「回教旅客二人の手に成れる印度並に支那の古記」(英譯本)(Ancient Acount of China and India, by two Mohammedan Travellers)、並に一八三三年廣東刊行「支那書架」(Chinese Repository)第一卷第六頁同書評論
「支那書架」は支那事情に關する現行出版物中最も貴重なる者の一にして、其出版は一八三二年イー・シー・ブリッヂマン(E. C. Bridgman)の創始に係る。ブリッヂマンは米國より始めて支那に派遣せられし宣教師なり。其文學上に於ける功績は確乎動すべからずして、又自國の爲めに外交上重要なる事務に鞅掌するの機會を得、生涯、支那人の向上に盡瘁したり。ドクトル・エス・ウェルス・ウィリアムス(Dr. S. Wells Williams)は本書中屢〻引用する所の人たるが、亦支那書架の出版に關してブリッヂマンと力を戮せたり。此書の刊行繼續して二十年間に及べり。

歐洲の船舶が始めて支那に航行せし時は、外國貿易は楊子江以南の諸港に於てせり。歐船の始めて廣東に着港せしは一五一六年(譯者曰く明武宗正德十一年)に在りて、葡萄牙の國籍に屬し、其來るや、支那當路者は好意を以て之を待遇せり。次ぎて翌年八隻の船艦より成れる艦隊は支那皇帝への使節を載せ來りて、互市を求めしが、政府は遲疑逡巡して事決せず。使節は大に望を失ひたるのみならず、亦斯くの如き艦隊の滯泊は幾ならずして支那人の疑惑を招き、遂に支那海軍との衝突を惹起すに至れり。然れども艦隊の一度來航せしより、他の船舶も亦相踵ぎて到來し、當時權力旺盛を極めたる葡萄牙は廣東以北の沿岸に通商を及ぼし、厦門と寧波とに互市場を設置せり。而して此等過激の行動は數年を出でずして支那國氏の敵意

を買ひ、寧波の襲擊せらるゝや、一回に八百の人命と三十五隻の商船とを失ひたり。支那人が此行動を敢てしたるは葡人不法の罪を鳴して報復の擧に出でたるものにして、葡人が武裝せる一隊を近傍の村落に派して婦女を捕へ去りたりとの事は其罪狀の一たりき。

グーツラーフ著「支那史」第二卷第百二十「六頁。一八一七年刊行ロバート・モリソン(Robert Morrison) 著「支那觀察」(View of China) ジョン・エフ・デヴィス著「支那人」第一卷第二十八頁。「支那書架」第一卷第三百九十八頁、並に第四百二十五頁。一八三六年ボストン刊行エー・エル・ユングステット (A. L. Jungstedt) 著「支那に於ける葡萄牙植民地沿革概要」(Historical Sketch of Portuguese Settlements in China)

是時に當りて、和蘭は早く已に東洋に一大勢力を樹立したり。一六二二年（譯者曰く。明熹宗天啓二年）十七隻の船艦より成れる和蘭艦隊は支那の沖合に出現し、當時交戰中の葡萄牙人の爲めに澳門に於て擊退せらるゝや、大陸と臺灣との間なる澎湖列島を占領して根據地となし、堡壘を築造せり。此擧は支那人の敵對を招き、遂に退去して、永久的植民地を建設するの目的を以て臺灣を占領したり。然れども爾後二十八年間頻に支那と干戈を交へたるの末、終に此地を放逐さるゝに至れり。

デヴィス著「支那人」第一卷第四十二頁。グーツラーフ著「支那史」第二卷第二十二章。

英國人の始めて廣東に來りしは一六三五年（譯者曰く、明思宗崇禎八年）にして、當時東印度商會の艤装に係る船舶四隻はウェッデル（Weddel）を將として珠江に入りしが、虎門砲臺の抑止する所となり、直に談判を開きて、廣東に進行せんことを主張せしも、戍兵は所轄官廳の允諾を待つべきことを要求したり。然るに艦隊は港則を蔑如し、支那人の威嚇砲擊を無視して、急に戰端を開き、各艦は舷側砲を打發して猛烈に砲臺を攻擊したり。二三時間にして、砲臺を沈默せしめ、一隊の兵を上陸せしめて之を占領破毀し、盡く兵器を押收し、火を廳舍に放ち、力の及ぶ所、悉く皆之を壞滅せり。是に於て、艦隊は江を遡りて廣東に至り、商品を滿載して互市の特權を要求せしに、官吏は逡巡尙ほ決する所なかりしを以て、再び戰を開き、船舶村落を鹵掠燒却し、砲と劍とを以て、愈〻益〻破毀を逞くせしが、和議遂に成りて、英人は上陸と互市との許可を得たり。始めて支那に派遣せられたる英國使節の書記官サー・ジョージ・スタウントン（Sir George Staunton）は此事件を記して曰く、英國が始めて支那に立脚の地を得たる當時の事情は頗る遺憾とすべきものにして、極めて不利益を來し、吾人は一時不快なる地位に陷りたりと。而して英船が再び貿易の目的を以て支那海に至りしは、此より三十年の後に在りとす。

一七九七年倫敦刊行サー・ジョージ・スタウントン著「奉使支那紀行」(Embassy to the Emperor of China) 第八頁。グーツラーフ著「支那史」第二卷第二十三章。デヴィス著「支那人」第一卷第二章並に第三章。

西班牙人が菲律賓群島を占領せしは一五四三年に在りて、其同島在住の支那人に加へたる暴行は廣東と他の諸港との該國人をして一大偏見を抱かしむるの因となり、從つて其支那貿易は終始不振の狀況に在りき。始めて東洋と交通せし歐人中、佛人は專ら布敎を以て任となし、貿易の如きは毫も意に介せざりき。其宣敎師の支那に入りしは、歐洲船舶の來航に先つこと實に二百年の前に在りて、獨り布敎に成功せしのみならず、亦國內權豪の間に勢力を扶植するに至りき。

景敎布敎の事に就きてはユール著「支那と其行路」第一卷序論第六節を見よ。又羅馬加特力敎布敎の事に關しては、同書第二卷第五百二十九頁とグーツラーフ著「支那史」第二卷第四十三頁とを見よ。

第十六世紀中、支那帝國と其屬邦との區域は朝鮮より印度に及びたれば、其政府眼界の及ぶ所、その兵力を以て菲律賓群島、爪哇、其他の諸島を略し、印度及び馬來半島に立脚地を作りたる葡、蘭西諸國の窺窬を察知せざらんとするも得べからざりしなり。されば、支那諸港に於ける此等諸國の交通は、交通の當初暴行と殺戮とを逞くしたる英國人の行動と相俟ちて、第十七世紀中、支那政府をして强硬なる政略を執らしむるに至れり。其結果廣東以外の各港は閉鎖せられ、廣東に於ける外國交通も亦頗る苛酷なる條件の下に行はるゝことゝなれり。

デヴィス著「支那人」第一卷第二十八頁及び第三十八頁。一八一七年ボストン刊行エー・デラノ(A. Delano)著「航海記」(Narrative of Voyages)第五百三十一頁。一八六九年紐育刊行ジェー・エル・エヌ・ネヴィアス(J. L. N. Nevius)著「支那と支那人」(China and the Chinese)第二百九十九頁。一八九七年紐育エフ・ダブリュー・ウィリアムス(F. W. Williams)發刊エス・ウェルス・ウィリアムス著「支那史」(A History of China) 第五十五頁。

歐人が最初より通商上重大なる障害を受けたるもの二あり。即ち皇帝と政府の官吏とは外國人を對等視することなく、來りて交際を求むるものは、悉く屬邦の民を以て之を待ち、其使節の如きも亦朝貢使を以て之を遇し、從つて外人に要求する所頗る侮慢に渉れり。當初の衝突も一は事端を此に發せるなり。これ其一なり。又歐洲人が支那官憲に接するや、贈賂其他敗德の慣例を遵守して事を處せざるべからずして、其結果は貿易に重税を課せられたるに等しく、常に不滿の念に驅らるゝの因をなせり。これ其二なり。初期日本が歐洲の商人及び航海者に對せし態度は稍〻支那と異る所ありきと雖、日本外交は末路の振はざる寧ろ支那に勝れるものありき。抑〻此島帝國が葡萄牙の航海者ピントー(Pinto)に發見せられたるは實に一五四二年(譯者曰く、天文十一年)に在りて、幾もなくして商船の來るや、諸侯伯の歡迎する所となり、數年を出でずして、有利なる互市を營むに至れり。葡萄牙人に次ぎて來りしは西班牙人にして、葡人と同じく入國を許されたり。一六〇〇年(譯者曰く、慶長五年)和蘭の難破船は始めて、來れり。其船長は新貿易地發見の報告を携へて歸國せしが、案針役たりし英人アダムス(Adams)は留りて、歐式の造船術を國人に教へ、幕府の寵用する所となれり。一六〇九年(譯者曰く、慶長十四年)他の船舶の日本に至るや、當時殆ど葡萄牙人の獨占に歸したりし貿易は、之を他國人と相分つことゝなれり。英人は一六一三年(譯者曰く、慶長十七年)に此國に居留することゝなり、數年ならずして、平戸、長崎、大阪、江戸及び他の諸港に商館を設置せり。

初期に於ける日歐交通の事に就きて最も多く引用せらるゝ著書はドクトル・エ・ケムプフェル(Dr. E. Kaempfer)著「日本歴史」を以て其一とす。ケムプフェルは長崎出島なる和蘭商館の屬員たりし人なり。

ケムプフェル著書の譯本並に抄本中、如今購讀し得べきものは一七二七年倫敦刊行ジェー・ジェー・ショイッチャー(J. J. Scheuchzer)譯本二卷、一八五三年倫敦刊行抄本、一八一一年倫敦ジェー・エー・ピンカートン(J. A. Pinkerton)刊行本、一八七四年橫濱刊行「日本亞細亞協會々報」第二卷所載アール・ジー・ワットソン(R. G. Watson)の抄錄とす。ケンプフェルの事に就きては一八九一年倫敦刊行チェムバレーン(Chamberlain)著「日本事物」(Things Japanese)第二百四十二頁を參照すべし。一七五四年巴里刊行ル・ペー・フレデレック・ド・シャルルヴォワー(Le P. Frederic de Charlevoix) 著「日本史」(Histoire du Japon)六巻。一八五〇年倫敦ハックライト協會刊行ティー・ランドール(T. Rundall)著「日本帝國記」(Memorials of the Empire of Japon)。「支那書架」第六巻第四百六十頁、第五百五十三頁、並に第七巻第二百二十七頁。一八八三年倫敦イー・エム・タムソン(E. M.Thompson)刊行一六一五年乃至一六二二年リチャード・コック日記(Diary of Richard Cock,1615-1622)。一八七八年横濱飜刻ハックライト協會刊行「一六一一年乃至一六一七年ウィリアム・アダムス書翰」(Letters of William Adams, 1611-1617)を參照すべし。コック日記及びアダムス書翰の抄錄は前掲ランドール著「日本帝國記」中に在り。アダムスの事に就きては、チェムバレーン著「日本事物」を參照すべし。

歐洲は對淸貿易の差額を拂はんが爲めに絶えず銀貨の流出を見たりしも、日本は金銀に富み、又當時歐洲に缺乏を告げたる銅の產出多かりき。第十七世紀中、和蘭が日本より輸出せし金銀の價額は四千三百四十八萬二千二百五十磅にして而も其大部分は金なりき。而して同世紀と次の世紀とに於ける銅の輸出高は實に二十萬六千二百五十三噸なりき。歐人が日本に於て自由なる貿易を營み、其利を享けしこと殆ど百年に及びしが、當時通商交通の上に一大障害を來すべき素因は既に國内に伏在せり。

ジェスイット(Jesuit)派宣教師フランシス・ザヴィエー(Francis Xavier)は最初來航の葡

葡牙船に便乗し、一五四九年(譯者曰く、天文十八年)を以て鹿兒島に上陸せり。ザヴィエーは懇切なる待遇を受け、滯留久しからざりしも、事業は驚くべき功績を奏したり。之に次いで他の宣教師も亦來航して事に從ひ、異教の禁緩なりしを以て、數年を出でざるに基督教信者は十萬以上に達し、五十年にして其數殆ど二百萬を以て算するに至れり。

> ハックライト協會刊行ランドール著「日本帝國記」序論第五頁、一八九一年ボルティモーア刊行新渡戸稻造著「合衆國と日本の交通」(Intercourse between the United States and Japan)第十頁。

基督教信者中には諸侯あり、武將あり、又華冑の青年もありき。要するに、宗教と通商とに就きて當時日本政府の執りたる方針は、歐洲諸國間に行はれしものよりも一層寛大なりしものと謂ふべし。菲律賓總督ヴェラスコー(Velasco)が一六〇八年(譯者曰く、慶長十三年)日本を視察せし當時の記錄中に、將軍が佛僧より基督教を禁止せんとの請願を受けたる時の逸話を記して曰く、將軍問ふ、日本に幾多の宗派あるかと。答へて曰く、三十五と。將軍更に言へらく、之を三十六とするも何ぞ妨げんと云々。

一五八二年(譯者曰く、天正十年)日本の貴族三名は基督教を信ずる三諸侯を代表し、其位置に相應せる隨員を俱し、天主敎法主に敬意を表せんが爲め羅馬に往けり。其葡萄牙、西班牙及び伊太利の各國を通過するや、到る所の元首と人民とは特殊の注意を以て一行を待てり。老法王も亦能ふ限りの盛儀を以て之に迎接し、而も謁見の終に臨みて余を彼地に送れと言へるシミオンの語を宣べたり。此行は天主敎を奉ずる歐洲各國を通じて、日本は幾ならずして基督敎國となるべしと確信せしめたり。一行の長崎に歸着せしは八年の後、即ち一五九〇年(譯者曰く、天正十八年)にして、將軍に謁し、告ぐるに驚くべき奇譚を以てせり。初め皆謂へらく、此行は政府の方針に好影響を與ふべしと、而して不幸にも事實は全く之に反したり。

シャルルヴォワー著「日本史」參照。シャルルヴォワーの記錄を基としたる使節の記事は載せて「支那書架」第八卷第二百七十三頁に在り。

四十年間天主敎は布敎の自由を得、內地の天主敎徒は領主より佛敎徒と同一の待遇を受けたりしに、一五八七年(譯者曰く、天正十五年)將軍基督敎徒の罪狀を糺明せんが爲めに吏を派するや、玆に政府と事を構ふるの端を開きたり。吏は報じて曰く、基督敎徒は敎旨を强ふるに熱狂し、殿堂を破毀し、佛僧を凌辱嘲弄し、剩へ其寺院を襲ひ、甚しきに至りては基督敎の貿易商は我國民を捕へ去りて奴隷となせりと、將軍此報を得るや、禁令を發し、國法を遵守する貿易商を除き、宣敎師は總て之を驅逐せんとせり。然れども、該令は普く行はれざりしかば、宣敎師は猶其制裁を回避することを得たり。

當時天主敎諸派の託鉢僧國內に充滿せしが、其行狀、風俗往々以て模範となすべからざる者ありて、且つ法王に對する歸依の念を高めんとするの略に乏しく、其外國主權者を尊重せしめんとする主張と、日本使節の羅馬往訪とは相俟ちて政府官吏の危惧を招き、禁令勵行の命は發布せられたり。是に於て內地基督敎徒の叛亂を惹起し、政府は多大の困難を以て、戡定の功を奏しき。將軍は激怒して遂に一六三七年（譯者曰く、寬永十四年）を以て第二の禁令を發布し、獨り宣敎師のみならず、亦一切の外人を國外に放逐し、日本人の外國行を嚴禁せり。當時和蘭史家の語を以てせば、日本は全く閉鎖せられたるなり。一六三九年（譯者曰く、寬永十六年）には商人と云はず、宣敎師と云はず、葡萄人及び西班牙人は全く其影跡を國內に絕つに至りき。內地の基督敎徒も亦改宗せざりし者は刑せられたりとの說ありき。是時に當りて、國內に止まりしは、唯所謂邪宗を奉せざる蘭人のみとなりしが、蘭人と雖、亦長崎港内なる出島の小天地以外に出づるを得ざりき。爾後二百有餘年間自由主義の外交政策は全然轉化し、日本政府及び人民の海外交通は唯此和蘭の小商館を經由せしのみ。

ケムプフェル著「日本歷史」第一卷中諸處。ド・シャルルヴォワー著「日本史」第三卷並に「ウィリアム・アダムス書翰」參照。基督教徒の處刑に關しては、新教徒なるケムプフェルと舊教徒なるシャルルヴォワーとの記事ありて、其詳論は載せて前文引用「日本帝國記」の序論に在り。又一八七六年紐育刊行ダブリュー・イー・グリフィス(W. E. Griffis)著「ミカド帝國」(Mikado's Empire)第二百四十八頁乃至第二百五十九頁を參照すべし。

各國商民は一世紀間公開の市場に於て自由に互市を營み、日本の港灣は各國船舶の碇泊に頗る良好なるものなりき。當時の互市は獨り自由なりしのみならず、利益も亦頗る多く、一倍の利潤を得るは異常の事にはあらざりしなり。

ランドール著「日本帝國記」第四卷並にチェムバレーン著「日本事物」第二百九十六頁。

外人に接するに禮節を重んじ、寛仁大度にして且つ懇切なるは日木人の特長なりとは當時著述家の擧りて證明せし所たり。然るに之に接したる外國の商人と海員とは風俗粗野にして道義を重んぜず、貪婪殘忍にして、能く人を欺き、宣教師は往々にして傲岸不遜、野心を包藏し、毫も國土の慣例を顧みず、海軍々人其他の官吏の如きも亦倨傲にして侵略の心に富み、國際的親和の如きは毫も意に介せざりき。當時の歷史に據るときは、第十七世紀中日本の鎖港政策は其根源を國家の組織及び國民の特性に發したるにあらずして、對歐交際上に不利なる他の事情を存したるに起因せるなり。

今、規模頗る小なりし和蘭商館との貿易に就きて其狀態を記述せんは興味あることなるべし。出島は長崎港內に築造されたる小島にして、延長六百呎、幅員二百四十呎、繞すに高き石垣を以てしたれば、居留民の眺望する所、唯遠景に止り、本地と通ずるに石橋あり。日本捕卒之を警固し、他の出口は唯海に面したる門ありしのみにて、夜に入れば、此二個の出口を鎖し警戒を嚴にしたり。此事實上の牢獄內に於て居住の許可を得たる蘭人は十一人にして、時に運動の爲めに外出することを許されたれども、二十四時間前に豫め書面を以て之を奉行に請はざるべからず。其出づるや、多數の捕卒は尾して之を監視したり。蘭人は羅馬加特力敎宣敎師と之を奉ずる商人とに對して激烈なる敵意を挾みたりければ、初め、日本人は基督敎徒の崇信する基督に二あるならんと思惟せしが、後兩派共に同一の神に使ふることを知るや、出島の蘭人は安息日に於ける休業祝祭を禁ぜられ、苟も其宗旨を表明するが如き行動は一切之を避くるに注意せざるべからざることゝなれり。其雇使する所の日本人は島内に於て夜を徹するを得ずして、其職を執るの初めに當り、血判を以て蘭人と友情を温めざること、國内の事情を細大となく漏洩せざること、並に職務外の事項に就きて何等の通信をもなさゞることを誓はざるべからず。之を要するに被雇者と政府役人との外、何人と雖も出島に出入するを得ざりしなり。

長崎港内なる他の地域に蘭人と同樣に支那商人の爲めに設けられたる居留地ありき。支那貿易の事に就きては「支那書架」第九卷第三百七十八頁を參照すべし。

和蘭は毎年商船二隻を限り嚴重なる監視の下に、商館の地に入ることを許されたり。其船積荷物の陸揚せらるゝや、先づ之を日本役人の手に引渡し、役人は其輸入商品を賣り、輸出すべき物品は價格を定め、計算書を和蘭商館主に致し、後、取引を決定するの制規なり。貿易は斯くの如くにして行はれたれども、其額は甚だ微微たるものにして、二隻に積載せる荷物の價格は總計七萬磅の上に出でず。從つて其利益の如きも贈品諸税手數料を差引するときは、餘す所少額に止りしなり。

斯くして、該船の歸途に就かんとするや、其準備の調ひたる時、商館主は奉行に會見して、正式に歸國の許可を受けざるべからず。之と同時に證書に署名して葡萄牙人を伴はざるは勿論之と交はらざること、並に苟も日本に對して異圖を挾むものあることを發見せる時は、必ず日本官吏に告訴すべきこと等を宣誓せざるべからざりき。

當時和蘭政府と日本との交通は直接ならずして、バタヴィヤ (Batavia) なる和蘭東印度商會を經由したり。蘭船の長崎に至るや、奉行に贈品を呈するを例とし、江戸なる將軍への謁見及び獻品は當初は年一回の規定なりしが、第十九世紀以後に至り、獻品は每年、入覲は每四年一回に改まりき。當時日本の貴族高官は甚しく貿易を輕蔑したるを以て和蘭官吏と直接交際をなさゞるを例とせり。故に和蘭商館主中、日本語に通ずるものは多々之ありしと雖、高官と直接に談話を交換するが如きは望み得べからずして、館主と奉行との會見に於ても、奉行は先づ下役に談じ、下役之を日本通詞に傳へ、通詞之を飜譯して館主に通じ、館主よりの答辭も亦同樣の順序を經るの例なりき。

和蘭商館主が將軍に謁見するの儀式は莊嚴を極めたり。館主は二人の蘭人と多數の日本官吏とを伴ひ、一行の人員は殆ど二百を以て算へたり。途中過る所の領主を訪ひて贈品を交換し、其江戶に至るや、出入の制、最も嚴にして、謁見の外一步も外出を許されず。謁見の儀式は、館主謁見所に入るや、係官先づ大聲を發して、オランダ、カピタンと呼び上ぐ。これ館主が進みて稽拜をなすべき合圖なり。是に於て館主は、手と膝頭とにて匍匐して所定の塲所に進み、堆く積みたる獻品と將軍の座所との間に至り、膝を屈して跪き、前額を地上に着け、然る後、蟹の如く匍匐して退く。其間一語を發せず、靜閴死の如く、時間は六十秒許に過ぎず。和蘭の史家此事に就きて曰く、謁見の式は頗る簡にして、屈辱の甚しきものなりと。

ケムプフェル著「日本歷史」第一卷參照。ケムプフェル其他和蘭獨逸の著書を基として編述したる出島蘭館の記事は載せて「支那書架」第九卷第二百九十一頁に在り。

斯くの如く日本は外國と交通を絕ちたれども、その商業は毫も衰頽せざりき。ケムプフェルは一六九二年（譯者曰く、元祿五年）に記して曰く、人民は國內に屛居すれども、太平の澤に浴して毫も不足を感ずることなく、外邦との交際通商の如きは毫も念慮することなし。他なし之なくとも能く生存し得ればなりと。又記しく曰く、帝國内各地方間に行はるゝ商業は甚だ盛にして、到る處商人は精勵繁忙なり、港灣は船舶を以て充滿し、國内商業殷盛なる市邑頗る多し。沿岸の地、人口繁殖し、海港附近檣聲帆響喧しく、大小船舶來往頻繁なりと。和蘭商館主の一人が江戸入覲途上の光景を記したる一條に江戸港内に碇泊する船舶は數千の多きを算すと言へり。

日本の採用したる排外政策は歐人をして政治商業共に其手腕を振ふの餘地なからしめたれども、支那に於ては然らざりしなり。其貿易は諸國民の垂涎せし所にして、かの限りある廣東貿易の如き、征税の重厚なるに拘らず、其利潤は貪婪なる各國商民の慾望を催進し、益〻望蜀の感を増さしめたり。第十七世紀と第十八世紀との間に於て葡蘭英露各政府は屢〻其北京派遣の使節に嚴命し、猶多大なる貿易の利權を得しめんことを力めたり。葡蘭英三國政府の使節は皆其目的を達することを能はざりしかども、露國は特別の關係を有し、海上交通に就きては毫も要求する所なく、其軍艦の支那海に來りしもの未だ曾つて之なく、從つて危惧を起さしめ若くは暴行を敢てせしことなかりき。其通商は長距離の陸路に於て經營せざるべからず。且つ露支兩國は境界を相接したれば、一種の政治關係を定むるの必要ありしなり。一六三七年（譯者曰く、明思宗崇禎十年）の頃哥薩克兵は西伯利亞を横斷して、オコック海に出で遂に太平洋の海岸に進出せり。是に於て黑龍江は境界の一部分となり、滿蒙は露境に接著せり。露帝の代表者は侵略的精神を以て事に從ひたりしかば、幾ならずして支那人と衝突を來し、戰鬪狀態を開始せしが、露人は一敗して、遂に平和の手段を以て事を處するに至れり。これ即ち一六八九年（譯者曰く、清聖祖康熙二十八年）に調印せる尼布楚條約又は涅爾臣斯克條約と稱するものヽ起因にして、支那皇帝が歐洲の一國と對等の條約を締結したる嚆矢とす。故に該條約は輕輕看過すべからざるものたり。

葡萄牙使節の事に就きてはグーツラーフ著「支那史」第二卷第百二十九頁、第百三十七頁竝に第百三十九頁、和蘭使節の事に就きては同書第二卷第百五十二頁竝に第百五十九頁、初期に於ける歐洲使節の事に就きては一八四七年倫敦刊行アール・モントゴメリー・マーティン (R. Montgomery Martin) 著「支那」(China) 第二百五十七頁を參照すべし。

尋ぎて談判は國境なる兩國軍隊の面前に於て開始せられたり。當時二人の加特力教宣教師は支那の全權に陪隨して顧問と通譯とを兼ね、局を結ぶに與りて大に力ありたり。談判は雙方共に字句に拘泥して議論を重ねたるを以て進行頗る遲々たりき。最後に議定り、調印の場所は特に兩國軍隊の中間に建設したる天幕を以て之に充て、最初に條約文を高聲に朗讀したり。條約書は漢文、露文を以てせるもの各一通と羅典文を以てせるもの二通とを製し、支那全權は漢文と羅典文とに、露國全權は露文と羅典文とに各記名調印し、羅典文のみは兩國の國璽を押捺したり。ジェルビョン(Gerbillon)師此事に關し記して曰く、兩國全權は共に起立し、各條約書を捧持し、君主を代表して忠實に之を遵守せんことを神明に誓へりと。次いで、兩國全權は條約書を交換し、喇叭鼓笛の聲裡に相抱きたり。翌日は贈品を交換し、各條約書を携へ、袂を分ちて其君主の許に歸還せり。

該條約は兩國の境界を確定し、露國は數年間占領したる支那領土より撤退することに同意し、貿易は國境を越えて自由に經營し得るの事項を約定し、罪人と亡命者との引渡に係る規定をも決定したり。當時の支那皇帝は康熙帝にして、清朝中最も高名なるものゝ一人なり。帝は此條約を以て大に誇るべきものとなし、自ら其治世を頌して曰く、朕登極以來武威を四方に輝し、匪賊を勦滅し、臺灣を攻略し、露人を懾伏せりと。

一七三五年刊行ジェー・べー・デュ・ハルデ（J. B. du Haldé）著「支那帝國記」（Déscription de l'Empire de la Chine）参照條約の原文に就きては一八八七年上海税務總司編纂「中外條約協定彙纂」第三頁、巴里刊行「外交文書類纂」（Archives Diplomatiques）第一巻第二百七十頁、グーツラーフ著「支那史」第二巻第二百四十七頁、竝に「支那書架」第八巻第四百十七頁を参照すべし。

この條約の批准交換は調印後四年に在りて、是時彼得大帝は使節を派し、多數の隨員を具して北京に赴かしめ、一行は旅行に一年有半の日子を費しき。(一)前述一六八九年の條約は十分滿足なる結果を收め得ざりしを以て、露國は一七一九年（譯者曰く、清聖祖康熙五十八年）を以て更に全權大使イスマイロフ（Ismailoff）を北京に派遣するに至れり。其目的は條約に依りて一層多大なる貿易上の便宜を得んとするに在りしが、一行の國境に到達せし時、東洋的特性を表明すべき奇異なる一事件は起れり。一行中妻女を拉へ來りしものありしが、支那官憲は曰く、婦人は北京に多し。之を伴ふべからずと、遂に婦人の入國に關し勅裁を請ふことゝなり、空しく數週日を經過し妻女は遂に送還せらるゝことゝなれり。之と同樣なる外國婦人の排斥は嘗つて廣東に於ても行はれしことあり。一八四〇年（譯者曰く、清宣宗道光二十年）の英清戰爭前までは外國商館と雖も歐洲婦人の入るを許さゞりき。日本も亦同樣の規則を出島蘭館に實施せり。當時の記錄に據るに、一八一七年（譯者曰く、文化十四年）新館主妙齡の妻女と稚兒とを伴ひて到著せしに、長崎全市は人民と云はず、役所と云はず擧りて驚愕震駭し、事、江戸幕府の問題に上りて、妻女は歸國の已むなきに至れり。(二)

(一)一七〇六年倫敦刊行露國使節アイツ(Ides)著「莫斯哥より支那に至る陸路旅行記」英譯本(From Moscow Overland to China)。一六九八年刊行露國大使書記官アダム・ブランド(Adam Brand)著「露國使節北京陸行記」(Journal of Russian Embassy Overland to Peking)。グーツラーフ著「支那史」第二卷第二百四十八頁。「支那書架」第八卷第五百二十頁。

(二)グーツラーフ著「支那史」第二卷第二百五十一頁。「支那書架」第九卷第二百九十七頁。デラノー著「航海記」第五百四十頁。一八九六年紐育刊行ダブリュー・エー・ピー・マーティン(W. A. P. Martin)著「支那の一周紀」(A Cycle of Cathay)第三十頁。

イスマイロフの北京に至るや、支那政府は通牒して曰く、謁見を了るまでは事務を執るべからず。謁見の際は叩頭の禮を爲さゞるべからずと。イスマイロフは之を以て自國皇帝の威嚴を損するものとし、強硬なる抗議を提出し、議論久しきに亘りたるが、終に屈服せり。當時其通譯官たりし加特力敎宣敎師リパ(Ripa)は應接の狀況を詳細に記述し、皇帝と其四圍の莊嚴なる裝飾とを叙述せし後、曰く、イスマイロフ伯爵は謁見室に入るや、兩手に高く露帝の書翰を捧持し、皇帝の前に平伏せり。皇帝は暫時此特別の姿勢を保たしめて、以て之を苦むるを適當なりと思惟せり。倨傲なるイスマイロフは此處置に憤懣し、或は口を動かし、或は頭を搖して忿怒を形し、時に頗る醜陋なる態度をなしたり。然れども皇帝は須臾にして膝行のイスマイロフより書翰を受け、一二の談話をなし、始めて其苦難を拯ひたり云々。又曰く、書翰奉呈の後、大使は禮部の長官に導かれ、玄關の廣濶なる最初の場所に還り來れば、隨員中の重なるものは其後方に立てり。禮部長官、用意の整ひたるを待ちて、特別の合圖をなせば、總員は膝行して、數分の後、三度首を地上に俯し、又立ち又跪き、三度平伏して後に止みたり。即ち三拜九伏したるなりと。

大使は斯くの如き侮蔑を蒙りたる後、條約の締結を拒絶せられたり。然れども隊商貿易は之を許可し、大使の書記官は永く北京に駐劄して事務を執ることを得との保證を與へられたり。然るに支那官憲は屢〻障害を貿易に加へたれば幾もなくして露國は再び他の使節を北京に派遣せざるべからざることゝはなりき。

一七六三年刊行「アンターモニーのジョン・ベル旅行記」(Travels of John Bell of Antermony)。一八七三年分「合衆國外交關係」(U. S. Foreign Relations) 第百六十三頁に拔抄したる「リパ北京朝廷在留記」(Father Ripa's Residence at the Court of Peking)。グーツラーフ著「支那史」第二卷第二百五十頁。

一七二七年（譯者曰く、清世宗雍正五年）清露兩帝國は新に條約を締結し、更に境界を劃定し、貿易上の關係を明確にし、傳道事業の開設に就きて規定する所ありたり。露國は每三年に一回隊商を派遣し、又露國政府の通譯官と書記官とを養成するの目的を以て、六人の僧侶と四人の俗人とを北京に留めて請語を研究せしむることを許されたり。該條約は一八五八年（譯者曰く、清文宗咸豐八年）の條約締結に至るまで百年間以上效力を保ち、之に依りて少額の貿易は行はれ、主として毛皮と茶とを互市したり。然れども、支那政府が屢〻障害を之に加へたるが爲め不滿足なる結果を來したり。加之、露國の領土侵略主義は國境に於ける紛議を釀成し、露帝は之に關して商議をなさしめんが爲めに、相踵ぎて使節を北京に派遣せり。然るに、使節は或は叩頭の禮を拒みて、國境より退去を命ぜられ、或は首府に至るも何事をも成就することと能はずして歸り去りたり。一八〇六年（譯者曰く、清仁宗嘉慶十一年）露國海軍大佐クルーセンスターン（Krusenstern）は廣東貿易を開始せんとせしが、滿國は露國貿易は陸上に限るべしとの令を下して、之を拒絕したり。

一七二七年の條約原文は一八八七年上海刊行「中外條約協定彙纂」第八頁、竝にグーツラーフ著「支那史」第二卷第二百五十七頁乃至第二百六十四頁に在り。

第十八世紀中貿易上に於ける英國の優勢は世界の各處に於て明白となり、東印度商會に屬したる英國商人は廣東に於て互市を許され、支那貿易全額中の半はその占むる所たりき。然れども、互市の條件煩雜を極めしかば、英國は北京に於て特別の運動を爲し、以て支那帝國内に於ける英國の通商上に一層多大なる便宜を得んことを決したり。是に於て印度總督にして外交上の經驗に富めるマカートネー (Macartney) 卿を使節の長とし、支那政府と其人民との注意を喚起せんが爲めに故らに儀衛を壯にし、隨員を多くして軍艦に搭乘せしめ、貿易品を滿載せる二隻の船を隨伴せしめたり。一行は先づ天津に上陸し、更に短艇を艤して白河を遡り、支那人は舷頭に英國朝貢使と記せる旗を樹てたり。(一)通州より北京に到る陸路の旅行は頗る奇異の觀を呈したり。即ち大使と書記官と隨員中の他の官吏とは輿に駕して進み、護衛の英兵と隨員とを載せたる車六十輛之に次ぎ、一行の旅具を積みたる車列は尚多く、四百の苦力、其後に跟して一行の齎したる荷物と皇帝及び高官への贈品とを運輸したり。(二)

(一)グーツラーフ著「支那史」第二卷第百九十五頁。スタウントン著「奉使支那紀行」第三百六頁。

(三) 一七九五年フィラデルフィア刊行アンダーソン(Anderson)著「英國使節記」(Narrative of British Embassy) 第百二十八頁。

支那官憲は欵待最も力めたり。然るにマカートネー卿が皇帝の代理者に會見して謁見を請ふや、卿も亦朝貢使謁見の儀式に必要なる叩頭の禮を以てせざるべからずとの通告を受けたり。此點に就きては議論多時に渉りしが、遂に國書捧呈の時に限りて跪くべしとの條件を以て議を決したり。當時皇帝は蹕を長城の北方なる熱河に駐めたりしを以て、使節の一行も亦北行せざるを得ざりき。斯くして謁見の了るや、使命の事項は北京還幸を待ち、大臣をして商議せしむべしとの通牒を受けしが、卿の北京に歸來するや、忽焉出發歸國すべきの命に接したり。されば、卿は鉅額の金員と多數の日子とを費して長途の旅行に就きたる用務を完了する能はざりしのみならず、亦其討議をだになすことを得ずして止みたり。剰へ其北京に在るや一行は始終嚴密なる監視の下に拘禁せちれ、而して其出發は殆ど急轉直下の勢を以て突如として行はれたり。當時の事を記したるものは曰く、我儕の北京に入るや、貧民の如く、其留るや囚人の如く、其去るや浮浪人の如くなりきと。

アンダーソン著「英國使節記」第二百三十七頁。

一行は歸路を陸上に取りて廣東に出でたり。支那の高官は一行に伴ひ、沿道到る所盛儀を極めたり。當時一行の爲めに費し、接待費は中央政府のみにても實に八十五萬弗の巨額に上りきと云ふ。

一八〇四年倫敦刊行ジョン・バーロー(John Barrow)著「支那旅行記」(Travels in China)。

マカートネー卿の帶びたる使命中、主要なるものゝ一は廣東以外寧波、舟山天津並に其他の諸港に於て互市の特權を得んとするに在りしが、其許可は勿論該件に就きての商議だにも開くことを得ずして止みたり。然るにマカートネー卿が奉呈せし英國々王の書翰に對する支那皇帝の返翰中には貿易は廣東港に限らざるべからずとの事を言ひ、且つ曰く、卿は朕が明白に豫戒する所なかりしを怨むべからず。朕は卿と共に永く輯睦を維持せんと欲す。卿其れ朕が意を體せよ云云。英國々王は此拒絶ありしにも拘らず、一七九五年(譯者曰く、清高宗乾隆六十年)を以て物を支那皇帝に贈りて答禮をなしたり。支那は廣東に於て之を受理し、陸路北京に運搬し、當時の記錄には英主朝貢と記したり。爾後英國は朝貢國の班に列せられ、支那人は其使節の派遣を視て、朝貢國中最も能く朝廷尊崇の意を表したるものとしたり。

グーツラーフ著「支那史」第二卷第百九十四頁。デヴィス著「支那人」第一卷第七十五頁乃至第七十九頁。ウイリアムス著「支那史」第百二頁。一八九四年七月刊行雜誌第十九世紀」(The Nineteenth Century)第四十五頁所載「ジョージ第三世に致したる支那皇帝の親翰」

廣東に於ける英國貿易の困難は猶未だ去らざりしを以て英國政府は前回遣使の不結果に沮喪することなく、北京に永久的公使館を建設し、互市の爲めに他の海港を開放せしめんとする目的を以て第二回の使節を派遣するに決せり。乃ち一八一五年(譯者曰く、清仁宗嘉慶二十年)一隻の英艦は時の印度總督アムハースト(Amhurst)卿以下才幹ある下官の一團と多數の隨員とを載せ、二隻の船舶を伴ひ、共に天津の沖合に投錨せり、一行は沿道到る所盛儀を以て欵待を受け、北京に護送されたり。卿の北京に至るや、叩頭の禮を爲すべきの通牒を受け、マカートネー卿の先例を引きて之を拒みたれども支那人の執拗なる、遂に意を達すること能はずして軍艦に歸り、謁見を遂げず、又大官との商議をもなさずして拔錨せり。

一八一七年倫敦刊行ヘンリー・エリス(Henry Ellis)著「奉使支那紀行」(Journal of Embassy to China)。グーツラーフ著「支那史」第二卷第二百七頁。デヴィス著「支那人」第一卷第九十五頁。

英國が支那と外交關係を結ばんとせる盡力は玆に一段落を告げ、爾後種々なる原因の堆積し來るありて、遂に兩國をして干戈の間に相見えしめ、此大帝國を強制して諸外國との交通を創始せしむるの序幕を開くに至れり。之を要するに、最初支那人をして外國貿易に對し、其海港を閉鎖せしめたるは歐洲諸國の侵略的意向と暴戻なる行動との致す所なりしが、爾後二百年間鎖國を固執し來りたる支那をして忽然其政策を轉變して復た開港の方針を執らしむるに至れるも亦實に此侵略と暴行とに由りたるなり。但し此活劇の序幕は合衆國の建國以前に演せられたるものにして、其第二幕に於て新共和國の與りたる所如何を研究することと實に本書の目的たり。

第二章　米國交通の第一期

合衆國と東洋諸國とを接觸せしめたる要素中、通商と基督敎の傳道とは最も重要なる者なり。後者の效果に就きては後章に論ずる所あるべし。初め米國貿易の太平洋上に擴張せらるゝや、二百年間行はれ來りたる鎖國政策の遮阻する所となり、外國交通を許されたる少數の開港塲ありしかど、其貿易は種々なる障害を蒙りたりき。其原因は旣に前章支那と日本とに就きて之を論述せしが、他の諸國も亦殆と同樣の狀態に在りて、其原因も亦毫も異る所なかりき。

是より先、歐洲諸國は、兵力を以て、數萬の住民を有する太平洋上の諸島を占領し、加之、大陸に於ても印度と馬來半島とに永久的居留地を設置したり。此等の地點を根據として、頗る多數なる亞細亞人と多大なる貿易を營むは難事にあらざりしなり。而して合衆國獨立の當時は勿論、爾後十數年の間、歐洲諸國の政府は植民地及び屬領國の貿易を本國民の經營に限らんとせしを以て、新興の米國が未だ經歷を累ねざる政體と未だ發達を遂げざる富源とを以て、洋上の諸島竝に沿岸諸國の貿易に關與せんとして、競爭を試みんとするは頗る困難なる事業なりしなり。然るに旣に漁業と植民地貿易とに於て鍛錬の功を積み、又獨立戰爭に於て最大の海上權を有する强國と戰ひて剛勇を實證せし堅忍不拔の米國海員は、比類稀なる冒險的企業心を鼓舞して、此競爭場裡に闖入したり。

英國と媾和獨立の條約を締結せし後の第一年、即ち一七八四年(譯者曰く、淸高宗乾隆四十九年)八月三十日、紐育市に屬する米國船エムプレッス・オヴ・チャイナ(Empress of China)號は、ジョン・グリーン(John Green)を長とし、サミュール・ショー(Samuel Shaw)を上乘として、始めて合衆國の國旗を支那廣東の港頭に飜したり。此航海の日誌と支那に於ける迎接の狀況とは載せて當時公刊の記事と政府に致したる報告書とに在りて、之を一讀するに趣味津々たり。上乘より國務長官に致し、國會に送付されたる書信中に曰へらく、合衆國々旗が遠隔の地に於て尊敬を受けたるの記事と從來謬想のみを以て視られたる合衆國民が支那人の注意を惹起したる事實とを祖國の父老に報告すと。又曰く支那人の米國人を視ること、從前此老大帝國に入り來りたる他の諸外國人に比するときは、更に重大なるものあるに至りしが如しと。

一八四七年刊行「サミュール・ショー日記」附ジョサイア・クインシー(Josiah Quincy)述ショー傳記。一七八三年乃至一七八九年「合衆國外交往復文書」(Diplomatic Correspondence of the United States)第三卷第七百六十一頁國務長官ジェー(Jay)宛報告書。

該船の外洋航海中、ズンダ海峽に至るまでは特に記すべき事件もなかりしが、此處に於て二隻の佛國軍艦に邂逅せり。これ亦廣東に赴くの途上に在りて、艦長は最大の好意を以て一行を遇し、一行は報告書中に所謂此好意ある盟友に保護せられて、無事に不知案内の支那海を通過することを得たり。

國務長官ジェー(Jay)は佛國艦長の好意を國會に報告し、巴里駐劄米國公使ジェファソン(Jefferson)に訓令を發し、伊國海軍が、米國の爲めに盡したる重大なる功勞に關し、米國國會の謝意を佛國政府に致さしめたり。一七八三年乃至一七八九年「合衆國外交往復文書」第三卷第七百六十七頁參照。

船の澳門竝に廣東に入るや、碇泊の外船は祝砲を放ち、歐人居留地は皆官吏と居留地重役とをして訪問をなさしめ、以て歡迎の意を表し、一行は總ての點に於て自由獨立國民の待遇を受けたり。書信中に曰へらく、我船の支那に至りしは此時を以て初めとせり。而して支那人は直に我と英人の別をなし得ざりしに拘らず、我を待つこと頗る寛大にして、我を呼ぶに新國民の名稱を以てせり。我は地圖を以て我國の廣袤と戶口の現數竝に其增加の趨勢とを說明せしに、支那人は其物産の爲めに前途有望なる一大販路を得べきを知り大に喜びたりと。又書信の結文に曰へらく、苟くも我國を愛するものと其通商に直接の關係を有するものとは、我國と世界の極東部との間に、斯くも首尾好く交通を開き得たることを聞かば、必ずや祝意を以て之を迎へんと。

この冒險の後を襲ぎて、支那海に至りし船舶は相踵ぎ、數年ならずして通商は好況を呈するに至れり。獨逸の史家グーツラーフは當時の狀況を記して曰く、米人は廣大なる大洋の各方面に船を泛べ、抱懷せる主義の高尙なると、其奉體せる憲法の優秀なるとは全國民の間に普及せる勤勉の精神と相俟ちて、米國商人に活氣と忍耐とを與へたりと。(二)又米人の勇往敢爲を證するの一例として、一七八八年(譯者曰く、淸高宗乾隆五十三年)フィラデルフィアより航途に上りしアライアンス(Alliance)號の事を引用して曰へらく、アライアンス號は船中に海圖の備なく、僅に世界全圖の援助に依りて支那航海を斷行し、而して發後廣東に至るまで、他の地點に寄港せしことなかりきと。露國海軍大佐クルーセンスターンは亞歷山第一世帝の命を奉じて、一八〇三年(譯者曰く、淸仁宗嘉慶八年)世界一周の航海をなし、北太平洋に多くの日子を費しゝ人なるが、亦初期の米國海員と商人とを激賞して曰く、米人の如く商業的精神に富みたるものは蓋し他になかるべし。皆航海の術に熟達したるが故に、其船舶の乘員他に比して頗る僅少なり。此點に於て能く之に匹敵するもの殆ど之なかるべし。加之船舶構造の宜しき、驚嘆すべくして、航海の法も亦多數戰艦の遠く及ばざるものあり。要するに、米人は迅速に貿易發達の機會を捕捉し、毫も之を逸することなかりしなりと。(二)今蒸汽時代以前に於ける交通狀態の一端を示さんが爲めに、クルーセンスターンが航海に於ける米船の迅速と米人の熟練との顯著なる證左として記述したる所を抄錄すべし。曰く、余は廣東より合衆國に航し、十個月を以て歸港せし米國船長に邂逅せりと。

(一) グーツラーフ著「支那史」第二卷第二百六十六頁。
(二) 一八一三年倫敦刊行「クルーセンスターン大佐艦隊世界一周航海記」(英譯本)(Voyage Round the World, under Captain Krusenstern) 第三百三十二頁。

當時支那貿易に從事せし米國船は皆自國の港と廣東との間に直接航路を取りたるにはあらずして、先づ阿弗利加の東海岸、印度に於ける英國若くは葡萄牙の居留地、又は蘭領東印度に直行し、其齎しゝ米國物產を以て此等諸地の物產中、支那の需要に適するものと交易し、廣東に行きて又之を茶、絹布、陶器と交換せしこと往々にして之ありき、斯くの如き航海には屢次蠻人の襲撃を受け、又往々太平洋上に出沒せる海賊の搶掠に遇ふの危難ありしかば、此貿易に從事せる船舶は大砲と小兵器とを備へて偉大なる武裝を施したり。最初に太平洋を航海せし者の一人たるデラノーは一七八九年ボストン(Boston)に於て專ら支那貿易の爲めに建造したるマサチューセッツ(Massachusetts)號の構造に就きて記述して曰く、我船は三十六個の砲門を穿ちたれども、實際は二十個の六听砲と小銃とを備へたりと、又海豹漁獵後廣東に向ひし他船の艤裝に就きて記述して曰く、パーシヴィアランス(Perseverance)號は十二門の六听砲を搭載しピルグリム(Pilgrim)號には九听カロネード砲より四听据付砲に至る六門の砲熕を据付け、武裝各部の裝置を最も能く砲熕の員數に適合せしめたりと。

「北米評論」(North American Review)第四十七號第四百十四頁。一七八三年乃至一七八九年分「合衆國外交往復文書」第三卷第七百七十四頁、第七百七十七頁竝に第七百七十八頁ショー報告書。一八一七年ボストン刊行エー・デラノー著「航海記」第二十一頁、第二十五頁、第三十三頁竝に第七百二十頁。一八九八年十月刊行雜誌「ハーパース・マガヂン」(Harper's Magazine)第七百三十九頁。

當初大に米國貿易業者の心を動かしゝは支那の毛皮貿易にして、米人の未だ支那海に至らざりし時に在りては、支那人の大に需要せる毛皮は歐洲を經由して供給せられたりしが、後米人は殆ど全く其貿易を壟斷するに至れり。當時合衆國民は海豹の繁殖せる南海に航行して之を屠殺し、毛皮を船に積みて廣東に運送し、茶竝に他の支那物品に換へ、更に之を合衆國と歐洲とに搬致するを例とせり。北太平洋も亦海豹毛皮を出し、露人は多年其供給を獨占せしが、廣東に於ける互市を禁せられたりしを以て、先づ陸路西伯利を經て、恰克圖に廻送し、然る後之を支那の市場に輸致したり。而して、米船は獨立戰爭後數年ならずして、西北部の海岸より海豹、水獺其他の毛皮を廣東に運搬して廣く毛皮貿易に從事し、以て大に利する所あるに至れり。廣東統計の示す所に據るに、一八〇〇年(譯者曰く、清仁宗嘉慶五年)中、毛皮貿易に從事せし米船は、水獺其他の毛皮を多額に輸入したる外、海豹毛皮三十二萬五千枚を搬致せしが、次きて一八〇一年には四十二萬七千枚、又其翌年には三十四萬三千枚に增加したり。而して當時毛皮の運輸に從事したる船舶の噸數は支那貿易に從事せる船舶總噸數の殆ど半に上れりと云ふ。

一八一七年紐育行トーマス・ピットキン(Thomas Pitkin)著「合衆國の統計的觀察」(A Statistical View of the United States)第二百四十九頁竝に附錄第七「支那書架」第三卷第五百五十七頁。
デラノ著「航海記」第三百六頁。

支那航海の先鋒たりしエムプレッス・オヴ・チャイナ號の廣東より歸るや、該船の上乘たりし少佐サミュール・ショーが報告書を當時の國務長官ジョン・ジェー(John Jay)に提出せしこと前に述べたるが如し。ジェーは之を國會に廻送し、是に於て一七八五年(譯者曰く、清高宗乾隆五十年)六月二十三日、ショーに通牒して曰く、支那との直接貿易開始は其企業者と指揮者とに多大の名譽を擔はしめたるものにして、國會は米國民の率先して之に從事したる盡力に對し、特に滿足を表するものなりと。次いで一七八六年一月二十日に至り、ジェーは國會に告げて曰へらく、米國商人は既に支那竝に印度の貿易に關して活動を開始し、數多の船舶は同年中に之に從事するに至るべきならんと。且つ廣東其他亞細亞の各開港場に領事又は副領事を置くの適當なることを論じて、其議案を討議に付したり。國會は國務長官の勸告に對し、迅速に贊成を表し、乃ち同月二十七日を以てショーを廣東領事に選任し、國務長官は同月三十日を以て任命書を本人に交付したり。其書に曰く、給料報償の事は此任命に附帶せざれども、合衆國が特に貴下を拔擢して此信任と此尊重とを表したる一事は、貴下をして、在外の最高功績者が急に收むる能はざる重望と尊敬とを得しむべきは當然の事なり(一)と。ショーは實に此名譽を荷ふ資格ありし人にして、是より先、獨立戰爭中、砲兵少佐としてノックス(Knox)將軍の麾下に屬し、軍に從ひ、每に將軍及び同僚の畏敬する所たりき。戰罷みて、印度支那を歷訪し、歸來、陸軍省に入りて復たノックス將軍の屬僚となり、廣東領事に任ぜらるゝまで其職に在りき。デラノは本國に於ても又支那に於ても共にショーと親交あり。述べて曰く、ショーは才識凡に超え、修養亦深く、殊に名節を重んずること頗る大にして、友人中其或は度に過ぎたるを慮らしめたり。方正廉潔且つ寬仁にして友に厚く、人と交りて常に快活にして、倦厭することなからしめ、而も凜として侵すべからざるものありき(二)と。

(一)一七八三年乃至一七八九年「合衆國外交往復文書」第三卷第七百六十六頁乃至第七百六十九頁竝に「國會秘誌」(Secret Journals of Congress)第六百五頁

(二)デラノ著「航海記」第二十頁。

領事ショーの一七八六年(譯者曰く、淸高宗乾隆五十一年)十二月三十一日附第一回報告書は廣東貿易の狀態を記述せり。該報告書と當時の諸記錄とを參酌して之を述べんに、貿易船の支那海に到達するや、先づ之を葡萄牙人の居留地たる澳門に報告するの必要あり。澳門は廣東港所在の河口に近き半島に在りて、第十六世紀の中葉、葡人は此地點を占有するの特權を得て、廣大なる居留地を建設し、駐在支那官吏監視の下に、自治の權を取得したり。然れども該國は此地に於て主權を行使するの權能なくして、且つ毎年地租を支那政府に納付するの義務を有したり。外國船が澳門に於て支那官憲に其到著を報告するや、河を遡りて黃埔に至るの許可を得、黃埔は廣東の下流十四哩の處に在りて、船舶は總て此に碇泊したり。是に於て上乘は積荷の處置に就きて稅關吏と必要なる協議を遂げ、其第一著手として關稅手數料納付の保證人を官許を得たる支那商人中より定む。之をフィアドル(Fiador)と云ふ。次に又支那人中より一人のリンギスト(Linguist)と稱する者を雇入れざるべからず。即ち外人の出入すべからざる域内の稅務司と外船との間に立ちて仲立人と通譯とを兼ね、又廣東行荷物の陸揚運搬に從事する者たり。船積商品の互市は公行(Cohong)と云ふものありて之を營む。公行は一種の團體にして、十人乃至十三人の支那人より成る。之を行商と謂ひ、廣東住民中上流の豪商に屬し、其營業權を得るには鉅額の金を納めざるべからざるも、一たび之を得るときは、終世之を失ふことなし。公行は廣大なる建造物と多數の倉庫とを所有し、外國商人竝に商人以外の外國人と廣東政廳竝に支那政府の官憲との間に於ける一切の交通を媒す。積荷は黃埔に於て支那の艀に移し、廣東城外なる埠頭に陸揚し、行商此に在りて之を受け、直段の折合を付け、又之と交換すべき支那物品の價格をも定む。此制規に依りて公行は頗る大なる勢力と利益とを得たるに拘はらず、ジョーの國務長官に報告せし所に據るに、行商は世界中他の開港場に普通なる富者と同じく聰明にして、計算をなすに詳に、約束を守るに嚴に、周密なる監視を以てせざるも能く公正の性を失はず。これ歐人の齊しく認むる所たり。云々。ジョシ・エム・フォーブス(John M. Forbes)と云ふ人あり。有名なるボストン人にして、四十年の後即ち一八三四年(譯者曰く、清仁宗道光十四年)廣東なる或る米國商館に入りて其社員なりしが、支那商人の最も名を重んずることを激賞して曰く、取引の公明なることと此地の如きは他に其比を見ずと。

他の貿易上の要件に就きて記すべきは、買辦(Compradores)雇入の事なり。買辦は各商船の必ず使用するものにて、食料、物品其他總ての必要品は悉皆其手を經て購入し價格も亦其定むる所なりければ之が爲めに多額の費用を要したり。行商の行爲は好評を博したれども、小取引商は狡猾にして破廉恥の所業多く、貿易は常に贈賄と密輸入とに因りて頗る困難を極めたり。ホッポー(Hoppo)(關頭)と稱する稅吏の年俸は約四千弗なりしに、其實收入は十萬弗を下らざりきと云ふ。

ショーの領事たりし時代より以降多年の間は、外國人は廣東又は其附近なる支那領土に在留することを得ずして、其商品の交易を了へ、歸航の準備全く整ひたる時は、商人上乘竝に其他の代理者は直ちに澳門に退去して越年するか、又は他の商船の到著を待たざるべからざりき。ショー曰く、概言せば歐人の地位は羨望すべきものにあらず。(中略)其利潤を得る、多額の資を要したりと。

一七八三年乃至一八七九年「合衆國外交往復文書」第三卷第七百八十一頁。デヴィス著「支那人」第一卷第三十四頁。「支那書架」第二卷第三百一頁竝に第三百二頁。一八九九年ボストン刊行「ジョン・エム・フォーブス書翰及追想錄」(Letters and Recollections of John M. Forbes)第一卷第八十六頁。一八四四年ボストン刊行アール・ビー・フォーブス(R. B. Forbes)著「支那竝に支那貿易の評論」(Remarks on China and the Chinese Trade)第二卷。

澳門の事に就きては、ユングステット著「支那に於ける葡萄牙植民地沿革概要」を參照すべし支那中唯一の開港場たる廣東の米國貿易は幾ならずして盛大となれり。商船の初めて廣東に至りしより後二年、即ち一七八二年（譯者曰く、清高宗乾隆四十七年）には米國船の入港せしもの五隻なりしが、其後三年即ち一七八五年（譯者曰く、清高宗乾隆五十年）には增して十五隻となり、合衆國の貿易を凌駕するものは唯英國のみとなれり。次ぎて一八〇〇年（譯者曰く、清仁宗嘉慶五年）米國船の廣東に來りしもの二十三隻にして、輸出貨物の價額は二百五十萬弗なりき。一八〇一年は船數三十四隻、輸出價額三百七十萬弗にして、一八〇五年には輸出價額五百三十萬弗、輸入價額五百十萬弗となりき。一八〇七年以往四年間の平均を見るに、輸出は四百二十萬弗、輸入は四百萬弗を以て算し、船數は三十六隻なりき。當時合衆國の貿易は全體に於て比較的僅少にして、而も支那貿易は其大部分を成したりしを以て、當時の支那貿易は之を現今に比するときは、貿易總額中比較的大なる割合を占めたるなり。故を以て前記の數字より推して貿易全額の頗る多額なりしことを斷ずべからず。一八二一年以前には大藏省は支那貿易に關する統計の資すべきものを有せず、前記の數字は廣東稅關の報告に據りたるなり。而して初期の時代に於ては米國船の貿易は關棱貿易たりしこと前述の如く、加之、廣東よりして墨西哥、秘露竝に智利と多大なる貿易を營みたること人の知れる所にして、又報告中に掲載せられざる密商の額僅少ならざりしかど、貿易全體に對する支那貿易の割合を知るには前記の數字を以てして大差なかるべし。東洋に於て米國貿易を催進して功を奏せしめたる一理由は其毫も政府の拘束を被らざりしに在り。之に反して歐洲諸國の貿易は諸種の東印度商會が專賣權を有したるが爲めに大に掣肘せられたり。

ピットキン著「合衆國統計的觀察」第二百四十三頁竝に附錄第七。グーツラーフ著「支那史」第二卷第二百七十頁竝に附錄諸表。「支那書架」第二卷第三百頁。

支那貿易より得たる利益を精確に計算するは難し。然れども當初の航海記竝に當時の諸記錄を閱するときは、其大抵は多額に上りて、人々頗る之を重要視したることを知り得べし。領事ショー曰へらく、東印度商會に勤仕せる英國船長は私商の特許を得たりしかば、八百噸乃至一千噸の船舶一回の航海にて價額二萬五千弗乃至三萬五千弗の貨物を取引したりと。露國クルーセンスターン大佐は其航海記中に曰へらく、廣東に於て邂逅したる一百噸未滿の一米國船は毛皮を積みて米國の西北海岸より來りしものにて、一航海にて六萬弗の利を得たり。而して其投下せる資本は僅に九千弗なりきと。其他四萬弗の資本にて十五萬弗の利潤を得たるもの、又五萬弗を投資して二十八萬四千弗を收めたる記事あり。第十九世紀の初期ニュー・イングランドの商人は此貿易に由りて多大なる利益を收め、ボストン市のみにても廣東貿易の爲めに巨富を致しゝもの多々これありき。廣東に商館を有する巨商の名を見ば、此事實を證明するに足らん。パーキンス(Perkins)、カボット(Cabot)、スタージス(Sturgis)、フォーブス(Forbes)、ラッセル(Russel)、カッシング(Cushing)、クーリッジ(Coolidge)の如き是なり。

一七八三年乃至一七八九年「合衆國外交往復文書」第三卷第七百八十一頁。「北米評論」第二十五號第四百五十八頁並に第四百六十四頁。「ハンツ・マガジン」(Hunt's Magazine)第十四號所載ダブリュー・スタージス述「西北毛皮貿易記」(Northwest Fur Trade)第五百三十六頁並に第五百三十七頁。バンクロフト(Bancroft)著「北西海岸史」(History of Northwest Coast)第三百七十三頁並に第三百七十六頁。「フォーブス書簡及び追想錄」第一卷第三章並に第四章

一七八七年の憲法に準據して招集されたる初度の合衆國々會は、米國の支那貿易を奬勵保護するの必要なるを認め、其第二回の決議に於て、米國民に屬せざる船舶の輸入せし茶其他の諸物品には特別關税を賦課するの條例を通過せり。米國の商人が支那貿易の利益を感知せしことは紐育、フィラデルフィヤ並に其他の諸

市より國會に提出せし請願書に依りて明なり。皆聯邦政府の保護奬勵を切望するの主意に出でたるものにして、或は禁令を以て外國人の該貿易に干與するを妨遏するか、若くは現行關稅法を改めて、直接に亞細亞より輸入したる物品と、歐羅巴を經由し來りたるものとの間に一層大なる等差を設けんことを希望せり。

一七九四年(譯者曰く、淸高宗乾隆五十九年)領事ショーは歸航の途上、死去して、喜望峯の沖合に於て水葬に付せられたり。ショーの職を襲ぎしをサミュール・スノー(Samuel Snow)とす。國務省なる領事諸記錄を閱するに、スノーは、葡萄牙政府より澳門居留の許可を得るの必要を認め、最も此事に焦慮したるものゝ如し。上來記述せし如く、外人は何人を問はず、廣東在留を禁ぜられ、澳門に於ても、葡萄牙政府の公許なくして居留することを得ざりき。而して國務長官の請求を以て領事の爲めに此許可を得んは頗る必要の事たりしなり。米國は此許可を得たることなかりしが如くなれども、ショーは事實上此地の居留を繼續することを得たり。

「合衆國法令全書」(Unitid States Statutes at Large)第二章第二十五頁。一七九一年乃至一七九三年「國會誌」(Annals of Congress) 第四百二十七頁竝に第四百三十一頁。國務省編纂「一八〇二年乃至一八〇三年分領事報告書類纂」(Consular Archives, Departmeut of State, 1802-1803)

エドワード・カーリントン（Edward Carrington）は一八〇四年（譯者曰く、清仁宗嘉慶九年）を以て領事代理となれり。此時に當りて、英國軍艦は澳門と廣東とに於て米國船より水夫を捕獲し去りて、强ひて軍役に就かしめたれば、カーリントンは數年間、主として其釋放に盡瘁したれども、遂に其功を奏せざりき。此事に關する自述の記に曰へらく、是我同胞の被りたる屈辱の甚しきものなりと。當時大西洋上に於ける英國の行動は倨傲暴戾を極めて、米國の海上諸權を蔑如したるもの多く、爲めに一八一二年の戰役を起しゝが、遠隔せる支那海上も亦均しく之を免るゝこと能はざりき。

一八〇四年乃至一八〇六年「領事報告類纂」。「第二十六國會第二議會下院行政事務文書」第七十一號第四頁。デラノ著「航海記」第五百三十頁。

一八一二年戰役の影響は大西洋と同じく支那の沿岸にも波及し、米國貿易は殆ど停止の狀態に陷り、戰役中入港船舶の數は平均僅に六隻に過ぎざりき。領事の報告は或は澳門港に於て武裝せる米國私船と英國軍艦と捕虜を交換したることに係り、或はドーリス（Doris）艦長が或るボストン船の乘客と乘組員とを釋放したるに對し受領證を與へたることを云へり。釋放の事に關し、カーリントンは國務省に報告して曰へらく、此等の乗客並に乗組員は支那國旗を掲げたる船舶に在りて、而も中立國の海面に於て捕獲せられたるものなるが故に、捕虜とは認むること能はずと。

支那の地方官憲はドーリス艦が廣東港の沖合を巡邏し、支那海面に於て米國船を捕獲せしを怒りて、軍艦退去の命令を發し、且つ曰へらく、英米の小爭は兩國間に於て之を決すべし。之を我支那に及ぼすべからずと。然るにドーリス艦は此命令を拒みたるを以て、英國貿易は一時全く中止の否運に陷れり。米國領事はドーリス艦長の暴行を不都合なりとしたるのみならず、亦報告して曰く、澳門總督の怯懦なる、米國貿易を掠奪せんとする英國に、澳門を策源地となすことを許したるも亦不都合の至りなりと。

デヴィス著「支那人」第一卷第九十三頁。ウィリアムス著「支那史」第百五頁。一八一二年乃至一八一五年分「領事報告類纂」。

戰役の終るや、貿易も亦幾ならずして復舊し、爾後一八二一年（譯者曰く、清仁宗嘉慶二十五年）に至るまでは無事に繼續したりしが、此歳外國人一般の注意を喚起したる所謂テラノヴァ事件（Terranova affair）は起れり。江上に碇泊したる米船の乗組水夫中一人の伊太利人あり、船上より陶製の瓶を投せしに不幸小艇中の支那婦人を死に致したり。此行爲は故意を以てしたるにあらざることを主張したれども、支那官憲は該水夫を引渡して審判に付せんことを請求せり。船長は强硬に之を拒絶したれども、公明なる判決の保證として、船上に於て審問を受けしめんことに同意せり。是に於て支那の軍隊は米船を包圍攻擊したれば、米船は引渡を肯んずるの外他に策の講ずべきものなきに至り、尋いで支那人は滑稽を極めたる審問をなし、水夫を死に處し、遺骸を船に送還せり。彼我爭議の決定せざりし間、米國貿易は中止の姿となりたりしが、死刑執行後、廣東總督は布告を發したり。其意に曰く、米人誠意我示諭を遵奉せり。我は宜しく憐愍を加へて其罪を釋し再び貿易を開くべし中國固より至仁、弱小を愛憮する至れり盡せり。然りと雖國威の關する所は最も畏敬を要し、外國人たるの故を以て假借する所あるべからず。(中略)法に曰く、中國化外の民罪を犯す時も亦法を以て處すべしと。是を以て余は彼に命ずるに夷虜を捕へ法に照らして刑戮せんことを以てせり。是國法の威を輝す所以なり。自今以後事の之と同じきもののあるときは外夷は須らく犯者を引渡すべし。是中國の仁慈に酬ふる所以なりと。合衆國政府は此事件に關し、何等の行動をも取ることなかりしかば、世人は頗る激烈なる非難を加へたり。

デヴィス著「支那人」第一卷第百五十頁。ウィリアムス著「支那史」第百八頁。グーツラーフ著「支那史」第二卷第二百六十七頁。第二十六國會第二議會下院「行政事務文書」第七十一號第九頁乃至第五十二頁。

此事件ありし後は、廣東なる米國の事業は重大なるものなくして經過し、貿易は滿足に存續せり。爾後歲月の推移と共に支那政府は稍〻制規の勵行を緩和し來り、一八三〇年（譯者曰く、清仁宗道光十年）より一八四〇年（譯者曰く、同じく道光二十年）に至る間の記錄に據るときは、外國商人は廣東城壁に接近せる江岸に居留することを許され、煉瓦又は花崗石を以て建造したる堅牢快適なる家屋に卜居し、居留地は寺院、新聞紙其他の附屬物を具備して、永久に外國風を具ふるに至れり。一八三二年、米國使節ロバーツ（Roberts）は訂約談判の任務を帶びて暹羅並にマスカットに赴くの途上、此地に寄港せしが、當時の報告書に據るに、東印度商會に屬する建造物の外、英國商館九、米國商館七、佛蘭商館各一ありて、旅館は英米各一ありき。皆多數の婢僕を使役して、生計頗る華奢なりしが、家庭の快樂を完備するに必要なる一要素を缺如せり。他なし、支那人は外國婦人の在留を禁じたること是なり。然れども、此禁制は其後幾ならずして之を撤廢したり。英國と第一回の訂約を商議せし支那全權委員は此讓歩をなすの理由として、皇帝に上奏して曰へらく、夷は婦人の化を受け、獸慾に依りて動かさるゝものたり。故に開港場に婦人を置くは其性情を軟化すべく、從つて其暴發の虞を輕減すべし。若し開港場に在つて、其好む所を全うせしめ、貨物を倉庫に充實せしめば、必ず我願使に甘んずべくして、駕御の便易なるを見んと。

一八三七年紐育刊行エドマンド・ロバーツ(Edmnd Roberts)著「東洋諸國奉使記」(Embassy to Eastern Courts)第百三十頁。「支那書架」第五卷第四百二十六頁。一八五二年倫敦刊行サー・ジョン・エフ・デヴィス著「戰爭中の支那」(China during the War)第一卷第三百頁。デラノ著「航海記」第五百四十頁。

貿易は上記の如く稍〻好況に向ひたるに拘らず、米人は他の外人と同じく業を營むに多大の困難を感じたり。贈賄と密商とは官憲の默許せし所にして、時に損害の賠償を訴へんとするも、直接に中央並に地方の官憲に意思を通ずることを得ざりき。何となれば交通は總て行商を經由したればなり。領事は駐在したれども、官憲は決して其資格を認めざるのみならず、亦相交通することを許さず。內心は兎に角表面上貿易を以て下賤の業となし、之に關係するは品位を卑うするものなりとしたり。領事は單に商館主を以て視られ、來航自國々民又は自國臣民に對する管轄の權能も亦後者が自から適宜に付與したるより以上に及ぶことを得ざりき。一八二九年（譯者曰く、清仁宗道光九年）に至りても、廣東領事は米國々務長官に宛てたる書信中に、支那官憲が尙文書の形式に就き自國を凌辱すべき要求をなしたる事實を指摘し、且つ曰く、事は則ち小なりと雖、以て支那官憲が外國と自國とを對等視せざるの決心を窺ひ知るに足るべしと。廣東なる支那官憲が往々外國の船舶商人に對して專橫の處置をなしたるは、支那外交の原則とすべき格言を見ば自ら明なり。其二三を擧げんに、曰く、夷狄は禽獸に等し、故に自國の民と同一の道を以て律すべからず。若し公道の大本を以て之に臨むときは、徒に紛糾を來すに止らん。先王此理を知悉せり。故に之を治むるに理外の道を以てせりと。夷狄といふ語は通常總ての外國人に適用されたるものにして、古代の希臘人が此語を以て化外の人間を包羅せしと殆ど同一の精神より出でたるなり。例へば廣東稅關吏の公書中に英鬼の館に在る夷マークス（商人の名）と云ふ者、又は佛鬼の館に住する夷《ジュスト》等の語あるが如し。二十年後艦隊と陸兵との掩護を以て來航せし英國のエルジン(Elgin)卿は、支那人をして其勅書中より夷狄の語を除去せしめたることを本國政府に報告したる文書中に率直に公言して曰く、支那國民をして外國人と云ふ意を解せしむるに、其國語中、夷狄と云ふ語の外他に適當なるもののなきやの疑頗る大なることを茲に聲明すと。

一八三九年「領事報告類纂」。デヴィス著「支那人」第一卷第六十八頁。一八六〇年刊行「北米評論」第百六十三頁。米國領事と其他位とに就きては「支那書架」第五卷第二百十九頁及び第百三頁を參照すべし。

英國竝に他の歐洲諸國の政府が各北京派遣の使節を督勵して、政治的交際を設定し、貿易上、一層多大なる便益を取得せしめんとしたるも、悉く畫餅に歸したるの事實は上文已に之を論述せり。獨り合衆國政府は之に反して、好意を以て支那官憲の迎ふる所となりたり。他なし、其交通には絲毫も暴戾の行爲なく、又帝國の政策法例に對しては、攻撃的態度を以て之を蔑如せしことなく、且つ太平洋沿岸の諸國より領土を割取せんとするの意向を表したることなければなり。然りと雖、支那政府は尚外國人に對して、牢乎拔くべからざる偏見を有し、鎖港政策を固持して、頑然動かざりしを以て、合衆國は其商人が猶十分なる保護と猶自由なる貿易との必要を切に感じたるに拘はらず、政治的關係を開始せんとするも、徒勞に歸し去るべきの觀ありき。而して太平洋沿岸諸國との貿易は漸次益〻必要となり、又益〻有利となりたるに、貿易の保護至らざりければ、合衆國政府は、遂に此等諸國との貿易關係を發達するの方策を決定するの已むを得ざるに至れり。尋いで一八三一年、スマトラの土人、マサチューセッツ州サレム（Salem）に屬する船舶フレンドシップ（Friendship）號を掠掠して、其水夫を殺傷したるより、當時世人は貿易の放任せられたることに就きて注意を喚起したり。大統領ジャクソン（Jackson）は此悲しむべき事件に就きて、國會に敎書を下すこと二回に及び、之を直接の動機として政府は二隻の軍艦を以て特派使節を派遣せり。其目的は印度洋沿岸の諸國と通商條約を訂結し、以て合衆國貿易を擴張するの手段を研究せしむるに在りき。（一）ニュー・ハムプシャイア（New Hampshire）州のエドマンド・ロバーツは當時多數の船舶を所有し、是より先多年海外に在りて商業に從事し、且つ東洋諸國に往來して、其國情に精通せり。曾つて該州選出の上院議員ウードベリー（Woodbury）を介し、太平洋に於ける米國貿易を擴張し、之に一層保護を加ふるは策の最も得たるものにして、且つ此時を以て、最も時機に適したるものなりとすとの意見を、時の政府に提出したることありき。大統領はフレンドシップ號の不幸なる損害に就きて感ずる所あり。意を決して起ち、一八三二年、ロバーツを擢でゝ此任に當らしめ、一隻の軍艦を附し、合衆國所有船ピーコック（Peacock）號に搭乘して東洋に至らしめたり。當時暹羅竝にマスカットは既に貿易を營みたりしも、頗る煩苛なる條件を以てしたり。是より先、第十七世紀の中葉、暹羅王は頗る寛大なる主義を抱き、英、佛蘭の諸國と交通を開始し、佛王路易第十四世は儀衞を盛にして、使節を暹羅に派遣し、國王と修交通商の條約を訂結したり。（二）米國獨立の當時には、冒險の船員等佛暹の通商を利して得る所ありしかども、金錢の誅求と征税の苛重とを忍ばざるべからざりき。是に於てか合衆國は先づマスカット竝に暹羅と條約を訂結し能ふべくんば安南に之を及ぼさんことを期し、支那と日本とは他日好機を待ちて之を處せんことに決したり。

（二）一八九六年華盛頓刊行ジェー・ディー・リチャードソン（J. D. Richardson）編「大統領教書論文集」（Messages and Papers of the Presidents）第二卷第五百五十一頁竝に第五百九十六頁）一

八八七年刊行「合衆國條約彙纂」第千三百八十頁。

(三)一八八八年ヴェルサイユ (Versailles) 刊行ラニエー (Lanier) 著「佛暹關係」(Rélations de la France et du Royaume de Siam)

ロバーツは條約訂結の全權を帶び、上記諸國の元首に宛てたる大統領自署の書翰を携へ、喜望峯を通過して、先づマニラと廣東とに向ひ、次いで目的の各國を訪問したり。其合衆國に歸るや、記して曰へらく、喜望峯より日本の東海岸に至る間の貿易は全く無保護の狀態に在ることを見て深く感ずる所あり。廣大なる地域に於て廣大なる貿易をなすに拘らず、一軍艦の國旗を飄して來れるなく、商人は全然無保護の狀態に在りと。又爪哇に入港する米國船は一年間に百一隻に上れりとの事實を掲げ、且つ曰へらく、海洋の健兒が斯く祖國の金庫を充實しつゝある間に、祖國の國旗來りて保護の任に當るべき時節の到來せんこと余の翹望する所たりと。

ローバーツの廣東に至りし際、ピーコック號の受けたる待遇は此唯一の支那開港場に於ける支那官憲の精神を表明して餘あり。船の開港場沖合に到著せりとの報に接するや、官憲は直に布告を發布したり。其意に曰く、該巡洋艦は商船にあら

ず、又護衛艦にもあらずして、非常に多數なる海員並に大砲武器を搭載すること
を確聞せり。如何なる口實あるも、決して其碇泊を許して事端を發せしむべから
ず。宜しく之を驅逐すべし。而して行商の此命に接したるものは、宜しく主旨を奉
體して力を玆に致すべく、進みては之を米國の代辦(船長)に傳達し、該船の出發歸
國を命令實行せしむべし。分疏遲延して事端を發し、處刑を受くるに至らしむる
勿れ。歸帆の日は之を定めて稟申すべし。切々特諭すと。ロバーツは記して曰く、米
國船は此命令を無視し、發令後六週間破泊したりと。當時支那海軍の弱劣なりし
ことに就きて、ロバーツは曰へらく、一隻のピーコックを以てして能く帝國艦隊を
全滅し得べく、且つ馳走して廣東の江口を上下せば、砲臺は大なる損害を加ふる
こと能はざるなり。何となれば其砲は石と漆灰とを以て地に固著し、縱橫に發砲
することを得ざればなりと。

ロバーツ著「東洋諸國奉使記」第四百三十一頁。

ロバーツは廣東より轉じて、安南即ち交趾支那に航したり。これ順化府なる政府
と交涉をなすの目的に出でたるなり。海濱の地に於て同國の官吏と會見し、屢〻商

議を盡し且つ信書の往復を重ねしも、遂に不成功に了りたり。ロバーツは其大要を記述して曰く、交趾支那首都より來會せし諸大臣が條約訂結の前提として要求せしは吾人を輕蔑すべき形式上の事たり。是に於て余は皇帝の臣僚が終始曖昧糢稜言を左右に託して一時を糊塗せんとせし文書の往復を斷念する外取るべきの途なきに至れりと。第一著の難件は大統領ジャクソン書翰の謄本を皇帝に致さんとして力を盡しゝことなり。安南官吏は曰く、大統領は人民の選擧に由りて其地位に上りたるものにして、國王の名稱を有するものにあらざれば、其文書も亦其地位に適合したる謙辭を用ふるを適當なりとす。是を以て不適當なる言辭を塗抹すべき爲めに譯文を審査するの必要ありと。官吏は國璽を鈐したる原文を一見せんことを主張して動かざりき。ロバーツは悉く此要求を拒絕し、談判を中止し、發航して歸國せり。

談判中、安南官吏はロバーツの地位低きを理由として、其宰臣と通信往復するの權能ありや否やの疑問を提起したり。官吏は先づ其爵位官稱を問ひ、合衆國には貴族の階級なしとの答を得たるに、ロバーツの如く政府の下に在りて樞要なる位置を有するものは爵位官稱を有せざるるの理なしと主張し、其有する爵位官稱の數、安南宰相の有するものと同じきや否やを確知せんが爲めに之を聞かんことを求めたり。是に於てロバーツ飜弄一番せんことを決意したり。先づ支那筆と半切紙とを以て筆記の準備をなしたる委員に向ひ、余の稱號は全紙ならずんば筆し盡すことを得ずと云ひたるに、皆一驚を喫したり。何となれば該國宰相の稱號を記するは半切紙を以てして十分なればなり。斯くてロバーツは、合衆國特派全權大使ニュー・ハムプシャイヤ州ポーツマス(Portsmouth)市民の語を冒頭に置き、之に附するに州内郡名の列擧を以てしたり。未だ了らざるに紙は既に盡きたり。其間之を支那文に飜譯するに多大の困難ありしが爲めに多時を費し、而して郡名の列擧は尚未だ盡きざりしなり。ロバーツは初め郡名を列擧し盡さば、更にニュー・ハキムプシャイヤ州の都市、山川、湖水の名稱を以てせんと思惟せしが、新に白紙を携へ來りて筆記の準備成りしとき、官吏は云へらく、氏の稱號は今聞知したるのみにて已に帝國内最高貴人に超駕せりと、書記は既に疲勞を覺えたるが如く、船體動搖に因りて頭痛を感ずることを申し出でたり。是に於て自餘稱號の筆記は之を翌日に延引すること丶なり。是より以後安南官吏は米國全權の階級に就きて論爭をなさゞるに至れり。

ロバーツ著「東洋諸國奉使記」第十三章。

暹羅は外國人に對して頗る寬大なる處置を施すこと已に二百年に及びたるを以て、ロバーツの此地に來るや、待遇安南の比にあらずして、二十二日間に接見に關する各般の儀式、物品の贈與竝に東洋の習慣上必要なる訪問の交換を結了し、修好通商の條約に調印したり。該條約の日附は一八三三年三月二十日にして、之を合衆國が亞細亞の獨立國に對して取扱ひたる外交文書の嚆矢とす。該條約の首文に曰く、原本は暹羅語と英語とを以てするもの各一通を作成すと雖、暹米兩國人は各〻他の一方の國語に通せざるを以て、條約內容の證據として、葡萄牙支那兩國語の譯文を附加す。條約書は一方はチャン・ファヤ・フラ・クランの名を署し、玻璃製蓮花の璽を鈐し、他の一方はエドマンド・ロバーツの名を署し、鷲と星とを鏤刻せる印を捺したり。

「合衆國條約彙纂」第九百九十二頁。

該條約の條款に依りて大に貿易上の障害と征賦とを輕減し、負債者に對する慘酷なる刑罰を廢止し、一定の關税と入港税とを約定し、其結果大體に於て該國と米國との貿易を從前よりも平和的なる基礎の上に置きたり。條約調印の成るや、合衆國は國王に絹布眞珠に嵌入したる美麗なる時辰儀、金鐶を繞し琺瑯の花鳥を裝飾したる銀絲細工の籠を獻じ、其他廷臣に贈りし所、各〻差あり。而してロバーツの歸國に先ち暹國政府は通牒して曰へらく、條約の批准交換に際しては、國王は猶別に下記物品の贈進を期望せらる。曰く、男女石像五對、内一は自然大にして、他は較〻大なるべく、皆、合衆國俗に從ひ諸種の衣裳を纒ひたるものなるべし。曰く、無色透明なる硝子製の最大形ラムプ十對、曰く、劒一對、其欛及び鞘は金製にして、鞘は純金たるべく、刀身は少しく彎曲したるものなるべし云々。

ロバーツ著「東洋諸國奉使記」第二百四十七頁、第三百十四頁竝に第三百十八頁。

ロバーツ、マスカット王に宛てたる大統領の書翰を携帶し、暹羅より其地に至るの途上、ピーコック號は馬來半島の一港に寄港せり。艦長は同地の官憲と訪問を交換し、酋長の一人に煙草を贈與せしに、酋長は書翰を以て謝意を表せり。其文は當時通信の文體を例示すべきものなるが故に之を抄譯せんに、曰く、天佑に依りて一書を呈す。此懇篤なる文書は確乎不變日月の如き最大の尊敬と最高の愛情とを以て執筆したるものにして、純白なる心と清明なる顔との言はしめたる所とす。此者を誰とかなす。即ちベンクーレンのラジャー(王)たる貴人タンバー・テュアーなり。神聖にして全能なる神よ、希くは此書をラセット島沖に碇泊せる米國軍艦の司令官ゲイシンガー（Geisinger）大佐閣下の面前に致さしめよ。又此書を以てして、曩に余に贈與せられたる米國煙草の受領を鳴謝せんと欲す。余は神を讃美し、余が滿悦の意を表明す。以上云々。

ロバーツ著「東洋諸國奉使記」第四百二十九頁。

當時マスカット王の領土は印度洋上廣大なる地域に跨り、波斯灣に沿へる亞剌比亞より、延きて亞弗利加のザンヂバーを包括せり。其收入は政務の費に應じて而して餘りあり。臣民は勇往敢爲にして、自國の船を以て阿弗利加の南端、印度、爪哇竝にマニラと貿易を營めり。其海軍は亞細亞なる各帝王の有するものに比し、最も有力にして、四門乃至七十四門の砲を備へたる船艦八十隻より成れり。商業を目的とせる米國の海員は此殷富なる國民と多額の互市を行ひたり。ロバーツの訪問に先つこと十八月間に歐船は總計九隻に限られ居たるに拘はらず、米船の其重要なる港に入りしものは實に三十二隻の多きに上れり。ロバーツが此國と修好通商の條約を訂結すべき訓令を受けたるは上記の貿易を保護奬勵せんが爲めなりき。

マスカット國王の米國使節を待つや、尊重懇切至らざるなく、其官廷に於ける儀式は支那の感化を受けたる東方諸國に比して、遙に優れることロバーツの實驗せし所たり。曰く、此國には奴隷の如く屈伏匍匐跪拜叩頭するものなく、人皆足を以て立ち萬事活氣ありと。國王は仁慈公正にして、商業に就きては寬大なる意見を抱懷し、條約の訂結は何等の障害を受けずして速に結了し、輸入品は五分の關税を課せらるゝ外入港税は勿論、其他煩苛なる條件は毫も之なし。米國使節が普通の例を逐ひて、難船せる米國海員を救助する場合には費用は、米國政府の負擔たるべしとの條款を提出せしに、國王は之を以て亞剌比亞人の習慣に反し、且つ外人を待つの道にあらずとし、自國の費用を以て其保護扶助、歸國の事を處理するの意を以て之を修正せんことを主張せり。爾後此王國は支裂既に久しきに及びたれども「合衆國條約彙纂」中には今も尚當時の議定書を存し、其第五條中に國王は遭難者を救助したるが爲めに決して何等の辨償をも受くること能はずとの文を挿入せり。

「合衆國條約彙纂」第七百四十五頁。

マスカット國王より大統領に宛てたる返翰の文言は最も明確にして、その冒頭に曰く、天祐に依りて玆に書を最貴最盛にして聲望全世界に赫々たる亞米利加合衆國大統領、アンドリュー・ジャクソン閣下に呈す。閣下の此書を受けらるゝとき、閣下が健全にして幸福の益〻增進しつゝあらんこと余の衷心より希望する所なり。此最も幸運なる日と最も愉快なる時とに於て、余は閣下の書を受領するの光榮を有したり。語々明確にして午時の日の如く、字々燦爛として天上の星の如し。閣下の書翰を致したる閣下の忠實にして且つ最も敬重すべき代表者エドマンド・ロバーツ全權は其使命の目的を說明し、余をして欣然窮る所なからしめたり。是を以て閣下の敬重すべき大使の希望は悉く之を容れ、兩國間の修好通商條約を締結したり。希くは世界の有らん限り、余と余の相續者とは忠實に其條項を遵守せんことを。と。

ロバーツ著「東洋諸國奉使記」第三百六十頁及び第四百三十頁。

大統領は上記の諸條約を上院の議に付して其批准を經たり。乃ちロバーツは批准交換の目的を以て再び軍艦に搭乘して出發したり。暹羅に於て任務を了せし當時の儀式は最も興味あるものなりき。行列は軍艦の軍樂隊を先頭として、大使は遠航の任務に就きたりし軍艦二隻の乘組將校を隨へ、條約書は之を筐中に納めて二人の將校之を捧持し、威儀堂々河岸に進行せり。此儀式を目擊せし人の記錄に曰く、ロバーツは條約書を手にし、敬意を表するが爲めに高く之を頭上に捧げたる後、暹羅官吏に交付せり。官吏も亦同じく之を頭上に捧げ、奴隷の捧持せる白絹の傘に翳されつゝ、之を携へて短艇に入り、裝飾を施したる臺の上に之を置けば、金を鍍したる圓錐形の紙を以て之を蓋ひ、然る後、天蓋の下に之を安置せり。時に我樂隊は吹奏を止め、暹羅の樂隊之に代り、短艇は徐々に泛び去り、我は洋洋たるヤンキー・ヅーヅル（Yankee Doodle）の樂に和して、歸路に就きたり。

リチャードソン編「諸大統領教書論文集」第三卷第五十三頁。一八三八年フィラデルフィヤ刊行ドクター・ルッシェンバーガー(Dr. Buschenberger)著「世界一周紀」(A Voyage round the Worlh)第三百十九頁。

艦隊は暹羅を發して、廣東に廻航し、支那官憲より前回と同樣の警告を受けたれど、毫も顧る所なかりき。然るに不幸にして虎列剌病艦内に發生し、ロバーツも亦其侵す所なり、一八三六年六月十二日、澳門に客死せり。抑〻ロバーツの使命は頗る困難にして、最も微妙なる處置を要する者なりしが、能く其任務を全うしたり。東洋諸政府の外人に對する、侮慢をのみ之事としたるが、ロバーツは之と交渉するに當りて克く祖國の名譽と威信とを支持し、加之、諸國舊來の習慣に對しては適當なる程度まで之を尊重したる故に、惡感を招かざることを得たり。其國の爲めに客死せるは軍人の戰場に倒れたると毫も異る所なきなり。國人は其功勞を多とし、澳門なる墳墓の上に紀念碑を建設し、生地ニュー・ハムプシャイヤ州ポーツマス市のセント・ジョン(Saint John)寺院は紀念窓を設けて美觀を添へたり。要するにロバーツは合衆國對東外交の先鋒者たる名譽を荷ふべくして、其事蹟は米國民と亞細亞竝に太平洋諸島人民との政治的外交を開始し、以て將來此等諸國をして米國と全世界とに多大の影響を及ぼさしむるに至りたる史記の開卷第一に入るべきなり。

第三章　初期の支那條約

世界の海上貿易は長足の進歩を爲しつゝありしを以て、前章記する所の鎖港政策は、支那日本兩帝國の永久に固執し得べきものに非ず。西洋諸國の船舶は海洋到る處に徘徊し、航海は蒸氣力を應用するや、世界の遠隔せる部分は一層近接し來れり。從前船舶の危難に遭遇し或は救助を請ひ、若しくは物品の供給を乞ふものありしときは、何れの國も港灣闖入者を以て之を問ふの例なりしが、斯の如きは今や已に時代精神に反するものとなれり。且つ物品の交易は正當なる事業と認められしのみならず、亦何れの國と雖其住民の貿易を禁ずるの權利なきものとするに至れり。支那が航海と通商とを阻遏して、世界の進運に抵抗せんとせし方策は、早く已に屈辱を被るべき失敗の因をなしたり。是時に當りて、廣東貿易は煩雜なる條件ありしに拘らず、愈〻益〻增進して、人民は其利益を理會し、其發達に就きては多大なる趣味を表白し來れり。然るに貿易經營の方法不完全なりしを以て早晩、官憲と外國商人、又は政府との間に紛擾を誘致すべきは理の當然にして、而も支那官憲は進みて必要なる改革を決行するの意なかりしを以て、根本の變革を遂行せんは唯强制を以てするの外なかりしこと明なり。而して此必要なる事業を擔任するの國は英國なるべきこと、各般の事情に照して推知すべかりしなり。何となれば、其貿易は他の諸國に比して頗る廣大にして、印度に於ける領土の擴張は漸次支那貿易に對する利害關係を增大し、且つ其卓越せる海軍は自づから該國をして世界貿易上の選手とならしめたればなり。

一八三四年（譯者曰く、淸仁宗道光十四年）の廣東事件は正に此結果を示したるものなり。是時に至るまで、英國の東印度商會は、英淸貿易を獨占したりしが、同年四月二十二日に至り、廣東より其代理員を召還して其管轄權を撤回し、ウィリアム第四世は國會議決の條例に基き、支那皇帝の領土に往復する貿易の事項を規定し、又之を奬勵保護するの委員を任命せり。該委員はネピヤー（Napier）卿を總管とし、輔佐二人之に屬し其他許多の屬員を以て組織し、六月十五日澳門に著し、十日を經て廣東に上陸せしが從前の慣例に隨ひ、澳門より支那税關官吏に出願して廣東に赴くの許可を得るの手續を經由せざりき。

六月二十五日、ネピヤー卿と卿の輔佐官とに付與されたる國王委任狀の寫を廣東レジスター(Canton Register)に發表し、同日、ネピヤー卿は公文を總督に送致し、以て英國貿易を保護獎勵すべき權能を付與せられたる委員の到着せしこと、又該委員は政治上並に司法上の權能を委ねられたることを通牒し、且つ委員の目的と任務とに就き猶詳細なる說明をなさんが爲に直接に會見をなさんことを請求せり。此公文の反譯中、二人の行商は總督の命を帶びてネピヤー卿を訪問し、通交は總て行商を經由すべきこと現行法條の示す所なることを通告すべしとの旨を傳へたり。ネピヤー卿は國王陛下の委任と、英國民の名譽とに相應すべき方法を以て直に總督と往復すべしとの言を以て之に對へ、一言の下に行商を退去せしめたり。

行商の退去せし後ネピヤー卿は總督に宛てたる書翰を認め、幕僚一人をして若干の英國商人を伴ひ、之を廣東の城門に送致せしめたり。一行の城門に至るや、數人の支那官吏に會せしを以て、此の書翰を出し、之を總督に致さんことを請ひしが、皆其受領を拒絕し、使を派して總督に狀を具せしめたり。數時間の後他の官吏は來れり。然れども書翰は手にだに觸るゝことを肯せざりしかば、英國官吏は止むを得ず之を携へてネピヤー卿の許に歸り來れり。

書翰の受領を拒絶したる理由として支那官吏の示したる所は、書面に支那公文の慣用語、稟《ピン》（懇願の意）字を署せざりしと云ふに在り。此の如き事情に精通せるマーティンは曰く、稟字を用ふるは甚しき劣等の意義を示すものなりと。

ダブリュー・エー・ピー・マーティン著「支那の一周紀」第二十一頁。

總督は此顛末を皇帝に報告するに當り、英國書翰の封筒に大英國の文字を記載せるは事理に背戾せるものなりとの事を述べて、其注意を促したり。又總督より行商に宛てたる達書あり。ネピヤー卿の耳朶に達せしめんが爲めに作成せしものにして、其中に曰く、ネピヤー卿が澳門より廣東に赴くの許可を請求せざりしは貿易章程を無視せるものなり。旣に外國商人を代表するの許可を得たるものは代辦に限るなり。爺（商人の上級に在る官吏を謂ひ、玆にはネピヤー卿を指す）は、帝國政府の許可なくして其職權を執行することを得ず。許可を得むには必ず敬意を表すべき稟を呈せざるべからず云々。又此達書中には外國人の來訪竝に滯留に關する條規を概述し、且つ曰く、之を要するに、國には各〻國法あり。英國と雖亦然り。況や中國に於てをや其大法は炳として日の如く、威は雷も如かず。天下何者か敢て此法を蔑如するものあらん。四海皆其庇を蒙りて、萬國皆其澤に浴す。蕃爺(ネピヤー卿を謂ふなり)波濤萬里を越えて來り、事務を考査統督せんとす。何ぞ大理に通曉せざるの理あらんや。云々。

支那官吏が書翰の受領を拒絶せし翌日、行商は再びネピヤー卿を訪ひて文面を變更せしめむとしたりしが、卿は請願の意を表白することを拒絶せり。是より行商は法令書類と總督の達書とを携帶して、卿を來訪すること日に相踵ぎたり。然れども卿は毫も其主張を枉ぐることなかりき。是等の文書中には、ネピーヤ卿の澳門に退去し該港より願書を呈し、監督官として廣東に赴くの勅許を待つべきことを要求し、又曰へらく、中國の法は大臣官憲をして外夷と通信せしむるを許さず。特に貿易事項に於て然りとなす。若し書を呈せんとせば願書の樣式を以てして行商を經由すべし。是從來蕃商の甘じて服從せし所なりと。又曰く、外夷書を呈するが如きは未曾有の事にして、尊嚴を冒瀆せずんばあらず、此事は斷じて不可なりと。

貿易に關する政府の態度に就きては、總督は甚だ明確に之を斷言せり。曰く、英夷廣東に來往する者貿易の外に何等の公務を有することなし。中國官憲は貿易の瑣事に干涉せず。（中略）英夷每年納むの所の商稅巨萬に上るとも、中國は一羽一毛の重きをも爲さず。其在ると否とは一顧にだに値せず、云々。之に次ぎて警告あり。曰く、ネピヤー卿が直接交涉を斷念して澳門に退去せざるときは、英國商人との貿易を停止すべしと。

爭議は七月より八月に涉りて、雙方の惡感は益〻甚しくなれり。官憲は人民を激勵して、英國委員と英國の居留民とに及ぶべき限りの妨害を與へんとし、總督は行商を使嗾し、ネピヤー卿に宛てたる文書中に極惡極陋の語を用ひしめ、支那の勞働者と婢僕とは英人に勤仕すること能はざるに至れり。ネピヤー卿が本國政府に申告したる所に據るに、是等の妨害は卿をして憤懣度を失はしめたりと云ふ。故に卿は總督を呼ぶに無道の小吏、倨傲の蠻人等の語辭を以てするに至れり。官憲の交涉は到底望むべからずして、使命を遂行する能はざること明白となるや、卿は支那語を以て一書を作成し之を公行せり。書中支那政府の法令を評論し、結末に記して曰く、陸總督は過ぐる二日に令を發し、余の君主たる英國王は從來畏敬を以て帝國に服從したりと云へり。今や余は總督に對し、行商に告知せんことを請はざるべからざるものあり。曰く、我英國々王陛下は强大なる國土の王にして、領域全世界の四分の一に跨り、其廣袤支那帝國全土の上に出で、權力の大なる到底其匹儔にあらず。陛下の統率せる軍隊は勇猛にして、向ふ所未だ曾て勝たざるなし。支那國民が未だ一見だにせしことなき地に巨大なる船舶を所有せり總督試に思へ、斯の如き國王が畏敬を以て何人に服從すべきかをと。云々。ネピヤー卿が毫も澳門に退去する意なきを覺知するや、支那は令を發して英國との互市を一切停止せしめたり。是に於てか、危機は切迫し、英國戰隊は江口なる軍艦より上陸して、英國商館に宿營せり。翌日、英國艦隊は戰鬪準備を整へて江を遡り、虎門の砲臺を通過せんとするや、砲擊を受けたるを以て應戰したり。後二日砲火は砲臺と軍艦との間に交換せられしが、是時、行商と英國居留民と商議最も力めたるを以て、休戰の約は成れり。其結果ネピヤー卿は到底總督と對等の地位を以て交渉するの望なしと思惟し、貿易を中止されたる商民を捨てゝ澳門に退去し、本國政府の訓令を待つことに決し、是に於て軍艦は江口に出で、貿易は復舊することゝなれり。

八月二十一日、英國委員は澳門に退去せり。時に英國軍艦は既に退去したる後なりしを以て、一行は支那官憲の供したる二隻の小挺に搭乘せり。然れども、憤怒の氣は依然として充溢せり。當時ネピヤー卿は神經過勞の爲めに健康を害したるが、途上支那人の拘留する所となりて、外氣に暴露されたること兩回に及び、病勢益〻加りたりと云ふ。廣東を退去して後四日を經、始めて澳門に達し、一八三四年十一月十一日、此地に於て易簀せり。醫員の證言に據るに、病因は全く心身の過勞に在りて、支那官憲の爲めに不快不必要なる拘留を受け、身體を暴露したるは死期を早くせしめたりと云ふ。此際總督は皇帝に報告して曰く、蕃爺を退去せしめ、英國軍艦を江口外に驅逐せりと。

ネピヤー卿廣東を退去するに際し、英國居留民に與へたる書あり。其中に余は何人と雖も抵抗し得ざる權力に依りて再び本務に復さるべき時期の來るを期すと云へり。同時に書を外務大臣パーマーストン(Palmerston)卿に送りて曰く、總督は我英國の王冠に侮辱を加へたれば、之を膺懲せざるべからずと。且つ卿が進みて支那をして其權能と國王の委任事項とを承認せしめむことを懇請し、此事成就して而して開港互市は始めて行はれんと說述せり。北米合衆國領事も亦此事件の顚末を國務省に報道し、英淸の爭鬪を以て避くべからざるものとなし、之に干與するは合衆國の利益にして、少くとも、海軍の示威を以てして、英國と均等の利益條件を要求することそ然るべけれと云へり。(一)數年の後、大統領ジョン・クィンシー・アダムス(John Quincy Adams)は公會に於て、支那官憲の行爲は英國に開戰の理由を與へたりと言明せり。然るに英國の內閣はネピャー卿の處置を是認せずして、支那と通商の道を開くは平和の手段を執るべしとなし、强制は其の意思に非ずと聲明せり。

(一) ネピャー卿の委任事項に關する公文書は、當時の英國靑書又は國會議事錄に在り。其の全文と事件の詳細とは載せて「支那書架」第三卷第百四十三頁、第百八十六頁、第二百三十五頁、第二百八十頁、第三百二十四頁。竝に同書第十一卷第二十五頁、第六十五頁に在り。ウィリアムス著「支那史」第三章「北米評論」第四十七號第四百三頁、竝に「領事報告書類纂」中、一八三四年九月二十五日シラバー(Shillaber)領事報告書參照

此事件は益〻支那政府の意を强うして、鎖國政策を主張せしめ、且つ從來の貿易條規を固執せしめたり。前文に揭げたる布告の拔萃とネピヤー卿に對する處置とに就きて考ふるに、支那は外國人を視て以て悉皆其皇帝に隷屬したるものと做し、其官吏が支那官憲に接近し、且つ通交するには臣隷の資格を以てせざるべからずとせり。此政策の帝國々體に浸染するや深し。故に苟も之を打破せんには唯蠻野なる兵力の在るあるのみ。是を以て、英國との戰鬪は一時休止し得たれども、英國々王の委員に對する虐待は數年の後、英國政府をして干戈を以て相見ゆるの決心を促さしめたり。然れども、一八四〇年（譯者曰く、清仁宗道光二十年）の所謂鴉片戰爭の口實は、英國民の受けたる凌辱と、其代表者の死亡との如き正當なる理由に基けるに非ず。これ基督敎國文明の爲めに一大恨事たらずんばあらず。

鴉片は第十三世紀中亞剌比亞人の始めて支那に輸入せし所たり。當時の用途は他邦に於けるが如く全く藥用に過ぎずして、歐洲の船舶が東洋に來航せし當初に在りては、商品としての價値は毫も之なく、一七七三年に（譯者曰く、清高宗乾隆三十八年）に至り、英國人が葡萄牙人に代りて互市の覇權を把握せし時に於ても、其輸入は每年二百函の上に出でざりき。クライヴ(Clive)がプラッシー(Plassy)に於て戰に勝ちたる結果として、英國東印度商會は罌粟栽培の獨占權を取得し、幾もなくして鴉片は其輸出品中最も重要なるものとなれり。商會が此獨占權を得てより三年を經て之を支那に輸入せし額は五倍の増加をなし、一七九〇年(譯者曰く、清高宗乾隆五十五年)には輸入額四千函に上れり。即ち二千倍の増加なり。

「大英百科全書」(Encyclopaedia Britannica)鴉片の項を見よ

此頃より鴉片は痲醉劑として、一般公衆が快を貪るの用に供せらるゝことゝなれり。其惡結果は廣東附近に於て顯著となりたれば、總督は其禁止を上奏するに至れり。其言に曰く、外國の賤品に代ふるに、帝國の物貨と金錢とを以てするは實に痛嘆に堪へざるなり。鴉片喫煙の習慣必ず內地に蔓延すべく、然るときは、光陰を浪費し財寶を蕩盡するに至らんと。皇帝之を聽し、一七九六年(譯者曰く、清仁宗嘉慶元年)上諭を發して其輸入を禁止し、爾來官憲は力を鴉片貿易の禁壓に致せり。廣東總督は外國貿易商に禁制を布達するに當り、告げて曰く、中國は敢て西人に鴉片使用を禁止し、又其領土內に此習慣を傳播するを防遏せんと欲するに非ず。然れども、鴉片此國に入りて、無頼の徒密に購求喫煙し、暗愚昏迷に陥りて身を傷ひ命を損するに至るが如きは、要するに大國の人心風俗を傷害するものたり。故に特に法を設けて嚴に之を禁ずと。

鴉片販賣の利潤は多大なりしが故に、禁令あるに拘らず、輸入益〻増加せり。其供給地は專ら印度に在りて、印度政府の專賣事業に屬したれば、毎函東印度商會の標を貼せり。支那の上諭は鴉片貿易を以て不法としたれども、該商會は益〻之を奬勵し、英國船は主として其輸送に從事せり。他國の船舶亦之に關係せるものありたれども、極めて少數に止りき。一八二〇年（譯者曰く、清仁宗嘉慶二十五年）より一八三〇年（譯者曰く同じく道光十年）に至る十年間輸入は一萬七千函に上りて、天津より海南に至る沿岸各所には密商も亦行はれたり。斯くの如く廣大なる區域に渉りて密商の行はるゝは地方官憲の共謀と默諾とに由らずんば到底不可能なるが故に、税關官吏其他の高官が秘密の利を收めたること明なり。

「支那書架」第六卷第五百、十三頁竝に第七卷第百六十二頁。又グーツラーフ著「支那史」第二百十七頁參照。

支那政府が鴉片の輸入を禁遏せんとして功を奏せざりしより、具眼の士は國内に於ける販賣の制規を嚴にして、其貿易を許可せんことを主張し、之を上奏せり。然れども、北京政府は鴉片の使用を以て國を毒するの最も甚しきものとなし、遂に特許法設置の意見に耳を傾くることなくして止みぬ。開港場なる顯官は此不法貿易を認許せしもの多かりけれども、國内道義の心あるものは皇帝が誠實熱心に其禁遏に盡力せらるゝに同情を表し、且つ之を援助せしや疑を容れず。政府は嚴令を廣東に下し、違犯者の逮捕は愈〻增加せり。一八三八年（譯者曰く、清仁宗道光十八年）、英國商人インネス(Innes)と米國人タルボット(Talbot)が商館に鴉片陸揚をなすの共謀者たりとの故を以て罪に問はれたるは、當時多大なる注意を惹起したる事件の一たり。兩人共に追放の命を受けたるが、審理の末、タルボットは無罪を言渡されたり。然るに英國の監督官がインネスの追放執行を躊躇せしより、支那人民の激怒を買ひ、商館は暴徒の迫害を受けたり。支那官憲は鴉片貿易の責任は外商に在ることを知らしめんが爲めに、鴉片の授受を發見されたる一支那人を外國居留地に引致して死刑に處せしめたることあり。又、或る時は刑吏が米國領事館の面前に於て罪人の縊刑を執行せんとせしとき、外商が突然刑場に闖入して之を追退せしことあり。其後幾もなく、外國商館の附近に於て他の死刑囚の執行を了せしことありしが、居留外人は大に怒り、各國領事は其國旗を引卸し貿易は一時全く中絶せり。

詳細は載せて「第二十六國會第一議會下院行政事務文書」第百十九號第二頁合衆國領事スノー報告書に在り。

從前江口なる伶仃と云ふ所より廣東省に鴉片の密輸入をなし來りしが、今や不正輸入は公然の事となりて、直接之を商館に搬致し、官憲も亦之を認許せしものの如し。米國領事の報告に據るに、一八三八年(譯者曰く、清仁宗道光十八年)に於ける輸入は無慮三萬五千函にして、價格は一千七百萬弗の巨額に上れりと云ふ。皇帝は上諭の正當に實行せられざるを知るや、斷然激烈なる手段を執るに決し、總督中最も不屈の精神に富み、又最も信任を有したる林則如を拔きて、委ぬるに鴉片の輸入、賣買及び使用を禁止するの全權を以てし、印綬を授けて廣東に遣したり。

傳へ云ふ、林は皇帝に謁して親しく上諭を蒙り、當時皇帝は赤子の流毒に中ること久しきを慨し、深く將來を思ひ、涙下りて復た言ふこと能はず。少時にして、林に向ひ曰へらく、嗚呼此茶毒を除くを得ずんば、朕は何の面目あつてか祖宗に地下に見えんやと。(一)林の廣東に著するや、數日を經て、主として外商に對する布告を發したり。曰く、皇帝の逆鱗特に甚しく、害毒を根絶せずんば止まざるべしと。是に於て令して曰く、自今以後、鴉片を輸入するものは死に處すべし。所有に係る不正物品は悉く官沒すべしと。

(一)「第二十六國會第一議會下院行政事務文書」第百十九號第十三頁。「支那書架」第七卷第六百十頁。

此令の出づるや、商人間には甚しき恐慌を惹起しき。何となれば大部分は不正營業に從事せしものなればなり。林は數日の猶豫を與へ、行商を介して商議せしめたる後船中と商館との別なく、所在の鴉片を悉皆沒收するに決し、居留地を包圍せり。江上には、武裝せる小艇の一隊を置き、陸上には二列の兵を配し、市街は出口一所を存するの外、悉く壁を繞し、商民の書籍記錄は之を差押へたり。其雇使せる支那人の書記婢僕は之を捕へ去り、外界との交通は全く之を鎖し、糧道も亦之を遮斷し、外人は商館内に屏息して、全然捕虜となり了れり。英國監督官は或は抗辯をなし、或は威嚇を試みたれども寸功なく、遂に居留地に在る鴉片函を悉皆支那官憲に引渡せり。其函數合計二萬二千二百八十三にして、價格は八百萬弗に當れり。内千五百四十函は米國商人の所有に屬したれども、領事は之を以て悉く英人の所有なりと報告し、之を英國監督官に引渡したり。

鴉片沒收の後貿易は復た開始せられたり、然れども英國居留民は監督官の命令に依り悉く廣東を引き拂へり。米國領事は此行動に就きて、英人に同情を表したり。然れども、米人は之に追陪するを以て至當ならずとなし、猶廣東に在留し、活動して業務を執り、以て英國が之を封鎖するの時に及べり。封鎖と敵對行爲の盛になりしとは此事件後殆ど一年の後に在りけれども、英國政府は支那政府が其代表者に侮辱を加へたると其臣民の財産を破壞せしとに對して復讎をなすを名とし、戰鬪準備に著手せしは既に此時に在りとす。

英國監督官は、鴉片の沒收せらるゝや、本國政府に申告して、其意見を陳述して曰へらく、支那官憲は沒收せる財産を公賣に付し、以て利を收むるを欲するならんと。然るに鴉片は全く燒却せられたるを以て、貿易は一時終りを告げたり。林は皇帝の上諭を遺憾なく實行せり。然れども、此行動は西洋諸國と戰鬪を開始し、爾後數年間帝國を困難の狀態に陷らしめ、結局外國との關係を變化するに至るの端を啓きたるものと謂ふべし。

領事報告及び公文書は載せて「第二十六國會第一議會下院行政事務文書」第百十九號第十三頁乃至第八十五頁に在り。本事件進行の年表及び公文書抄錄は載せて「支那書架」第十一第三百四十五頁並に第四百一頁に在り。

鴉片戰爭の詳細を記述するは本書の範圍外に屬す。英國政府は戰爭に就きて正式の宣言をなしたることなく、其原因と目的とに就きては、曩日支那皇帝の或官憲が我國の官吏臣民の一部に加へたる不正處置に對し賠償を支那政府に要求すべしと云へる樞密院令を海軍省に下したるの外、更に一般公衆に說明を與へたるものなし。廣東の封鎖は一八四〇年（譯者曰く、淸仁宗道光二十年）六月二十二日に起り、戰鬪は七月五日に開かれたり。初め沿岸の爭鬪を以て起り、勝敗決せざりしが、後英軍は廣東防禦の砲臺を破壞し、六百萬弗の償金を得て市街の攻擊を止めたり。此際厦門、寧波、上海は相續きて英人に歸し、鎭江は襲擊せられて陷落し、財物を掠奪せられ、市街を破壞せられ、殺戮せられしもの數を知らず。南京は包圍せられしが、其將に砲擊せられんとするや、支那は和を乞へり。

支那の將軍は曾て其勇を誇りしも、是に至りて其言全く行と相反し、到る處大に敗れ、舊都南京の將に陷らんとするや、皇帝の全權委員は之を救はんとして、急行和を媾じ、戰勝者たる英國の指示したる條件に全然同意を表したり。「媾和條約は一八四二年（譯者曰く、道光二十二年）八月二十九日を以て調印を了し、廣東、厦門、福州、寧波、上海を開きて、英國の互市場並に居留地に供し、香港島を割讓し、鴉片燒却の賠償六百萬弗、英國臣民に對する辨償三百萬弗、合計二千百萬弗を償ひ、輸出入稅を議定し、又公文の往復は對等の禮を以てすべきことゝなれり。

條約に就きては上海稅務總司編纂「中外條約協定彙纂」第百七頁を見よ。戰爭沿革に關する文書に就きては「支那書架」第八卷乃至第十卷、一八五二年倫敦刊行サー・ジョン・エフ・デヴィス著「戰爭中の支那」、一八四三年倫敦刊行ジー・ジー・ロック(G. G. Loch)著「支那事件記事」(Narrative of Events in China)並にウィリアムス著「支那史」第四章を參照すべし。

此條約中、戰爭の直接動因たりし鴉片輸入の件に就きては、一も決定する所なかりしは奇異なりとすべし。但し條約調印後に至り、英國全權委員は戰爭を釀成せし紛議の大原因即ち鴉片貿易の事を指示し、其發議に因りて談判委員間に多少此問題を討論せしことありしものゝ如し。支那全權委員は問ひて曰く、英國は何故に其領土に於ける罌粟の栽培を禁じ、以て人種に危險なる貿易の根絕に盡力せざるかと。英國委員は答へて曰く、其は憲法に牴觸するが故に決行し難し。又縱令我商民が支那に鴉片を輸入せざるも、支那人は必ず他所より此藥品を購求すべければ、寧ろ適當なる規定を設けて其輸入を公許するの優れるに若かずと。支那は又之に對へて曰く、我皇帝は此事に關しては一語にだにも耳を傾け給はざるべしと、斯くて戰爭後に至るも、此不正行爲は依然として行はれ、爲めに支那人は大に其身心を傷害し、之に反して英國は財政上に利する所頗る多かりき。

ロック著「支那事件記事」第百七十三頁、竝にデヴィス著「戰爭中の支那」第十八頁參照。戰爭後の貿易狀態に就きてはモントゴメリー・マーティン著「支那」第二卷第六章を見よ。

戰爭の道德觀に就きては、當時は勿論、後世に至りても之を論述せるもの多し。一般の議論は、斯くも支那人に茶毒を流布し、斯くも激烈に其官憲の非難を被りし貿易を奬勵維持せる英人の行爲は非難すべきものなりと云ふに在り。加之鴉片は支那の法律に據るときは、禁制品にして、當然沒收すべきものなれば、其押收と燒却とを口實として戰端を啓きたるは決して正當と認むべからずとせり。然れども、支那政府をして他國と其官吏とを待つに對等の禮を以てせしめ、又近世式の手段方法に據りて、世界と交通を開始せしめんには、戰爭は實に必要避くべからざるものなりしとは、亦、一般の是認せし所たり。五十年間支那に在留して其狀勢を細密に研究したるダブリュー・エー・ピー・マーティンは曰へらく、英國が戰爭を挑發したるは單に支那人をして英領印度產鴉片の貿易を公許せしめんとするの目的に出でたるに過ぎずとして、之を非難するは誣妄の最も甚だしきものなりと。又一八三四年に於けるネピヤー卿虐待事件並に其他之と同樣なる事件を指示して論じて曰へらく、英國が蹶起戰を開くに至りしは、利益關係に加ふるに憤怒の情を以てしたるものならずんばあらず。と。米國宣敎師ネヴィアスは多年支那に在留せしものなるが、亦論じて曰く、正否は姑く置き、要するに鴉片戰爭は天帝の命ずる所にして、吾人と此廣大なる帝國との關係上に新紀元を開始するの資となりしものなりと。

大統領ジョン・クインシー・アダムスは一八四一年十一月マサチューセッツ歷史協會に於て爲したる演說中に、英國が戰爭を開始したるは全然正當なりと論定せり。當時米國に於ける輿論の狀勢は、アダムスの日記中に就きて其一斑を窺ひ知るべし。其一八四一年十一月二十日の條に曰へらく、國會の諸記錄は皆余の演說したる意見を確むるものたり。(中略)余の意見は當時此國に行はるゝ偏見に反對せること甚だ大なるが故に余の頭上に落下し來るべき人心の激動は、既に余を苦めつつあるものよりも一層險惡なるものなるべきは、余の豫期する所なりと。アダムスは又巧緻なる筆法を以て「北米評論」が演説の掲載を拒絶せし顚末を述べ、一八四一年十二月三日の條に記して曰へらく、此演説に對する公衆の激昂は非常なるものならんとは既に期したる所なれども、今や其度は遙に、豫想の上に出でたりと。

マーティン著「支那の一周紀」第二十一頁。一八六九年紐育刊行ジョン・エル・ネヴィアス著「支那及び支那人」第三百頁。「ジョン・クインシー・アダムス傳記」第十一卷第三十頁竝に第三十一頁參照。アダムスの演説に就きては一八四一年十一月二十四日發刊の「ボストン・トランスクリプト」(Boston Transcript)竝に「支那書架」第十一卷第二百七十四頁を見るべし。

英國の歷史家ジャスティン・マッカーティー(Justin McCarthy)曰く、平易に言はゞ、英國が支那と戰ひしは、該國政府の反抗と當時國民の間に行はれたる公論とを排擠し、外人をして特殊の貿易を營ましめんとする英國の權利を主旨とせしなりと。更に進みて曰く、爭議の中に就きて英國政府の主張せし所、固より正當なるものありしなり、故に此論旨を以てして相爭ひたらんには、戰爭の名或は正しかりしならん。然れども縱令斯の如き事情の存在せるありとするも、英人の行爲は爭議の當初と其根本原因とに於て業に已に非なりしことは明確にして、何人の目に照すとも、之を掩蔽するに由なきなり。英人の主張せし所は勿論、其行動の基く所、皆道理に悖戾すると同時に頗る奇怪なるものにして、何れの國と雖も苟も英國をして斯の如き主張に對して重大なる責任を帶ばしむるに足るの力を有するものならんには、決して斯かる要求を受くることなかりしならんと。

一八七九年倫敦刊行ジャスティン・マッカーティー著「現代史」(A History of Our Times) 第百六十五頁並に第百六十六頁。

戰爭中、合衆國政府は其國民の利益關係に就きて注意を怠りしに非ず。媾和條約訂結より數月の後に至るまで、常に艦隊を支那海面に配置したり。司令官ケアニー(Kearny) 提督は支那官憲との交渉に於て其强硬と敏腕とを實證し、戰爭中凶徒の暴行と、不當の監禁とに因りて米國民の被りし損害に對しては、廣東總督をして數萬弗を賠償せしめたり。而して其自國民と他國民との爲に盡しゝ所、更に一層大なるものありしかど、世人概ね之を忽諸に付したり。ケアニーは英淸條約に據り新に關稅と貿易章程とを議定することゝなれるを知るや、書を廣東總督に送り、帝國全權委員が廣東に來著して、英國と貿易事項を協商するに至るべきことを豫期し、且つ貿易に關しては合衆國民を最惠國商民と同等の地位に置かれんことを要求せり。是より先、總督は其書中に廣東なる米國商人の互市は法に適し分に合し、他意なしとの事實を證明せしが、是に至り司令官に答へて曰く、米國商人能く法を守りて違背することなきは至尊の明に認め給ふ所にして、總督たる余も亦克く之を知る。(中略)故に米國商人の利益は特に留意すべしと。且つ欽差全權委員に此事を訓示せられんことを奏請せんとの證言を與へたり。

ケアニーは總督より此證言を得るや、退去の準備に著手せしが、米國領事は抗議を提出し、附近に大軍艦の在るあるは談判の上に利する所多かるべきを以て、支那全權委員の到著するに至るまでは退去するの不可なることを陳辯せり。又主張して曰へらく、米清貿易額の多大なるは南米貿易の全額に超ゆること遙に大なり、危機に際しては特に意を注ぐの必要ありと。ケアニー遂に之に從ひ、猶七個月間滯留することゝせり。支那委員の到著するや、新關稅法と新貿易章程とに就きては米國民も亦英國と均等の利益を享くべしとの保證を得、頗る滿足したり。

此事に關し英國全權委員の一員は記して曰く、南京條約の訂結に先ち、支那政府は米國ケァニー提督の建議を容れ、英人に允許すべき所のものは、亦之を合衆國に許與すべきことを約したり。是故に歐米各國に支那の諸港を開放したる英國の政策に由りて然りしに非ずして、米國が英人をして或る特權を獨占するの約を結ばざらしめんことを顧慮して施す所ありしに基けるなりと。米國官吏の功勞に對して斯の如く貴重すべき憑據を得たるは快事ならずとせんや。

英清條約に據り、新に關稅を定め、平均率約五分の低額とし、帝國全權委員は布告を發し、新貿易章程と共に之を實施せしめたり。此布告は最も注意すべきものにして曰く、新定稅率は支那と英國竝に他の各國との貿易に關し皆効力を有すべく、自今以後武を偃め、萬民永く樂と利とを享けよと。

「第二十九國會第一議會上院行政事務文書」第百三十九號參照。クッシング(Cushing)の意見に就きては「第二十八國會第二議會上院行政事務文書」第六十號第百一頁。モントゴメリ－・マーティン著「支那」第一卷第四百十頁、竝に「支那書架」第十二卷第四百四十三頁を參照すべし。

斯の如く均等の條件を以て各國に互市を許したるは支那政府が全く自己の判斷に依り正義の觀念を以てしたるものと謂はざるべからず。何となれば、國際公法上の原則たる最惠國條款と云ふことに就きては基督教國の政府すら當時十分に知悉したるものなかりしかば、況や支那の如きは皇帝も全權委員も其知識なかりしこと論を俟たざればなり。新貿易章程の發布と共に從來行商の獨占したりし特權は舊制と共に消滅し、近世式の貿易は大帝國に實施さるゝことゝなれり。

英清戰爭が世界通商の上に利益を與へたることは之を覩るに難からず。合衆國政府も亦時機に投合して其利益に均霑するに躊躇せざりき。廣東領事は戰爭の當初、通商條約訂結の談判を開くべき好機會は近きたりとの事に注意し、之と同時に支那に於て利害關係を有するボストンの商人は、國會に建議して、强大なる艦隊を支那に派遣して戰爭の經過を視察せしめ、又米國の貿易を保護せしめられんことを請求し戰爭局を結びて、其結果の判明するに至るまでは、使節を派遣して談判をなさしむべからざることを主張せり。傳道醫として數年間支那に在留せしピーター・パーカー (Peter Parker) は當時ワシントンに在りしが、一八四一年四月、國務長官ダニエル・ウエブスター (Daniel Webster) に勸告するに、公使を支那に派遣せんことを以てし、又ジョン・クィンシー・アダムスに造り、クッシング其他外務委員たる諸議員は使節の適任者として之を指名せりとの事實を告げ、其意見を問へり。アダムス答へて曰く、余にして指名せられんか、余は議會に於て經費支出の動議に賛成することを能はざるべし。要するに此動議は今に在りては尚早きに過ぐるものと思惟すと。

「第二十六國會第一議會下院文書」第百七十號。「ジョン・ケィインシー・アダムス傳記」第十卷第百八十八頁竝に第四百四十四頁。

英淸媾和條約成れりとの報米國々會に達するや、大統領は一八四二年十二月三十日附を以て特別敎書を國會に致し、條約の條項を報告し、通商條約議定の目的を以て特別使節を派遣するが爲めに經費の支出を議定せんことを勸告せり。敎書は當時の國務長官ウェブスターの手に成りしものにして、使節派遣の必要と、東洋合衆國の關係とに就きて叙述頗る其宜しきを得たり。此問題猶國會の審議中に在りし間、使節の長官として派遣すべき適任者の選擇に就きては頗る議論を費したり。大統領は其敎書中に曰へらく、使節派遣の目的は頗る重要なるものなれば手腕威信兩ながら富めるものを採用せざるべからず。斯の如き人物を得て其職を盡さしめんには、任務の重大に相當する報酬を支給せざるべからずと。未だ幾ならずして國會は必要なる支出を決議せり。是時に當り、ウェブスターはタイラー(Tyler)大統領の內閣に在りて怏々として樂まず、他の名譽ある地位を得て以て職を去るの方法を講じつゝありしが、此機を利用して、大統領に說き、當時駐英公使たりしエドワード・エヴェレット(Edward Everett)を遣淸特使に推薦し、自から之に代らんことを期したり。然るにエヴェレットは倫敦を去るを肯せざりしかば、他に適當なる人物を指名せざるべからざることゝなり、選は遂にマッサチューセッツ州選出國會議員カレブ・クッシング(Caleb Cushing)に落ちたり。

リチャードソン編纂「諸大統領教書論文集」第四卷第二百十一頁。一九〇〇年ボストン刊行ジョン・ダブリュー・フォスター(J. W. Foster)著「外交の一世紀」(A Century of American Diplomacy)第二百八十九頁竝に第二百九十六頁。

エヴェレットは容儀優雅にして、精神の修養亦具備せり。之に反して、クッシングは機敏なる法律家にして、率直にして城府を設けざりし人なれば對淸外交の事務に當るには前者よりも適當なりしなるべし。クッシングに隨伴せる者フレッチャー・ウェブスター(Fletcher Webster)あり。國務長官の男にして、官は公使館書記たり。ピーター・パーカーと、廣東在留の宣教師イー・ジー・ブリッジマンとは支那文を司掌するの書記官に任命せられ、別に醫官一名を公使館に附屬し、五名の青年を公使館附として陪從せしめたり。ウェブスターは其訓令中に述べて曰く、青年紳士若干は無給を以て使節に附隨せんことを請へるものなり。政府の支給を煩さずして、以て之を許し、爲に隨伴の員數を加へ、一行の重きを爲すことを得ば、此時機に於ける米國の威嚴と世態の重大とに應じて、益する所少からざるべしと。海軍長官はフリガット型軍艦一隻スループ型軍艦一隻フリガット汽船一隻より成れる艦隊をクッシングに附し、使節一行の輸送に供したり。是を以てクッシングは米國外交家としては未だ曾て有らざるの威儀を裝へて任に赴きたり。其澳門に至るや、曩に葡萄牙總督の住せし家屋に居を卜し、隨員の多數なると、又其新奇なるとは、一行の威嚴、人心を悅服したると相俟ちて、此植民地に多大なる感動を與へたり。然るに其使命を完了せし後幾もなくして、佛國の使節は廣東に上陸せしが、其設備の費用は遙に合衆國の上に出でたるが故に規模亦一層壯大にして、支那人の腦裡に强大なる印象を與ふるには能く適合せしものなりしと。是れクッシングが聊か遺憾の意を寓して報告せし所たり。

一八八九年紐育刊行エフ・ダブリュー・ウィリアムス著「エス・ウェルス・ウィリアムス傳記及び書簡」(Life and Letters of S. Wells Williams) 第百二十六頁並に「第二十八國會第二議會上院文書」第百三十八號第六頁。

訓令の文書にはウェブスター其名を手署し、其文は氏が廣く政治問題に渉りて能く之を理會したることを證示せり。「近來支那に起りたる事例を引證して、其合衆國に對するの重要他の文明諸國に讓らざること最も眞に近き所以を擧示し、又支那帝國政府は未だ密接なる政治的關係に混入すべき準備をなさゞるべければ、使節は唯修好と通商とを以て其目的とせざるべからずとの豫想を陳述し、又貿易は既に重大となれる事實と將來之を擴張し得べき見込あることゝに就き稍〻詳細に論ずる所ありき。クッシングは合衆國の地理的地位を説明し、其目的は決して領土の蠶食侵略に在らず、又使節も政府も共に其國民を保護督勵して貿易に關する支那の國法を侵犯せしめんとするものに非ざることを辯解し、又使節は朝貢使に非ざること、合衆國は交際上、對等の禮を以てせんことを主張すること、並に物品の贈答は合衆國政府の慣例に非ざることを明示すべき訓令を受けたり。又クッシングは能ふべくんば北京に赴き、皇帝に宛てたる大統領の書翰を直接に皇帝に呈するか、又は其面前に於て高官に交付し、及ぶべき限り支那帝國の顯榮心を傷害せざることを勉むべきも、而も合衆國の體面を失墜すべきが如き行爲は毫釐も之を敢てすべからざるべしとの命令を蒙りたり。當時人皆期すらく、クッシングは蓋し英國と同樣なる條約を訂結するなるべく若し之よりも一層詳細なる規約を訂結せんか、其は一歩支那の外國交通を進め、是に由りて歐米諸國の政治的關係を律する原則に傾向せしむることゝなるべしと。

訓令の文書は頗る識見に富み品格も亦之に伴へるものなるが、支那皇帝に宛てたる大統領署名の書翰は之に及ばざること頗る大なり。クッシングの任命せられしときはウェブスター猶其職に在りしが、國を發せるときは國務長官の椅子は空虚となりたるの際なれば、書翰の起草は代理官の手になりたるなり。左の諸節を讀まば其一斑を知るに足らん。曰く、

亞米利加合衆國（中略）大統領ジョン・タイラーは、余の自署に係る修好和親の書を呈す。余は君の萬福を祈る。支那は世界の大部分に跨れる大帝國にして、人口多

く、君は數千億萬の臣民を有す。合衆國二十六州人口は及ばざれども、其廣袤は伯仲の間に在り。兩國均しく高山大河あり、曙陽彼に輝き、落暉此を照す。(中略)余は言はんと欲す。此兩大國の政府は和親を保たざるべからずと、兩國が相敬愛し、深謀遠慮、以て事を處すべきは理の當然にして、實に天意に合するものたり。是を以て余は識見學問共に富贍なるカレブ・クッシングを君の膝下に派遣せり。クッシング貴國に至らば、往きて君の健康を祝すべし。(中略)公使は貿易章程を議定するの權能を有せり。希くは相互に正義を守り、利益の偏倚なからんことを。(中略)君の健全にして國家の安泰ならんことを望む。云々。

「第二十八國會第二議會上院文書」第百三十八號第一頁並に第八頁。

クッシングと其一行とを搭乘せる米國の艦隊は一八四四年(譯者曰く、清仁宗道光二十四年)二月二十四日を以て澳門なる葡萄牙の港外に投錨せり。越えて二十七日、書を廣東總督に贈りて、其到著を報じ、且つ支那帝國の全權委員と會同して兩國通交に係る條約を商議すべき委任を合衆國大統領より受けたること、又北京に赴き大統領の書翰を皇帝に奉呈せんとすることを通牒し、又曰へらく、乘船白河に進行する前數日間澳門に滯留せざるべからざるを以て、此機を利用し最近の官憲たる總督に信を通じ、余と余の政府とが貴國皇帝の幸福、繁榮、長壽を祈るの情最も切なるの意を聲明すと。又曰く貴國皇帝の安寧幸福に關し之を大統領に通報するの要あれば、直接に皇帝の狀態を總督より聞知せんことを請ふと。

此通牒を發してより、文書の往復三個月の久しきに涉れり。支那人は頗る辭令に巧にして、信書の作成に熟達せるが、敏捷なるクッシング亦其匹儔たるに恥ぢざりき。總督はクッシングの第一信に答へて曰く、誠心敬意を以て至尊の壽福を問ふ。是虔敬禮儀を明にするものにして嘉賞措く能はず。大皇帝は壽福共に備り、遠邇共に和樂す。北京に赴くの件は國外に在りて聖斷を待つの外あるべからず。軍艦を天津に急行せしむるは、親を失ひ和を破るものなり。使節の目的互市の協商に在らば、皇帝は委員を選定して之を國境に派遣せざるべからず。須らく、澳門に在りて皇帝が使節の任務を聞き聖斷を下すの日を待つべしと。

クッシングは答へて曰く、余が條約訂結の目的を以て此地に著すべきことは已に數月以前に於て米國領事より支那政府に通牒したり。（一）皇帝若し國境に於て談判を開かんと欲せば、既に廣東に委員を派遣せられたるべき筈なり。余が今回北京に赴きて直接に大統領の書翰を皇帝に奉呈せんとするは訓令に率由せるなり。總督若し軍艦を率ゐて天津に赴くを以て危險なりとせらるれば、余は陸路首都に進行せんと欲すと。

(一)「領事報告類纂」中一八四三年十月七日附フォーブス領事報告書。

總督は復た答へて曰く、陸路は迂遠なり。又、處々河川ありて來往便ならず。長途の困難と勞苦とは之を避けんことを希ふ。余は公使の到著を至尊の叡聞に達すべく、委員の任命も亦上書して之を請ふべし。其間澳門に在りて謹愼を表すべし。否らずんば貴重なる平和を破るの結果を生ずべきなりと。

今やクッシングは總督の言ふ所に從ふの外、術の施すべき所なかりしが、數個月の日子を消費する間、略〻皇帝の意思を窺知することを得たり。旗艦ブランディワイン(Brandywine)艦長は江を溯りて廣東に至らんとせしに、黃埔に於て抑止され、澳門の淀泊場に歸還すべきの命を受けたり。クッシング抗辯して曰く、此行單に友誼上の訪問に過ぎずと。然るに支那官憲は之に答へて曰へらく、英淸媾和訂約の後、香港なる英國大守の廣東を訪問せるや、江口に至りて船を下り、小艇に乘じて溯往せり。ブランディーワイン艦長も亦宜しく之に準ずべし、船澳門に歸還せば須らく國法を遵守し兩國間に存在する和親の實を表すべしと、

二個月半を經過して、クッシングは皇帝の裁斷を聞知せり。其要に曰く、米國未だ嘗て朝貢を齎して內地を通過したることなきを以て談判の爲めに天津並に首都に來るは當に然るべからず。今、岑を委員に任命し璽を携へ廣東に急往して、米國全權委員と會見せしむと。岑の任命は時宜に適したり。何となれば岑は皇帝の信任厚きのみならず、亦數月以前英國の全權委員と追補貿易章程を議定するに當り、適任者たるの技量を實證したればなり。

六月九日、クッシングは岑が廣東に到著したる旨の書面を領したり。該書面中に曰く、數日の內我儕は相握手し、談笑共に歡を享けん。其の喜や筆舌の能く盡すべき所に非ずと。支那官憲が事に託して事務を遷延し、遁辭を弄するは屢次經驗せる所なるを以て、クッシングの此書面を領するや、視て以て舞文弄語の類とせしが、岑との關係は事實に於て槪して滿足すべきものなりしことを證明したり。此際奇

怪なる事件こそ起りけれ。岑の送り來れる二通の文書中、支那政府の名を一字上げて記載したり。當事者の一方を劣等とする支那式の記述法なり。クッシングは閣下は列國對等の儀式に由るの適法なることを明知せらるゝなるべしとの意見を附して文書を返戻せり。岑は直に之を改竄して再び送致し來りき。

往復文書の全文は載せて「第二十八國會第二議會上院行政事務文書」第六十七號第二頁乃至第三十八頁に在り、

六月十六日、支那全權委員と其一行とは澳門に到著せり。訪問の交換と交際との爲に數日を費し、同月二十一日を以て正式の談判を開始し、先づクッシングの起稿せる草案を提示したり。書記官ウェブスター竝に支那文司掌の二書記官は支那全權委員中の三員と會見し草案に就きて詳細なる審議を盡せり。其間時々クッシングは岑と相會して議する所ありたり。條約は多大なる困難なくして決定し、其調印に先ち、米國委員は澳門なる米國公使館に支那全權委員を招き晩餐を餐し澳門に在留せる米國婦人は此筵に侍したり。

一八四四年(譯者曰く、清仁宗道光二十四年)澳門郊外なる支那全權委員の旅館夏王廟に於て條約の調印を了したり。調印の儀式は頗る簡單にして、公使館員と使節一行と之に立會ひたるのみにて、物品贈答の事もなかりき。後、支那委員は宴を張りて米國使節を招飲し談判の速了と結果の良好とに就きて相互に祝辭を交換したり。此際奇異なる事實の存せしことを知るべし。即ちクッシングは一歩も支那の領土を踏みたることなく、又支那全權委員一行の外に一人の支那高官とも直接の交通を爲しゝことなく、又條約の議定實施共に之を外國即ち葡萄牙の領地に於てせしこと是なりとす。

クッシングは北京に赴くの意思を飜し、皇帝に宛てたる大統領の書翰は條約調印の際之を岑に交付し岑は必ず之を皇帝に奉呈すべきことを保證したり。

クッシングは條約謄本を國務長官に進達するに當り、該條約中には鴉片戰爭終了の當時、訂結されたる英清條約中に存せざる十六個の特點あることを指摘せり。其書中には曰く、英國のサー・ヘンリー・ポッティンガー(Sir Henry Pottinger)が支那に於て實現したる手腕と其訂約の談判に於て偉功を奏せしことゝに對しては余は滿腔の尊敬を表するものたり。英國が支那に於て遂行したる事業に對して、合衆國其他諸國の負ふ所多きも亦余の承認する所にして、合衆國は英國の功績に依りて多大なる利益を收め得たるなり。然れども其報酬として、夏王廟の訂約も亦其規定したる新事項に由り、英國の貿易に多大なる利益を與ふべきなり（中略）而して斯くの如く兩國政府が各〻此大帝國を開きて以て外國貿易の効果を收めしむるは、其進歩の如何を問はず、獨り相互の爲めたるのみならず、亦基督敎國全體に共通の利益を與ふべきなりと。

條約の原文に就きては「合衆國條約協定彙纂」第四十四頁、又往復文書に就きては「第二十八國會第二議會上院行政事務文書」第六十七號第三十八頁竝に第七十七頁を參照すべし。

クッシング條約中に規定したる條項中、最も重要なるものゝ一は、國際公法の所謂治外法權を非基督敎國に通用したることと是なり。此原則は數年間狹小なる程度に於て歐洲と回敎諸國との間に行はれたるものなり。然るに米淸條約は猶其範圍を擴張し、其意味を明白にしたり。是クッシングの如き手腕ある法律家の技能に依りて然るを得たるものにして、刑事の場合に於ては犯罪者を自國の法律と官吏との裁判に付し、支那に於て起れる米國民間の民事訴訟に關しては、領事に裁判權を與へ、又米國民と支那人との間に起れる民事問題は之を兩國官憲の聯合裁判に付することゝせり。

此問題に關し、クッシングの執りたる意見に曰く、西洋諸國は文明を以て對等交際の標準と爲すことを得ず、何となれば、支那の文明を歐洲に比するに異る所頗る多しと雖も、支那が文明の高度に達せることは之を否定すべからずして、多數の基督敎國と同程度の文明國と稱するに十分なる權利を有すればなりと。而して、其國務長官に致したる詳細なる評論中に曰く、初め余の支那に入るや、合衆國は事情の如何に拘らず、基督敎國たらざる外國には總て合衆國民の生命と自由とに係る裁判權を付與すべからずと云ふの決心を有したり。凡そ基督敎諸國は皆條約に依りて密接なる連合をなし、相互に權利を賦與し義務を規定せり。(中略)基督敎國外に在りては、事情は全く異れり。(中略)此等の諸國と吾人との間には思想の一致なく、共通の國際法なく、又相互に利益の交換をなすこともなしと。其意、此の如き政府に合衆國民の生命と自由とを託するは安全ならずとするに在りしなり。

治外法權の由來は久しと雖も、近世之を適用したるはマホメット第二世がコンスタンティノープルを占領せし時に在り。即ち帝は同市に在留せる基督教民に其從前より享有し來れると事實上同一なる特權を無制限に賦與せしに起因せり。此措置は諸外國の爲めにせしと同時に又君主が自己の便宜上より施しゝ所たり。第九世紀中、亞刺比亞人が廣東に回々教の寺院を建立せし時、支那人より特殊の利權を賦與せられ、自國の法律に依りて自治を行ひたり。「廣東官憲と歐人との交通開けてより鴉片戰爭の當時に至るまでは、歐人は秋毫も支那の干渉を受けたることなく、澳門なる葡萄牙人は自治を許され、廣東城外租界に在留せる領事は自國民に對する裁判權を有したり。故にクッシングは條約に依りて多大なる權力の賦與を得るに當り、甚しき困難を感ぜざりしなり。是に於て國會は外國に於ける諸權力の實施に就きて各種の法令を決議せり。

「第二十八國會第二議會上院行政事務文書」第五十八號第四頁。「司法長官意見書」(Opinions of Attorneys-General) 第七卷第三百四十二頁。「クッシング意見書」。一九〇一年一月發刊「米國歷史評論」(American Historical Review) 第二百五十五頁參照。一八四八年第三十議會に於て通過したる法律に關しては「合衆國法令全書」第九卷第二百七十六頁並に「合衆國改訂法律全書」第四千八十三節乃至第四千百三十節を見るべし。

クッシングの功績は多大の信用を博したり。其訂結せる條約は細密にして各般の項を網羅し、諸權利に關する條項最も明確なりしを以て支那人と外國人との間に起れる爭論を裁決するに必要なる準據となり、以て一八五八年(譯者曰く、淸文宗咸豐八年)乃至一八六〇年(譯者曰く、同じく咸豐十年)條約改正の時に迄べり。前文に引用せし當時の有名なる英國學者は記述して曰く、英米兩國を比するに、米國政府は其費し丶所、英に及ばざること遠きにも拘らず、米淸條約の訂結と廣東在留米人に對する周到なる保護とに於て、外交上の巧妙と實質的利益の注意とを實證せしこと遙に英國の上に出でたり。又英國は血と財とを犧牲に供して而して實際支那人の尊重、米國に敵せず、地位の利亦若かずと。

ウィリアムス著「支那史」第一卷第二百十五頁並にモントゴメリー・マーティン著「支那」第一卷第四百二十八頁。

然れども米國使節は全然批評を免れ得たりとは云ふべからず。其の支那全權委員との交際は甚だ滿足すべきものたりしが如しと雖、𠯁が事の顚末を皇帝に奏するや、用語毫も禮に合はず、侮慢を極めたり。其奏文中に曰へらく、蕃使奉呈せし所の約案條項四十七あり。或は行ひ難きものあり。或は請ふ所蠢愚笑ふに堪へたるものあり。加之、約案の文章は粗笨拙劣に語句は曖昧にして、捕捉し難く、誤謬各處に充ちて殆ど指摘に遑あらず。是故に臣は黄其他諸官を遣して米國委員と會見せしめしこと數日、理に由りて敎示し、以て魯蒙を啓き、僣望を止めしめたり。而して理會すべからざる章句は我に於て之を琢磨せざるべからざるに至れり。(中略)案約の事項或は討議千回の上に出でしものあり。他は五六回を以て之を了したり。是に至りて醬使理に屈し、復た論ずること能はずして、遂に不理なる條項の削除に同意せり。(二)云々咨の奏文を閱するときは國際法と各國慣例とに通ぜざりしより、クッシングの提出せし第一回の約案を理會するに苦みしこと明なり。クッシングは談判結了後、咨を評して雅量ある政治家なりとせしが、其奏文を讀みたらんには蓋し此評を改更せしなるべく、又爾後に於ける咨の行動を見るときは此評の中らざることを知り得べけん。

(二) モントゴメリー・マーテイン著「支那」第一卷第四百二十四頁。

クッシングは條約の調印を以てその特別使命を果したりと雖、猶暫時支那に滯留して米國居留民の爲めに施す所ありき。中に就きて米國租界の地域を擴張すること、商館の周圍に堅牢なる墻壁を建造すること、租界に門を設くること、並に米國民の保護と衛生諸規則の執行との爲めに有効なる警察官を設置することに關して總督と商議したり。

米國使節一行の來廣は廣東人と外國居留民とに多大なる困難を嘗めしめたり。其起因は實に兒戲に等しきものなり。一行の搭乘せし艦隊は新なる旗竿と風信旗とを携へ來りて、之を米國領事に致したり。之を揭揚せし時、適〻廣東並に其附近に疫癘流行し、猖獗を極めしが、淸人は之を風信旗の結果なりとせり。是に於てか其激昂甚しくして、領事館は暴民の襲擊する所となり風信旗を撤去して以て之を鎭撫するの已むを得ざるに至れり。支那の高官は領事慰撫の意を領するや、直ちに布告して敵對行爲を罷めしめたり。布告中風信旗の事を記するの條に曰へらく、旗は其向ふ所、方面の何れたるを問はざるが故に、一國の福祉を傷害するの最も大なるものなりと。又布告は米國領事と米國民との行爲を賞讃し、結末に述べて曰へらく、彼既に責を知りて之を明にしたれば、我は之を許容せざるべからず。自今以後、皆堵に安ぜんこと切に望む所たり。希くは聖意を體し、遠來の民を待つに仁を以てせんことをと。

澳門に於ける訂約談判の進行中、暴民は外人居留地を襲撃し、米人の一隊は自衛の爲に發砲し、支那人一人を殺せり。官憲は加害者の引渡を請求し、クッシングと岑との間に文書の往復を重ねたり。領事の登記したる米國陪審官は、事件を審理して、該行爲は明に自衛の爲めなりとの裁決を下したり。是に於てクッシングは、支那官憲を說き、此審理は審問の完全なる形式たることを承認せしめたり。これ條約訂結後、支那に於て治外法權の實行を承認したる第一回の刑事問題たり。

「支那書架」第十三卷第二百七十六頁。「第二十八國會第二議會上院行政事務文書」第五十八號第六十二頁。モントゴメリー・マーティン著「支那」第一卷第四百十三頁。

是より先きクッシングは北京に赴くべきの訓令を受けたりしも、之を決行せざりしのみならず、亦軍艦を將ゐて天津に進行するの意思を聲言しながら、廣東に著するや、中道にして之を翻したるを以て頗る酷烈なる非難を受けたり。クッシングまた此非難に對して心を勞したることは明かなり。何となれば、此點に關しては屢〻書を本國の國務長官に致したればなり。其文信に據るに、最初の企圖を固執して天津に赴かんは、縱ひ支那人の敵對行爲を招かずとするも、其疑惑を買ふべきや必せり。又北京に於て皇帝に謁見せんことは、縱ひ許可せらるとも必ず侮辱を被るべく、これ帶ぶる所の訓令に違背するのみならず、亦獨立と名譽とを重んずる一身の感念に衝突するものたり、使節の主たる目的は貿易上米國人を保護すべき條約の訂結に在りて、此點に於ては既に功を成したり、若し天津に行くを敢てせしならば蓋し此目的を達すること能はざりしならんと、英國の著者曰く、佛國公使が大艦隊を率ゐて來著するや、クッシングに謀るに、天津に同行して謁見を主張せんことを以てせりと。(二)クッシングは其文信中に毫も此事を記載せず、果して斯くの如き提議ありしとするも、クッシングの之に應ぜざりしは策の得たるものと謂ふべし。米清條約は業に已に慇懃なる祝辭の交換を以て調印を了したり。然るに首都に近きて示威運動をなし敵對の意思を發表したらんには、支那人は之を以て和親の破裂となすこと當然の事たるなり。

(一)「第二十八國會第二議會上院行政事務文書」第六十七號第三十二頁、第三十四頁、第三十九頁並に第五十八頁。モントゴメリー・マーティン著「支那」第一卷第四百二十四頁。

クッシングは一八四四年(譯者曰く、清仁宗道光二十四年)八月二十七日即ち著後六個月にして澳門を發し、墨西哥國サン・ブラー(San Blas)に向ひ、陸路、ヴェラ・クルーヅ(Vera Cruz)を經てワシントンに歸著せり。

クッシングは巧妙なる外交術を以て訂約の談判を終了し、以て合衆國と支那帝國との國交を創始せり。其功頗る大なるが故に輕々之を看過すべからざるなり。クッシングは米國の政界に於ける特異の人物にして社會の表に立ちて重要なる地位を占むること四十年以上に及べり。其ハーヴァード大學を卒業するや、身を法律事務に委ね、ジェファソン派デモクラット黨員として始めて政界に出でたり。立法部員として將た州會議員として、又、マサチューセィツ高等裁判所判事として其職を執り、一八四〇年の政爭に於てはウィグ黨に加はり、ハリソン(Harrison)大統領の死後、タイラー大統領の黨となり、デモクラット黨員として熱心活動すること多年に亘り、大に墨西哥との開戰を賛成し、自ら一軍の將となりき。南北釁端を啓くや、チャールストン、ボルティモーアの兩會議に於て黨の南翼に加り、忠誠を盡したり。黨は即ち一八六〇年奴隷制度存置派の大統領候補者としてブレッキンリッジ(Breckinridge)を推選したるものなり。次ぎてリンカーン(Lincoln)と合衆統一論との賛成者となり、ジョンソン(Johnson)大統領の時には其黨となり、グラント(Grant)大統領の執政中、復たリパブリカン黨の人となれり。タイラー大統領の時、三たび大藏長官に推選されたれども、何時も上院の拒否する所となれり。ピヤース(Pierce)大統領の下に在りて司法長官の位置を占め、駐外公使たりしこと三回に及べり。ゼネヴァ仲裁々判所に於て、エヴァーツ(Evarts)並にウェイト(Waite)と共に辯護士の職を執りしは其最終の公職たりき。當時政治上の經歷多方面に渉れることクッシングの如きは一人も之なかりしなり。クッシングは學問該博にして、當時合衆國の法律家中最も技量に富みたるもの丶一人なりき。また此時代に國家に重要なる貢獻をなししこと氏の如きは甚だ稀なりとす。然るに其才幹は世人の皆認めたる所なるに拘らず、其性行は一般の信用を博すること能はざるものたりき。大統領グラントは嘗つて之を大審院上席判事に推選せしも、上院は之を認容せざりき。米國の歷史を閲するに道德の常軌を逸したる行爲は國民之を忌みて公人昇進の障害となりし例往々にして之あり。クッシング亦其一なるを免れず。

一八四四年(譯者曰く、清仁宗道光二十四年)米清條約訂結後幾もなくして、清佛間の談判は始れり。是時に當りて支那人も外國人も共に始めて新狀態に應じて事を處するに至りしかども開市の五港皆猶多少の紛擾を起し特に廣東を甚しとせり。廣東總督は令を發し、條約に遵照して外國との通交を開始せんとせしも、不平の徒之を奉せず、暴民起りて米國其他諸國の領事館と商館とを襲擊せんとし、事態益〻重大となりたれば、遂に城門を開くの計畫を放棄し、以て一八五八年(譯者曰く、淸文宗咸豐八年)の戰爭に迄べり。(一)支那官憲は此點に於て條約を遵守せざりし代償として城外なる外國租界の區域を擴張し、他の諸點に於ては條約の實行に就き十分に心を盡したり。

(一)「支那書架」第十五卷第四十六頁竝に第三百六十四頁

米國貿易は條約の爲に刺戟を受けたるもの丶如し。一八四八年(譯者曰く、淸仁宗道光二十八年)の報告に據るに、同年米國船の來著せるは廣東六十七隻、上海二十隻、厦門八隻にして、其隻數の多き英國を除きて第一位に在りきと云ふ。後幾もなくして、上海は貿易の中心となりしが當時廣東は猶之を凌駕せり。

一八四五年(譯者曰く、淸仁宗道光二十五年)、クッシングの職を退くや、アレキサンダー・エーチ・エヴェレット(Alexander H. Everett)之に代りて遣淸公使となり、一八四六年十月、病を冒して廣東に赴任し、翌年六月二十九日、同所に於て逝去せり。曾てセント・ピーターズバーグ、ヘーグ、マドリッドの駐劄公使に歷任したれば、頗る外交上の經驗に富み、天資英邁文藝あり、著任後幾もなくして長逝せしことは人をして痛惜措く能はざらしむる所にして、其葬儀には外國公使館員領事館員竝に駐屯軍人皆之に會せり。其職を襲ぎし者をインディアナ州人ジョン・ダブリュー・デヴィス(John W. Davis)とす。米國公使の住所は名義は廣東城外の外國租界中に在りしが、一八六〇年(譯者曰く、清文宗咸豐十年)北京を開きて、條約各國外交團の居留地とせしまでは、不定のものたりき。帝國政府は特に高級の委員を派遣して廣東に駐在せしめ、外國使節との交際を司掌せしめたれども、會見は甚だ稀にして、其結果外交團は寧ろ澳門なる葡萄牙の開港場に居留するを快とせり。上海の貿易頓に盛大に赴きしより外國使臣は屢〻此地に來往し、香港も亦英國大守の在住せし所なれば、訪問若しくは一時假寓の好適地となれり。然れども支那の首都を開きて外國使節の訪問と居留とに自由ならしむるの一事は、戰爭と敵國軍隊の進入とを待ちて始めて成就せり。

第四章　獨立の布哇

布哇群島の位置と富源とが太平洋の商業と政治との上に重要なる關係を生じ來るべしとは、初期航海者の早く既に認めし所なり。群島は太平洋中に孤立したれば、北米大陸の前哨とならざるべからざるものにして、加之大陸の中央部より南太平洋中の諸大島に至る航海の途上に在り。又パナマ地峽より日本と支那とに至る直接航路に當れるを以て、其港灣は全世界の船舶集合地となるべきや明かなり。貿易風は絶えず其海岸を吹き、北氷洋の寒潮亦流れて此に至るを以て地は熱帶地方に在るに拘らず、氣候最も温和にして頗る健康に宜しく、日光和照雨量潤澤にして高山諸處に聳え、地味肥沃にして人類の要する所之を産せざるはなく、實に太平洋中の樂境たり。

群島の發見されたるは、合衆國が獨立せし後二年にして、大統領ワシントンの下に新政を實施せし當時、米國の貿易者は既に群島中に居留して貿易を開始し、此地を以て根據とせしが、幾ならずして貿易は進步發達し、頗る有利のものとなり、次の百年間、群島の運命は殆ど全く米國勢力の爲めに左右せらるゝに至れり。合衆國の船舶が從前より早く已に米國の西北海岸と廣東との間に毛皮貿易を營みたることは上文之を陳述する所ありき。該貿易は一七八七年ボストンの商人等該海岸の毛皮貿易と支那貿易とを併行せんとして組合を設立せしに胚胎し、商人等は此目的を達せんが爲めにケンドリックを長とせるコロムビヤ號とグレーを長とせるワシントン號との二隻に、特に米國土人との物品交易に適する荷物を積載し、ホーン岬を回り、未だ探知せざる海面に長途の航海をなさしめたり。兩船は多大の辛酸を嘗めて、遂に一七八八年を以て目的地に到達し、貨物を毛皮に換へたり。コロムビヤ號之を積載し、グレーの指揮の下に廣東に廻航し、之を茶に換へ、喜望峯を經てボストンに歸著せり。此間三年の日子を費し、米國々旗を揭揚して世界を一周せし最初の船たる名譽を荷へり。

ケンドリックはワシントン號と共に海岸に滯留し、其後布哇群島に移りしが、難に遇ひて死せり。グレーは一七九〇年ボストンを發し、其第二回の貿易航海に就きしが、此航海中、コロムビヤ河を發見して之を探檢したり。合衆國が太平洋沿岸の地に廣大なる領土を作るの基礎を成したるは實に此ボストン毛皮貿易業者の賜なりと謂はざるべからず。

一八四五年ボストン刊行アール・グリーンハウ(R. Greenhow)著「オレゴン史」(History of Oregon)第百七十九頁、第二百頁、第二百二十九頁竝に第二百三十五頁。一八六六年ボストン刊行ティー・バルフィンチ(T. Bulfinch)著「オレゴン竝にエルドラード」(Oregon and Eldorado)第一頁乃至第三頁。ハンツ・マガヂン第十四卷第五百三十四頁。ダブリュー・スタージス述「北西毛皮貿易」。

コロムビヤ號が冒險の先驅をなしゝより、之に次ぎて通商の途に上りし船舶は相踵ぎしが、多くはニュー・イングランドの諸港より土人の需要に應ずべき商品と裝飾の小品とを積載し、ホーン岬を迂回して北西岸に直行し、此地に於て土人と互市し、毛皮を賣りて土宜と相換へたり。天候險惡の期に近くや、去りて布哇群島に至り、毛皮の乾燥に從事して以て冬季を經過し、翌春復た米國沿海の地に至りて貿易し、歸島して前年積蓄し置きたる毛皮を搭載し、廣東に至りて之を賣り、茶、絹、陶器の類を得て、以て本國に歸著せり。此間日子を費すこと二年乃至三年なり。此貿易の利益は既に示しゝ如く頗る巨額に上り、成績佳良なりし時には二年毎に十倍に上りしこと或る記錄に見えたり。然れども此業は多大の危險を冒し、具に困苦を嘗めざるべからずして加之氣力と勇氣と熟練とを要すること最も大なり。而して初期の米國航海者は皆特に此性質を具有したり。

アール・グリーンハウ著「オレゴン史」第二百六十六頁、紐育刊行ワシントン・アーヴィング(Washington Irving)著「アストリヤ」(Astoria)第一卷第三十一頁。一八四九年倫敦刊行エー・ロッス(A. Ross)著「初期移住民の冒險」(Adventures of the First Settlers)第四頁。一八九一年紐育刊行ダブリユー・ディー・アレキサンダー(W. D. Alexander)著「布哇國民史」(History of Hawaiian People)第百二十七頁。

英國海軍大佐ヴァンクーヴァー(Vancouver)は英國政府より探檢航海の命を受け、一七九二年布哇群島に來りしが、當時米國貿易業者は已に島內に居を構へたるを見、その商利の確立に盡力せることを稍〻詳細に陳述し群島中產出饒多にして、支那竝に印度に於て異常過大の價値を有する檀香の業亦其開發に係れることに說き及ぼし、且つ曰く、米人が毛皮貿易より得る所の利益は莫大にして、次季にニューイングランドより來航し、此業に從事せんとする船舶二十隻の多きに及ぶべきを期すと。前文初期遠征者の一人として擧示したるボストン號の船長デラノーは一八〇一年を以て布哇に至り、暫時滯留せしが、ボストン商人が此地に毛皮檀香貿易組合を組織し利益頗る大なることを述べ、又此地米亞の中央に位して、氣候温和地味肥沃なるを以て、將來の益々有望なることを豫言せり。當時露淸の貿易は陸上に限り、英淸の貿易は東印度商會の獨占に歸して、私船の廣東市場に至るを許さずして、而も毛皮貿易は其試みる所ならざりしを以て、此有利なる事業は米人の壟斷に屬すること二三十年の久しきに及べり。毛皮の外に檀香は島民と米人とに共に利益の源泉たることを實證せり。國王と部下の酋長は檀香を伐採するの特權を占有し、之を以て致富の源とせりと云ふ。即ち此財源に依りてスクーネル型船舶、小船、兵器、彈藥、飲料等を得たるなり。當時著者の云ふ所に據るに檀香は土人の主要交易品にして、標準、貨幣として使用せられたりと云ふ。

一七九八年倫敦刊行大佐ヂョージ・ヴァンクーヴァー著「發見航海記」(A Voyage of Discvery)第百七十二頁竝に第百八十八頁。デラノー著「航海記」第三百九十七頁竝に第三百九十九頁。アレキザンダー著「布哇國民史」第百五十六頁。「布哇歷史協會雜誌」第八號第十五頁

然るに群島との通商貿易は漸次變化を來せり。種々なる理由よりして毛皮貿易は大に其價額を減少し檀香の供給も亦缺乏を告ぐるに至れり。而して貿易が此衰態を來しゝ間に、北部太平洋の未だ曾つて見ざりし一新事業は突如として重要なる地位を占むるに至れり。これ捕鯨業にして、該業は世界の他處に於ては從

來長く重要なる地歩を有したりしも此地に於て之を營むものなかりしかば、米人を驅りて此に之を營むに至らしめしは、其布哇群島に於ける優勢の地位を開拓せし基たりしなり。第一著に鯨獵に從事せし船舶が群島に到著したるは一八一九年にして、爾後船數は急速に增加し、群島の貿易は幾もなくして其形勢を一變したり。

米人は是より先英國の所屬たりし當時より、捕鯨業には早く已に無比の熟練を示したり。統計に據りて一七七五年中該業に從事せし主要なる諸國と其船數とを見るに、佛蘭西は極めて少數の船舶を有し、和蘭は百二十九、英吉利は九十六なりしに反して、米國植民地は三百九隻を有し、乘組員四千人に及び、鯨油と鯨骨との價額百十一萬一千弗なりき。エドマンド・バーク(Edmund Burke)が植民地との融和に關して有名なる演說をなし丶とき、其能文中米國捕鯨業者の事に論及せし一節あり。曰く、輓近ニュー・イングランド人民の從事せる捕鯨業の狀勢を見よ。氷塊山を爲して轉々海を走るの間を突き、深さ幾萬尋なるを知らざるホドソン灣デヴィス海峽の險に進み寒帶に入りて北極に近けるは既に人の知る所なり。然るに今や地球の反對面に進出し、南端極地の寒威を冒し、其氷と戰ひて業を執るに至れりと聞く。(中略)今や海面にして其漁業に蹂躙せられざる所なく、其勞力を實現する所、氣候の寒温を問はず。和蘭の耐忍も、將た佛蘭西の活氣も、將た又英人企業の巧緻沈毅も之を新國民の冒險勇往に比せば、到底匹儔にあらず。此新國民は猶靑年なり。其骨猶軟くして未だ硬ならず云々。

一八六五年ボストン刊行「エドマンド・バーク集」第二卷第百十七頁。

米國獨立戰爭はバークが喜んで防遏せんことを欲したるにして、一時此方面に於ける米國人の活動を中止するに至りしかども、捕鯨業は其好に適したるものにして、戰爭の爲に全く地を掃ふことはなかりき。英米兩國平和の豫備條約に調印したるより、本條約を訂定せるに至るまで二個月の間に於て倫敦なる或る新聞紙が報道せし所に曰く、一七八三年二月三日ムーアス(Moors)の指揮するマサチューセッツ州所屬船ベッドフォード(Bedford)號はダウンス(Downs)(譯者曰く、ケント(Kent)東岸の沖なる碇泊地なり。)に著せり。當時米國叛徒に對する國會條例の効力を存せるもの許多ありしを以て該船は稅關吏と樞密院との間に協議決定する所ありしまでは、正式の入港を許されざりき。其積載する所鯨油五百八十七樽にして、操縦は全く米國海員に由り、倫敦を距る少許なるホースレー・ダオンス(Horsley-Downs)碇泊地に投錨せり。是れ實に英國の港内に米國の新國旗を飃揚したる最初のものなりき。捕鯨業は初期に於ては頗る活氣を呈せしに拘らず、戰爭後は急に前日の量を復することを得ざりき。これ一は他國の政府が各〻自國の捕鯨業に多額の保護金を付與せると、ナポレオン戰爭の爲めに米國貿易が逆境に陥りしとに因りてなり。其衰勢を挽回し得たるは英國と第二回の戰爭を結了せし後に在りとす。以上の事實は太平洋上に於ける米國捕鯨船の出現を晩からしめたる原因なりとす。一八四七年、此業將に極盛の域に達せんとするに際し、各國捕鯨船の總數は九百隻なりしが、其中、米國に屬するものは八百以上を占め、投資の總額二千萬弗にして、每年の產出は價額千三百萬弗を示せり。布哇群島に出入する捕鯨船は幾ならずして其數を增加せり。一八一九年は初めて一隻を見たる時なるが、其翌年には增して六隻となり、又其翌年は三十隻以上に出でたりと云ふ。而して一八二二年にはホノルルに出現せし者二十四隻に及びたり。是より以降南北戰爭に至るまで、捕鯨業は實に群島貿易の最も主要なる者なりしなり。南北戰爭の時代には南軍の巡洋艦、海面を游弋せしが爲めに捕鯨船は殆ど全く影を留めざるに至れり。一八二四年以後二十年間にホノルヽ灣に入港せし船數は總計二千八隻にして、其中千七百十二隻は捕鯨船にして、又其四分の三以上は米國の所屬たりき。捕鯨業の最も盛大に達したるは一八四五年にして、當時地方廳の報告せし所に據るに、群島の諸港に休泊せし捕鯨船は四百九十七隻にして、乘組員一萬四千九百五人なりきと云ふ。降りて一八六三年に至り、ホノルヽに入港せし捕鯨船の數は百二隻にして、内九十二隻は米國に屬せり。然るに翌年南軍の巡洋艦中一隻北太平洋の海面に游弋せしかば、事業は一時全く其跡を絶ち、一八七一年には船數減じて四十七となり、著々衰退せり。これ鯨の缺乏に因れるなり。然れども三十有餘年間群島の繁榮を維持したるは主として捕鯨業に因れる者にして、捕鯨船は食料供給と修繕との爲めに巨額の金錢を撒布し、又住民は海員として他に傑出せしを以て船員に採用せられしもの多かりき。

一八七五年乃至一八七六年合衆國漁業委員エー・スターバック(A. Starbuck)著「米國捕鯨業史」(History of American Fisheries)第四卷第九十六頁竝に第二百二十五頁。一八四七年紐育刊行エーチ・ビンガム(H. Bingham)著「布哇群島在住記」(Residence in Sandwich Islands)第六百九頁。一八四三年ボストン刊行ジェー・ジェー・ジャーヴス(J. J. Jarves)著「布哇群島史」(History of Hawaiian Islands)第二百三十一頁。一八六五年ボストン刊行アール・アンダーソン(R. Anderson)著「布哇群島」(The Hawaiian Islands)第二百五十一頁。アレキサンダー著「布哇」第百八十一頁及び第二百九十七頁。一八五二年七月二十九日上院に於けるダブリュー・エーチ・シューワード(W. H. Seward)演説筆記。

貿易上の利益は布哇群島に於ける米國の勢力を優逸ならしめたるが、猶之を増大して勢力増加の外に更に大に社會的竝に政治的發達に影響を及ぼしゝ、新原因の在るあり。是より先、一七七八年クックの群島を發見せし時には、島中酋長各處に割據して、爭闘絕ゆることなかりしが、一七九二年ヴァンクーヴァーの到著せし時には群島中最大なる布哇島の王カメハメハは他の酋長を服屬して、全島を統一するの意思を有したり。カメハメハは軍略に富みたるのみならず、人格も亦高かりしかば、ヴァンクーヴァーは之に敵對せる諸酋長に其統治を受くべきことを勸告し、カメハメハに教ふるに戰術を以てし、且つ小船を建造武裝して之に與へ、以て大に其軍備を増大せり。

カメハメハは結局群島全部の統治者となりて、茲に布哇國の基礎を肇造したり。一八一九年に死去せしが、其死後、意外にも奇怪なる事件こそ發生したれ。是より先土人は偶像教を崇信して、卑陋殘忍を事とし、タブー(Tabu)と稱する迷信非道の宗制を尊奉して以て年所を歷たり(譯者曰く、タブーとは或る物品を以て神聖なるものとし、之を使用消費する者は神罰を課するの制度なり)。幼主リホリホ立つに及び、輔弼之を以て理に戻り國を害するものと爲し、王に勸めて之を廢止せしめたり。

此時は恰もボストンなる亞米利加外國傳道事務局(即ちニュー・イングランドなるコングレゲーション教會の組織せるもの)が布哇に基督教を傳へんとして一隊の宣教師を派せし時に當れり。是より先、數年前外國傳道の必要を唱ふる者多く、就中コングレゲーション教會は最も熱心にして、且つ布哇に在留せるニュー・イングランド商人並に船員は之と親密なる關係を有したるが故に、傳道事務局は殊に布哇群島に其心を注ぎ、遂に行動を開始して、島民を改宗する基を立てたり。宣教師の初めて來島せるや、好意を以て迎へられ、有利なる條件の下に於て事を執れり。是に於てか、ボストンよりは猶宣教師を增派し、幾ならずして群島の全部其活動を見ざるはなきに至り、其功亦空しからず、數年を出でずして人民の大部分は基督教信徒となり、國王亦其中に在り。一八四三年、當時の下院外交事務委員長ジョン・クインシー・アダムスは此成功に就きて國會に報告して曰く、群島の人民は最も卑陋なる偶像教を棄てゝ基督教の福音に接し、群島を統一して鞏固となれる政府の下に歸し、文字と憲法とを制定して、身體財產並に精神に關する權利の安全を確保し、以て文明の域內に入り、權利と權力とを發生する萬般の元素を備具し、四海同胞をして認めて以て獨立の一社會と爲さしむるに足るに至れり。これ最近二十五年間に於て恭謙なる宣教師が俗界の權勢を借ることなくして、能く博愛なる基督教の溫良なる感化を布きたるに由るものにして、人類の進步と德義とに同情するものゝ喜に堪へざる所なり云々。

「第二十七國會第三議會下院報告書」第九十三號。

一八六〇年、有名なる米國人リチャード・エーチ・デーナ(Richard H. Dana)は群島に至り、留りて傳道事業を調査し、歸國するや、此問題に就きて一文を公にせり。デーナは法律家として地位高く、而して島民をして此大變革をなさしめたる教會の所屬たらず、此兩個の事實は相俟ちて其意見の重きを致さしめたり。其文中に曰く、米國傳道事務局の宣教師等は僅々四十年以內に於て全島の人民に讀書、算數、裁縫を教へたり。島民に字母、文典、辭書を授け、其國語を保存して其滅亡を拒ぎ、文學を起し、聖書其他信仰、科學、娯樂の諸書を反譯し、學校を建て、土人中より教員を養成して教育を施し、今や文字なきものニュー・イングランドに比して更に少きを見るに至れり。宣教師の始めて此地に至るや、島人は半裸體の野蠻人にして、浪に浴し、砂に臥し、生魚を食ひ、常に相爭鬪し、酋長割據して壓虐至らざるなく、淫褻の風到る處に瀰漫したりしが、今や服裝節度に合ひ、婚姻の法を認め、稍〻計算に通じ、學校に上り、教會に赴き、規矩の正しき米國人の及ざるものあり。上流は、其奉戴せる立憲王政の事務に參し、司法の椅子を占め、地方廳の政務を見る。之を觀るときは、宣教師の功勞は決して僅少なりと謂ふべからざるなり云々。

傳道事業の結果は社會と政治とに於て一新事物を現出し來れり。法令規則を制定して、白晝公然淫佚暴飮の行爲をなすを禁じ、犯罪並に秩序紊亂は之を處罰し、民權の保護は訴訟の手續を定めて之を執行したり。從前政治は君主獨裁の政體に則りしが、今や立憲政體を採り、國王の輔弼には參政官の組織を以てし、後立法議會を設置したり。是等政治上の改革は殆ど全く宣教師の手に成りき。宣教師は固より政治上に於て全然誤謬なかりしとは謂ふべからざれども、國民の幸福と國王の利益とは其常に研鑽を怠らざりし所たり。

アンダーソン著「布哇群島」第九十九頁參照傳道事業に就きてはアンダーソン著「布哇群島」、ビンガム著「布哇群島在住記」、ジャーヴス著「布哇群島史」、竝に一八四三年刊行エス・ディッブル(S. Dibble)著「布哇群島史」(History of the Sandswich Islands)を見よ。一九〇二年五月七日附亞米利加外國傳道事務局書記の書面に據るに、布哇群島に於ける傳道局の經費總額は百十九萬五千三百三十五弗なり。

東洋に於ける基督敎傳道の効果に就きては識者の所見各〻大差あり。然れども公平に觀察をなしたる者は謂へらく、宗敎の事は姑く之を置くも、治者と被治者との上に有益なる影響を及ぼしたりと。此判斷蓋し眞に近し。絕東諸國と西洋諸國との外交に關して、宣敎師の奏したる功は特に顯著なる者あり。一六八九年第一回の露淸條約談判に於て加特力敎の宣敎師が或は通譯となり、或は顧問となりて頗る用をなしたること、其他十八世紀中北京に派遣されたる諸使節が其事務を執行するに當りて、基督敎傳道師をして樞要の事務に參せしめしことは、上文既に之を陳述せり。

一七九二年、英國政府がマカートネー一行を北京に派遣するに當り、通譯の適任者を討索せしことあり。當時公使附書記官の記錄せし一節に曰く、英國領土中適任と認め得べきものを得ること能はず、諸處探求をなしたる後、伊太利ナポーリー(Napoli)の宗教學校に基督教を奉ずる支那學生二名あることを知り、之を用ひて以て其職に充てたり云々。

有名なる英國宣教師にして又支那語の通譯官たるロバート・モリソンは一八一六年、英使アムハースト卿に屬して、其一等通譯官となり、又二十五年間廣東に在りて、英國政府並に東印度商會の通譯官兼顧問官となり、信任を得たり。鴉片戰爭中と媾和談判とに於て、獨乙の宣教師兼歷史家たるグーツラッフは通譯官兼顧問官として英國政府に仕へ、談判中最も重用せられたり(二)後又同一の資格を以て合衆國政府に聘用されたり。事は後に記する所あるべし。

(二)スタウントン著「奉使支那紀行」第二十四頁。デヴィス著「戰爭中の支那」並にウイリアムス著「支那史」第百六頁、第百八十四頁、第百九十頁、第二百四頁。

ロバーツは暹羅其他の東洋諸國と條約を訂結すべき命を受けて、米國政府より派遣されしとき、先づ廣東に行き、モリソンの子ジェー・アール・モリソンを用ひて通譯とせり。廣東なる亞米利加傳道事務局の宣教師ピーター・パーカーが有益なる助力を與へたることは上文一八四四年クッシング使節の事に關聯して記述する所ありたり。其猶米國政府の爲めに盡す所ありし事實は後章に陳ぶる所あるべし。亞米利加傳道事務局に屬する他の宣教師エス・ウェルス・ウィリアムスは後文に陳ぶるが如くペリー提督に隨伴して、日本開國の事に與りたり。東洋に於ける合衆國の外交事務に關して其名を擧ぐる場合は後文多々之あるべし。

以上諸般の事例を引用したるは、宣教師が太平洋諸國の國際上に重要なる關係を有したることを例證せんが爲めなり。事例は猶多し。仔細に之を考査するときは第十九世紀の中葉に至るまで、基督教宣教師は國交上絕待に必要なりしことを發見し得べし。其支那、日本の人民と政府とに及ぼしたる影響に就きては後章に論述する所あるべし。布哇に於ては島民が基督教に改宗したる後、宣教師は常に公務に參し、後年布哇を合衆國に併合するの論起りし時、主唱者の魁首となりしものは實に其子孫たり。

オレゴンに於ける合衆國の領土權未だ條約の確定を經ず、又カリフォーニャの占領猶五年の後に在るの當時、大統領は國會に下したる敎書に依り、其意思を世界に聲明して曰く、貿易上其他に關し布哇に於ける合衆國の利益關係は頗る重大なるものあるが故に、米國政府は群島をして他國の所有若くは統監に歸せしむること能はずと。而して他の諸國は合衆國が群島發見後殆ど直ちに此地に貿易を創始せし事實を無視し、之を領有せんとせしこと再三にして止まらず。要するに群島は太平洋上に於て重要なる位置を占むるを以て植民事業を經營せる各國の垂涎して已まざりし所なり。

始めて群島の領有を企畫せしは英國海軍のヴァンクーヴァー大佐なり。大佐は一七九四年三たび此地に來航せし時、群島は英國に取りて頗る必要なりとの信念を抱きて從事せり。去るに先ち、國王カメハメハをして酋長を召集し會議を開かしめしが、王と諸酋長とは大佐より、英國政府は之を保護し、軍艦を贈るべしとの約を得て英國の臣民たることを承認せり。銅板を製し、銘記するに、布哇群島王並に諸酋長はこの島を貌列顚國玉陛下に讓與せりとの事實を以てし、祝砲を放ち、贈品を分配し、盛大なる儀典を以て、之を人目に觸れ易き位置に置きたり。艦隊は占領に關して別に何等の行動をも取ることなくして拔錨せり。ヴァンクーヴァーの報告英國に達せしときは、佛蘭西革命の餘波未だ收らずして、紛擾未だ鎭定せざりしかば、復た意を此事件に注ぐものなく、從つて讓與を確定するの手續を履行することもなかりき。

露西亞人が此地に來りしは早く已に一八〇九年に在りて、後數年少許の貿易ありき。一說に據るに、露領亞米利加知事バラノッフ(Baranoff)は群島を以て太平洋上なる露領となすの得策なることを看破し、此目的を以て探檢隊を派遣し、一八一五年派遣の船一隻はカウアイに至り、船長は官憲と商議する所ありて上陸し、石造の堡塞を築き、露國の國旗を揭揚せり。露國の史家ティクメネッフ(Tikhmeneff)曰く、船長はカウアイ王と貿易上の特權に就きて條約を訂結し、其結果王は其領土を露國皇帝の保護の下に置くことゝせり。而して露帝は此報を得たるも其批准を拒めりと云ふ。此說の當否は姑く置き、カメハメハ王露人占領の事を聞くや、抗議を提出し、遂に露人をして退去せしめ、次きて堡塞を破毀せり。是に於てか、露人が群島に地步を占めんとするの企畫は全く止みぬ。

ヴァンクーヴァー著「發見航海記」第五十六頁。グリーンハウ著「オレゴン史」第二百五十頁。ホプキンス(Hopkins)著「布哇」第百二十三頁。「合衆國外交關係」第四卷第八百五十五頁。ジャ

ーヴス著「布哇群島史」第二百一頁。「布哇歷史協會雜誌」第六號。

合衆國政府が初めて群島と公然の關係を作りたるは一八二〇年九月十九日ジョン・シー・ジョーンス(John C. Jones)を貿易海員事務官に任命したる時に在り。ジョーンスは普通領事に屬する事務を執り布哇の政府と地方官憲とに對しては外交官たるの關係を有し、一八二五年リチャード・シャールトン(Richard Charlton)が布哇並にソサイティー群島(Society Islands)駐在英國總領事として着任せしまでは、布哇に在留せる唯一の外國官吏なりき。二人共に其職に在ること多年なりしが、布哇官憲との關係は圓滿ならざりしが如く、遂に職を免ぜられたり。

一八九四年刊行「合衆國外交關係附錄」第二第八頁。エー・エーチ・アルレン(A. H. Allen)報告書。ジャーヴス著「布哇群島史」第二百五十一頁並に第二百六十八頁。ホプキンス著「布哇」第二百七十四頁。一八四七年倫敦刊行サー・ジョージ・シムプソン(Sir George Simpson)著「世界一周記」(A Journey round the World)第二卷第九十五頁。

一八二五年、合衆國政府は太平洋艦隊司令長官に令して、軍艦一隻を派して、布哇群島に至り貿易の狀況を視察し、該國政府と協議して、兩國の關係を進捗するの良法を講ぜしめたり。ピーコック艦長トーマス・アプ・カテスビー・ジョーンス(Tohmas ap Catesby Jones)此任に膺り、處置宜しきを得て、自己の名譽を博したると同時に兩國政府に多大なる利益を與へたり。商議の後、一八二六年十二月二十三日を以て條約に調印せしが、これ實に群島政府が外國と正式の條約に調印せる嚆矢とす。該條約は當時の通商條約に通有の諸規定を包含し、特に記すべき一事は居留米國民の身體財產に對して裁判を施すべき布哇裁判所の權利義務を認識したるに在り。米國官憲が輓近僅に野蠻の狀態を超脫せし土人裁判官に、群島居留米國民の權利に關する裁決をなさしむることを肯んぜるは布哇人種が文明の域に進步せしことを證明して餘りありと謂ふべし。米國政府が支那、日本と條約を訂結せしは、前者は二十年後後者は三十年後に在りしが、猶且つ自國々民に對する、裁判權を保留して、其領事に屬せしめたり。布哇國王との條約は上院の議に付し、通常の形式を以て批准を了することをせずして、唯當事者の双方、之を遵守するに止め、以て一八四九年の條約を以て之に代ふるに至れり。

一八九四年刊行「合衆國外交關係附錄」第二號第三十五頁參照。布哇に於ける治外法權に就きては「司法長官意見書」第七卷第二十九頁を見よ

ジョーンスは布哇に在る間、猶他に任務あることを覺知せり。傳道事業は土人と治者とに對しては好成績ありしに拘らず、外人よりは激烈なる反抗を受けたり。此

等外人は何れの點よりするも好評を博すべきものにあらずして、寄港船舶より逃亡せしもの、ボタニー灣の流刑地より脱走せしもの、並に各國の水兵より成り、其數多く、商人中には廉直にして行狀正しきものなきにしもあらざりけれども、其大多數は致富に汲々として、人民の道德を保護するが如きは毫も之を眼中に置かざりしなり。米國宣敎師が土人を指導して政治の改革を爲しゝ時、モセスの十戒を以て立法の基礎となし、安息日の遵守と淫褻暴飮の處罰とに關しては嚴重なる法律規則を制定せり。是背德者流の陋習と衝突せしのみならず、亦多數の貿易商に對しては利潤の減少を生じたり。是に於てホノルヽ港は宣敎師派と非宣敎師派との二派を生じ、相互に論難攻擊を事とせり。非宣敎師派は英國總領事を戴き、之をジョーンスの調停に委せんことを提議し、宣敎師派も亦之を承諾せり。然るに其結果は全然宣敎師派の利に歸したり。ジョーンスは此審判を報告したる書中、末尾に曰く、人としても、又秩序嚴正なる敎師としても、又傳道者としても、何れの方面よりするも、其性格に缺くる所なし。反對派が協力すとも、毫釐も之を傷くること能はざるなりと。

ジャーヴス著「布哇群島史」第二百六十六頁、並にビンガム著「布哇群島在住記」第三百一頁。

第十九世紀の初期には、合衆國軍艦の艦長は往々半開國又は野蠻國の開港場に於て、其同胞と土人との衝突を調停するの任務を執ることありしが、概して正義と道德とを以て之を處決したり。例外の場合發生したるは頗る注意を促すの價値あるなり。ジョーンスの調停に付したる爭論の原因は合衆國軍艦ドルフィン(Dolphin)の入港に際して其一部を發生せり。ドルフィンはジョーンスの來島より一個月以前にホノルヽに投錨せしが、幾もなくして、乘組水兵は賣淫禁止規則の爲めに紛擾を釀成したり。是より先布哇人が基督敎に改化せるの前は、貞操の思想頗る薄弱にして、外國船の來港するや、婦女は群をなして船內に入るを例とせり。政府が宣敎師の感化に依りて新政を布くや、嚴重なる規則を設けて、此非行爲を禁止せり。此規則は外國船乘組員の激烈なる反對を惹起したれども、ドルフィンの來港に至るまでは、尙能く其効力を有し來りしが、該艦の乘組員之に反抗せるや、艦長は部下に左袒し、該規則を不必要とし、且つ遵守するを要せざるものとせり。其結果該規則は一時執行の効力を失ひ、米艦の行爲は暫時宣敎師の感化に惡影響を波及したり。

これ最も耻づべきの事件なりとす。後數月德望品性兩ながら高きジョーンス艦長來島して、宣教師の主張を採納したるはドルフィン乘組員の惡例を取消すに與りて力ありき。ドルフィンの合衆國に歸航するや、政府は審問を開き、其結果艦長審問の爲めに軍法會議を開くの必要なしとのことゝなりたるが、審問報告書を觀るに、乘組員の行爲は全然學理を主としたるものにして、艦長の動作は最も非議すべきものたることを知るべし。

ホプキンス著「布哇」第二百十頁。ジャーヴス著「布哇群島史」第二百六十三頁。ビンカム著「布哇群島在住記」第二百八十三頁。「海軍文書類纂」中審問廷報告書。

此事件後三年を經て他の合衆國軍艦の入港せるありしが、這回は最も喜ぶべき結果を生ぜり。一八二九年、合衆國軍艦ヴィンセンス(Vincennes)はフィンチ(Finch)を艦長として、大統領の意見と好意とを通ずる海軍長官の書翰を携へ來れり。書翰と之に附屬せる贈品との進呈は盛儀と祝辭との中に結了されたり。書翰は諸酋長と顯要の諸民との面前に於て國王カメハメハ第三世に對して之を譯讀せり。其主意は下の文に就きて知るべし。曰く、大統領は貴國民が文字を知り、基督聖書の傳ふる眞正の宗敎を學び得たることを聞き、其進步を嘆稱せずんばあらず。文字と眞正の宗敎とは國民の隆昌と幸福とを增進持續すべき最良手段にして、又唯一の方法たるなり。何れの國を問はず、苟くも君と君の臣民とに好意を有するものは、君の益〻之を修養し、之を君の領土に輸したるものを益〻保護督勵せられんことを望みて止まざるべし。これ豈獨り余のみならんや。云々。

外國人は果して地方の法律に束縛さるべきものなるや否やの問題は群島に於て頗る議論を重ねたるものなりき。而して米國大統領が此件に關して書中に言明せる所は頗る國王と其與黨との滿足を買へり。曰く我國民にして貴國の法律を犯し、又は其規則に牴觸する者あらば、其は同時に彼等が自國と自國の政府とに對する義務を蔑如するものにして、譴責處罰は固より其所とすと。又曰く、貴國在留の合衆國民は貴政府よりの保護を受け、又其利益の增進を奬勵せられんことを希望すと。國王の回答中に曰く、米國最高長官貴下、玆に友愛の意を致す。（中略）貴下は眞理正道を余に傳へたるを喜ぶ。貴下の言、皆正理に合して、誤謬なきは、感歎措く能はざる所なり。（中略）博愛の心を以て我國人に臨めよ。我國人、素と暗愚を極め、文明諸國の慣例を知らざりしに、貴下知識と光明とを賦與せり。天帝の語初めて此土に現はれたるは即ち我國人の精神に微光を現すに至れる所以なり。これ輓近精神上に改善を來したる基にして、聊か正理の何たると文明諸國民の習慣とに就きて學ぶことを得たるも亦是に由りてなり。今日喜悅の情何ぞ禁ぜんと。書翰及び贈品の進呈式了りて、訪問答禮之に次ぎ、ヴィンセンス艦將校は顯要の地位に在る土人の家に招かれて饗應を受けたり。此際土人が眞實に基督教を信奉し、文明人の生活と動作とを學び得て大に進歩したることを實證し、大に外賓をして感賞せしめたり。

一八九四年刊行「合衆國外交關係」附錄第二第八頁並に第三十九頁。ビンガム著「布哇群島在住記」第三百五十三頁。ジャーヴス著「布哇群島史」第一百八十七頁並に第三百七十九頁

第三に外國が布哇主權に對して示威運動をなしたるは一八三九年に於ける佛蘭西の行動なりとす。是より先數年、羅馬加特力教僧徒は此地に布教の根據を定め、其教義を流布せんとして、大に力むる所あり。爲めに群島は紛擾を來したり。國王は最初より其行動に反對し、謂へらく、其宗義は輓近我國民の抛棄せし偶像教

に酷似するを以て、其傳播を許可するは策の得たるものにあらず。且つ國民中に異種の分子を容れて以て動亂を釀成するの恐あり。これ最も忌むべきの事に屬すと。これプロテスタント教の宣教師等が國王を使嗾せしに基因すとの非難をなしたるものありしかど、宣教師等は之を否定し、且つ曰く、信教の自由なるべきを信ずれども、現時歐洲中、加特力教を崇信せる諸國は大抵皆異教を禁遏せるにあらずやと。英國領事は、米國宣教師の感化偉大なるを視て之を嫉忌し、且つ加特力教僧徒の一人、愛爾蘭人にして英國の臣民たりしの故を以て熱心に其教徒の運動を援助したり。此時に當り、加特力教の一派ジェスイット派の宣教師は居留權を得んと欲し佛國に請ふに其保護者たらんことを以てせり。是に於て佛國軍艦は屢次群島に來航し、政府と商議して、此問題を解決せんとせり。然れども政府は堅く前議を執りて動かず。僧徒を放逐し、土人の信者を捕へて獄に下したり。

一八三九年七月十日、佛國フリガット型軍艦ラルテミーズ(L'Artemise)は砲六十門を具へ、ホノル、に來り、艦長は佛蘭西皇帝の名を以てせる文書を直に布哇政府に送致せり。其要に曰く、加特力教に對し信仰の自由を宣言し、布哇政府は加特力教寺院の敷地を付與せんことを約し、實行の保證として二萬弗を艦長に預入れんことを要求すと。後艦長は此諸條件に附加するに、酒類禁止の法律に改正を加へ、五分の關稅を以て佛國產酒類の輸入を許可せんことを以てせり。是事實の上に於て禁酒例を全廢すべきものたり。此要求中には別に通牒を附し、若し布哇政府にして此等條項を網羅せる條約の調印を肯んぜざるに於ては、直に戰端を啓き掠奪を恣にし、各般の損害を加へんとす。これ最も不幸なるものにして而も避くべからざる結果なりと。佛國艦長は又英國と米國との領事に通告して曰く、布哇政府が來る十三日までに要求に應ぜざるときは市街を砲擊すべく、其際英米國民は我艦に避難せしめ、保護を與ふべしと。米國領事には別に附言して曰く、戰端を啓きたる時は、プロテスタント教に屬する米國の僧徒は之を土人の一部として處分すべしと。當時國王は遠隔の島に往きて在らざりしが、佛艦長は其歸來を待ちて議を定むるを肯んせず、首相並にオアフーの知事に條約の調印を强求せり。加之艦長は尙一層の屈辱を布哇人に與へんと欲し、水兵を上陸せしめ、銃劍を裝して、戰鬪隊形を作らしめ、夏季の離宮に闖入して聖餐の式を擧げしめたり。

國王と輔弼官とは此際に處して事を誤りたることありとするも、佛國政府の行爲は全然不正なりと謂ふべし。是國防を缺ける弱小國に對するより外は其敢てせざりし所なるべし。

一八九四年刊行「合衆國外交附錄」第二第九頁、及び第三十六頁。ジャーヴス著「布哇群島史」第三百二十頁。ポプキンス著「布哇」第二百四十五頁。ビンガム著「布哇群島在住記」第五百三十六頁。

ラルテミーズ事件の發生に先つこと少時、ラッセル(Russell)卿は英國軍艦アクテオン(Acteon)を率ゐ、砲火の威力を以て條約を訂結せしことあり。此事件と他の事件とに因り國王の輔弼官は大に覺る所あり。謂へらく、海上權を有する主要なる諸國をして群島の獨立を承認せしめ、以て之を保全するにあらざるよりは、始終屈辱を受け、遂に國の獨立を失ふに至るべけんと。當時ハドソン灣商會の總管サー・ジョージ・シムプソン(Sir George Simpson)布哇に在り。土人との交際上多大の經歷を有せし人なるが、輔弼官の意見を賛し、此目的を達せんには正式に合衆國、英國並に佛國に請ふ所あるべきことを勸告せり。是に於てサー・ジョージ・シムプソンは宣教師にして國王の顧問官たるリチャーヅ(Richards)と酋長ハアリ、オと共に三國を歴訪して其承認を求むるの命を受けたり。サー・ジョージ・シムプソンは英國に直行し、他の二人は先づ合衆國を訪ひ、倫敦に於てシンプソンと相會せんとせり。(一)一八四二年十二月、ワシントンに至り、先づ國務長官ウェブスターに書を送りて、群島の獨立を正式に承認せられんことを請ふの理由を縷陳せり。書中、一八二六年、船將ジョーンス大佐に由りて合衆國と訂結したる條約を引用せり。此條約は合衆國に於ては批准せしことなしと雖、布哇は誠實に之を遵守したり。書中、又詳細に米布貿易の廣大なるを說き、委任せられたる全權を以て、何時にても訂約の談判に着手すべきことを宣言したり。

(一)サー・ジョージ・シムプソン著「旅行記」第百七十一頁。及びビンガム著「布哇群島在住記」第五百八十六頁。

ウェブスターは迅速に此書に答へ、布哇政府が合衆國の貿易に對して保護を加へたることゝ米國民に對して優遇をなしたることに就きて適當なる感謝の意を表し、進みて大統領の意見を陳述せしが、皆布哇の委員に多大なる滿足を與へたるものにあらざるはなかりき。同月大統領は特別教書を國會に發送せり。其文案はウェブスターが綿密なる注意を以て記述せし所たり。此教書は合衆國の群島に於ける關係と、其將來の利益とに對して頗る必要なるものなれば、今其一節を下に抄錄せんは決して不當にあらざるべし。曰く、布哇は僅に野蠻の域を脫せるものなるが故に其政府は尙微弱なり。然れども其意思は正當且つ平穩にして、知識と宗敎並に道德の諸制度と、敎育の手段方法と、文明の生活に屬する諸般の技藝とを輸入して、以て國民の狀態を改良せんとするに汲々たるが如し。渺漠たる海洋中に存立せる此國を尊重し、嚴正愼重に其各般の權利を擁護せんは合衆國政府と人民との利益希望に合致せるものたらずんばあらず。他の貿易各國亦之を以て其眞實の利益とせざるべからず。歐洲諸國の領土を距る頗る遠しと雖、其獨立國として發達を遂げ隆盛を致さんは、此地方に貿易關係を擴張せる諸國に取りて頗る必要なるべきなり。殊に亞米利加大陸は地甚だ近くして、米國船舶は每年此地に來れる船數の六分の五を占め、交通の頻繁歐洲の比にあらず。この故に他の諸國が此地を占領して植民をなし、其政府を顚覆せんとするの企圖あるに於ては、其恐あると實際强迫せらるゝとを問はず、合衆國は之を嫌忌せずんばあらざるなり。群島と諸國との交通中に就きて其大部分は合衆國の占むる所たるの事實を考ふるときは、合衆國の政府が更に尙特殊の利益を求め、又は獨り布哇政府を左右せんとするが如きことなく、其獨立に滿足を表し、其安寧隆盛を切望するに過ぎずと宣言するも決して不當の事にあらざるなり。斯くの如く合衆國民と群島との交通甚だ大なる事情の下に在りて、合衆國政府が奪略の念を抛棄せりとせば、他の諸國が之と反對の政策を採るに當りては、必要なる場合には、確乎たる反抗をなすべきこと政府の執るべき當然の處置たるべきなり云々。

「第二十七國會第三議會上院行政事務文書」第三十五號。一八九四年刊行「合衆國外交關係附錄」第二號第三十九頁。

斯くの如く合衆國政府が其利益と目的とに就きて明確なる宣言をなしたるは、其希望せる結果を歐洲に於て發生したり。リチャーヅ竝にハアリリオは倫敦に於てサー・ジョージ・シンプソンに會し、多大の困難なくして、英國政府をして布哇の獨立を承認せしむることを得たり。然るに佛京に於ては較〻大なる困難に遭遇せり。然れども委員は加特力敎に關する布哇政府の政策に就き適當なる說明をなし、遂に佛國政府をして其獨立を承認することに同意せしめたり。是に於て英佛兩國は聯合して宣言して曰く、兩國は相互に布哇群島を獨立國と認め、直接に又は保護の名稱の下に、若しくは其他如何なる形式に於ても、群島を構成する領土の何れの部分をも占領することなかるべきことを約すと。

ビンガム著「布哇群島在住記」第六百六頁。一八九四年刊行「合衆國外交關係附錄」第二號第六十四頁竝に第百五頁。

以上の談判、其功を奏しつゝありし間、群島政府を顚覆すべき第四回の計畫はホノルヽに起れり。英國領事シャールトンは是より先き群島政府に强求することありて、爭論を爲しつゝありしが、是に於て通告なくして突如ホノルヽを撤退し、最近の海面に在りし英國軍艦に就きてその不滿の狀を訴へたり。ジョージ・ポーレット(George Paulet) 卿の指揮せる英國軍艦ケリースフォート(Carysfort)は一八四三年二月を以てホノルヽに來れり。時に國王は出でゝ在らざりしかば、ポーレット卿はオアフーの知事に通告するに、英國女皇陛下の代表者に加へられたる侮辱と陛下の臣民に與へたる損害との賠償を要むるが爲めに來りし事を以てし、且つ國王に直に歸府すべき旨を通告せんことを求めたり。國王の歸府するや、談判滿足なる結果を得ざりしが、ポーレット卿は全然國王の權力を顚覆すべき不當の條項を臚列し、書を國王に送りて直に之に應せんことを强ひたり。

國王は英國艦長の態度頗る迫れると同時に要求の條項に同意すること能はざるを覺知し、顧問官の勸告を容れ、一時群島の領有權を英國艦長に讓與し、而して後其回復を英國女王に請ふに決したり。是に於てポーレット卿は讓與を受領し、其任命せる委員をして政務を執らしめ、布哇國旗を撤去し、堡塞並に公設建造物に英國々旗を掲揚し、クインス・オーン(Queen's Own)と稱する士兵の一隊を組織し、英國臣民の指揮に屬して、布哇國庫より經費を支辨し、而して女王に忠實なるべき誓約を爲さしめたり。

國王は書を英國女王と合衆國大統領とに送り、以て王位の回復を請ひ、且つ熱誠を吐露して布告する所あり。曰く、余の祖先より降れる酋長、人民並に平民と外國より來れる人民とに告ぐ。余は原因の存するなくして、困難の地位に陷り、心意亂れて我國土の生命を放棄せり。然れども、國民なる汝等に對する余の統治と汝等の特權とは亡ぶることなかるべし。余は信ず、余の行爲にして正當なること明かなるの時は正に國土の生命を回復するの期なるべきことをと。

英國の占領は一八四三年二月二十五日に起りしが、次ぎて合衆國軍艦コンステレーション(Constellation)の艦長ケアニーは廣東に於て多大なる功を奏し、合衆國に歸航するの途次、ホノルヽに投錨せり、現狀を聞知するや、領土の讓與と之に關聯せる一切の行爲手段とに對して、强硬なる抗議を布哇官憲に送り、之が爲めに米國民と其利益とに損害を來すことあらば、官憲は一切の責に任ぜざるべからずと主張せり。幾もなくして、英國太平洋艦隊司令官トーマス大將はポーレットの行動に關する通報に接し、七月二十六日を以て布哇に至り、事實の調査を了するや、直にポーレットの行動を非とし、囘復の處置に著手せり。非認の事實を能ふ限り公明にせんが爲めに先づ盛大なる觀兵式を擧げ、國王と共に馬車に乘じて大街路に至り、群集の面前に於て國王に權力を返還し、英國々旗を撤去して、代ふるに布哇國旗を以てし、各堡塞竝に港内碇泊の諸艦をして祝砲を打發せしめたり。トーマス大將は赤誠を以て正義を實行したりければ、國民の尊重頗る大なるに至れり。此報英國政府に達するや、公然領土合併の事を非認し、ワシントン駐紮英國公使は熱誠を極めて之を國務長官に通告せり。布哇遣外委員歐洲を去りて、歸島するの途次、合衆國に至りしに、國會は既に外交事務官の任命を認可し、事務官は既に其任に就き、カメハメハ第三世は之を承認したる事實を知悉したり、斯くして布哇政府は世界に於ける大海國の承認と援助とに依りて鞏固なる基礎を定めたるの觀を呈したり。

一八九四年刊行「合衆國外交關係附錄」第二號第四十五頁乃至第六十頁。ビンガム著「布哇群島在住記」第五百九十二頁。ホプキンス著「布哇」第十八章竝に第十九章。

然り而して各國中、弱小なる青年の地位に在るものは尙試驗の時期に在りて、幾多未決の事件を包藏せるを見るべし。一八三九年、佛國艦長が砲口の下に國王に强ひたりし條約中には不當なる條項二あり。第一に刑事問題に就きて佛人を審問するには必ず佛國領事の提供したる外國陪審官を以てすべきこと、第二に佛國貨物に對する輸入稅率は五分を超過すべからずとのこと是なり。英國政府も亦一八四四年に同樣の條件を要求し、國王は已むことを得ずして之を承諾せり。合衆國の派遣せる新外交事務官は、其赴任するや、多大の滿足を以て國人に迎へられしに、强制を以て訂結したる前揭英佛條約を基礎として處置を施さんとしたるが爲めに布哇との不和を招くの機會を作りたりしは實に惜むべきの至りなりとす。この時に當り、米國民の强姦事件起りしが、合衆國外交事務官ブラオン

(Brown)は之に干與し、英佛條約の規定に準據し、外國陪審官の審問を請求すべき權利あることを主張せしが、布哇官憲は之に應ぜずして、審問を進行せり。官憲の行爲は明かに不正にして、其主張する所、學理に基くものなりと雖、其實ブラオンの専横侮辱之を刺戟して、此に至れること疑を容れず。國務長官はブラオンの所說を是として之を維持したりと雖、布哇政府の請求により、遂に之を召還し、新事務官を任命して交迭せしめたり。

一八九四年刊行「合衆國外交關係附錄」第二號第十一頁、第三十八頁、第六十五頁並に第六十六頁。

此事件の發生せしより、諸國との條約關係は不滿足なる狀態に在りしことに注意を喚起したり。英佛兩國は布哇政府の獨立を承認しながら、其條約は裁判事務、關稅並に禁酒法に就きても、全然之を拘束し又は之を服屬の位置に置けり。合衆國との條約は一八二六年以來未だ一回も訂結せしことなく、該條約は布哇政府に於て效力あるものと認めたれども、合衆國上院の批准を經しことなく且つ其規定する所頗る不完全たるを免れざりき。是に於て國務長官は全然布哇を他の基督敎各國と對等の地位に置くべき條約を訂結せんことに盡力し、乃ちテン・エイク(Ten Eyck)を擧げて委員とし、委ぬるに全權を以てせり。エイクと布哇外務省との間に長文の書面を往復すること回を重ねしが、米國公使は英佛條約中に在る嫌忌すべき諸條項と同樣の規定を設けんことを固執し、爲めに何等決する所なくして止みたり。幾もなくして、エイクは本國と布哇國との雙方に信を失したるを以て、米國は之を召還し、談判をワシントンに移し、終に一八四九年十二月二十日を以て國務長官クレイトン(Clayton)と布哇委員ジョン・ジェー・ジャーヴスとの間に條約の調印を了したり。此條約中には前に陳べたる嫌忌すべき條項を一切除去し、其規定せし所は合衆國が他の基督敎諸國と訂結せし者と同一なりき。此條項は後年布哇が獨立を失ひし時まで効力を有したるものにして、英佛兩國も亦結局其規定を承認したり。斯くして合衆國は新國が自治權を完成せんとするの要求を助成するに於て再度の功を奏したり。

一八九四年刊行「合衆國外交關係附錄」第二號、第十二頁、第十三頁、第六十九頁並に第七十九頁

ワシントンに於ける訂約談判の進行中、布哇に於ては新に佛國との葛藤を生じたり。新任佛國領事は一八四八年を以て著任せしが、幾もなくして布哇官憲と爭

端を啓きたり。一八四九年八月十二日、之を本國政府に通報するや、ド・トロームランン(De Tronclin)大將は二隻の軍艦を率ゐ、領事の要求を貫徹するの目的を以てホノルヽに來れり。越えて二十二日、大將は十個條の要求を列記せる斷乎たる要求書を國王に贈れり。其條目中、最も重要なるものは從來佛國產ブランディーに賦課したる稅率は頗る高きに失し、殆ど之を禁止するに均しと思惟するを以て、之を半減すべく、又外交公文には佛語を用ふべしと云ふに在りて、其他は瑣末の事項に係れり。大將は此要求書に通牒を附して曰く、答書は三日以內に送らるべく、又答書其要を得ざるときは、率ゐる所の兵を以て十分なる報償を得べしと。

布哇政府の回答は滿足を與ふること能はざりき。是に於てか、八月二十五日、佛兵は野砲雲梯等を携へて上陸し、堡寨竝に政府の公設建造物を占領し、布哇船舶の全體を捕獲し、堡寨の防備を撤し、砲門を鎖し、兵器彈藥を海中に投じ、國王の快遊船を沒收せり。佛兵は此報復をなしヽ後、二十八日を以て退去し、領事と其家族とは軍艦に搭乘し、艦隊は拔錨せり。

此暴行は特派公使の派遣となり、ジャット(Judd)は命を受け、王儲と其弟と共に佛國に向へり。使節は巴里に至り、訂約商議の爲めに十週日を費しゝも、遂に功を奏せざりき。倫敦に於ては新に對等條約の基礎を議定せり。其規定せし所は曩に合衆國と調印せしものと同一なり。使節歸途ワシントンに於て、合衆國政府に英佛兩國と布哇に關する三角協商を作らんことを請ひしが、其拒む所となれり。然れども合衆國政府は目下係爭の事件に關し、善意を以て佛國と交渉を重ぬるに盡力せんことに同意せり。巴里駐劄米國公使は此目的を以て佛國外務長官と熱心なる談判をなし、其結果合衆國は布哇群島と深大なる利益關係を有するを以て、如何なる國にも其併呑を許すことを欲せざることを佛國政府に了解せしむることを得たり。

佛國政府は尙表面上其要求を強ふるの意を表し、復た特使ペラン(Perrin)を派遣せり。ペランは軍艦に搭乘し、一八五〇年十二月ホノルヽに來著し、十個條より成れる前日の要求を提出し、激烈なる長文の書面を往復すること三個月に及べり。國王は頑強なる要求と兵力の威嚇とに遇ひて頗る心を苦しめ、樞密官の意見を聽き、正當の形式を備へたる布告に署名し、宣言して曰く、佛國をして正義公道に從はしむるの望なし。是を以て我領土と其統治權とを擧げて、之を此布告發布の當日より亞米利加合衆國保護の下に置き、以て佛國と滿足なる解決をなすの日に至らんと欲す、是余の切に希ふ所たり。若し合衆國にして此條件を肯んぜずして、一時的保護の成立不可能となる場合には、前記亞米利加合衆國の保護は永久なるべきことを切望すと。國王は一八五一年三月三日を以て之に署名し、封印を施して之を米國委員に交付し、米國は佛國が敵對行爲を開始するときに於て之を開封し、以て其示す所を實行すべく、否らずんば無效たるべしとの條件を以てせり。

米國委員シヴィーアランス(Severance)は此假讓與と假讓與を促したる事情とを國務省に報告せしに、國務長官ウェブスターは答書を與へて曰く、合衆國は細心愼重に布哇群島の獨立を尊重するを以て其目的とし、歐洲の諸大商業國が群島を占領することは勿論、其獨立の實を蔑にし、又は之と兩立し得べからざる不正の要求を提出して布哇政府を强制するが如きは之を認諾すべからず。然れども主權を合衆國に讓與せんとする件は貴官に付與したる職權外の事に屬し、之を決するものワシントン政府の外にこれあるべからず。故に貴官は本件に關しては意見を發表することを敢てすべからず。交付を受けたる文書は之を布哇政府に還付すべしと。

佛國との係爭事件は幸にして戰端を開くに至らずして止み、結局布哇政府は加特力僧徒に十分なる禮拜の自由と、其學校の整理とを保證し、又佛國ブランディーの輸入稅を要求の如く輕減することを約し、一件落著を告げたり。佛國は一八三九年保證金として强取せし二萬弗を一八四六年の條約調印後ホノルヽに返付せしが、此金員を容れたる函は全く當時のまゝ封を破らずしてありき。

一八九四年刊行「合衆國外交關係附錄」第二號第十三頁、第七十頁乃至第七十八頁、第八十六頁乃至第百四頁。アレキサンダ！著「布哇國民史」第二百六十一頁、第二百六十四頁並に第二百七十頁

一八五〇年佛國軍艦が戰爭を主張せる領事を載せて來著せしは、外國が群島の主權を危くせんとせし最後の侵略的行爲なりき。是より先、外國が其國旗を布哇に揭揚せしは英佛各二回、露國一回なりしが、皆小王國の命脈を絕つことなきを得たり。今は布哇は各國の好意を得て、自ら其事を經營するの位置を得、一八五二

年新に憲法を制定して國民代議並に權能の範圍を擴張し、信敎の自由を保證し、其社會と產業とは、漸次外國貿易交通の感化を受くるに至り、政府は各國に普通なる經驗を重ね、而して又本國特有の性質をも併せ存したり。是等の要素相合して其終局の運命を如何ならしめしか、其は後章に論述する所あるべし。

第五章　日本の開國

之を第十九世紀前半期に於ける事蹟に徴するに、日本も亦二百年間固執し來りて他の侵す所とならざりし鎖國政策を維持し得ざるや明白となれり。然りと雖該政策は日本と支那との兩國に資する所大なりしものにして、上文陳述せし如く、其採用さるゝに至りしは初期交通時代に於ける歐洲諸國民の行爲驕傲にして侵略的なりしに由らずんばあらず。各商業國は第十五世紀中海上發見に次ぎて、全然東洋諸國民の所有權を無視し英、佛、西、葡、蘭、露皆隨意に亞細亞大陸と太平洋諸島とに廣大なる領土を占領せり。

支那、日本兩國は歐洲を距ること頗る遠きの故を以て、歐人の侵寇を受くること最も晚れたり。學識該博なる旅行家フムボルド（Humboldt）は百年前パナマ地峽を巡察して、其地勢に就き所感を記して曰く、此海角は太平洋の波濤を抑止する柵壁にして、數百年間、支那と日本との獨立を維持したる堡塞なりと（一）然れども兩國は此遠距離に加ふるに、往時より斷乎として外人の其領土内に居留するを禁じ、其交通を遮斷したるが故に能く獨立を保持し得たるなり。降りて第十七、第十八の兩世紀中には、國際法の原則は猶未だ完成せずして、兵力を以て權利を擁護すること能はざる諸國は全然度外に置かれたりしが、第十九世紀に至り、弱國に對する態度は漸次變更して、之を尊重すること復た昔日の比にあらざるに至りしを以て、兩國は其獨立保全を危くすることなくして、外國との交際を許すことを得たり。

(一)フムボルト著「新西班牙政論」(Political Essays on the Kingdom of New Spain)第一卷第二章。

日本の開國は、英國が兵力を以て支那門戶の一部を開放したるより起りし自然の結果なり。歐米各國中、英佛露は、此結果を來すに最も深大なる利益關係を有するものなれども、第十九世紀中葉の初めに於ける太平洋貿易の發達は、開國日尚淺き北米共和國に此重要なる事業を創成するの使命を與へたること必然の趨勢たり。英國史家クリーシー(Creasy)は一八五一年書を著し、合衆國が長足の進步をなしたることゝ、其輓近太平洋沿岸に於て偉大なる發展をなしたることゝの事歷を叙述し其政府が日本を强制して國を開かしむべきことを豫言せり。然れども其開國を促したる精神に關しては、言ふ所正鵠を得ず、之を以て勇往敢爲、侵略を事とし愼重を缺くものと爲し、且つ曰く、英國は輓近支那と戰ひ、其局を結ぶに當り、忍耐を以て事を處せしが、米國は之に傚ふことなかるべしと、又合衆國の勢力によりて東洋に多大なる變化を及ぼすべきことを豫想し、ド・トックヴィーユ(De Tocqueville)の語を想起して之を錄し曰へらく、此民主國の權力發達は、世界の變動を來すべき新要素にして、其重大なること到底想及すべき所にあらずと。

殆ど之と同時に他に青年米國の命運をトせしものありき。當時合衆國上院議員たりしウィリアム・エーチ・シューワード(William H. Seward)は國會に勸告して曰へらく、北太平洋に於て尙詳細なる視察をなすは、米國商利の爲めに、切要缺くべからざるなりと。其演說は博聞能辯と政見の偉大とを以て名を轟しゝものなるが、其中、合衆國貿易は太平洋沿岸の新領土布哇群島竝に日支兩國門戶の一部に由りて、將來多大なる效果を生ずべきことを指摘し、且つ曰く、今や歐洲諸國との關係は頗る廣大にして、著々增進しつゝあれども早晚必ず其必要を減じ又失ふべくして、共和國の大發展は却りて、大陸の他の方面に於てするに至らんと。是に於て豫言して曰く、太平洋と其海岸、島嶼と竝に洋外彼方に在る廣大無邊の地域は、將來に於ける世界の大事件を演出する大劇場となるべく、此一大變化を來し幾ならずして此人事の新活劇場に人類の良性を發揮するに至るは、良好なる平和の下に在りて通商貿易を經營するに由るべきなりと。

一八五一年紐育刊行イー・エス・クリーシー著「世界に於ける十五大決戰」(The Fifteen Decisive Battles of the World)第二百五十三頁。「第三十二國會第一議會議院公書」第二十四卷第二部、第千九百六十三頁。

第十九世紀の前半期中、英露佛三國政府は其軍艦を派遣し、日本の中央政府と交通して、鎖國の嚴令を弛めしめんことを力めしが、悉皆畫餅に歸したり。結局此目的を達し得たるは合衆國の盡力に由るが故に、少しく詳細に渉りて之を說述するを適當なりとす。

始めて日本に至りし米國船は、ステュアート(Stewart)を長とせるエライザ(Eliza)號にして、實に一七九七年に在り。當時和蘭は英國と交戰中なりしを以て、エライザは和蘭東印度商會の特許を得、日本規則の許可する所に遵ひ、毎年長崎港內出島の商館に至るを例とせり。エライザも和蘭人の使用に屬すれども、未知の國旗を掲揚し、船員は英語を談話するも、英國以外の治者に屬せしかば、其到來は日本人をして大に惑はしめ、說明頗る長きに涉り、時日を費すこと亦短からずして、遂に入港と荷物陸揚との許可を得たり。英蘭交戰中に米國船が之と同一の特許を得て、長崎に至りしもの他にも亦之ありき。數年を經てステュアートは復た長崎に至りしが、這回は自己の貨物を積載し來りて互市を求めたり。然れども其請は拒絕する所となりて、遂に退去を命ぜられたり。

「支那書架」第十一卷第百六十一頁。新渡戸稻造著「日米交通」第三十一頁。

爾後米國人は日本交通の事に關して重大なる計畫をなすことなく、以て一八三七年支那澳門に於て、人道、宗教、通商の擴充傳布を目的とせる遠征隊を組織せし時に至れり。其濫觴を尋ぬるに、日本沿岸の强潮と逆風とは往々內地人の小船を洋外に漂流せしめ、時に或は亞米利加大陸に漂著せしめしことあり、或は曰く、墨士哥土人の文明は日本に淵源すと。今漂流の事實を以て之を推すときはこの說を强うするものあるなり。七人の漂流日本人英領コロムビアの海岸に漂著したるを救ひしことありしが、ハドソン灣商會は、亞米利加大陸と大西洋とを經て倫敦に遞送し、英國東印度商會更に之を澳門に送り來り、機を見て本國に送還せんことを期したりき。是時に當り、廣東貿易に從事したる大商會中米國のオリファント(一)商會ありしが、漂流人送還を機とし、日本をして其鎖國の法令を寬にせしめんことを案出し、商船モリソンを艤して、漂流人を送還せしめたり。これ即ち前記の遠征隊なり。モリソンの稱は始めて支那に至りし英國宣敎師の名に因みたるなり。乘組員中、グーツラッフあり。獨乙宣敎師にして、支那學に通じ又歷史家たり。米國醫士にして、宣敎師たるピーター・パーカーと神學士エス・ウェルス・ウィリアムス師と亦之に加はれり。共に米國傳道事務局の代表者なりき。別に商會々員たるキング夫妻も亦一行中に在りき。

(一)支那に於ける米國傳道事務局の起源は、紐育の人ディー・ダブリュー・シー・オリファント(D. W. C. Olyphant)の功に由れり。卽ちオリファント商會の創設者にして、商會は多年支那貿易に從事して、名譽赫灼たりしものたり。オリファントは英人ロバート・モリソンを招きて傳道を掌らしめしが、プロテスタント敎宣敎師の支那に渡來せしは之を以て權輿とす。商會は廣東傳道團に家屋を供し、家税を免ずること多年に及び、合衆國より來る所の宣敎師に無賃乘船券を交付せしこと五十餘を算し、其他宣敎師の事業に貢獻せしこと多し。「支那書架」の刊行も亦其援助に成れり。此くの如くして商會は各般の事項に於て本國の名譽を發揮せり。

此遠征隊は毫も敵意なきことを示さんが爲めに、當時商船が例として備置せし大砲並に小兵器を悉皆撤去し、代ふるに日本官憲に贈呈すべき物品を以てせり。物品は地球儀、望遠鏡、米國通貨一揃、米國刊行の理學書、史書、其他の書籍並にワシントン畫像等頗る人目を牽くべきものを選みたり。文書は總て漢文を以てし、遠征の目的は漂流日本人の送還と方物の進呈とに在ることを記したり。又曰く、一行中醫師一人ありて藥品と醫療器械とを携へたれば、無料にて治療に應ずべく、其滯留の日子を十分にして其携帶せし書籍の意味を說明せしめられんことを乞ふと。其要求書中には合衆國の歷史と富源とに就きて說明を附し、且つ其目的は平和の通商に在りて、植民の如きは全然之に反するものなりと云へり。當時の記錄に傳ふる所に據るに、モリソン號は少額の貨物を準備し、開國互市の機會だにあらば直ちに之に投ぜんことを期したりと云ふ。

當時長崎は互市を許されたる唯一の港なりしも、モリソン號は此地に至らずして首都たる江戶に直航せり。其灣口に入るや、武裝せし多數の小艇は直ちに來りて之を圍繞し、其投錨せるの瞬間、堡寨は發砲せり。事玆に到りては危難を脫し擊破を免るゝの途は、直ちに退去するの外あらざりしかば、乃ち錨を拔きて海洋に遁れしが、小艇は追跡して小砲を打發せり。沿岸諸處上陸を試みたれども、皆擊退せられ、遂に航路を轉じて、鹿兒島港に向へり。鹿兒島は强大なる薩摩侯の城下なり。然るに此所に於ても亦敵意を以て迎へられしこと江戶に異らずして、澳門に歸來するの外、他に取るべきの手段なきに至り、日本の海岸に足跡を印することだにすること能はずして歸還せり

一八三七年刊行エス・ウェルス・ウィリアムス著「モリソン號航海記」(A Narrative of a Voyage of the Ship Morrison)。「支那書架」第六卷第二百〇九頁並に第三百五十三頁。

米國船が來りて交通を求めんとせし、第二擧は、之を第一回に比せば稍〻功を奏したり。一八四五年、クーパー(Cooper)を長とせるマンハッタン(Manhattan)號日本近海を航行せる際、無人の一孤島に十一人の漂民を發見し、幾もなくして進退を失へる一隻の小舟に遇ひて又十一人を救ひたり、船長は之を江戶灣に伴ひて官憲に引渡さんことを決し、日本政府をして合衆國の文明と皇帝並に日本國民に對する其友愛の情とを知らしめんことを期したり。其日本島の海岸に達するや、先づ皇帝に使者を發し、來航の目的を通ぜしめたり。其江戶灣に入るや、懇切なる待遇を蒙り、江戶を距る一ファーロングの所に投錨することを許されしが、小艇千餘、船を

隔つる百呎の處に在り、三重陣を作りて之を包圍し、官吏は日夜船内に在りて之を監視し、船長に告げて曰く、乘組員は一切上陸を禁じ、一人たりとも禁を破る者あらば、直ちに斬に處すべしと。

船は四日間の滯留を許され、其間漂流日本人を上陸せしめ、新鮮なる食料と水とを供給されたり。江戸の奉行は船長に告げて曰く、國法は外人の日本海面に留まることを許さゞれども、汝が異人種たる日本の窮民を遙に送り來れる行爲に徵し、決して惡意を挾みたる異人にあらざるべきことを確信するを以て特に之を許したるなりと。クーパーは今後他の難破船を發見したる時は、又漂民を送り來るべしと言ふや、奉行は答へて曰へらく、其塲合には之を和蘭の港に送るべし復た日本の地に來る勿れと。更に附言して曰く、日本國王は異人をして領内に來らしめんよりは、寧ろ漂民を放棄し置かんことを欲せらると。

一八四六年二月二日發行「ホノルル・フレンド」(Honolulu Friend)

以上は私人の事業に屬せしものなるが、合衆國政府は機會の乘ずべきあらば、直ちに之に續がんとするに躊躇せざりき。一八三二年、ロバーツが暹羅並にマスカットと訂約談判を開くの命を受けて派遣せらるゝや、又日本皇帝に宛てたる信任狀を携帶し好機あらば該帝國に至り、國交を開始すべしとの訓令を受けたり。然れども、當時の狀態は未だ此計畫を遂行せしむること能はざりき。

一八三五年、ロバーツがマスカット並に暹羅と訂結したる條約の批准交換をなさんが爲めに再び東洋に至らんとして、ワシントンを發するに際し、大統領ジャクソンより和蘭語と羅典語とを以てしたる日本皇帝宛の親書を託せられ、國務長官より前記二國との交渉を結了せば、直ちに去りて日本に往き、談判を開くべしとの訓令に接したり。訓令に曰く、蘭人は長崎に商館を有し、私利の上よりして、或は貴官の使命を妨害せんも計り難し。是故に爲し得べくんば、貴官は政府所在の地に近き他の港に入るを得策とすべしと。

ロバーツは日本に贈進するの目的を以て許多の物品を携へたり。其中に長さ八呎の金鎖を附したる金製時計、劒、旋條銃、小銃、短銃一對と羅紗織物各種と硝子板、樂器、地圖、合衆國通貨一揃、合衆國海軍戰捷の印刷物、並に最も纖麗なる毛を有するメリノ羊十頭、山羊二頭、牝羊八頭あり。又條約訂結の際には、一萬弗の價格を有する物品の贈呈を約し得べき權能を付與せられたり。然るにロバーツは一八三六年澳門に於て死去せしかば、談判開始の計畫は遂に止み、ロバーツを護衞して東洋に至りし艦隊は、日本の何れの港にも至ることなくして合衆國に歸來せり。

一八三二年の訓令に就きては「第三十二國會第一議會上院行政事務文書」第五十九號第六十三頁又一八三五年の訓令に就きては國務省刊行「特派使節訓令集」を見よ。

以上の事實に關聯して記すべき一事あり。一八四九年、新嘉坡駐在米國領事ジェー・バレスティアー(J. Balestier)がボルネオ王と通商條約を訂結すべき委任を受けたること是なり。バレスティアーは、支那語と暹羅語とに通ずる米國宣教師ディーン(Dean)を書記官兼通譯官として隨伴せしめ、一八五〇年四月、合衆國軍艦プリマスに搭乘して廣東を發せり。安南、暹羅の諸港に至りて本國政府の委任事項を處理せし後、多大の困難なくして、ボルネオ王と貿易に係る條約を訂結せり。

「第三十二國會第一議會上院行政事務文書」第百三十八號。

一八四五年、紐育州選出國會議員プラット(Pratt)は、速に日本竝に朝鮮との貿易を實行するの方法を執るべしとの決議案を提出し、建議文を添附せしが、其中決議案を採用すべき理由を開陳せり。其一二を摘記せんに、曰く、他國が失敗したりとて、之を以て吾人が今日奮進すべからずとの理由とするに足らず。我商民と海員との事業を轉じて、多年閉鎖したる諸國の港灣市場に向はしむべき日は今や到來せり(二)と。該決議案の提出より未だ三個月を經過せざるに、訓令は早く既に東印度艦隊の司令官に下れり。曰く、支那駐剳公使エヴェレットは日本に送るべき信任狀を携帶せり。司令官は宜しく日本諸港が外船に開放さるべき望あるや否やを查定すべし。エヴェレット日本に至るの計畫をなす場合には、率ゐる所の艦隊を以て其用に充つべし。エヴェレット若し此意思なきときは、司令官は適當と思惟する塲合に自から進みて其計畫に當るべしと。

(二)「第二十八國會第二議會下院文書」第百三十八號。

エヴェレットは訓令を受けて、信任狀を司令官ビッドル(Biddle)に交付せり。ビッドルは二隻の戰艦を以て澳門を發し、一八四六年七月二十日、江戶灣に投錨せり。其至るや、多數の小艇陣を作りて之を包圍し、日本官吏一名船に上りて來航の目的を質せり。司令官は日本が旣に港を開きしや否やと、又合衆國と條約を訂結すべき意なきや否やとを確知せんが爲めに來れりと答へたり。日本官吏は之を書面に認めんことを求めたれば、之に應じたりしに、官吏は曰く、數日内に裁斷する所あるべく、其間乘組員は一人たりとも上陸を許可せずと。二十七日、日本官吏は答書を齎したり。其要に曰く、外人に接するは長崎の外に於てすべからず。合衆國と條約を訂結することを欲せず。戰艦は即刻退去し、再び日本に來ること勿れと。司令官は書翰受領の際に於て、日本兵士の爲めに打撲又は排擠せられしが、日本官吏は謝罪して、兵士を所罰すべきことを保證せり。然れども此一件に由りて、日本は米國人の威嚴を輕んじたり。

艦隊は退帆せり。エヴェレットは國務長官に報じて曰く、日本政府がビッドルに交付せし答書は、外交文書に普通なる禮儀を故意に無視せしものにして、宛名を署せず、又署名の日附なし。亦以て日本人が外國と通商をなすに意なきことを證するに足るべしと。又曰く、司令官ビッドルは愼重の態度を以て談判を開始せざりものゝ如く、事態をして前日よりも尙不利ならしめたりと。

一八四八年、廣東駐在公使事務取扱パーカーは國務長官に宛て、日本海岸に於て難船せし米國捕鯨船ローレンス (Lawrence) 號乘組員中の生存者が、日本人の爲めに獄に投せられ、慘酷なる取扱を受けたる顚末を報告し、且つ述べて曰く、從前の諸訓令に徵するも、大統領は難船したる米國海員をして、少くとも人類に相應せる待遇を受けしむるの目的を以て、日本と條約を訂結するの得策なることを十分認識せらるゝや明かなりと。次ぎて同年廣東在勤和蘭領事は報告して曰く、捕鯨船ラゴダ(Lagoda)號乘組員十五名は日本人の爲めに囚はれたりと。是に於て米國東印度艦隊司令長官は軍艦を日本に派遣して、其引渡を要求することゝなれり。乃ち司令長官グリン(Glynn)はプレブル(Preble)號を率ゐ、一八四九年を以て長崎に赴き、外國船碇泊規則を無視して灣內に前進し、直ちに奉行と談判を開始せり。其間誤解を生じ時日を經過せしも、グリンは遂に米國海員の引渡を得、プレブルは復た艦隊に合せり。

「第三十二國會第一議會上院行政事務文書」第五十九號第六十四頁乃至第六十九頁同上第三頁乃至第四十四頁、第六十九頁乃至第七十三頁。

ローレンス號とラゴダ號との海員等は、日本人より受けたる待遇の狀況を詳細に陳述し、侮辱虐待甚しかりしことを證明せり。曰く、十字架を踏み、又、之に唾すべしとの命を被り、或る場合には小籠中に閉鎖せられ、手足を桎梏せられ、又は不必要なる苦痛を受け、忍び難き冱寒に曝露され、爲めに數名の死者を出すに至れりと。是等の報告は合衆國政府をして日本を強制して條約を訂結せしめたる最後の決心を促すに與りて最も力ありたり。然れども上述の如き殘忍酷烈なる取扱を敢てしたるは果して日本政府の與り知る所なりしや否や確ならず。政府は鎖國政策を嚴守せんが爲めに其海岸に於て發見したる外國人は總て之を捕虜として、逮捕拘留せしめ、之を長崎に護送し、機を見て蘭船をして國外に送出せしむるを定法とせりき。故に若し侮辱虐遇ありしとせば其は政府の命令にあらずして屬吏の熱狂に出でしなり。

一八五〇年の頃、日本四周の海面には米國捕鯨船の來れるもの其數を知らざりき。日本人の之を觀察せしものは曰へらく、同年中或る一個所に於てすら猶且つ八十六隻を下らざりしと。難破の場合又は水糧供給の爲めに、日本の諸港に入ることを得ざるは、其最も苦痛とせし所にして、難船の海員が殘酷なる取扱を受くることは、苦情を鳴らすの大なる原因とはなれり。是等の苦情は遂にワシントンに達し、加之通商の必要は益〻逼迫し來れり。カリフォーニア州金坑の發見と、太平洋沿岸領土に於ける急速なる發展とは、支那桑港間に汽船航路を開くの計畫を生せしが、此目的を達せんには、日本に石炭其他供給品の貯藏港を置くの必要を致したり。是を以て非常の努力を以て日本を強制し、一所若くは一所以上の港を開かしめ、外國人に對して、從前よりも寛大なる處置を施さしめざるべからずとの感念は益〻強大となり、遂に結成して政府の決意とはなれり。

是より、先此問題は識者の注意を牽きしこと既に久しく、此目的を遂行するの方法に就きても意見を陳述せしもの亦少からざりき。就中プレブル號にて難船海員中生存者の釋放を得てワシントンに歸り來りしグリンの如きは、大統領フィルモーア(Fillmore)に會見して、此遠征に關する意見書を呈せり。當時復た國務長官の職に就きたりしウェブスターも亦此問題に就きて多大なる興味を有したり。閣議の結果優勢なる艦隊を日本に派遣し、從前よりも形式を嚴格にし、決意を確固にして、以て米國海員遭難の場合に於ける待遇の法を更めしめ、又通交貿易に關する現在の法令に多少の改正を加へしめんことを決議せり。

コムモドア・オーリック(Aulick)は選ばれてこの重大微妙なる任務に當ることゝな

り、之が爲めに米國東印度艦隊の司令官に任ぜられたり。條約訂結全權の委任狀、ウェブスターの署名したる訓令、並に日本皇帝に宛てたる大統領の親翰は皆一八五一年六月十日附にて、オーリックの出發は其翌日なりき。(一)其支那に寄港するや海軍長官より歸國の命令に接せり。幾もなくして奉使の命令はコムモドア・マシュー・カルブレース・ペリー(Matthew Calbraith Perry)に下れり。抑〻この事業は合衆國は勿論世界の人類に取りて頗る重要なるものにして、而も從來歐米の海軍將校は之を遂行せんとして蹉跌したり。ペリーは海軍に於て既に名聲を博し、人皆以爲らく、其器は此偉業を成就するに特に適したるものなりと。ペリーは海員の家より出で、父は獨立戰爭の時海軍に從軍し、兄オリヴァー(Oliver)は一八一三年エリー(Erie)湖上の戰捷に於て殊勳を樹てたり。ペリー此命を受けし時、年齒正に五十有八たり。

(一)「第三十二國會第一議會上院行政事務文書」第九十九號第七十四頁乃至第八十二頁參照。大統領フィルモーアの事に就きては「米國史記」(American Historical Rercod) 第三卷第百四十八頁、又オーリックの任命竝ニ召還に就きては同書第二百九十四頁を見よ。

ペリーは準備の爲めに十分に時日を費すことを許され、屬僚の選擇に就きても亦多大なる自由を與へられ、必要なる出版物は歐米を通じて悉く之を索出し、海圖は主として和蘭より購求し、政府は之が爲めに三萬弗を支出し、ファン・シーボルド(Van Siebold)文庫を購ふに五百三弗を以てし、其他日本に係る各種の著書を蒐集せり。ペリーは又紐育、ボストン、ニュー・ベドフォード等を歴訪して、日本近海の潮流を熟知せる捕鯨船の船長並に東洋貿易に利害關係を有する商人と會見せり。著名なる製造業者も亦之を訪ひ、最近に進歩せる技藝品並に工業品の標本を購ひ、科學者、通譯者、其他苟も此遠征の目的を援助するに足るべきものは總て之を招致せり。

ペリーは屢〻大統領、國務長官並に海軍長官と會見し、ウェブスター國務長官は愼重に訓令文を起草せしが、ペリーの未だ出發せざるに先ちて逝けり。故に該訓令は國務長官署理コンラッド(Conrad)の名を署したり。遠征の目的は第一に米國難破船員の保護、第二船舶修理並に石炭積入の爲めに船舶の入港すべき諸港の開放、第三貿易港開放是なり。大統領フィルモーアが日本皇帝に宛てたる書簡は、曩にオーリックの携帶せしものに比せば更に練磨を經たるものにして、當時國務長官たりしエドワード・エヴェレット之に副署せり。

「第三十三國會第二議會上院行政事務文書」第三十四號第四頁乃至第九頁。

此遠征は祕密に付したる事毫も之なく、訓令文は之を公刊し、準備は公然之を遂行したり。故に歐米を通じて新聞紙論評並に一般討論の題目とはなれり。多數の意見は之に好意を表したれども、其成功如何に就きては多大なる疑念を表白せし者多かりき。國務長官は以爲らく、日本の朝廷をして友愛を以て之を迎へしめんには、出島なる蘭館を通じて、其道を作るに若かずと。是に於てか和蘭政府に請ふに援助を以てせり。和蘭政府は此請を容れ、東印度駐在の官憲に命じ、此目的を達すべき訓令を發せしめたり。然るに此訓令の出島に達せしは、既にペリーが日本に至りて、其使命を完了せし後に在りしが如し。和蘭政府が始めて此擧あるを聞くやペリーに先ぜんと欲し、約案を起草して、之を長崎に發送せしが、日本政府は之を考量することを拒みたり。これ世人の知る所たり。

細心熟慮以て遺漏なからんことを期したる遠征の準備成れるや、大統領は閣員並に著名なる人士と共にアナポリス(Annapolis)に至り、提督に告別せり。乘船の前日、ペリーの親友並に同情者はワシントンに於て之を晩餐會に招待せり。國務長官其他の内閣員上下兩院議員並に顯要の地位に在る市民之に加はりしが、ペリーは諸家の質議に應じ、計畫と豫定行動とに就きて說示する所ありき。當時此席に列せしものゝ中、或る人は後年此事に關し記述して曰く、提督が此事業に關し、其難件なることゝ、其頗る微妙なることゝを十分に了解せしは當時列席せしものゝ能く知る所たるや明かなりと。一八五二年十一月二十四日、提督はノーフォーク(Norfolk)より解纜し、海嘴を過ぎ、日出の國の門戶を開くべき長途の航路に就きたり。

「第三十三國會第二議會上院行政事務文書」第三十四號第二十頁。國會刊行提督エム・シー・ペリー著「日本遠征記」第一卷第六十五頁並に第六十九頁。一八八七年ボストン刊行ダブリュー・イー・グリフィス著「マシュー・シー・ペリー」第三百六頁。

廣東に至り、エス・ウェルス・ウィリアムスを得て通譯官の首班に列し、東印度根據地に於て艦船の增援を得、進みて日本に向ひたり。一八五三年七月八日、黎明雲霧の間伊豆岬の高く海上に聳ゆるを見、江戶灣方に近きに在るを知り、船上人心大に振ひ俄に擾然たり。提督此事を記して曰く、信號は艦隊に傳はれり。幾もなくして甲板は戰鬪準備を整へ、砲熕は配列裝塡を了へ、兵器彈藥の整備完成し、哨兵々員部署に就き、敵に備ふるに必要なる準備は悉く完了せりと。秀麗なる灣內に入るや、旭日曉霧を拂拭して、風光明媚の間、大小船艇の往來織るが如く、遠く望めば、富士の山、白雪を戴きて雲際に聳え、風景畫圖の如く、轉た人をして恍惚たらしめたり。艦隊は帆を卷き、肅々として進行し、水面に群集せる小艇の號呼に介意することとなく砲臺の前面を通過し、灣口に入ること未だ深からざる所、浦賀の沖合に投錨せり。汽船の日本海面に出現せしは之を以て嚆矢とす。旗艦サスクィハンナ(Susquehanna)は船型、機械、容積共に最新式に屬し、輓近フィラデルフィア海軍造船所に於て、歡呼の裡に進水したる新造フレガット型汽船なり。艦列の強大なる逆風に抗し、帆を揚げずして、煙筒より多量の黑煙を噴出しつゝ、徐々に灣內に進入するや、始めて之を見たる日本人は非常に恐怖し、以て凶事の前兆とせり。當時俗謠あり。所謂黑船の事を叙せり。左の如し。

雨《アメ》の夜《ヨ》に、日本《ニツポン》眞近《マジカ》く、寐惚《ネボ》けて流《ナガ》れ込《コ》む唐模樣《カラモヤウ》、黑船《クロフネ》に乘込《ノリコ》み八百人、大砲《オホツ》、小砲《コヅ》、打並《ウチナラ》べ、羅紗《ラシヤ》猩々緋《シヤウ〳〵ヒ》の筒襦袢《ツヽツバウジユバン》、黑《クロ》ん坊《ボ》は水仕事《ミヅソコシゴト》する。大將分《タイシヤウブン》ば部屋《ヘヤ》に構《カマ》へて眞面目《マジメ》顏《カホ》。中《ナカ》にも髭《ヒゲ》だらけなツヤ

ガタラ唐人《タウシン》は海《ウミ》を眺《ナガ》め、銅鑼《ドラ》妙鉢《メウハチ》叩《タ》いて、歸去來《キクライ》々々々金毛《キンモウ》パーパー。亞米利加《アメリカ》指《サ》して、貰《モラ》ひし
大根人參《ダイコンニンジン》持《モ》つて、立《タ》ち歸《カ》る。

艦隊は午後五時を以て投錨せしが、其一刹那、附近の砲臺は二發の號砲を放ち、狼煙一發高く天に上れり。これ曩に出島の蘭人より豫報せし恐るべき異人の到着を都府に報知せんが爲めなり。日本の著者は此合圖の影響を記述して曰く、外人來寇の報江戶に達するや、擾動の甚しき筆舌の盡すべき所にあらず。都を擧げて物情騷然、母は兒を抱き、男は母を負ひ、四方に走り、戰始れりとの風評は口より口に傳はる每に益〻誇大となり、恐怖に加ふるに恐怖を以てしたり。兵士戰馬左旁右午鏗々戛々たり。車聲喧閙、火消は列を作りて非常を警め、警鐘日夜絕ゆることなく、婦人は叫喚し、幼兒は號泣し、百萬の蒼靈全市に喧譟し、騷擾をして一層の甚しきを加へしめたりと。

ペリー著「日本遠征記」第二百三十一頁並に第二百三十二頁。新渡戶稻造著「日本交通」第四十六頁。

艦隊の投錨するや、許多の小舟は之を圍繞し、艇員中艦內に入らんとしたるもの多かりしかども、前に受けたる訓令の主旨に基き、一切之を許可せざりき。小舟中

最も著大なるもの一隻あり。乘船者は高官たりと思しく、之のみは旗艦の舷側に接近するを許せり。これ果して浦賀奉行の次官にして、司令長官に會見せんことを求めたり(譯者曰く、與力中島三郎助自ら次官と稱して、一人上船するを得たるなりと云ふなり。)然るに司令長官は部下の一人をして答へしめて曰く、余は最高官人の外は一切會見せずと。これペリーが取りたる特得の方針に合せるものにして、文明諸國相待つの禮儀は恩惠として懇請せずして、權利として之を要求し、米國々旗の威嚴を毀損すべき官憲の行動威迫は之を無視し去り、當面の任務を有する官吏の外は上船を許さず。之を許す場合にも出入は旗艦に限ることゝし、以て聊か日本流の外交術を實行し親ら會見するは、日本最高の官人に限ることゝせり

是故に次官の接見は副官をして之をなさしめたり。次官の使命は來航の目的を問ひ、且つ外人との交渉は長崎の外、之を取扱ふべからざるが故に、艦隊は速に此地を退去すべしとの事を傳ふるに在りき。然るに副官は之に答へて曰く、艦隊の來航は交を修めんが爲めにして、皇帝に宛てたる合衆國大統領の書翰を携帶せり。司令長官は此書翰奉呈の事に就き日本最高の官人と會見せんことを欲し、且

つ書翰は該官人所在地に於て受けられんことを期待すれば、去りて長崎に行くの要なく首都に近接せる浦賀に留るべしと。會見中尙次官に告げて曰く、司令長官は滯在中、其艦隊をして侮辱を受けしむべからず。若し艦隊を圍繞する警備船を去らしめずんば兵力を以て之を追ふべしと。次官は直ちに舷門に至り、令して之を去らしめ、滯在中復た其隻影をも見ざりき。次官は明日江戶より高官の人來り訪ふべしとの言を殘して、辭し去れり。明日浦賀奉行は來艦せり（譯者曰く、與力香山榮左衛門浦賀奉行と稱して旗艦を訪ひたるを指す。）司令長官は又親ら會見することを謝絕して、部下の艦長二人をして代らしめたり。會見は長時間に涉り、奉行は長崎會見と艦隊退去とに就き前日と同一の言を反覆し回答も亦前日と異ることなく、較〻語氣の銳きを見たるのみ。最後日本政府若し適當の官人を任命して、皇帝に宛てたる書翰を受取らしめざるときは司令長官は兵力を以て上陸を强行し、親ら之を呈すべしとの事を奉行に告げ、大統領の書翰と司令長官の信任狀とを納めたる匣を示したり。匣はワシントンに於て調製せしものにして、精巧貴重、奉行をして一驚せしめたり。奉行は江戶に歸り、四日以內に江戶城より答ふる所あるべしと云へり。

此日朝、各艦船より一部隊を出し、灣内の測量に着手せしめたり。奉行は其作業の何たるを問ひ、其説明を聽くに及びて、更に答へて曰く、此の如きは國法の許さゞる所なりと。而して米國人は答へて曰く、米國の法律は之を命ぜり。測量部隊が我國法を遵守すべきこと、猶奉行が日本の國法に服從すべきが如しと。是に於て抗議は止み、測量は日々繼續せり。

提督は此事を記して曰く、十日は日曜日に當れるを以て、日本官憲との通信往復を止めたり。禮拜式は提督の常時遵守せる慣例に從ひて之を行ひ、當時上船を求めたるものは一切之を拒絶せり。月曜日には測量隊の一部は汽船掩護の下に深く灣内に入り、較〻江戸に近けり。提督は以爲らく、斯くの如きは江戸城よりの回答をして速ならしむべしと。而して奉行は復た來艦して此運動の目的を質したるが、米國人は答へて曰く、今回大統領の書翰を受領せられずんば、明春は更に偉大なる艦隊を率ゐて歸來するの必要あるべく、測量船は其準備として、更に江戸に近き處に較〻良好なる碇泊塲を求めんとするなりと。是に於て奉行は江戸城より回答の來るべき期日に再來せんことを約して、辭し去れり。

七月十二日、奉行は來艦して曰く、大統領書翰受取の役として重職の者一人特使の命を受け、迎接の爲めに海岸に家屋を新築し、今工事中に在りと。且つ曰く、書翰に對する返翰は此地に於ては渡し難く、之を長崎に送致し、和蘭又は支那の監督官に由り交付すべしと。ペリーは此答を聞くや、直ちに覺書を作成せり。曰く、司令長官は長崎に行き、蘭人若くは支那人より答書を受領することを欲せず。本官の携帶せる大統領の書翰は日本皇帝若くは外國奉行に渡すべきものにして、本書は此外何人にも渡すことを得ず。若し友愛の情を以て皇帝に宛てたる大統領の書翰を受取らず、又適當の答書を齎さゞるときは、本官は之を以て米國を侮辱せるものと認定し、其結果の如何に就きては、敢て其責に任せざるべし。本官は數日間に何等かの返書を得んことを期待す。而して該返書を受くるは此附近に於てすべく、他の何れの場所に於てすることをも欲せずと。

覺書は之を蘭語に飜譯して、奉行に交付し、奉行は辭し去れり。午後奉行は復た來りて曰く、正式に國王の委任を受けたる高位の官人明後日海岸に於て司令長官に接見すべしと。翌日奉行は旗艦に來りて、全權委員の信任狀と全權委員は高位の貴人にして、官階提督と相應ずる旨を記せる幕府の證明書とを携帶せり、七月十四日の朝、艦隊は會見場と定められたる式場の前面着彈距離內の所に位置を轉ぜり。斯くて浦賀奉行(譯者曰く、實は香山榮左衛門なり)は儀式の支配役として、他の日本官吏一名と共に多數の官船に護衞され、司令長官並に隨員を接見場に迎へんが爲めに旗艦に來れり。司令長官の端艇に移乘するや各艦は禮砲を放ちたり。此時は即ち提督が日本到着以來始めて日本人に見られたる時なりとす。隨員は艦內の任務に差支なき限り將校を網羅し、別に三百の水兵水夫と二隊の軍樂隊とを從へ、上陸地點並に會見式場の附近には日本の步騎兵五千人を配置したり。司令長官の上陸するや、列の先頭は儀式の支配役之に當り、艦長一人之に次ぎ、次に水兵、水夫、米國々旗と代將旒とを捧持せる二人の水兵あり。此式日に相當すべき盛裝をなしたる童子二人は大統領の書翰と信任狀とを容れたる匣を捧持して之に跟し、司令長官其後に在り、兩側には護衞として武裝したる黑奴を伴へり。公文の記錄に曰く、これ萬一に備へんが爲めなりしことゝ勿論なりと。

式場に入れば書翰受取の任を負へる二名の貴族は起立し、稽首して司令長官に會釋し、通詞は其名を披露せり。是時二童は書翰を容れある金製書匣を齎し、二名の黑奴之を開けば、皮紙に清書し、雅致ある緘を施し金鎖を以て印璽を附したる書翰と信任狀とを取出し、之を捧持して前記貴族の前に至り、日本人が書翰受取の爲めに備置きたる緋色漆塗匣の蓋上に之を置きたり。是に於て奉行は跪きて之を匣中に置き換へ、前記漆塗の匣に納めたり。此間闃として、一語を發するものなかりき。

提督は譯官をして日本通詞に此文書の意味を說明せしめたり。其了るや、奉行は跪きて石見守（譯者曰く、在府浦賀奉行井戸石見守弘通の事にて、戸田伊豆守と共に書翰受取の任を負ひたり。前に云へる二名の貴族とは井戸戸田兩人を指す。）より一個の卷物を受け、再び跪きて之を提督に捧げたり。これ即ち日本貴族兩名の署名せる返翰にして、其要に曰く、浦賀は事を辦ずべき地にあらず。宜しく長崎に於てすべく、艦隊は速に退去せんことを期すと。闃として聲なきこと又數分間、提督は譯官をして日本委員に告げしめて曰く、事態頗る重大なるを察知し、二三日中に退去すべし。然れども明春再び此地に歸來して、皇帝の返翰を受取るべしと。奉行は又今回と同數の船を率ゐて來るべきやと問ひしに、提督は答へて曰く、然り、然れどもこれ艦隊の一部に過ぎざれば、或は尙多數を率ゐて來らんも知るべからずと。斯くして式は了りぬ。此間日本の貴族は一語も發せしことなく、式は形式的の最も形式的なるものにして、會見の時間は三十分以內なりき。此時、米國人の受米國人は大に其奏功を喜び、軍樂隊の國歌吹奏の裡に歸艦せり。此時、米國人の受けたる待遇は二百年來日本に至りし他の外國人の未だ嘗つて見ざりし所にして、秋毫も威嚴を損すことなくして、對等の交際をなすことを得、長崎なる蘭人を經由せずして直接に最高官人と通信し、米國の品位を蔑如すべき諸法令を輕視し、又は撤去せしめたり。然れども其權利を主張するに當りて、確乎遜る所なかりしに拘らず、日本人の主權と權利とに對しては最大の敬意を表し、艦隊の水兵には上陸を嚴禁し、爲めに土人を輕蔑虐遇せしことなく、婦人を侮辱せしことなく、財產を掠奪せしことなく、警察規則を侵犯せしことなし、これ他國の水兵には未だ嘗つてあらざりしことなりとす。

接見の翌日午後、艦隊は灣を上ること十哩、進みて江戶に接近し、投錨して水深を測量せり。同日提督は書を幕府に贈りて、其出發の期と明春再來すべきことを通牒せり。艦隊は灣内に在ること八日間、十七日來航の時と同じく、帆を卷き、黒煙を噴き、洋外に駛行せり。提督が帝國政府に重大問題の決定を促し、而して其船舶を率ゐて退去したるは、其討議決定の間、毫も强迫の態度を示さゞらんが爲めなりしなり。

米人の退去するや、江戸幕府は當面問題の解決に著手し、訂約條項を列記せる大統領書翰の寫を諸侯諸士に頒ち、廣く其意見を徵したり。之と同時に戰備に著手し、江戸防禦の爲めに灣内に强大なる砲臺を築造し、梵鐘と富豪の寄附せる金屬製の奢侈品とを大砲に改鑄し、憂國の死士は外夷の凌辱を防がんとして、江戸に集るもの三十萬に及びたり。而してペリー去りて後二閱月露國の提督も亦、長崎に來り、交通訂約を請ひ、人心又恟々として、僧侶は外夷退散の祈禱をなすことを命ぜられたり。

ペリー著「日本遠征記」第十二章乃至第十四章。新渡戸稻造著「日本交通」第四十九頁。一八八〇年倫敦刊行サー・イー・ジェー・リード(Sir E. J. Reed)著「日本の歷史傳説並に宗教」(Japan, its History, Traditions, and Religions) 第一卷第二百四十六頁。

是より先、支那には太平の亂ありて、清朝の命運危殆に瀕したりければ、ペリー提督は艦隊の補充增加をなし、且つ同國内に於ける米國人の利益を保護するの目的を以て支那に赴きたり。駐清米國公使は支那海面に於ける海軍力を割くことを欲せず、熱心提督に請ふ所ありしかども、ペリーは支那の内亂よりも日本に關する使命に重きを置き、且つ米國が内亂の渦中に投ずるは策の得たるものにあらずと思惟したり。

ペリー提督をして日本に行くを促したる理由尙他に之あり。提督は露國提督長崎に至りしことを耳にし、且つ其艦隊の上海河上に在ることを知れり。佛國艦隊も亦支那海面に在りて、其司令官は現にペリーの滯留せる澳門を發し、目的地を祕密に付したり。自ら謂へらく江戸に於て非常の注意を以て播種せし果實、他の收獲する所となるの虞ありと。是に於てか支那滯留の期を短縮し、冬季の危險を冒して、日本に赴くに決せり。

途上、流球群島に寄泊し、東印度、和蘭植民地太守よりの書翰に接し、一驚を喫せり。曰く、日本皇帝は提督の退去後崩ぜられたり（譯者曰く、將軍家慶の薨去を云ふ）。帝國政府は宮中喪期の終了に至るまで公務を執ること能はざるを以て、所定の歸航を延期せんことを請へり。茲に其意を致すと、提督は凶報に對し哀悼の意を述べ、而して曰く、日本現在の統治者は友愛を以てする大統領の意思に滿足したるを以て、兩國間の協商を遷延するが如きは其欲する所にあらざることを堅く信じて疑はずと。是に於てか、航海を續行したり。

ペリー著「日本遠征記」第三百〇二頁並に第三百二十一頁。

艦隊は第一回に比して船數を二倍し、途上に止めたる船艦を合算せば、十隻を以て算すべし。期に先ち一八五四年二月十二日を以て江戸灣に入れり。灣内を航行するや、威風人心を驚かし、此壯觀は日本海面に於て未だ曾つて見ざりし所なり。亦以て合衆國の熱誠を證明するに足るべし。官船より官吏が頻りに通信を求めるを無視して、浦賀を過ぎ、曩に大統領の書翰を交付したる塲所を後にして、浦賀を距る十二哩の内灣に至りて投錨せり(譯者曰く、神奈川の前面なり)。外灣に於て追跡せし官船は一人の日本高官と通詞數名とを乘せて接近したり。提督は艦長の内一人をして之に接見せしめ、前回の主張を固執し、皇帝の特派に係る提督對等の高官の外應接せざることを述べしめたるに、日本官吏は曰く、最大の懇切を以て艦隊を待つべきの上諭は發せられ、提督と談判すべき委員は既に任命せられたりと。又曰く、會見塲として定められたるは外灣の鎌倉なりと。提督は代理官をして答へしめて曰く、外灣に退去するは其欲する所にあらず。日本官憲若し現在投錨地の對面にある地に於て交渉を開くことを肯せずんば、艦隊を率ゐて江戸に前進し、談判の開始を請ふべしと。

是より日本官憲の旗艦を訪ふこと日に絶えずして、會見塲に關するの議、容易に決せざりき。之を事實に徵するに、當時江戸幕府は外國司令長官と能ふ限り親和を保ち、少くとも大統領書翰中の一部に應ずべきことに決し、而して接見の塲所に關して議論をなしたる目的は能ふ限り艦隊を江戸より遠ざけんとするに在りしに過ぎず。然るに司令長官の態度は强硬にして動かすべからず。終に艦隊碇泊塲に近き、現今横濱となれる地に於てすることに決定せり。

第一回の會見は三月八日に在り。提督は日本全權筆頭の信任狀を閲し、其完全なることを認めたり。會見塲は曩に浦賀に於てせし如く、特に之を建造せり。日本官憲は往日大統領書翰受取の際に於けるが如き壯大なる軍列を布かずして、唯だ少數の衛兵を配置せしに止りしが、提督は日本人に使命の重きを知らしむるの目的を保持し、第一回上陸の時と殆ど同じく、及ぶべき限り多數の將校水兵を從へ、軍樂隊をして樂を奏せしめ、且つ皇帝、日本全權並に自己の爲めに禮砲を放ちて敬意を表せしめたり。

日本は應接の爲めに全權の外に高位の貴族並に士人四名を加へたり(譯者曰く、儒者林大學頭煒、町奉行井戸對馬守學弘、浦賀奉行伊澤美作守政義、目付鵜殿民部少輔長鋭、儒者松崎滿太郎を云ふ)。紹介了りて、大統領書翰に對する答書は交付されたり。其語調より推すときは、稍〻米國の要求を容れたるものゝ如し。是に於て談判を開始し爾來會見相踵ぎて此月の全部を費せり。會見は全然形式的なりしと雖、日本全權は多大の禮儀と善意とを以て應接し、皆能く經驗なき新任務に堪ふるの人物なることを實證せり。

三月十一日、合衆國より皇帝並に他の官憲に宛てたる贈品を適當なる儀式を以て贈呈したり。其數頗る多くして、數隻の大端艇に滿載し本船より將校若干水兵並に軍樂隊各一隊を派して之を護送せしめ、日本全權並に其隨員之を受領せり。

其の品目中には精巧なる最近式銃劍各種、許多の書籍、美麗なる化粧臺及び薰香、多數の時計、器具、機械類、電信機械一式、汽關車、客車、軌道、鐵道用具一切の雛形、救助船あり。尙在りの儘を云はゞ、多量のシャムペン、リキュール、ウィスキーも亦此中に在りき。

十二日を經て日本は答禮の品を贈り來れり。提督は多數の將校を隨へて上陸し之れを受領せり。贈品は大なる應接館內に充滿し、其の種類は枚擧に遑あらずして、皆日本技藝の完備を證示するにあらざるはなかりしが、其中主要なるものは精巧を極めたる漆器細工、最も巧緻なる刺繡、技巧最も完全なる陶磁器、絹布類、繻子、縮緬、各種の紬、扇子、傘、人形等なり。尙外に果物、米、魚並に三百羽の鳥ありしも、酒類は一つも之なかりき。これ皇帝より合衆國大統領、提督、各艦將校、通譯官等に贈りしものにて、會見に關係せしものは一も漏れたるものなかりき。此外に日本全權、老中、奉行並に通詞よりも物品を贈り來れり。要するに米國人は日本の友人より對等と看做されたるなり。

條約談判の進行中、米國將校並に技工等は贈品の包裝を解き、其使用を說明せり。

電線を伸張し其兩端に假電信局を設け、英、日、蘭の三國語を以て通信を交換し、貴賤となく日に此に集り、見て以て頗る奇異の感をなせり。圓狀の鐵道を敷き、小なる機關車と列車とを運轉して觀者の群を驚倒歡呼せしめたり。是等の新發明品は船艦の蒸汽機關並に水兵の操縱と、相待ち、日本人をして深く米國人の武力才能驚くに堪へたることを感ぜしめたり。

日本官吏の米艦を訪ふや、懇待を受け、遂に米國の食事に慣れ、シャンペン其他の酒類は其特に嗜好する所となりき。談判の事實上結了するや、提督は日本全權、屬官並に通詞を旗艦に招待して宴を張れり。到る處、欵晤頻にして、酒は飲むに委したるを以て、和局に狂喜せし日本人中、乾盃は盛に行はれたりき、

談判結了して條約調印の一段となり、式は一八五四年三月三十一日會見場に於て擧行されたり。提督は英語を以てせる一通と通譯官の證明せる漢、蘭譯文二通とに署名して、之を日本全權に付し、日本全權も亦日、漢、蘭三國語を以てせるものに各調印して提督に渡したり。式了るや、提督は全權の筆頭林に贈るに米國々旗を以てし、告げて曰く、米國の好意を表彰する之に若くものなしと思惟すと。傳へ

云ふ、日本全權も亦之に對し滿腔の喜悅を以て謝意を述べたりと。條約の調印了るや、日本全權は會見場に於て純然たる日本式の宴を催せり。當時の記錄に據るに、饗宴は賓客をして著大なる喜を感せしめざりしかど、主人側の鄭重慇懃にして且つ注意周到なりしは、米國人の大に滿足せし所にして、禮儀の上に於て之より以上何等求むべきの餘地なかりき。然れども、在りの儘を云はゞ、其面前に配列したる食膳は總て口にしたることなきものなりければ、皆空腹を抱へて別を告げたりと云ふ。

ペリーの再訪と訂約談判の事とに就きては、ペリー著「日本遠征記」第一卷第十八章、第十九章及び第二十章を見るべく、官報と公文書類とに就きては、「第三十二國會第二議會上院行政事務文書」第三十四號、第百十六頁乃至第百六十七頁を見るべし。

議定したる條約は、通商の事を除くの外、皆米國委員たる勇將ペリーの豫期せし所に合一せり。日本全權は難破船員の保護を約し、長崎以外に二港を開き、米國人の上陸薪水糧食の給與、且つ物品の購入、石炭の貯藏に充てしむることゝし、領事又は政府の事務官は江戶最近の開港場たる下田に在留することを許したり。當時日本開港場に於て無制限に貿易を經營するの特許を得んは實に不可能の事たり。故に此希望は他日到達し得べしとして之を保留し、日本の國情に鑑みて、及ぶべき限り合衆國の要求に應ぜしめたり。然れども、他國は幾ならずして米國と同じく條約の訂結を日本に強ふべくして、此場合には米國の取得せるもの丶外に尙他の特權を、付與せらる丶やも計り難きを以て、提督は之を豫期し、條約中に、他國の取得せる特權は總て合衆國をして均霑せしむべしとの一項を挿入せり。提督の豫期は幾ならずして事實となれり。條約調印後六個月にして英國提督は長崎に來り、米國人と同一の待遇を受けんことを要求せり。乃ち日本は一八五四年十月十四日を以て合衆國と同一の條約に調印せり、越えて翌年二月二十六日に露國も亦之に倣ひ、同年和蘭も亦之に次ぎ、尋いで他の諸外國に及べり。

新渡戶稻造著「日米交通」第五十頁。一八八四年紐育刊行ヨット・ヨット・ライン(J. J. Rein)著「日本」(Japan)英譯本第二百四十三頁。

提督ペリーは其使命を全うしたり。自由貿易は尙未だ許されざりきと雖、交通遮斷の障壁を破碎し、首都の門戶を開放して、外國政府の通達を自由にしたり。日本は旣に重要なる第一着步を經過したり。時到らば、他は自ら之に從ふべし。談判を通じて、米國司令長官は外交家たる技量を發揮したり。艦隊が多大なる援助を與へたること固より論を俟たず。其れ然り、然りと雖、艦隊あるも提督は收拾すべからざるの失敗をなし易きに、毫も之なかりしは、一方に於て米國政府の武官たるに適當なる確然不拔の態度を持し、又一方に於て日本人の感情を傷害せざらんことに注意したるに由るなり。公明の心を以て條約の各項を議し、而して固執却つて敗を招くの點に至るや、翻つて日本全權の希望に應じたり。

提督は技量と忍耐と謙讓とによりて勝を制し、日米兩國は勿論汎く全世界に貢獻する所頗る大にして、更に武門の名譽を加へたり。英、佛、米海軍の勇士、國士に不滅の光輝を添へ、眞箇名を轟すの價値ありしもの少からずと雖、名譽の上に於ても、將た人間世界の恩人としても、一發の彈丸を放すことなくして著大なる勝利を占め得たる海軍々人兼外交家たるマシュー・カルブレース・ペリーの偉業に若くものなかるべきなり。

日米條約の訂結は歐米兩大陸共に之を祝し、以て西洋文明の一大勝利とせり。特に米國上院は全會一致を以て迅速に之を批准せり。海軍長官は約案の受領と上院の議事とをペリー提督に通牒して曰く、貴官が此趣味深長なる未曾有の使命に對し滿足すべき功績を擧げられたるは余の衷心より慶賀する所なり。貴官は一身の名譽を加へられたるのみならず、貴下の奉仕せる名譽ある任務の上にも新に名譽の光を反射せられたり。吾人は米國の爲め、通商の爲め、又文明の爲めに一大勝利を博したり。將來我子孫をして其幸福なる結果を享けしめんこと、吾人の皆信じて疑はざる所なりと。(一)ペリーは歸國の途上、廣東在留米國人の歡迎を受け、其本國に歸來するや、紐育其他市府の同胞も亦同じく敬意を表彰せり。年月の經過は愈〻益〻其名聲を輝し、其母國と人類との爲めに盡したる功績の偉大なるを認知せしめたり。

(一)「第三十二國會第二議會上院行政事務文書」第三十四號第百八十頁。

然り而してペリーの事業を尊重せること全世界を通じて日本に如くものなかるべし。一八五五年二月二十一日、日本に於て條約批准の交換せらるゝや、訂約談判の局に當りし日本の全權等は懇篤なる書面を送りしこと幾通なるを知らずして、ペリーの名は日本の歷史上永久不滅なるべしとの事を斷言せり。日本人は早く既に強制談判の價値を理會し、時を經るに隨ひ愈〻益〻此信念を厚からしめたり。所謂新日本は其進歩の端をペリーの來航に啓けるなり。

日本人がペリーに負ふ所多きを感ずるや、頗る切にして、頃者ペリー紀念建設會の起るを見たり。其委員長は帝國内閣の一員にして、其署名せし廻文は此擧の目的を開陳せるものなるが、其ペリー來航の事を述べたる條に曰く、これ我歷史上最も紀念とすべき事件たり。今や國威益〻揚りて前古未曾有の盛運に遭遇せり。而して我邦をして玆に至らしめたるもの實に此事件たりと。紀念碑は提督が最初に上陸して日本の全權委員と談判せし地點に建設されたり、建設費は日本國民の醵金に成りて、皇帝も亦若干を下賜せり。碑文は伊藤侯爵の所選に係り、字々皆提督の功業に適切なり。

除幕式は一九〇一年七月十四日、即ちペリー來航の第四十八回紀念日を以て之を擧行し、合衆國政府は艦隊を派して之に參列せしめたり。該艦隊はペリーの孫ロッジャース(Rodgers)少將之を指揮し、當時少尉候補生としてペリー艦隊に屬したるベアヅリー(Beardslee)少將亦列席せり。當日、日本政府は陸海軍隊を派遣して、儀を盛にし、會長は其式辭に於て、紀念碑建設地の選定に關し、其理由を述べて曰く、我帝國の文明が其端緒を開きたるは、實に此地點に在り。（中略）ペリー提督が此海岸に上陸せし時は日本帝國は三百年間鎖國の霧中に包まれたりと、進みて日本國の變遷驚くべきものあることを言ひ、其此に至れるは合衆國に負ふ所頗る多きを論じ、且つ曰く、此紀念碑を建設したるは合衆國がペリー提督を派遣し、平和の手段を以て我國を誘道し、以て諸外國との交通をなすに至らしめたる友誼を忘れざらんが爲めにして、玆に其意を石に刻したりと。帝國總理大臣も亦同主意の演説を爲したり。其演説中に曰く、我進運隆盛の秋に當り、此盛儀に列するの光榮を得たるは實に欣喜に堪へずと、此くの如き機會と此くの如き表敬とは、各國の歷史中未だ曾つて其比を見ざる所なり。

一九〇一年刊行「合衆國外交關係」第三百七十八頁。

第六章　日本の變遷

一八五四年には合衆國は通商工業に於て既に列國の伍伴に入り、進步の迅速なる、影響の多大なる史上に其比を見ず。是時に當り、歐洲の政治は混亂の狀態に在りて、生產力の減縮は顯著なりしかば太西洋上に於ける合衆國貿易は隆盛の運に向ふの外なかりしなり。加之、カリフォーニアの新植民地は新に太平洋上に於ける活動の中心となり、大に國民を激勵して、東洋の通商貿易に努力せしめたり。是に依りて之を觀るときは合衆國民が日本遠征の成功を聞き、將來の物質的利益を期して滿足を表し、又米國人の計畫手腕を以てして能く其活動の新局面を開展せしことを自負せるは蓋し當然の事なり。

日本遠征の着手前に在りては、絕東に於て相隣接する日清兩帝國は西洋諸國との關係上同一の政策を存續し、之を固執して改むることなく、遂に兵力の壓迫に遭遇するの程度に迄べり。然れども兩國民が兵力の示威に對せし措置は著しき相違を呈したり。これ其國民性に一大徑庭の存するあるを以てなり。支那人は頑迷固陋にして其政策を固執し、之に反して、日本人は尙武の國民たるに拘らず、能く時勢を洞察して、國家の必要に順應したり。江戶幕府は武力を以て臨みたる艦隊の下に在りて、米國全權委員と談判を開始し、而も戰鬪の惡結果を避けて、遂に能ふ限り最好の條件を議定し得たり。然れども日本を開きて全世界と交際貿易せしむるには、決して之を以て足れりとせずして、尙爲すべきの事業は多々ありしなり。然れども今や其第一着步は開けたり。是より以往時代精神の趨勢は豈其逆行を許すべけんや。

提督ペリーの退去後、始めて江戶灣に出現せし外國船は米國の快走船レディー・ピヤース（Lady Pierce）號なり。該船の持主は快遊航海の目的を以て之を艤裝し、ペリーの成功を豫期し、桑港を發し、日本に向はしめたり。途、ホノルヽに寄港し、漂流日本人一名を伴ひたり。其江戶灣に入りしはペリーの退去後十五日に在りて、和親輯睦の意を表し漂民を還付するや、日本官憲は之を感謝せり該船の船型規矩均齊し、裝備亦華麗なりしを以て大に注意を喚起し、江戶首府よりはペリー提督に對すると同樣の欵待を爲すべきの命令を發したり。是を以て滯留中必要なる物品は悉皆其供給を受け、去るに臨みて將軍は物品を船長に送りたり。然れども、外國船の江戸灣に入るは國禁たれば、自今以後出入は下田の新開港場に限るべしとの通牒を受けたり。此際に於ける日本官憲の措置は前日と大に其趣を異にし、益〻良好に向ひたり。

一八五四年八月二十四日發行「支那メール」(China Mail)

合衆國政府はペリー條約に由りて取得せる特權を迅速に利用したり。該條約第十一條は條約調印後十八個月の後、領事又は其他の官吏を下田に駐在せしめ得ることを規定せり。合衆國政府は此特權を實行せんが爲に一八五五年(譯者曰く、安政二年)七月十三日を以て下田駐在總領事を任命し、又其一個月以前には他の開港場たる函館駐在の領事をも任命したり。總領事の職に選任せられたるを紐育人タォンセンド・ハーリス(Townsend Harris)とす。其學校教育の閲歴は郷里なる中學校以外に及ばざりけれども、研學の志厚くして群籍を涉獵し、佛、西、伊の諸國語に通じたり。且つ商業上の訓育を受け、數年間、紐育市に於て貿遷を事とせり。其總領事に任せらるゝより前六個年間は、東洋に於て上乘並に商人として貿易に從事したりしを以て、東洋國民の事情に精通したり。

ハーリスは又暹羅と新條約を訂結すべき命令を受けたり。これ一八三三年ロバーツの約定せし條約は米國人の利益を保護するに十分適當なるものたらざりしに由りてなり。ハーリス首尾好く此任務を遂行せしを以て、滯留少時に止り、特に派遣されたる軍艦に搭乘し、日本に航行せり。

暹羅に於ける訂約談判に就きては、ダブリュー・エム・ウード(W. M. Wood)著「印度、支那並に日本の海上に於けるサン・ジャシントー艦」(The San Jacinto in the Seas of India, China, and Japan)參照すべし。

一八五六年（譯者曰く、安政三年）八月二十一日、サン・ジャシントー艦は總領事を乘せて下田に到著せり。ハーリスは日本在留中の記錄を有し、其富士山を望みつゝ沿岸を航行せし條に曰く、余は開明國より日本駐在を命ぜられたる官吏中、公認されたる最初の者たるべし。これ余が一生涯の一紀元にして、且つ日本に於ける維新の端緒なるべけん。余は行動を正しくして、日本と其將來の運命とを記述する史書に於て余の名を輝さんことを期するなりと。此文中に云へるが如く、ハーリスは其職務を執行するに當りて常に讚美すべき覇氣を實現せり。然れども之に交ふるに適度の愼重を以てして、能く之を調和したり。

ハーリスが下田に於て始めて日本官憲に接するや、妨害遁辭至らざるなくして、時に耐ふべからざるに至れり。奉行曰く、重大事件の發生するに非ずして、領事の派遣せらるゝとは秋毫も豫期せざる所なれば、領事を迎接すべき準備もなく、又適當なる家屋を得ること能はず。宜しく一たび此地を去り、一個年以内に再來すべしと。ハーリス並にサン・ジャシントー艦長アームストロング(Armstrong)提督と奉行との公式會見の席に於ても亦奉行はハーリスに退去を要求せり。ハーリスの之を拒むや、總領事撤去の希望を表示する書面を合衆國に傳達せんことを艦長に請求せしが、艦長も亦之を肯ぜざりき。奉行は更に書を米國政府に發して、ハーリスの在留を拒否するの理由を説明せんことを請ひしも、亦其の諾する所とならず。遂にハーリスに向ひ、自ら書を裁して、撤去を本國政府に請はんことを提議したり。

日本官憲の提議は事每に拒絶せられ、ハーリスが下田駐在を許されずんば、サン・ジャシントー艦に搭じて江戸に直航すべしとの通告をなすに至り、奉行は已むなく一の寺院(譯者曰く、柿崎村玉泉寺)を以て其宿所に充つることゝしたれども、其三室は日本官吏の所用に供し、以て領事の保護とせんことを告知せり。ハーリスは之に反對して、自家の中には隨員と家僕との外、何人をも收容すべからずと主張し、是に於てハーリスは始めて其職に就き、米國々旗は高く館前の竿頭に飄りたり。次に起りたる難件は警吏が領事館を圍繞せし事たり。警備は表面上領事の保護と稱したれども、實は間諜にして、其擧動を制せんとしたること明かなりければ、ハーリスは激烈なる抗議をなし、遂に之を撤廢せしめたり、次に又從僕は物品の購求を許可せられずして、需要品の供給は悉皆日本官吏の手を經由せざるべからざりき、亦ハーリスの愁訴せざるべからざりし所とす。然れども日本官憲は漸次ハーリスの意見に聽從し、外國使臣たるの權利を尊重するに至れり。

ハーリスの官職は總領事に止りたれども、政府は之に委するに外交の權能を以てせり。故に其到著するや、直ちに江戶なる外國事務擔當の老中に書を發して、その到著と職務の性質とを報じ、添ふるに合衆國々務長官よりの書翰を以てせり(譯者曰く、下田奉行に託して發したるなり)。斯くしてハーリスは漸く目前の諸事を整理し了り、職務上必要なる諸權利に對して日本官憲の適當なる承認を得るに及び、ペリー條約の條項に關して起れる誤解を氷釋するの任務に就けり。是より先き日本人は米國人の開港場に在留する權利を否認し、又物品購求並に貿易に使用する米國通貨に對して甚しく不適當なる相場を付し、其他種々なる問題を起し來れりき。是に於てハーリスは强硬なる諸種の要求を提出せしが、遂に談判委員の設置となり、日本到著後十個月即ち一八五七年(譯者曰く、安政四年)六月十七日に至り、條約を協定して調印を了せり。

此條約に依り、米國人は開港場に永住するの權を得、米國通貨の價格を正しくし、日本に於て犯罪をなしたる米國人の裁判權を米國領事に付與し、領事の權利と特權とを從前よりも一層明確にしたり。米國使臣が此重要なる特權を取得するには、時に頑强の嫌はありしとは云へ堪ふべからざる狀態の下に在りて能く之を忍びたるに由るなり。此際日本の障害が頗る困難を感ぜしむることは勿論なれども、而も本國政府の怠漫が英氣を沮喪せしめんとしたること其幾倍なるを知らず。ハーリス著後ワシントン政府より通信を受けざること十二個月以上に及び、日常交る所の白人は書記官一人に過ぎずして、其狀、隱仙に異ならず、齎し來りし歐風の食料は早く已に盡きて、軍艦未だ新に之を輸さず、純然たる日本食に依賴したるの結果は健康を害するに至れり。而して其目前に横はれる事情は事毎に困難を加へ、公私共に其忍耐力を試みるものに非ざるはなかりき。然れども、終に此悲境を超脱して能く偉大なる功績を擧ぐるに至れり

下田に於けるハーリス生活の詳細に就きては一八九三年ボストン刊行ダブリュー・イー・グリフィス著「タオンセンド・ハーリス傳」中日記を見よ。

ハーリスは日本皇帝（譯者曰く、將軍なり云ふ。以下皆然り。）に宛てたる大統領の書翰を携帶せしを以て、著後幾もなく書翰奉呈の爲め皇帝に謁見せんことを請へり。謁見は首都に赴くことをも意味するものなるが、西洋國の外交使臣が首府に至りて、將軍即ち大君に謁見するが如きは日本歷史中に先例なきことなり。且つ是より先、ペリーの來國後、災異相踵ぎ、地大に震ひて江戸の大部分と附近の邑里とを破壞し、之に次ぎ暴風襲來して人を殺すこと十萬の上に出で、加之之と同時に虎列剌病江戸に流行し、命を殞す者三萬に及べり。是に於てか人皆以爲らく天災を下して外人の侵入を警むと。

然りと雖も、米國使臣は依然として强硬の態度を取り、日本政府は彼より再び武裝の艦隊を派し、砲の威力を以て登城謁見を遂ぐるに至るが如きは須らく之を避くべしとなし、遂に議を決し、平和の手段を以て外使の入府を許し、將軍に謁見せしむることゝせり。下田より江戸に至る陸路旅程數日を要し米國公使(當時日本人の稱呼せし所に據る。)を案内せし警護行列は實に美々しきものたり。第一に先驅一名馬上に在りて、衞兵並に從者を隨へ、別に呼丁あり、號令して道を避けしむ。次に旗手米國々旗を捧持せり。國旗は勇武なる日本人の奇とせし所なるが、旗手が合衆國の徽章を裝飾したる特異の衣を著し、衞兵に圍繞されたる狀は殊に其目を驚したり。次は公使にして、馬上に在りて衞兵を從へ、一挺の乘物と轎夫と之に跟し、書記亦騎して之に次ぎ、護衞と乘物とを附することと前に同じ。次は從者の列にして、贈品と旅具とを携帶せり。殿は下田の次官と町長とにして、兵士並に從者を從へたり。全列總員約三百五十人を算したり。

旅次は主として國道たる東海道に在りて、行程一週日を費せり。沿道には豫め公使の通行する旨を布達し、橋梁は總て修繕をなし、街路は掃除をなし、宿驛の役人は一行を迎へ、各〻護衛して管外に至れり。到る所、人民途に群をなし、所謂大人の通過するや、頭を垂れ、膝を屈し、擧動靜肅にして節度に適へり。役人は普通の式の如く、平身頭を地に觸れて敬意を表せしのみ。諸事皆圓滑に進行せしが、一行江戶の境界に近くや、不愉快なる一事件は起れり。此時日本官憲はハーリスに告げて曰く、旅具を檢閲せざるべからず。これ昔日よりの遺法にして、何人も其制裁を受けざるべからずと。ハーリスは絕對に之を許さず、談判多時に涉りて、遂に其主張を貫徹し、一行は此神聖なる境界を越えて進行したり。

旅程終りを告げて、江戶に入るべき日は日曜日に當れり。是に於て基督敎國の使臣たるハーリスは前進を拒み、慣例に從ひ停りて安息日を費したり。ハーリスの日記に曰く、余は此國に至りしより以來、此日には常に一切の業務を廢止せり。(中略)今や日本人は余の心事を了解して之を拒むことなしと。此日は實に基督降來節中の第一日曜日なりき。ハーリス曰く、余は終日ヒュースキン(Heuskin)(即ち書記官)を余の會師兼會衆として、共に祈禱書を讀みたりと。又其後首府に於て日曜日に同一の勤行をなしゝことを記し、且つ曰く、日本人に聞かしめんが爲めに大聲に祈禱書を朗讀したるのみならず、亦日本屬員に告ぐるに、其基督敎の勤行なることを以てせりと。又曰く、若し再び日本を開きて慈仁なる基督敎の敎化に歸せしむることを得、余も亦拙劣ながら其媒介者となることを得ば、余は欣喜に堪へざるのみならず、亦以て大に誇とする所なりと。ハーリスの祈念、其應報を得る實に近きに在りき。

米國使臣が其國旗に跟從して江戶に入りしことは、日本歷史中記臆すべき一事件なり。行列壯美を極め、數十萬の人民は靜肅に之を目擊せり。先づ閣老其他の官吏を訪問すること例の如くして、後謁見と大統領書翰の捧呈とはなりき。其式の詳細は大要下田を發するの前に協定せし所なりき。初めハーリスは將軍の面前に於て低頭平身の禮をなすべきことを諭されしが、斷然之を拒絕し、且つ曰く、再度此問題を提出せば、余は之を以て侮辱と見做すべしと。是故に謁見の際には歐洲の朝廷に行はるゝ儀式を以て待遇せらるゝことゝなれり。即ち皇帝の面前に出でたる時は、三回の拜をなすこと是なり。ハーリスは此時の服裝に就きて自ら記して曰く、余の服裝は上衣は國務省の規定に從ひ、金の裝飾を附し、袴は青色にして、雙脚は縱に廣き金條を施し、帽は富士山形正服帽にて、金の線條を以て飾り、佩刀の柄は眞珠を鑲みたりと。米國使臣の態度に反して、謁見式に列したる日本官吏は閣老、諸侯並に將軍の三弟を初めとして皆將軍の面前に低頭平身し、其動くや匍匐膝行せり。

ハーリスは記して曰く、謁見中余の接伴たりし或る一侯は、後、余に語りて曰く、式に列したる者は君が日本大君主の面前に立ちて態度沈着なりしを見、皆君の大膽なるに喫驚したり。君は戰慄震顫言はんと欲して言ふ能はざるべしとは、衆の齊しく期したる所なりしと。ハーリス之を其日誌中に記入したれども、此談話は、或は阿諛の意を混じたるなからんかを疑へり。謁見の式了れば、使節の控席に於て將軍の賜餐を饗せられ、贈品の交換をなしたり。米國の贈品中三鞭酒並に各種の酒類は特に人目を引きたり。

旅行と謁見とに就きてはグリフィス著「タオンセンド・ハーリス傳」中第十一章並に第十二章ハーリス日記。又一八五八年七月三日附ハーリス書翰に就きては一八五九年發刊「リッテル現代誌」(Littel's Living Age) 第五百六十七頁を參照すべし。

ハーリスの任務中、尙遂行すべき大事件は殘存せり。即ち外國公使に首府駐在を許可するの件並に日本に貿易を開き、基督教を傳ふるの件是なり。これ亦實に多大なる忍耐と勤勞とを要すべき者にして談判數個月の久しきに及べり。日本政府は高位の官吏を委員に任命してハーリスと商議を盡さしめたり。該委員は帝國第一流の識者なりしかども、米國使臣との會見に於ける言動を見るに、世態に通せざること小兒に異ならざるの觀ありき。後二十年を經て、當時の幕府記錄は東京なる米國公使館の手に入りしが、其中當時日本委員の記錄に係る談判記の譯文にして、本國々務省に廻付されたる者を觀るに該委員が一種特意の思想を抱持せしことを窺ひ知るべし。

一八七九年刊行「合衆國外交關係」第六百二十一頁國務長官宛ディー・ダブリュー・スティーヴンス (D. W. Steevens) 書翰

ハーリスは日本委員の請に依り、談判の目的と世界に於ける政治、貿易の狀態とに就きて說明をなしたり。辯說二時間以上に涉り、之に次ぐに各種の問答を以てせり。ハーリスの日記中に曰く、日已に暮れんとしたれば、余は燈を命じたるに、委員は曰く、貴下の忍耐は到底及ぶ所に非ず。希くば此にて談を止められんことをと。日本側の記錄に據るに、談判の進行中、委員の發したる問題中に、條約の成立後公使の入國の許すべき必要ありや否やの件ありて、米國公使は必要ありと答へたりしが、後左の問答ありき。

問　公使の任務如何。

答　、、、、、、

問　公使の官階は如何。

答　、、、、、、

問　國際法(譯者曰く、當時は國際法の稱呼なかりしがごゝ今暫く近世の稱に從ふ。)とは如何。

答　、、、、、、

問　他國と同じく開港をなすとは如何なる意義なるか。

答　、、、、、、

問　尚他に我等の知らざるべからざることはなきか。

答　、、、、、、

ハーリス此會見の事を記したる一節に曰く、余は日本人に經濟學の初步を敎授するの任に當りたりと謂ふべし。(中略)日本委員曰く、此等の事柄は總て不案内にて、幼年の者と異ならず。故に忍耐して教を垂れんことを乞ふと。又曰く、貴下の所説は一々信頼して聽聞すべしと。（中略）是に於て余は三鞭酒を飲ましめたり。皆其味を解し、且つ之を喜びしものゝ如し。云々。三鞭酒は實に東洋の外交上缺くべからざるものなるかな。

ハーリスは忍耐を以て、説明教導に勉めたりしかば、日本委員の信用を博し、而して該委員が讓歩することを能はざる不必要なる條項と要求とに對しては斷然主張を撤回し、而して全然本國政府を滿足せしむべき條項を贏ち得て、爾後歐洲各國をして、模範とせしむるに至れり。然るに調印の一段に至りて諸大名と他の勢力ある權門との反對ありしが爲めに時日の遷延を來したり。日本政府は條約の膽本一部を日光の靈塲に致して、之を祖廟に上り、神意を窺はんとし、又一面には之をミカドの宮廷に上りしも、功を奏することなかりき。是に至りてハーリスは事業の畫餠に歸し去らんことを憂ひ、苦心慘憺遂に疾を獲たり。江戸幕府は醫師を派して治療に從はしめ、看護最も力めたり。

然るに玆にハーリスの熱望を成就せしむるに至りし二個の事件は起り來れり。

剛毅果斷能く將來を看破したる井伊掃部頭が大老に就きしこと丶、英佛聯合の支那攻襲將に其局を結ばんとし、支郡海面に出動せる大艦隊が今や兩國全權公使を載せて日本に來り、訂約を迫るの餘裕を得たるが如き形勢を呈せしこと丶は是なり。ハーリスは大に此乘ずべき機を利用するに力め、日本に勸告して曰く、英佛艦隊が公使を擁し、來りて互市を求むるに當り、之を聽許するに至らんか、日本は正當の要求を要る丶に吝にして、兵力に屈したりとの譏を免れざるべし。これ國威に關するものなるが故に之を未然に防がざるべからず。須らく果斷以て處決する所あるべきなりと。井伊大老は遂に群議を排して、ハーリス條約の調印を命せり。米人は軍艦の掩護なく、隻手能く外交の衝に當りて而も之を贏ち得たり。經驗を積みたる英、佛、露三國の公使が有力なる艦隊を率ゐて、江戸灣頭に現はれし時は其最も困難なりとせし事業は業に已に成就し了りたりき。

條約は一八五八年(譯者曰く、安政五年)七月二十九日附を以て調印を了せり。是に依り首府には外交官、各開港場には領事を駐在せしむることを規定し、通商貿易を許可し、開港場の數を增加し、關税と貿易規則とを協定せり。米國人は首府並に各開港場に居住することを許され、之に對する裁判權は之を領事に付し、信教の自由は保證されたり。其他尙規定する所ありしが、此條約の包括せる範圍頗る廣大にして、實際西洋各國と日本との交通關係の基礎となり、以て爾後四十年即ち一八九九年（譯者曰く、明治二十五年）日本帝國が終に青年學生の時代を經過して、列國の伍伴に入るの自由を取得せし時に迨べり。

ハーリス條約調印の翌月、印度總督エルジン（Elgin）卿と英國公使とは支那艦隊を隨へて江戸灣に來れり。途上下田に寄港して、米國外交官と會見し、條約の謄本を得、且つ通譯として書記官ヒュースキンを借り受けたり。江戸灣內に碇泊すること九日間にして、日米條約を模範としたる條約の調印を了し、英國女王の贈品として快遊船一隻を日本政府に贈與せり（譯者曰く、後の蟠龍艦なり。）。露國の艦隊も亦同月中灣內に碇泊し、其代表者は英國の例に依りて條約を訂結せり。

ハーリス條約談判に就きては、グリフィス著「タオンセンド・ハーリス傳」第十三章乃至第十六章を參照すべし。一八三九年發刊「リッテル現代誌」第五百七十一頁所載一八五八年七月六日附ハーリス書翰。新渡戸稻造著「日米交通」第百十三頁。一八八〇年倫敦刊行サー・イー・ジェー・リード著「日本」第一卷第二百五十二頁。一八六〇年紐育刊行ローレンス・オリファント（Lawrence Olyphant）著「エルジン卿歷訪記」（Narrative of lord Elgin's Visit）。一八五八年刊行「リッテル現代誌」第八百九十三頁引用一八五八年十一月六日「ロンドン・エキザミナー」(London Examiner)。一八六三年倫敦刊行サー・アール・オルコック(Sir R. Alcock)著「大君の首府」(The Capital of the Tycoon)第一卷第二百八頁乃至第二百廿二頁を見るべし

ハーリス條約の調印に伴ひて、吉兆を呈すべき一事件こそ起りたれ。條約の批准はワシントンに於て交換すべきことに決したるが、日本政府は交換を機として特使をワシントンに派遣すべきことを提議し、忠實なるハーリスは之れを遂行せしめたり。當時閣老は曰へらく、合衆國は日本と條約を訂結せし最初の國なれば、我日本より派遣せらるべき使節は必ず先づ該國に至らしめざるべからずと。ワシントン政府は大に之を歡迎し、合衆國の軍艦を以て使節を迎ふることに決定せり。然るに當時帝國の域外に赴くものは死に處すべき法律の規定ありしを以て、其例外の規定を作成するの必要ありて、爲めに出發の期を遷延したり。使節の一行は官吏從者を併せて總員七十一人より成り、一八六〇年(譯者曰く、萬延元年)二月、日本を出發せり。此期を定めたるはハーリスの愼重なる考案に出でたるものにして、斯くして氣候温和なる五月を以て本國首府の觀光をなさしめんと欲せしに由るなり。

一行の桑港に着するや、懇切なる歡迎を受け、パナマに於て他の軍艦に轉乘し、ワ

シントンに至りき。一行は國賓として、大統領より公式の迎接を受け、國務長官の饗宴に招待せられたり。太西洋沿岸の各都市は競ひて一行を歡迎し、敬意優遇及ばざらんことを之恐れたり。一行は一般の注意を惹き、到る處深厚なる讃辭を得たり。其威儀は殊に注意を喚起し、新聞紙は皆評して曰へらく、品格、智慮、修養は何れの國、何れの時に比するも遜色なしと。日本人も亦大に歡迎を喜び、見聞する所一として驚嘆せざるはなかりき。一行中の筆頭新見は熱誠ある言辭を以て欵待の狀を記し、之を本國に致したり。其意に曰く、未だ首都を見ざれども、見聞せし所積んで山をなし、充ちて海の如し。然れども、この中四分の三は我邦に取りては悲しまざるべからざるものたりと。一行は來時と同一の路次方法に依りて歸國せり。

「第三十六國會第一議會上院行政事務文書」第二十五號。一八六〇年五月並に六月「ハーパー」週報(Harper's Weekly)。新渡戸稲造著「日米交通」第百五十九頁。

條約の批准了るや、ハーリスは公使に任せられ、一八六二年(譯者曰く文久二年)五月に至るまで其職に在りき。一八六一年(譯者曰く文久元年)七月十日附を以て辭表を大統領に呈出し、後任者の選任を乞へり。其書に曰く、余は日本に在りて、索居離群、年を重ぬるの已むを得ざるに至りて、健康を害せしこと頗る大なり。加之齡漸く頽きたれば、一切の公職を抛つの時期到來せりと思惟すと。國務長官シューワード此書を受領し、答へて曰く、貴下が拔群の能力と特殊の成功とを以て占め來りたる要路より退くは、獨り此國のみならず、亦西洋各國の切に遺憾とする所なりと信ずと。日本政府も亦之と別るゝを惜むの情頗る切なることを證したり。外國奉行等は書をシューワードに致し、ハーリスは事務に通じ、友愛の至情に富み、日本の爲めに盡しゝこと多大なるを認め其公使として、在留することを能はざるを遺憾とすと云へり。夫れ未知の地方を發見し、若しくは探檢するものは、常に人の嘆賞する所たり。これ固より當然の事なりと雖、その足跡を追ひ、忍耐勤勉以て新國土を文明の域に導く所の開拓者は、往々にして其美果を收むる者より忘却せらるゝことあり。貿易世界に於ても亦然りとす。貿易擴張の望ある新國土に入るの先鞭を着けたる者は之を記憶追賞すれども、其後に來りて、苦辛慘憺能く久しきに耐へ、有利なる貿易の發達に資したる者は、危險新珍の以てその行爲を飾る者なきが故に、其忠實なる勤勞を報償すべき稱讚を受くることなきなり。日本に於ける場合も亦、此の如きのみ。ペリー提督の名は米人中之を知らざる者なし。然りと雖も、最初に通商條約訂結の談判をなし、外國交際の基礎を建立したるタオンセンド・ハーリスの名は之を知る者比較的に少くして、其功績も亦僅に少數人士の記憶に存するのみ。當帝國の門を開きたるはペリーの技量に由れりと雖も、其開くや半開に過ぎず。全然之を世界の商業に開放せしはハーリス其人の手腕に由れるなり。最初の日本駐劄英國公使は十分事態に通曉せる後、大にハーリスの手腕技量に服し、其各國の爲に利せし所少からざることを認知して、大に其功績を賞讚せり。日本人も亦ハーリスに對して、深厚なる感謝の意を抱けり。要するにハーリスは祖國の名譽を發輝せしこと頗る大にして、若し功績の多少を以て外交家の品等を上下すべしとせば、ハーリスは當然世界外交家中の第一流に列すべき資格ありとすべし。

一八六二年「合衆國外交往復文書」第七百九十九頁、第八百十二頁並に第八百十六頁、オルコック著「大君の首府」第一卷第二百八頁。新渡戸稻造著「日米交通」第百十五頁。

一八五八年の條約に依りて、外國公使は首府に駐劄し、諸港中の一部は外國人の居住と貿易とに開放されたるが、其實施は帝國全土を通じて大なる不滿を發起するの信號とはなれり。是より先ペリーの條約を訂結するや、主たる大名は大抵激烈なる反對をなし、着々一切の外交を杜絶するの態度を執るに至れり。其攻撃は主として該條約を訂結せし將軍と其政府とに向ひたれども、先づ第一の襲撃を受くべき命運に陷りたるは外國人なりき。

日本の政府は二に分れて、以て數百年間の久しきに及びしが、此狀勢は、亦紛擾の基となれり。ミカド即ち皇帝は內地の都市たる京都に在住し名義上の主權者として實際隱遁の狀態に在り。將軍の祖先は政權を簒奪し、爾來事實上の治者たり。多數の大名は簒奪者の統御に慊焉として年所を歷たりしが、不滿の念は業に既に帝國に充溢したり。

條約の訂結は薪に油を注ぎたるに均しく、尊王攘夷の聲は喧しくなれり。ハーリスの日誌に據るに、其談判を開始せし際には、殆ど國內の狀勢を理會せずして、日本官吏が政府の仇敵偏見を持して反抗をなすが故に要求に應ずることを得ずと論ずるや、往々之を責むるに虛言の罪を以てせしが、其後の事實は却つて日本官吏の言眞實なりしことを證明せり。ハーリス日本に在留すること一年餘を經て、日誌に記して曰く、此不思議なる國土の不可思議中に、ミカドの如く余の判斷を苦めたるものはあらずと。一八五八年、條約議定の後、江戶官吏はミカドを輕侮して、有れども無きが如しと評せりと記したり。然るに此吏が條約書を京都に致して、ミカドの裁可を乞ふを必要とせるを見るや、ハーリスは疑ふらく、將軍の政府は正當の政府に非ずして、眞實の日本主治者はミカドたるに非ざるかと。

グリフィス著「タオンセンド・ハーリス傳」第百二十二頁、第二百七十頁、第三百十三頁、並にチェムバレーン著「日本事物」第三百八十五頁。

一八五八年條約訂結後數年間は騷擾紛亂の時にして、談判中ハーリスの生命を奪はんとする者さへありき。一八五九年(譯者曰く、安政六年)、露國艦隊の來航中、將校一名、兵卒二名橫濱の街上に於て人の殺す所となり、一八六〇年の初め露國公使館の譯官は致命傷を蒙り、和蘭船長二名も亦身體を寸斷されたり。同年三月には將軍の攝政にして條約の調印を了したる井伊は、外國交際を以て主要なる目的とし、ミカドの命令を蔑如したりとの口實の下に刺客の爲めに暗殺され、合衆國公使館の書記官ヒュースキンは一八六一年江戶の市街に於て刺殺されたり。翌年英國公使館は攘夷黨の襲ふ所となり、護衞の英兵二名は斬殺されたり。浪人と稱する無規律なる徒は到る所に外人に對する反抗心を煽颺せしが、將軍の政府は之を鎭壓するの實力なかりしもの丶如し。

是年、外國人襲擊中最も有名なる事件は起れり。英國人リチャードソン(Richardson)は數名の友人と、騎馬にて橫濱附近の國道を經過しつ丶ありし時、當時最も有力なる大名の一にして、且つ最も激烈なる攘夷家たりし薩摩侯の從者に襲擊せられ、其斬殺する所となれり。此襲擊を惹起したる英國人の行爲は頗る狂暴の譏を免れざるが如くなりしかども、英國公使は賠償として將軍に五十萬弗、薩摩侯に十二萬五千弗を要求したり。將軍は稍〻躊躇したる後、其支拂に同意せしと雖、薩摩侯は之を峻拒せり。是に於て英國軍艦は命を受けて薩摩の首府鹿兒島に至り、之を砲擊して火を失せしめ後償金を收受せり。

此事件後十六年日本の一政治家は記して曰く、當時外國人より故らに事端を啓きて、不幸なる衝突を挑發したる事例少からず。其結果は吾人の不滿足とする所たるのみならず、亦大に遺憾とする所たり。英人リチャードソン事件の如き其一なり。リチャードソンは故意に薩摩侯の行列を驅け拔けんとして、侯の家臣に斬殺せられたり。薩人の行爲は封建制度の行はれたる當時に在りては全然正當と見做すべきものなり。何となれば、諸侯の跟班に對して、此の如き無禮を敢てするは許すべからざる狼籍と思惟せられたればなりと。一八七八年十一月發行「北米評論」第四百十二頁所載松山誠論文。

然りと雖も此事件は攘夷家をして外寇を掃攘するの無効なることを覺らしむるに足らずして、一八六三年(譯者曰く文久三年)、暴行踵を接して起れり。江戸なる米國公使館の焼打はその一なり。是より先、一八六二年紐育人アール・エーチ・プリーン(R. H. Pruyn) はハーリスの職を襲ぎ、對外反抗熱の最も高かりし時に職務を執れり。米國公使館の燒かるゝや、歐洲の外交官は横濱に引上けて、本國艦隊の保護に依頼したりしも、プリーンは獨り他の家屋に轉住して、首府を去るを肯んせざりき。政府は遂に保護の力なきことを通告し、多數の兵を附し、日本汽船を以て横濱に護送せしめたり。プリーンは幕府をして曩に斬殺されたる公使館書記官ヒュースキンの母に一萬弗、公使館燒失の損害賠償として一萬弗、並に米國民と其船舶との損害に對する諸種の償金を支拂はしめたり。然れども、其政府に對する態度は穩和を極め、頗る懇切なりしより、英國其他の公使をして其或は日本と共謀して、事を爲さんとするに非ざるなきかを疑はしむるに至れり。

一八六一年、一八六二年並に一八六三年分「合衆國外交往復文書」中日本の項。新渡戸稻造著「日米交通」第七十五頁。リード著「日本」第一卷第二百五十五頁乃至第二百六十七頁。ライン著「日本」第三百四十九頁。オルコック著「大君の首府」第一卷第十一章、第十四章、第十六章、第十七章、並に第二卷第二章、第三章、第八章。グリフィス著「ミカドの帝國」第五百九十一頁、アダムス著「日本歷史」第一卷第百三十八頁。一八九四年紐育刊行デヴィッド・モーレー（David Murray）著「日本話」（The Story of Japan）第三百四十四頁。又井伊侯の事に就きては、一八八八年東京刊行島田三郎著「開國始末」を參照すべし。

尊王黨は漸次勢力を增加して。遂に將軍をして京都に入朝せしめたり。是既往三百年間例なかりしことなり。將軍は京都に於て布告を發し、之を外國使臣に傳達したり。其要に曰く、開港塲を鎖し、外國人を逐ふべし。何となれば擧國外交を欲せざればなりと。プリーンは之に抗議して曰く、合衆國民は、條約に依りて居留貿易の權利を有せり。斯くして得たる權利は之を拋棄するを欲せざるのみならず、亦之を撤囘する能はざるなり。此くの如き處置を敢てせんとするは、其提議のみにても、既に我國を侮辱する者にして、戰を宣すると擇む所なし。（中略）ミカド並に大君の決心を實行せんとせば、日本は締盟各國と戰爭を開始せざるべからずと。幕府が條約の爲めに諸般の難件に遭遇せる中、プリーンは英佛兩國公使の態度に反して、慰諭と忍耐とを以て事に當りたり。故に此際日本人は之を分離して、歐洲諸國と共同の行動を取らざらしめんとせしが、プリーンは此勸告に應ずることを肯んせざりき。國務長官シューワードは之を是認し、書を與へて曰く、各海事國は條約の廢棄に同意する者一も之あらざるべく合衆國は必要なる塲合に於ては、此等の諸國と協力し、日本をして條約を全うせしむることに勉むべし。貴下は外國奉行に此意を致すべしと。合衆國政府は元來歐洲諸國との共同を避くるを以て政策の通則とせるが、是に至りて一の例外を作出したり。然りと雖、東洋に於ける時勢の狀態と各條約國利害の共通とより觀察するときは、斯かる行動は縱ひ必要たらずとするも或る程度までは望ましかりしなり。

プリーンは一方に於ては國務長官の訓令を受けて其意を强うし、他の一方に於ては幕府との友誼を利用し、外國奉行に勸め、鎖港攘夷の令を撤回せしめたり。思ふに將軍がミカドの命令を布告せしは單に一時を彌縫するに過ぎずして、最初より其實行を期せざりしとは眞に近し。何となれば、外國人の之に服從せざることは幕府の熟知する所たりければなり。是より先、幕府は使節を歐洲に派遣し、各國政府に條約の中止と開港の延期とを求めしも、寸毫の功なかりければ、今や日本が背進して舊態に復することゝ能はざるは時務に通ずる日本人の確知せる所たり。而して攘夷令の撤回せらるゝや、各條約國の代表者は日本政府の窮狀を諒察し江戶兵庫其他の諸港の開港延期に同意したり。

一八六三年並に一八六四年分「合衆國外交往復文書」中日本の項。新渡戶稻造著「日米交通」第七十八頁。リード著「日本」第一卷第三百六十三頁。一八七三年橫濱刊行「近世史畧譯本」第三十頁。

此等の談判と相並びて、內訌の處理と外交關係の確定とを促すべき一事件こそ起りたれ。是時に當り長州侯は有力なる排外派の大名にして、公然將軍に對して叛旗を揭揚せしが、下關海峽を鎖さんとして計畫する所ありき。海峽は日本內海と支那海とを連接し、海上諸國は之を以て洋上の公道となしたり。侯は其領地を橫斷せる狹隘なる水路に堡塞を築き、軍船を以て之を守護せり。會〻此海峽を通過せし一隻の米國商船ありければ、先づ之を砲擊し、次で之を他の諸國の船舶に及ぼしたり。この報橫濱に達せし時、合衆國海軍汽船ワイオミング(Wyoming)號は同港に碇泊し、プリーンと商議し、其請求に依りて下關に直往せり。其海峽に入るや船艦砲臺より砲擊を受けたれば、直ちに應戰し、兵船一隻を擊沈し、他の二隻を破壞し、遂に海峽を通過し、砲臺と交戰しつゝ歸來せり。此役戰死者四名負傷者七名ありき。

殆ど之と同時に、佛蘭兩國の軍艦も亦同じく砲擊を受けたり。其結果は横濱に於ける各條約國使臣の會合となり、若し日本政府が十日以内に此海峽を開放せずんば、自ら討伐隊を組織派遣して、之を實行せんことに決せり。將軍は此事件を處分するの能力なかりしを以て、討伐隊は遂に航行前進せり。隊は英艦九隻、蘭艦四隻、佛艦三隻並に合衆國の汽船一隻より成り、合衆國軍艦ジェームスタウン（James-town）號は特に横濱港警備の任に當れり。當時合衆國は南北戰爭中に在りて、其海軍艦船は皆他に任務を有したるを以て、ジェームスタウンは日本海面に於ける唯一の米國軍艦たりしなり。一八六三年（譯者曰く、文久三年）九月五日を以て長州侯の艦船砲臺に對する襲擊を開始し、八日まで之を繼續せり。侯は連戰連敗の末、終に無條件の降服をなし、爾來海峽は世界の貿易に開放せられたり。

砲擊に次ぎて起りしは賠償問題にして、關係四國の公使は連合して幕府に三百萬弗を要求せり。當時幕府は國庫匱乏を告げ、多大なる困難に遭遇し、逡巡躊躇せしが、遂に之を支拂ひたり。此役英國は軍需品供給の大部分を負擔したるに拘らず、償金の收受額は之を四國に平分したり。而して當時日本の狀態を考ふるときは、償金の強求は當を得ざるものなりとの非難四方に起れり。其要に曰く、鎖港は固より國際公法に背反せり。然れども、下關海峽の閉鎖は諸國と交際せる政府の所爲に非ず。況や政府は、貸すに時日を以てせば、此障害を除去すべしと主張せるをやと。合衆國の收受せし償金は之を使用せずして國庫に保藏すること二十年に及び、國民は良心に訴へて強求の當否を疑ふこと久しかりしが、一八八三年（譯者曰く、明治十六年）國會は議を決して之を日本に還付せり。日本政府の之を受くるや、之を以て多年合衆國が日本との交際上常に勵行し來りし正義公平の精神を表現したる一大徵證とせり。然れども償金を割取せし他の三國は、之に倣ふの適當なるを看破するに至らざりき。

一八六三年並に一八六四年分「合衆國外交往復文書」中日本の項。「法令全書」第二十二卷第四百二十一頁。「一八八三年合衆國外交關係」第六百六頁。グリフィス著「ミカドの帝國」第五百九十三頁。

下關事件に關聯して起りし一事件あり。これ此後に於ける日本の歷史に影響なきに非ず。下關砲擊の前年、長州藩に屬する青年二人、國禁を犯して國を脫し、横濱を經て海外に赴けり。其外遊の目的は深く主君の排外思想に感じ、西洋諸國の強大なる所以を研究し、歸國の上、其得る所を利用して、以て外寇を排除せんとするに在りしなり。普通の水夫となりて、倫敦に赴きしが、會〻ミカドが攘夷の議を決し、本國は開戰に瀕したるの報に接し、憂國の念禁へ難く、倉皇、祖國に歸れり。其下關に着するや、外國艦隊の襲擊に際し、藩侯の譯官となりて、媾和談判に干與せり。此青年を誰とかなす。後年日本の革新に於て重大なる任務を負擔し、功績赫々たる新日本の政治家伊藤侯爵、井上伯爵是なり。

外國艦隊の襲擊は薩長の兩大名をして苦き經驗をなさしめたり。其結果兩侯は攘夷を續行するの愚を覺りしのみならず、亦西洋諸國の强大隆盛を致しゝ因由手段を學びて、之を利用するの得策なることを知るに至れり。此事は他の尊王黨に對しても亦効果なかりしに非ず。京都の朝廷は依然將軍の權力を破壞するに力めたるに拘らず、飜然條約並に外人居住貿易に反對するの氣焰を弛緩したり。此方面に於て初めて重要なる實證を呈し來りたるはミカドが曩に將軍の諸國と訂結せし條約を裁可したるに在り。

初め一八五四年、ペリーが條約を訂結するや、以爲らく日本皇帝の政府と交通せりき。これ眞相に非ざりしかど、ペリーは之を知らずして逝けり。ペリー條約に次ぎて歐洲諸國の使臣が條約に調印するに當りても亦同一の謬想を以てしたり。是より先、數年、廣東に於て刊行したる諸書は日本政體の實情を詳にしたり。(一)然れども、ペリーと之に次ぎて事に當りたる者とは毫も意を此に及ぼさゞりしもの丶如し。將軍とミカドとの關係に就きては、ハーリスが談判の曲折中に於て始めて其眞相を發見せしことは、前文に之を說きたりしが、爾後幾ならずして皆之を理會するに至れり。然りと雖、訂約の初期事に當りし者は幕府を政府と看做すより外に取るべきの途はなかりしなり。何となれば、當時、將軍は政權を掌握し、ミカドは之に類似せる者だに有せざりければなり。

(一)一八三三年刊行「支那書架」第二卷第三百十九頁。一八四〇年刊行同書第九卷第五百頁。一八四一年刊行同書第十卷第十頁。

プリーンは或は單獨に、或は歐洲外交官と連合して、再三再四、幕府に勸告するに、ミカドより條約の裁可を得んことを以てせり。一八六五年(譯者曰く、慶應元年)將軍並に閣老はミカドに接近せんが爲めに一時大阪に在留し、此地より橫濱なる諸國使臣に通告して曰く、公武相合體したれば、將軍は不日京都に赴き、ミカドより條約の裁可を得べしと。是に於て遷延遲滯に倦みし諸外交官は相合して大阪に赴き、豫期の功を擧げむことを決議し、各國の軍艦九隻より成れる艦隊を護衛として、大阪に至り、着後幾ならずして、一八六五年十一月二十四日、ミカドは條約を裁可したる詔勅を發し、之を諸大名に頒布したり。

攘夷は尊王の證たりしが、事既に玆に至りければ、條約廢棄と外人排斥とを唱ふるは詔勅違反となりしなり。此結果は固より暴徒の外人襲撃を根絶するに至らざりしと雖、在留外國人に對する國民の態度は是よりして著しく良好となれり。米國公使館は再び江戸に建造せられ、爾來些の妨害をも受けずして以て今日に至れり。プ《ペ》リーンは在任四年備に艱難を嘗め、本國の爲めに盡しゝ所少からずして、又一身上の名譽を博し得たりしが、玆に至りて職を辭し、一八六六年(譯者曰く、慶應二年)アール・ビー・ヴァン・ヴァルケンブルフ(R. B. Van Valkenburgh)と更迭せり。

同年中、ミカドの政府が外人に對して寛仁の態度を證示したる他の一事件あり。是より先、日本人の本國を去るは嚴禁に屬し、其法効力を有すること二百年の久しき及びしが、是に至りて之を廢止せり。米國公使之を本國政府に通牒するに當り、述べて曰く、日本を孤立せしめたる柵壁は斯くの如くして又其一を撤せりと。日本政體の變化を來し、內亂の事を尋繹するは本書の範圍外に屬すべきものなるが、內亂の進行と各條約國の態度とより之を觀るに、日本の安寧幸福を增進するの途は王政復古に在ること明瞭となるに至れり。佐幕家の一人（譯者曰く、山內容堂を云ふ。）は自黨に屬する諸大名の意見を參取して、書を將軍に上りて曰く、願くは大活眼大英斷を以て天下萬民と共に一心協力公明正大の道理に歸し、萬世に亘つて耻ぢず、萬國に臨んで愧ぢざるの大根柢を建てざるべからず。幾重にも公明正大の道理に歸し、天下萬民と共に皇國數百年來の國體を一變し、至誠を以て萬國に接し、王政復古の業を建てざるべからざるの大機會と思惟す云々。將軍は此建白書中に指示したる意見の時宜に合ひたるを感じ、書を作りて其黨に告げて曰く、當今外國の交際日に盛なるにより、彌〻政權一途に出でずしては綱紀立ち難し。故に從來の舊習を改め、政權を朝廷に歸せんとすと。次で將軍は大政奉還を上奏し、ミカドは之を允許せり。然るに將軍の臣僚中政權の奉還に慊焉たりし者多くして內亂は起れり。然れどもミカドは終に全く之を鎭壓し得たり。ミカドを日本皇帝として承認せるに續ぎて、外國使臣の謁見と江戸遷都とあり。是より江戸を東京と稱す。是より先、條約廢棄と外人排斥とに熱中せしミカドは內亂中に崩じ、其子(御名)十五歲にして位に即き、以て今に至りぬ。將軍辭職平和恢復の後、皇帝は一八六九年(譯者曰く、明治二年)を以て所謂誓文を發し、廣く會議を興し、萬機公論に決し、舊來の陋習を破り、天地の公道に基き、知識を世界に求め、大に皇基を振起せんことを誓約せり。

同年各國の歷史上に先例なく、最も能く日本公人の愛國心を徵證したる一事件は起れり。是より先、日本は數百年の間、牢乎動かすべからざる封建制度を存し、大名は其領地の最高主治者即ち領土の君主にして、其臣隷と人民とに對しては無條件の役務を賦課するの權能を有したり。大名中、思慮に富みたる者は以爲らく、皇帝の名實相稱ひて、西洋諸國の君主と相對立せんには、當時諸侯の享有する權力を把握せざるべかずと。是を以て爵位、官階、土地、租税を擧げて一切任意的に之を皇帝に上納し、斯くの如くにして政府は近世各國の制度に則り、根本改革を遂行することを得たり。

一八六七年乃至一八六九年分「合衆國外交往復文書」中日本の項。「近世史略」第二章並に第三章。アダムス著「日本歴史」。ライン著「日本」第三百五十五頁乃至第三百七十五頁。

內訌と開國とは基督敎に關して一の趣味ある事實を發現し來れり。第十七世紀中、日本は所謂邪敎を撲滅せんが爲に峻酷なる規定を採用せしに拘らず、信者の數は數千を以て算へ、祕密に敎を奉じたりしが如くなりしが、時勢の變遷に依り蹶然起ちて其信敎を世に告白したり。是に於てか政府は之に對して敵意を起し、皇帝は古制を復活するの詔勅を發布せり。米國公使之を聞き、他の外國使臣を招集し、抗議書案を可決し、之を日本政府に致したり。

ヴァン・ヴァルケンブルフ此事を米國政府に通牒するや、國務長官シューワードは答へて曰く、大統領は此布告を以て啻に判斷を誤りたるものと看做するのみならず、亦合衆國其他の各基督敎國を迫害し、直接には一八五八年訂約の第八條に抵觸し、又普く全世界に行はるゝ信敎自由の精神原則に合致せざるものと思惟せり。是故に合衆國はミカドの詔勅に服從する能はざるの意を貴下に通告すと。又公使に訓令し、此事件を日本政府に通告するには靜穩懇切を以てして內訌の氣焰を高めざることに注意すべく、而して主義の貫徹は斷乎たる態度に出で、遲疑害毒を貽し、妥協屈辱を招くが如きことなからんことを告示せり。他の條約諸國も亦同一の方針を執れり。日本政府は論難日を累ねしが、遂に刑を廢し、基督敎に對する一切の禁令を撤回したり。

一八六七年分「合衆國外交往復文書」第五十六頁並に第六十三頁。一八六八年分同書第七百四十九頁、第七百五十七頁、第七百九十六頁。一八七〇年分「同書第四百五十三頁乃至第四百八十六頁。モーレー著「日本話」第三百七十九頁。

幕府の顚覆とミカドの政權掌握、封建制度の廢止並に江戸遷都とは、西洋諸國と無制限の交際をなすに至りし事實と相待ちて、日本を列國の一として、世界に承認せしめたり。然れども日本が各國の伍伴に入りて、對等の位置を占め得るに至るまでには前途尙遼遠なりしと謂ふべし。幾多の遲疑と內訌とを經て、今や舊態を打破し得たれども、行政、司法、社會制度並に通商の革新は猶當面に横れり。此革新を全うして、外國の敬重を來さんは、尙一代の歲月を要すべきなり。

皇帝は誓文の主旨を遵守して、知識を世界に求めざるべからざりき。然らば則ち日本の發達を進捗するも、之を遮阻するも、將た國威を宣揚せんとする其國民の期望を到達せしむるも、皆是諸先進國の責任たり。中に就きて合衆國は日本を鎖國の狀態より救出したる率先者なるが故に、後章新事態の發達に關して、其盡したる所を記述すべし。

日本が此に至るまで遂行せし所は業に已に人類の敬重を買ふべき價値あるなり。特に西洋諸國の國民は東洋に於ける新紀元の曙光を認めんことを覺悟したり。一八七六年(譯者曰く、明治九年)フィラデルフィアに於て獨立百年紀念の博覽會を開催せし當時、日本人が其出品物に「日の本ゆ豐榮昇る朝日影外つ國人も仰がざらめや」との意を勒したりしが、頓て之を事實上に發現せしむることゝはなりにき。

第七章　支那の障壁崩壞

西洋諸國は英清戰爭の結果と、一八四二年並に一八四四年英米佛の條約に依りて取得したる利益とに信賴して、帝國政府との交際は愈〻親密を加へ、貿易は益〻隆昌を來すべき時代の到來を期待せしが、心事は甚しく齟齬し、既往の經驗も、尙支那人の保守自尊を適當に解釋せしむること能はざりき。

惟ふに支那人は連綿たる數千年の歷史を有し其間高度の文明を發達し來りしかば、夷狄より學ぶべき者なしとの感念を有するに至れり。近時其夷狄と交通するに至るや信ずらく、夷狄は唯金錢と侵寇とを以て其動念となすが故に、交通の頻繁に赴くは唯國の害毒を釀成するに過ぎずと。自國を以て中國となし、其外界の各國は皆以て屬邦附庸となしたり。西洋諸國は優越せる兵力を以て示威を試みたりと雖、唯廣東と沿岸諸處とに限り、僅に大國の外廓を突貫したるに過ぎず。北京の朝廷は外界の强力と進步とに就きて何等の知識をも有せざりしなり。要するに、支那人は物質的知力的共に他に優れることを確信し、此信念を根據として、能ふ限り條約國との交際を緊縮し、已むを得ずして訂約したる條項は偏に自己の便宜を以て之を曲解するの決心を飜さゞりき。

一八四八年（譯者曰く、清仁宗道光二十八年）より一八五〇年（譯者曰く、同じく道光三十年）に至るまで米國公使たりしデヴィスは在任中開港場に領事館を設置し、又治外法權に因り一四四年の條約を以て付與せられたる司法事務を掌らしむることを以て其主たる職務としたり。デヴィスが此問題に就きて國務省に報告せし所は領事司法權に關する特別法律の基礎となり、爾後修正を加へて以て今日に迄べり。

在任中の最も顯著なる事件は、帝國官吏との會見にして、一八四四年訂約以後第一回の事に係り、又廣東駐在支那官吏と米國使臣との相會したるは之を最後とす。從來會見は公式に則り、衙門卽ち廣東官吏の官宅か若しくは米國軍艦上に於てするを例とせしに、這般は廣東城外なる商館を以てしたり。此時支那の屬官中、葉あり。此後、第二回の英清戰爭を惹起したる紛擾に當りて名を轟かしたる者なり。

デヴィスは數年間國會議員の職に在りて、又下院議長となり、内政に於て優秀の手腕を有したり。是其公使に選任せられし所以なり。温良にして能く其職責を盡し、才識愼重忠實を以て名を得たることは當時衆口の相一致せし所たり。其職を辭するや、公使館書記官パーカーは代理公使となれり。

一八四八年乃至五十年「國務省文書」支那の部。「第二十五國會第二議會上院行政事務文書」第二十二號第二百二十九頁。一八五九年十月發刊「北米評論」第四百八十二頁。一八五八年十月發刊「リッテル現代誌」第三百八十四頁。

一八五二年（譯者曰く、清文宗咸豐二年）、ケンタッキー州人ハムフレー・マーシャル(Humphrey marshall)は公使の任に就けり。其當初留意せし所は葉との會見に在りき。葉は當時廣東に在りて、外國交渉の事務を擔當し、マーシャル公使より皇帝宛合衆國大統領書翰の執達に關し、會見を求め來るや、答へて曰く、目下事務多端にして、會見の暇なし。然れども、緊急事務を了らば、吉日を選みて、相會見せんと。

マーシャル、葉の書翰に接するや、其語句を見て大に怒り、國務長官に書を送りて曰く、所謂吉日は何の日に來るべきか、之を期すべからず。佛國公使は會見の日を待ちて澳門に滯留して空しく十五個月の日子を費したり。合衆國使臣たる小官は北京の朝廷に至ることを許されざるのみならず、亦事實上廣東官吏との會見をも拒絶されたりと。是に於て上海に赴き、出來得べくんば總督伊良を通じて、大統領の書翰を北京に致し、事若し成らずんば直ちに軍艦を以て天津に進み、此地より謁見を要求すべきことに決せり。

其上海に至るや、淹留數日、伊良禮を盡して之を款待し、大統領書翰の執達を試むべきことを諾したれども、交渉事務を處理すべき權能なきことを宣告せり。皇帝の答書は來れり。然れども、大統領に對する返翰にあらずして、總督に宛てたる諭達に過ぎざりき。これ國際の禮法に適はざる者たり。其要に曰く、大統領の書翰は正に受領せり。公使と交渉事務を處理するは廣東に葉の在るあり。故に公使は北京に來るの要なしと。マーシャル此答書に接するや益〻白河に前進する決心を固くせり。

然れども此計畫を遂行せんとするに當りて、米國亞細亞艦隊司令長官は此擧を幇助することを好まざるの態度を示したり、司令長官はオーリックにして、軍艦を公使に附して、其適宜とする時期に之を上海に護送するは便ならずと思惟したるなり、ペリー、オーリックの後を襲ぎて上海に至りし時も、公使は軍艦の後援に依り、北京に於て謁見を要求せんと欲し、軍艦を以て白河に護送せんことを求めたりしが、亦肯んずる所とならざりき。ペリーは日本に赴くを以て急務とせしのみならず、亦白河に於て示威運動をなさんとするは得策にあらずして、且つ架空の談に過ぎざることを公使に確答せり。

司令官の此意見を吐露するや、マーシャルは國務長官に諷刺して曰く、外國との國際關係を處理せんは、海軍司令官を措きて、他に適當なる機關あるを見ず、其教育と云ひ、其習性と云ひ、特に國際法上の問題を論議するに適すればなりと、又ペリーの意見に對しては、日本に赴かんとする平和的遠征の將來は朦朧として幻影の如しと。然れども再後の事實に照して之を見るに、ペリーの判斷は何れの方面に於ても的中せしことを證し得べし。

抑〻外交官と海軍將校との關係如何は、合衆國のみならず、英國其他の諸國に於ても既に多大の議論を釀成し、不快なる事件を發生せしことは一再にして止まらず。オーリック並にペリーに對するマーシャルの爭論は遂に國務省をして此問題に關する特別訓令を發せしむるに至り、後國務長官マーシー(Marcy)はマーシャルの後任者たるマックレーン（McLane）に書を與へ、海軍事務長官よりペリー提督に與へし訓令の謄本を添へたり。該訓令に據るときは、ペリーは公益上緊急の場合には、必要なる援助を公使に與ふべきことゝなれり。而して國務長官は尚進みて曰く、然れども大統領は提督を貴下の監督權内に屬せしむべきことを言ふに非ず。雙方に於て合衆國の利害上必要ありと認められたる場合には、毎に共同以て事に當らんことを期すと。外交官と海軍將校とに下したる訓令は多々あれども、皆此主旨を實質とし斯くの如くにして兩者の關係は確定したれば、近時は紛議誤解を防遏することを得たり。

マーシャルは暫く上海に滯留せしが、此際太平の亂ありければ、貿易上の紛紜輻輳し、或は米國人を控制して、交戰者の雙方に物質又は勞力の援助を與へざらしめ、或は逃亡水兵と冒險者との非行を抑壓し、事務頗る多端なりき。此亂はマーシャルの在職中最も極度に達せり。叛徒は一八五〇年に起りて、一八五三年（譯者曰く、清文宗咸豊三年）には開港場を除き、楊子江以南の各州を掃蕩占領し、上海なる支那街と、舊都南京とを攻略し、大江を渡り、天津に迫らんとし、北京も亦其手に歸せんとするの危險に陷れり。史上に見えたる叛亂中、區域の廣大なる、殺傷の算なき、事態の特異なる此亂の如きはなかるべし。世界中最古最大なる帝國の存立を危うし、二千萬の人命を犧牲に供したり。而も其起源は基督教を基礎として運動を試みんとしたる空想家の熱狂に在りしなり。

此事件を記述するは本編の範圍外に屬すれども、米國民と其利害とに重大なる關係を有し、合衆國使臣の心を勞せしこと僅少ならざりしを以て、聊か記する所なかるべからず。叛徒の首將は青年の際、廣東に在りて科擧に應じ、後基督新敎信者の宣敎を聽き、其敎論を讀みて、大に意を基督敎に傾けたり。後數年米國浸禮敎會の宣敎師ロバーツに從ひて敎を受け、洗禮を受けて敎會員たらんことを乞ひしも、許されざりき。乃ち鄕に歸り、揚言して曰く、我は耶蘇基督の弟にして、視覺天に通じ、天啓を受けたりと。

偶像敎を撲滅し、淸朝を顚覆するの使命を有すと宣言せしが、會〻國內叛亂の機熟し、初め地方官憲を襲擊して豫想外の功を收めたり。是に於てか不平の徒、無賴の漢、旗下に來りて之に應じ、三年ならずして、國中人烟稠密なる部分の過半は叛徒の麾下に屬し清朝は將に滅亡の命運に陷らんとするに至れり。初め宣教師と基督教徒とは皆之を以て新紀元を開くの曙光となし、大に之を歡びたりしが、後、報を得るに及びて、言行共に基督教義の改作に過ぎずして、將士皆東洋朝廷通有の淫行に耽ることを發見せり。

南京陷落後、首將はロバーツを招き、來りて新政に關する意見を陳示せんことを求めたり。是に於てロバーツは之をマーシャルに諮りしに、マーシャルは招に應ずるは中立國民たる米國人の資格と相容れずと云へり。ロバーツは之を聽かずして、南京なる叛徒の陣營に赴きしが、此所に在ること少時、其言動は基督教の精神主義に背反せるものたることを確めたり。首將は意氣揚々、威儀嚴然、四圍壯麗を極め、ロバーツは之に見ゆることを許されず、失望嫌厭、廣東に歸り來りて舊職に復せり。

一八五三年の中葉、叛徒の力益〻加りて、遂に事實上帝國政府たらんとする勢を呈したり。マーシャルの後任者マックレーンの如きも、着任の際、正當と認むるときは之を事實上の政府と認むることを得べしとの允許を受けたり。其上海に至るや、幾ならずして、親しく叛徒の行動と精神とを研究せんと欲し、軍艦に搭乘して、叛將の本營を訪へり。南京に近くに當りて、多少の困難ありしが、遂に其到着を報じ、外交事務を擔任せる官吏に會見するの希望を通ずることを得たり。叛徒は之を以て其政府に臣服するものとなし、宰臣は傲慢を極めたる文字を臚列せし長文の答書を送り來れり。其文に曰く、汝誠に天を敬し王を尊ばんか、天朝の天下蒼生に對する一視同仁にして、各國を打して一團と做すが故に、必ず汝の忠誠を容れ、年々天國に貢することを允し、以て天朝の恩澤に浴し、汝の國土に寧居せしめんと。マックレーン之を本國政府に傳へ、附記して曰く、此行動に就き世界中文明各國の期望する所如何は之を知らざれども、叛徒が基督教の主旨を宣言せず、又之を了解せざることは明白なり。又其政權の形式に就きて如何なる判斷を下すを適當なりとするかは姑く置き、之と對等の交際を開始維持せんは不可能なること疑を容れずと。國務長官に、訪問に關する詳細の記事を送致せしが、これ太平亂に關する浩瀚なる文書の述作に、最も趣味ある貢献をなしゝ者の一たり。

戰爭は官賊の勝敗常ならずして、以て一八六四年（譯者曰く、清穆宗同治三年）に至りしが、同年官軍は南京を回復し叛亂は俄然鎭定せり。内亂中支那に在留したるマーティンは曰く、叛亂戡定の功は全く外國が官軍を援助したるに由るなりと。此際米國政府と其使臣とは嚴正中立の態度を支持するに力めしと雖、米國宣教師は皆從來の政府に同情を寄せ、英佛の官憲は危急存亡の際に當りて、公然之を援助したり。マーティンは曰く、一八六〇年(譯者曰く、清文宗咸豐十年)皇帝滿洲に遁逃し、同盟軍北京を占領するや、英國公使エルジン卿は叛將と談判を開始せんとして、大に考ふる所ありしが、佛國公使グロー(Gros)男の遮る所となりて止みたり。當時佛國宣教師は叛徒の信奉する所新教なりとの報を聞きて、之を惡みたりしが、佛國公使は其意見を採用したるなり。

米國宣教師等の意見と報告とに就きては、「第三十三國會第一議會上院行政事務文書」第百二十三號第百四十二頁、第百八十四頁、第二百三頁、並に第二百六十五頁マーシャルの項、「第三十五國會第二議會上院行政事務文書」第二十二號第四十四頁乃至第百十一頁マックレーンの項、「第三十六國會第一議會上院行政事務文書」第三十九號第三頁を參照すべし。一八九一年倫敦刊行エー・エグモント・ヘーク(A. Egmont Hake)著「太平亂」(The Taiping Rebellion)。一八五三年倫敦刊行チャールス・マクファーレーン(Charles Mac-farlane)著「支那革命亂」(The Chinese Revolution)。一八五三年倫敦刊行一八五三年巴里カレリー及びイヴン發行「支那叛亂記」(L' insurrection en Chine)英譯本。マーティン著「支那の一周紀」第一卷第九章。ウィリアムス著「支那史」第五章。一八九三年倫敦刊行ディー・シー・ブールガー(D. C. Bonlger)著「支那略史」(A Short History of China)。一八九九年倫敦及び紐育刊行アール・ケー・ドーグラス(R. K. Douglas)著「支那」(China)第十一章。ネヴィアス著支那」第二十六章。一八五四年七月發刊「北米評論」第百五十八頁。

太平の亂に際り、官軍の爲めに力を盡し丶外國人中米人一名あり。マサチューセッツ州サレムの人フレデリック・ティー・ワード(Frederick T. Ward)將軍是なり。支那兵一隊を組織して、武器を供し訓練を施し、歐米士官を以て之を指揮せしめ、其功頗る大なりければ世人之を稱して常勝軍と云ひ、戰爭の局面を一變したり。ワード連戰連勝勢に乘じて賊壘を攻擊せしが、不幸傷を被りて斃れ、其功名は英國ゴルドン(Gordon)大佐の爲めに奪はれたり。大佐はワードの後を承けて、其兵を率ゐ、其豪膽と手腕とに依りて緒に就きたる行動を成就し、以て結局の功を奏したり。

「第三十七國會第三議會上院行政事務文書」第三十四號第三頁。ペーク著「太平亂」第百九十頁。マーチン著「支那の一周紀第百三十九頁。

話頭前に囘りて、マーシャル公使の事業を說かんに、公使は上海に在ること數月、廣東に歸り、再び會見を葉に求めしに、葉は復た又遁辭を設けて之を避けたり。されば公使は皇帝の特命を以て外國交涉の任に當れる官吏と一囘の會見をだになし得ずして支那を去れり。一八五四年(譯者曰く、清文宗咸豐四年)一月、公使が歸國の意を葉に通ずるや、葉は答書を送れり。曰く、余は此機を以て敬意を表し、貴下の萬福を祈ると。冷淡も亦極れり。

ワシントン政府に於ける政黨の更迭はマーシャルをして歸國せしむること〻なれり。支那に於ける氏の任期は帝國大亂の時に際したれば、大に自國の利益を增進すること能はざりしと雖、其事を處するの手腕頗る敏にして、政府と一身との名譽を宣揚したり。文才倫に超え書を作ること敏速にして、其國務省に致したる通信は積んで浩瀚なる一書をなし、世に公にせられたり。皆支那の事情を知るに趣味あり且つ有益なる文字たり。

「第三十三國會第一議會上院行政事務文書」第百二十三號。「第三十六國會第一議會上院行政事務文書」第三十九號第三頁。一八五九年十月發刊「北米評論」第四百八十三頁。一八五八年十月發刊「リッテル現代誌」第三百八十四頁。

一八五三年、ピヤース(Pierce)大統領の職に就くや、マリーランド州人ロバート・エム・マックレーンを駐淸公使に任命せり。マックレーンは合衆國遣外使臣中最も堪能なる者の一人にして、公務の閱歷亦多し。政府はマーシャルの遭遇したる困難を再びせざらしめんが爲めに、亞細亞艦隊司令官に訓令するに、一隻の軍艦を之に附し、出來得べき限りの手段を以て其行動を掩護せしめむことを以てせり。マックレーンの香港に到りしは一八五四年三月に在りしが、第一着に遭遇せしは失望にして、失望は不幸にも此に止らず、任期を通じて事每に然らざるはなかりき。是より先、廣東使館の事務を代理したる忠實なる書記官バーカーは公使着任の期を豫想し、葉に書を送りて新任公使到着の期日を通牒し、且つ公使は皇帝宛大統領の書翰を交付するが爲めに會見を求むるならんとの意を告げたり。葉の之に對するマーシャルの時に於けると同じく、答書中マックレーンの着任を喜ぶの意を表し、而して曰く、目今事務頗る多端なり。後日小閑を得ば、吉日を選んで相會するの歡を見んと。

マックレーンは以爲へらく、これ侮辱にあらずとするも、少くとも禮を失したるものなりと。是に於て憤怒せること前任者に讓らず、書を葉に送りて無禮を詰責し、再び會見を求めざるに決せり。往復文書の謄本をワシントンに送致するに當り、國務長官マーシーに告げて曰く、從前も十分に意を注がれたることは爭ふべからずと雖、希くは今回も十分に心目を傾けられんことを望むと。

マックレーンは前任者と殆ど同一の方針を以て進行すべき外、他に策なかりしもの、如し。ペリー提督は軍艦中の最新最良のサスクエハンナ艦を之に附したれば之に搭じて上海に進行せり。上海に於ける事態は前年マーシャル在任の時代に比して一層の險惡を加へ、官賊兩黨は外國租界の內外に相對峙し、支那街は既に叛徒の手に歸し、租界は米、英、佛三國の軍艦ありしが爲めに僅に其占領を免るゝことを得たり。外國商人は帝國政府が輸入品に對する保護を全うし得ずとの口實を以て輸入稅の納付を拒み擾亂に乘じ無稅にて多額の貨物を輸入せりと云ふ。

マックレーンは上海に滯在中、省の內部に本營を布きたる總督伊良と文書を往復し、會見を遂げたり。欵待の至れるはマーシャルの時に異ならざりしかど、目的とせし事務の遂行は功を奏せざりしこと亦前任者と同樣にして、公使は刻下の狀態に鑑み、皇帝に轉致すべき大統領の書翰を總督に託することを避けたり。滯留四月を閱して、香港に歸り、同じく葉の處置を憤慨せる英國太守サー・ジョン・ボーリング(Sir John Bowring)と會商せり。是より先、マックレーンの上海に在りし際、太守は條約を改正し、兵力に依りて强行せし諸般の缺點を救醫せんと欲し、葉に會見を求めたるに、葉は遁辭を設けて之を拒絕したり。マックレーンは又佛國公使とも會商し、是に於て三國の使臣は連合して支那政府に迫り、刻下の禍患を救はんことに決したり。米國公使が此行動を執りしは國務長官訓令の精神に從へるものたり。

三國使臣は若し上海に於て適當なる權能を具備する帝國委員と談判を開始し得ずんば、共に各自の軍艦に搭じて、白河々口に進み、此地に於て新に皇帝の朝廷に要求を提出すべしと決し、各〻之を葉に通牒せり。

一八五四年九月中、三國使臣は上海に到着せり。談判開始の權能ある委員、北京より派遣さるべき通牒を受くるを期せしに、待つこと數週日、事遂に成らず。是に於てサー・ジョン・ボーリング、マックレーン並に佛國公使館書記官は豫定の計畫に依り、十月十五日を以て白河に進みたり。佛國公使の之に與らざりしは已むを得ざる事故の爲めに上海に留りたればなり。

白河に至りしに、之に應接すべき全權委員の派遣に就きては政府は未だ其着手だにせざりき。是に於て先づ地方官憲との會商に時日を費し、待つこと數週にして、皇帝よりの委員は初めて來れり。應接の場所は泥濘の爲めに汚濁せる河岸に一小天幕を張りて之に充てたり。固より會商に適したるものにあらず。これ禮儀を無視せる支那官吏の通有性に出たるものにして、好ましからぬ外容に對し故らに侮辱を加へたるものと解釋するの外なきなり。

斯くて會商は開かれたるが、支那全權は談判の全權を具有せずして、唯外國使臣の言を聽くに止るとの事を自白せり。三國使臣の目的は條約改正に在りて、主張の根據は全く一八四四年米清條約中の一項に在り。其文は左の如し。

外國貿易に開放したる支那帝國の諸開港場は各〻其狀態を異にするが故に、經驗の上、此等の開港場に於て通商航海に關聯する些少の修正を必要とすることあるべし。此場合に於ては兩國政府は本條約日附の時より十二個年の後、特に此に關する談判の爲めに委員を任命し、和衷協同して之を議すべし。

支那全權は曩に談判の權能なしと確言しながら、英國使臣に向ひ、極力主張して曰く、英國は米清條約中此條文ありとの故を以て、改正を求むるの權なしと。又マックレーンに答へて曰く、所論些少の修正と云ふことは貴下の主張する改正の理由となすに足らずと。これ支那人よりも一層外交上の經驗を積みたる官吏の口より出づべき言にして、國際法の見地よりするときは、當に反對すべからざるものたり。會商は失敗に了れり。何となれば、時恰も暴風雨の季節に屬し、船艦は北京よりの答書を待つこと能はず、剩へ要求の事項果して皇帝の聞に達するや否や、確ならざりければなり。事玆に到りては使臣は他に施すべきの術なく、不愉快なる河岸を去り、碇繫安全氣候温和なる上海と香港とに歸來せり。

マックレーンは上海より國務長官に白河事件の詳細を報告し、且つ着任以來政府の陳情を北京の官憲に提出せんとして功を奏すること能はざりし顚末を申達せり。又大統領に勸告して曰く、皇帝への書翰中、陳情の主旨と條約改正希望の條項とを記入し、此書翰捧呈の任に當れる者に對しては、日本に於けるが如く、支那海なる合衆國軍艦をして掩護をなさしむべしと。尙報告して曰く、英佛兩國公使は尙一層斷乎たる手段を執るべきことを勸告せり。三國政府共に一致の行動を繼續せんことを望むと。其後發送したる書面には、西洋諸國の支那に對するは新に一層積極的の手段を以て攻勢を取るべきことを主張せり。

マックレーンは難件の間に活動し、苦心慘憺十月を閲歷せしが、廣東に於て熱帶地方の瘴炎に冒され、遂に熱病を發し、甚しく健康を害したれば、賜暇を乞ふの已むなきに至れり。然れども上海在留米國商人の頗る困難とせし問題は出發前に於て之を解決せり。是より先太平賊の上海を攻擊せし際、政治機關一時運轉を止めたるが爲め、關稅の徵收を中止せしが、マーシャルは未納關稅を政府に支拂ふべきことを裁決せり。新公使の着任するや、商人は再び建議して其裁決を待ちたり。マックレーン乃ち判決を下して曰く、爭點に係る巨額の金員は之を支那政府に納付せざるべからずと。是に於て米國人は此判決を實行せしが、英國商人は納付の要求に抗議して、遂に成功したり。惟ふにマックレーンが失望と冷遇との際に在りて、猶能く支那に有利なる裁決を下しゝは其公平無私を證して餘あるべく、又米國商人が各國商人に反して義務を履行せしことは其名譽とせざるべからざるなり。

一八五四年十二月、パーカーは復た代理公使の任に就き、マックレーンは病の爲めに任を退きたり。其巴里に至るや、使命の責を盡すこと能はざりしを理由として辭表を呈出し、(二)歸國して後新に顯要の地位を得、墨西哥並に巴里駐劄の公使に歷任せり。

(二)マックレーン使務の詳細に就きては、「第三十五國會第二議會上院行政事務文書」第二十二號、「第三十六國會第一議會上院行政事務文書」第三十九號、並に一八五九年十月發刊「北米評論」第四百八十七頁乃至第五百四頁を參照すべし。

パーカーは數月間頗る困難なる狀態の裡に在りて、使館の事務を處理せり。時に太平叛徒は頻に廣東と他の開港場とに逼迫し、海賊は帝國政府の無能力に乘じて益々增加し、沿岸を劫掠し、屢次開港場なる外國貿易に危險を加へたり。尋ぎて貿易は亂雜の狀態に陷り、密商逋税は其數を增し、戰時禁制品の賣買は容易に行はれたり。マーシャル、マックレーン兩公使は共に布告して、米國人をして嚴正中立を守らしめ、パーカーは最も力を其執行に致したり。然るに領事の怠慢と不忠實とよりして、不正にも米國々旗を支那其他の外國船に轉用せしこと往々之ありて、殊に英國の船舶法並に登錄法は米國法律の禁せる轉用を容易ならしめ、騷亂の際は領事が登錄認可に就きて默過する所あるにあらずんば、米國船舶は不利益なる地位を有せざるべからざりしなり。加之、米國人が其財產、營業の損害若くは條約に依り取得せる諸權利の侵害に對し提起し來れる要求は累積したれども官憲は之に滿足を與ふるの處置を取ること能ざりしか又は故らに捨てゝ顧みざりき。

パーカー支那に在留すること二十年間、勞苦頗る多くして爲めに健康を害し、賜暇を申請するを必要とするに至り、一八五五年(譯者曰く、清文宗咸豐五年)三月、合衆國に歸れり。ワシントンの諸官之と交り、其支那事情に精通することゝ其技量とに感じ、黨派の異同を問はずして、之を遣清全權委員に任命したり。

パーカーは歐洲を經て任地に就き、途次、倫敦巴里に至り、英佛の外相に接見し、三國が支那に於て執るべき政策に就き、眞率に意見を交換し、且つ共同一致の行動を執らざるべからざることを非公式に約定せり。パーカーは此會見の顚末を詳記して、國務長官に致し、大に其稱讃を受けたり。

一八五六年(譯者曰く、清文宗咸豐六年)一月廣東に至るや、先づ葉に通牒して、全權委員に任命せられしことを以てし、且つ皇帝に捧呈すべき大統領書翰を傳達せんが爲め、會見を求めしに、葉は其慣手段を弄し、事務多端にして會見の暇を得ずと答へたり。

是に於てバーカーは英佛兩國の使臣と會商し條約改正に對して同一步調を取るべきを決し、再び葉に會見を求めしが、復た拒絶せられたるを以て、常時平穩の性も遂に憤怒の情を禁ずること能はざるに至り、書を送り、前任者をして重大事務に關して會見をなすこと能はざらしめし、往日の事狀を評論し、且つ曰く、忍耐すべからざるの日必ず到來すべきことの確然たるは天上に太陽の在るが如しと、斯くして又通牒を發し、葉に告ぐるに一八四四年の條約の改正並に鬱積せる疾苦の回復を得んが爲め北京に前往せんとすることを以てせり。英佛兩國公使も亦同一の通牒を致したり。

然れどもバーカーが決心を實行して恣濫を醫すること能はざりしは、マーシャル並にマックレーンと撰ぶ所なかりき。軍艦不在の爲め、一時上海行の期を延さゞるべからざるに至りしが、此地に至るや、支那地方官憲は談判開始を約し、玆に一縷の望を繫ぎたりしも、忽ち水泡に歸し、而して白河を遡往するの季節は既に過ぎ去りて、加之、之を決行するに適當なる軍艦を得ること能はざりき。

バーカーの北行如何なる結果を齎しゝか、唯米國政府に更に一層の侮辱を加へられたるに過ぎざりき。是より先パーカーは葉の無禮を憤り、葉が大統領の書翰を受けんことを申込みしときも、之を拒絶したり。厦門に於て之を傳達すべしとの該地總督の約束を信じ、之を容れたりしに、上海に至るや、該書翰は皇帝が外交事務處辨の爲めに特派せる葉を經由せずんば受くることを得ずとて却下せられ、剩へピャース大統領の自筆に係る該書翰の封蠟は破られたり。

「第三十五國會第二議會上院行政事務文書」第二十二號第四百九十五頁乃至第九百八十四頁、並にマーティン著「支那の一周紀」第百四十六頁。

一八五六年(譯者曰く、淸文宗咸豐六年)十一月、パーカーは上海よりの歸途、香港に寄航せり。當時支那官憲に對する英國の隱忍は業に已に消盡し去りて、恐るべき戰鬪狀態を現呈し英兵は廣東の市街を護衛せる堡塞を占領し、市街を砲擊して城內に闖入せり。

これ第二回の英淸戰爭にして、其近因は支那兵船の水兵が廣東の前面に碇泊せる快走船アロー(Arrow)號に闖入し、其水夫を海賊なりとして捕獲引致し、英國々旗を引卸したるに在り。該船は支那人の建造所有に係りしも、英國船として登錄を受け、英國々旗を掲揚したり。然れども登錄期限は此事件より數日以前に滿了し、未だ再登錄を經ざりしものたり。

香港太守兼英國公使たるサー・ジョン・ボーリング(一)は水夫の引渡、暴行の謝罪並に將來英國々旗を尊重するの保證を求め、葉は審理の末、水夫中九名は海賊の罪跡判明せりと言ひて而して遂に悉皆之を釋放すべき命令を發せり。然れども該船は英國船にあらざるの理由を以て謝罪の要求を容れざりしが、太守は主張して曰く、該船は登錄期限滿了したれども、尙保護を受くべき權利を有し、且つ暴行を加へたる支那人は實際登記期限の滿了を知らざりし者なれば此行爲は國旗に對して凌辱を加へたるものと謂はざるべからずと。葉頑として之に應ぜざりければ、玆に戰鬪は開かれたるなり。

(一)戰爭開始の主動者たりしサー・ジョン・ボーリングは當代の名家にて、種々なる技能を有せりき。性穩和なりけれども、情激發し易く、ゼレミー・ベンタム(Jeremy Bentham)に學び、其著作を完成し、多年國會議員の職に在りて、商業問題の大家たり。文學の趣味に富み、四十の國語に通じ、詩を善くし、聖歌學者たり。其作る所の聖歌中十字架の譽(In the Cross of Christ I glory)と警夜行(Watchman, tell us of the Night)は最も有名なる者たり。

戰爭の價値に就きては、英國政治家並に歷史家の意見區々たれども、アロー號の一件のみを以て開戰の理由となすに足らずとは、衆評の相合する所なり。エルジン卿の報告書は該事件を説明して肯綮に中れり。曰く、余はアロー號の件は一滴の水溢れて遂に杯を漏れたるに同じと云はゞ其眞價を悉したりと謂ふべしと。而して其私記の日誌中には露骨に記述して曰く、アロー號事件は英國の失態となすべく、一身上外聞を憚らざる少數の徒を除きては皆斯く考量すべしと思はるべき正當の理由あり。畢竟するに戰鬪を生じたるは支那人の行爲英人に不利なる者多々積集し、此に至りて勃發の極點に達したるものにして、アロー號の一件を以て直に開戰の正當なる原因となすべからざるなりと。(一)茲に記したる不行爲の積集とは東印度商會が廣大なる鴉片密輸入をなしたる時より胚胎せるものたり。

(一)アロー戰爭に關する官報は英國々會青書一八五八年乃至一八六〇年分支那の項を參照すべし。マッカーテー著「支那史」第三十章、並に第四十二章。ブールガー著「支那史」第十九章。ドーグラス著「支那」第九章。ウィリアムス著「支那史」第六章。マーティン著「支那一周紀」第一卷第十章。ネヴィアス著「支那」第三百一頁乃至第三百十二頁。一八六〇年一月發刊「北米評論」第百二十五頁。「第三十五國會第二議會上院行政事務文書」第二十二號九百八十四頁。

合衆國政府は英國の例を追ひて戰鬪行爲を敢てするを正當なりとは思惟ざりけれども歷任の公使相踵ぎて葉の侮辱する所となり、又數次要求を提出して、事毎に支那政府より冷淡を以て迎へられたりし事實は、之をして支那人より尊重と公平なる取扱とを取くるは兵力を示すの外他に途なきことを確信せしめたり。マーシャル嘗つて國務長官に書を致して曰く、支那政府をして公平の處置を取らしめんは唯之を强制する兵力の面前に於てする外あるべからずと。マックレーン亦葉との紛議に關し、報告して曰く、此政府と外交的交際をなさんは唯砲門の下に於てするあるのみと。穩和なるパーカーも亦支那政府の凌辱を憤り、大に英米連合軍を起すの可なるを唱へたり。

「第三十三國會第一議會下院行政事務文書」第百二十三號第十一頁。「第三十五國會第二議會上院行政事務文書」第二十二號第千八十三頁。

アロー號事件の了ると殆ど同時に一時英米連合の戰爭を惹起せんとしたる事件は起りき。フート(Foot)大佐合衆國艦隊の端艇に乘じて、珠江を下れるとき、支那の砲臺より砲擊を受け、翌日艦隊の測量班も亦砲擊せられ、一名の死者を出したり。孰れの塲合にも、船は高く米國々旗を掲揚したることとて、アームストロング提督は立ろに國旗に對する侮辱を罰せんと決し、一八五六年十一月十六日、即ち國旗に對して第二回の砲擊ありし日、フート大佐指揮の下に、ポーツマス(Portsmouth)艦を派遣せり。該艦は後南北戰爭に於て殊勳を樹てたるものなるが、進みて曩日端艇を砲撃せし砲臺を攻撃し、須臾にして之を沈默せしめたり。

翌日、司令官は葉に書を送り、二十四時間事件の辯明と相當の謝罪とをなさんことを求めたるに、支那は該期限内に盛に工事を督して砲臺の復舊に力めたるを見しを以て、更に攻撃を命じ、遂に之を占領破壞せり。此役米國側は七名の死者と二十二名の傷者とを出し、支那の損害は三百名に上りしと云ふ。第二回攻撃の前、葉は書を送り來りけれども、要領を得ず。次ぎて他の信書到來せり。葉は主張して曰く、廣東と其附近とに於て、英國が敵對行動を開きたるに就きては、他の國籍に屬する船艇は須らく戰塲より避くべきなり。斯くてこそ國旗の誤認は起らざるべきなれと。然るに支那砲臺に加へたる嚴罰は葉をして大に怒らしめしことなかりしが如く、後司令官に書を致して曰く、兩國間爭端を啓くべき事實あることなし。今後は米國艦船の使用する國旗の形狀を明示して以て豫め余に報ずべし。これ兩國友誼の徵證なりと。東洋の高官葉は心中此事に對して痛痒を感ぜざりしなり。

葉の書翰は往復の一段落を告げ、邊砦に對する米國海軍の砲擊は玆に其終結を告げたり。是より以後五十年、拳匪の亂一隊の陸兵を出して、北京に包圍されたる公使と國民とを救出したるまでは、米國官憲は一回も支那人に對して戰鬪的行爲を敢てせしことなし。事件此くの如く迅速に平和的解決を告げたるは英國人の失望せし所たり。何となれば英人は合衆國の協力を得、其準備しつゝありし戰鬪を實行せんことを熱望したればなり。

「第三十五國會第二議會上院行政事務文書」第第二十二號第千二十頁並に第千四十二頁。一八五九年十月發刊「北米評論」第五百十二頁。一八九八年十月發刊「ハーパース・マガヂン(Harper's magazine)」第七百四十一頁。

ワシントン政府は其海軍と邊砦との交戰に就きては、此より以上尙注意を與ふべき機會を見出さゞりしかども、英國の廣東砲擊に關しては、尙尋繹すべき事件二三あり。廣東砲擊に關する新聞紙の報道に據るに、廣東香港駐在の米國領事は攻擊の現場に在りて之に關與し、特に香港領事は米國々旗を掲揚せる合衆國海兵の一隊を引率したりと云ふ。葉も亦同樣の事を以て詰問をなしたり。國務長官マーシーは苟くも合衆國の中立態度に背く者は悉く之を非とし、パーカー公使に命じて十分なる調査を遂げしめ、特に香港領事の罪跡明確なる場合には之を罷免すべき權能を付與したり。

廣東領事は其公報中に曰く、城壁陷落後三十分にして市街に入りたるに、英人は既に全く此地を占有し、將校兵卒水兵等は皆其欲するが儘に振舞ひつゝあり。余は宮殿內に於て大將セームーア(Seymour)閣下に邂逅し閣下は此日の紀念として二三の物品を取り去るべきことを許されたりと。果して然らば、支那宮殿內に於ける掠奪は一九〇〇年北京占領より以前に於て早く既に其例を貽し、中立國の領事すら敗德者中に投じ去りたるものゝ如し。廣東香港兩領事は其現場に赴きたるは好奇心に驅られたるに過ぎずと主張し、毫も中立の義務を犯しゝことなきを辯疏し、香港領事は斷乎として米國々旗掲揚に關する責任を否認せり。當時國旗は城壁內米國海員の手に在りて、政府の官吏は何人も其掲揚を認可したるにあらざりしが如く、審問は遂に中立義務侵犯の證憑を得ること能はずして止み、米國居留民は明白に領事に同情を寄せたることを證示したり。

「第卅五國會第二議會上院行政事務文書」第廿二號第千四十八頁、第千三百十九頁並に第千三百八十三頁。一八五九年十月發刊「北米評論」第五百八頁乃至第五百十一頁。

英國は條約改正と侵害の回復とに關し支那政府と協定をなさんが爲めに戰鬪準備をなしたるも、印度に於ける土兵の反亂ありし爲め滿一年間之を中止せり。此時に際し廣東なる外國商館は兵燹に罹り、貿易は中止せり。パーカーは此紛亂の時に於て拮据黽勉、米國の利益を保護し、支那官憲をして米國の要求に注意と滿足とを與へしめんことに力め、自ら意へらく、英國の處置は帝國政府をして協定をなさしむべき唯一の手段なりと。是に於てか熱心に國務長官に勸告し、合衆國は既決の政策を決行するに英佛兩國と同盟連合すべきことを以てし告ぐるに佛國は既に戰爭開始に就きて英國と行動を共にするの決定をなしゝことを以てせり。且つ告げて曰く、實際戰鬪の活劇は之を避け得べく、列國が一時各地を占領せば、支那をして要求に應ぜしむるに至るべしと、是に於て計を按じて曰く、佛は朝鮮を取り、英は舟山を略し、米は臺灣を占有し、之を抵當として以て各般の問題を滿足に解決すべしと。今日より之を見るときは、斯くの如き計畫は全然架空の談に過ぎずして、實行すべからざるものゝ如しと雖、其三年前ペリーも亦日本との談判に關し、流球群島の占領を勸告せしことあり。これパーカーの熟知せる所たり。

然りと雖、斯くの如き計畫は到底ワシントン政府の平和的政策と相容るべきにあらず。況や國旗の侮辱に報いんが爲めに邊砦を破壞せし海軍の行動すら猶且つ政府の坦懷を動す能はざりしをや。國務長官マーシーはパーカーに書を送りて曰く、大統領は斯かる激烈なる手段を取るの當否に關し、大に疑を抱けりと。而して自己の意見を宣言して曰く、英國政府は合衆國の企圖せる以上他の目的を有することを明かなり。故に英人が如何に米國の共同を熱望すとも、米國は決して之に陪すべからず。大統領は切に望むらく、貴下と我海軍司令官は英淸鬪爭の渦中に投じ又は支那との友誼に重大なる障害を來すことなくして、米國民を防衛し其財產を保護するに必要なる一切の處置を取らんことをと。此訓令の主旨は公使の意見と懸隔する所頗る大なるが故に、苟くも其實行を期せんとせば、勢之を新公使に委任せざるべからざりしなり。

一八五七年三月四日、政府は更迭し、後一月を經て、遣淸公使は新任されたり。此任命は現任者に對する不滿足に由れるにあらずして、唯內政上の必要に出でたるもの丶如し。(一)パーカーは八月を以て任を解き、合衆國に歸り、斯くして支那に於て功績を擧げたる多年の閲歴を終り、一八八八年死去の時に至るまでワシントンに住し、理學、宗教の方面に於て活動したり。三代の大統領に歴仕して大藏長官の職に在りしヒュー・マッカロック（Hugh McCulloch）曰く、人生の長路を回顧して滿足を表することパーカーに於けるが如く大なるは他に之なかるべし。支那人の習慣と其政府の性質とに通曉せしものは外國人中他に之に若くものなく、此好機會を利用して、米清兩國の雙方に利したることも亦此くの如きはなしと。(二)

(一)「第三十五國會第二議會上院行政事務文書」第二十二號第千八十三頁乃至第千二百七十八頁」並に「第三十六國會第一議會上院行政事務文書」第三十號第三頁參照。國務長官は新任公使に訓令して曰く、此更迭は秋毫もパーカーを貶黜すべき目的に出でたるにあらず。パーカーは職務に忠實熱心にして、政府の感謝を受くるに十分の資格ありと。

(二)マーティン著「支那の一周紀」第二十七頁。スピーヤ(Speer)著「支那」第四百二頁。一八五九年八月發刊「リッテル現代誌」第三百八十四頁。一八八八年紐育刊行ヒュー・マッカロック著「五十年間の人物と方按」(Men and Measures of Half a Century)第二百六十五頁。

パーカーの後任者はペンシルヴェニヤ洲人ウィリアム・ビー・リード(William B. Reed)なり。反對黨員ながら、ブカナン(Buchanan)の大統領被選を幇助したりしかば、主として政治上の事情に依り、此任命を受けたるなり。然れども卓越せる法律家にして、最も多くの點に於て、其職務に屬する難件を處理するに適せることを實證せり。從來支那に於ける米國使臣の官名は單に委員(Commissioner)とし來り、外交界に於ける慣行の等階以外に在りたり。而して今回新任のリードには其官階より生ずべき總ての威嚴と勢力とを與へんが爲め之を特命全權公使(Envoy Extraordinary and Minister Plenipotentiary)と稱したり。

當時英佛兩國は連合して敵對行爲に出で、支那の狀態は頗る危殆に陷りたるを以て、リードに對する訓令は最も周到の用意を以て之を作成し以て精確に合衆國の取るべき態度を示し英佛兩國の意向と目したるものを列擧し、其合衆國の期望と一致せることを宣言せり。即ち第一は外國公使の北京駐劄、皇帝の迎接、並に委任を受けたる外國事務大臣との交際、第二は貿易關係の擴張、並に輸入品に課すべき關稅の改正、第三は外國人の信教自由、第四は、條約規定勵行の方法是なり。公使は此等の目的を達せんが爲めに平和的手段を以て英佛兩國と協同し而も其努力は支那官憲の正義心と方略とに訴へ、强硬なる提議をなすの外他の手段に出づべからずとの命令を受け、又米國は未だ支那と交戰せるに非ざるが故に、唯正當なる貿易の爲めに帝國に入るを目的とすべしとの注意に接したり。此訓令書中に戰鬪參加の事に關し、英國政府に答へたる文書を封じたり。其書中に曰く、合衆國政府の行政部は宣戰の權なきが故に、支那領土に兵を派することは國會の決議を待たざるべからず。又大統領の考ふる所を以てせば、支那帝國と合衆國との諸關係は未だ戰鬪を開始するの理由を存せずと。要するに合衆國の政策は平和的にして、支那帝國に關して毫も政治上の目的を有せず、習俗の差異と國民性の徑庭とより打算し、支那を誘ひて貿易交通を開かしむるには穩和愼重と相當の時日とを以てするを得策とせしなり。

一八五七年リードの香港に到着するや、英佛連合軍は將に戰鬪行爲を開始せんとせり。英國貴族にして、政治上に多大の經歷を有せる政治家エルジン卿は頃者加奈陀總督の任を了して歸國したりしが、政府の命を受けて戰役に於ける政治的部面を擔任せし、名聲赫々たりし佛國公使グロー男と共に其事に當りたり。リードの報告に據るに、其訓令の趣旨を英佛に告白するや孰れも喫驚失望したり。

何となれば皆合衆國の協力に對し過度の矚望をなし、甚しきは領土分割に參加せしめ得べけんことを期したりければなり。特に英國は合衆國をして無謀の戰爭中に投せしめ得ざりしを遺憾として、頗る憤激したり。又リードの言に徵するに、當時エルジン卿は未だ合衆國政府が連合を謝絶したることを知らざりしが、後其答書を接手するに及び、米國使臣に對する態度を變じ、漸く親密となるに至れり。

リードは第一着に葉に會見を求め、條約改正の談判を開かんとしたり。然れども前任者と同じく、功を奏することを能はざりき。葉は頑强なれども、辭令に巧にして、書を送りて曰く、名聲隆々情意懇切たる高官中國に至れるは最も喜ぶべし。會商は最も望む所なれども、奈何せん英人來りて城外を搶掠し、應接の地なきを。現行條約は利する所多く能く意に適し、改正すべき條項を認めず。故に談判の要を見ず。特命を以て簡派せられたる外交事務大臣は米國使臣と會見するを得ず。又之と共に事務を議することを欲せずと。

英佛連合軍は一八五七年十二月を以て先づ廣東を襲擊せり。廣東が敵に占領搶掠せられたるは之を以て第二次とす。葉は捕虜となりて、カルカッタ(Calcutta)に護送せられ、着後數週日にして客死せり。葉は倨慢頑迷、排外思想を以て無上の名聲を博し衆皆國交不滿足の責任を之に歸したりしが、廣東占領後、連合軍の手に入りたる文書に據るに、其行動は總て北京政府の命に出でたるものにして、其條約改正並に損害賠償の談判を拒絕したるの責任は全然北京政府をして之を負はしめざるべからざること明白となれり。此文書中、一八四二年並に一八四四年英米佛條約の漢文原本ありしより、其未だ北京に至りて皇帝の視聽に達せざりしことを推定したるものありしかど、後朝廷は此條約書を公刊したれば、此推定の當らざりしことを知るべし。

廣東陷落の後、連合軍は其意向を宣言して曰く、支那政府が全權委員を任命して條約改正の談判を開始せざるときは、更に戰鬪的行動を續行すべしと。是時に際し、露國公使は白河を遡りて、直接に皇帝に文信を通ぜんとして成らず、香港に在りしが、其帶ぶる所の訓令は合衆國公使の受けたる者と同一にして、支那政府に談判開始を迫るべきも、其手段は平和的なるべしと云ふに在りき。而してリードは葉より侮辱を受け、短期間に於て支那の事情を實驗し、前任者と同じく帝國政府を動すの法は唯强迫に在りと信ずるに至り、其事務を論じて國務長官に致したる書中に曰く、支那に對しては新に一種の政策を確立せざるべからずして、西洋文明諸國は其自己の權利に屬すと信ずるものは飽くまで之を固執し、支那を待つに常規を以てするの迷想を拋棄せざるべからずと云ふに躊躇せずと。後一月を經て、又書を送りて曰く、强硬なる態度と實用の兵力とを以て北京に臨まずんば萬事休せんと。又合衆國の平和的態度に關して論じて曰く、中立の嚴守と友誼の維持とは時務に通せざる支那帝國の頑迷に些の感動をも與へざるべしと。米國公使は此決意を有したれば、直ちに英佛兩國公使と連合して、北京に連名の書面を送り、條約改正談判の爲め上海に於て外國使臣に會見すべき全權委員の任命を要求し、支那政府之を採用せざる時は尙首都に接近して之を强行するを義務なりと思惟する旨を通牒せり。露西亞公使も亦同一の方針を執りたり。リードは國務長官に通牒して曰く、上海會商を拒絕せらるれば、諸國相連合して白河々口に前進すべし。是從來西洋諸國が支那朝廷の正義心と行動とを喚起せし最も有効なる處置なりと。而して又損害賠償並に條約改正に關し友誼的提議をなすも、倨傲侮辱を以て拒絕せらるゝときに際し、執り得べき方針を臚列して、大統領の參考に供し、支那朝廷をして和協せしむるに必要なる强制の權能を授けられんことを乞へり。國務長官カッス(Cass)は之に答へて、北京に提議をなすに當りて諸國と連合するの處置を可としたれども、曩日の訓令を引用し、且つ曰く、合衆國は縱ひ支那に對して苦情を提出すべき重大なる原因を有すとも、干戈に訴へて以て賠償を求めんとするは萬全の良策にあらずと思惟す。此方針を執らざるべからざるに至るの日或は到來せん。然れども危急に際會せば、大統領は國會に訴へて、其裁可を求めざるべからず。今日に於ては未だ此請求をなすの意あらずと。

一八五八年四月、諸外國公使は決議に基きて上海に會合し、北京よりの答書に接せり。曰く、外國使臣は朝廷と直接の應接をなすべき權利なし。須らく廣東に赴き葉の後任者と會商すべしと。リードは之を以て往日葉の送り來れる者と性質を同じうするものとなし、評して曰く、巧に遁辭を弄したる非理沒意味の宣言にして、實質を缺き、愚拙を極め、毫も葉の書と異なるなしと。是に於て諸公使は夏季の初めに白河に前進するの豫定を實行せんとして、直ちに活動を開始したり。英佛兩國公使は往日廣東攻擊に從事せし艦隊と兵員とを隨へたりしも、米露兩國公使は各自一隻の船に搭じて行を同じくせり。リードは國務長官に通告して曰く、若し戰鬪開始を見るに至るも、小官は訓令の精神と文意とを遵守し、傍觀の地位に立ち本國の訓令を待つべしと。又曰く、露國公使も亦最後の塲合の外、嚴に戰鬪行爲を避くべき訓令を受けたりと。

諸公使は白河々口に到着せしも、談判開始の權能を有するもの一人も來り會せざりしを以て、連名の書を北京政府に送り、六日を期して全權委員を任命すべきことを求めたり。期限滿了の前、答書あり。曰く、皇帝は特別委員を任命し、今や將に會商の途に就かんとすと。然るに書面の形式に缺くる所ありしを以て英佛兩國公使は受領を拒絕せしが、米國公使は之を以て誤寫となし、正誤を求めたるに、幾ならずして其意を貫きたり。米露公使は直ちに支那全權と談判を開始せしが、英佛兩公使は新任委員は條約訂結の全權を有せずして、其權能は唯談判をなし、其結果を北京に報告するに止ることを發見せしを以て會商を拒絶し、主張して曰く、此任命は往日來支那政府の敢てせし遁辭遲延を追ふに過ぎずして、廣東に於て捕獲せし文書は之を證して餘ありと。後リードは此文書の趣旨を詳悉し、連合諸國が白河並に天津に於て執りし强迫的行動は正當なる理由を有すと云へり。委員の權能は依然舊の如くなりしを以て、英佛兩國は天津に直往して更に全權を有する委員の任命を要求するに決定し、天津に至る行路を安全ならしめんが爲めに、白河々口なる大沽砲臺の引渡を要求せしが、拒絶されたるを以て之を攻擊し勇猛なる抵抗を受けたる後遂に之を占領し、英佛兩國の提督並に公使は些の抵抗を受けずして白河を遡り、天津に到達し、米露兩國公使は直ちに之に次げり。是に於て朝廷は震駭し、急遽全權委員を任命して、條約の締結調印をなさしめたり。談判は急速に結了せり。これ連合諸國の海陸兩軍を面前に置き、米露の使臣其要求を强制したるより、支那全權も遂に速に事を決するの必要を感じたるに由るなり。談判開始後一週日にして、露國先づ調印を了し、米國之に次ぎ、英佛は約三週日にして之を了したり。

初め支那全權は諸外國公使列席して談判を開始せんことを主張せしも、反對を受けしこと勿論にて、遂に各別談判を以て事を決するに至れり。英佛公使の支那全權に會見せるや、多數の衞兵を隨へ、威儀堂々戰事に異ならざりしが、米露公使は之に反して、僅に書記官と少數の水兵とを具したるのみ。支那全權は皆魁偉にして威容大に備り、擧止進退大に人目を聳動したりと云ふ。

リードの談判をなすや、エス・ウェルス・ウィリアムス並にダブリュー・エー・ピー・マーティンの兩人之を輔佐したり。ウィリアムスは日本に於けるペリー提督の談判に與りて大に力ありし人にて、パーカーの支那駐剳公使に昇任するや、公使館書記官となれり。マーティンはプレスビティリアン派の宣教師にして、北京官話に通じ、後年支那事件に於て大に爲す所ありたり。マーティンは夙に支那語を解し、眞率事に當りたるを以て大に支那人の信用を博し、或る時訂約會見の席上に於て、敎師の編纂せし漢文の暦表を全權委員の一人に贈呈し、次の會商に於て該全權委員は該暦表に記載したる十戒中貪婪を禁じたる條を指摘し、斯くの如きは廣く之を英國人に頒布し、支那との交通上之を遵守せしめんことを希望したり。

談判開始の初めに當り、數年來帝國政治家として名聲嘖々たりし耆は現れ來れり。耆は一八四二年（譯者曰く、道光二十二年）の英清條約並に一八四四年（譯者曰く、道光二十四年）のクッシング條約と佛清條約とに於て全權委員たりし者にて、上述の諸條約に調印せしこと丶外國人と親密の交際を有したりとの嫌疑とに因り、甚しく國人の擯斥を受けたり。一八五〇年（譯者曰く、道光三十年）其貶黜せられし時の上諭は能く政府の奇怪なる精神を徵證せり。曰く、耆の不忠怯懦驚くの外なきなり。其廣東に在るや、中國々民の利を顧みずして孜々汲々外夷の益をのみ之慮りたり。頃者朝參、語るに英人の大に畏るべきことを以てし、平穩の策を執らんことを主張せり。（中略）言々句々其醜陋を曝露し、終に其狗を去る遠からざるの念を起さしめたり。云々。

耆は英佛使節の前進するに當り、朝廷の震駭に乘じ、皇帝をして其特に外國應接に功あるべきを思ひ起さしめ、以て君寵を回復せんとしたるや疑ふべからず。是に至りて外使應接の全權委員たるべき命を受けたり。而して其表裏反覆信賴するに足らざることは既に廣東に於て捕獲せし諸文書に依りて明かなりければ、英佛使節は之と應接することを拒絕せり。米露兩國公使は耆の過去に於ける所業と、老齡不幸とを眼中に置かずして、之に接し、其訪問に答禮をなしたれども、一回の商議をも開くことなくして止みき。是に於て咢は突如天津を去り、其北京に歸るや、皇帝は自殺以て家門の耻委を雪がしめたり斯くして當代に於ける最も著名なる政治家は公事の舞臺より消失し去りたり。

當時の公文書に據るに、英佛使節と米露兩中立國公使との間に多少の軋轢ありしものヽ如く、前者が後者に對して猜忌の念を抱きしことは當時の諸記錄に見えたり。然れども、幸にして其交際上の難件は圓滿なる解決を告げたるを以て、談判の終るや、其關係は再び親密となれり。米國書記官ウィリアムスは其私記中に佛使グロー男の性、英使エルジン卿の如く刻薄ならざりしことヽ、露國が始終同盟兩國の擧動を監視し、爲めに英使を苦しめたることを言ひ、當時の狀態を總括して曰く、四國使臣の位置は猶四人骨牌の遊戯をなして相互に投牌に干渉するが如くなりき。米露兩國は共同事に當りたれども、若し英人が今少しく淡泊公明なりしならば、必要の場合には米人を其味方と爲すことを得たりしならんと。

調印の順序は、露國條約を第一とし、米國は數日後に之を了したり。然るに英國の談判は遲々として進まず、佛國は謙讓して調印を延期したり。英國は他の諸國の主張せざる諸要求を提出せしが、皆强制を以てせずんば取得し得べからざるものたりしなり。國會青書並に倫敦諸新聞紙上に記載せる諸報告に據るに、エルジン卿に代りて親しく談判の衝に當りしレー(Lay)は、支那全權委員の讓らざるを見るや、聲を高くし、言質を捉へて之を詰責し、若し同意せざるときはエルジン卿の怒を買ひ、英國軍隊の北京に進軍するを見るに至らんと威嚇せり。これ其慣手段とせし所なりしが、之にても猶讓步を見ざりければ、陸軍の一隊は天津を越えて進軍し、其官吏人民を震駭せしめたり。エルジン卿は示威運動の極度に達せし時の事を日誌中に記して曰く、余は數日間多忙を極め、筆を執ることなかりき。且つ戰ひ且つ嚇して進行し、支那全權委員に步一步を讓らしめ、以て二十五日の金曜日に至れりと。翌二十六日は條約調印の日にして、卿は其記事を結びて曰く、余は暴威を以て之に臨みたれども、これ全く支那の爲めにせしものなりと。皮相の觀察を以てせば此言は撞着せるものゝ如くなれども、其實卿は此言に忠實にして、一擧一動皆高尙なる義務の感念と、支那の爲めに最も有利なりと見做せしものとを基としたること疑を容れざるなり。

英、佛、米、露四國の條約は個別の談判を以てしたれども、其約款は共通の事項を存し、皆最惠國條欵を挿入せしが故に、特に一國の爲めに規定せし所は亦之を他の各國に通用することを得べかりしなり。一八五八年(譯者曰く、咸豐八年)の天津條約と一八四二年並に一八四四年の條約とを比較し、前者の優越せる重要なる點を擧げんに、第一外交上特權の伸張、第二貿易旅行區域の擴張、第三信敎の自由に、對する讓歩なりとす。該條約は又直接に支那政府と往復するの方法を規定し、北京に於ける外國使臣の來訪居留の權利を保證したり。貿易、旅行、居留、財產所有權、諸稅等に關しては前年の條約中不備の點多く、又勵行十分ならざりしものありければ、本條約に於ては其區域を擴張せると同時に又一層之を明確にしたり。

基督敎信敎の自由と支那信徒の保護とを保證する規定を設け得たるは實は意外の成功なりしなりき。佛國使節は佛國保護の下に在る加特力宣敎師に一層大なる自由を與へんことを欲したれども、英米兩國公使は支那に於ける自國民に信敎の自由を得しむる以外何等期する所なかりき。マーティン此事を記して曰く、リードは此問題に就きては頗る冷淡にして、今條約中最も名譽ありと稱せらる此條文は、ウィリアムスの提示と盡力とに由りて成功せし者なりと。ウィリアムス職に在ること多年、其任を辭するや、國務長官は書を與へて曰く、要するに米清條約中に基督教の自由に關する規定を挿入したるの功は、貴下に屬すること最も多きことは基督教界の永く忘れざる所ならんと。

條約調印後、諸國公使等は上海に歸り、貿易章程と關税率改正とを商議せり。リード亦支那全權委員と相會し、支那に對する米國民の要償解決に就きて協商をなし、是に於て前任二公使の留意せし問題を結了し、總額五十萬兩、即ち七十三萬五千二百八十八弗を受領することに定めたり。此額は初め支那政府に要求せし金額よりも甚しく減額されたるものたり。

此要償金額の裁決に就きては、米國民中より委員を選擧し、支那に於て調査決行をなさしめたり。要償中、大部分は廣東と其附近とに於ける英國の戰鬪に由れる財産の損失に起因し、既に支拂を了したる者もまた之を國際法に照して、効力の有無を疑ふべき者多かりき。結局米國民の要求せし金額は悉く之を支拂ひ、委員の削除せし金員に對しては、米國々會は其多分を償却したり。而して支那より受領したる金額は多額の剩餘を生じ、合衆國の國庫に之を保管せしが、一八八五年(譯者曰く、光緒十一年)國會は正義を重んじ公平を主とする米國民の意見に應じ、國庫に存在せる殘額を支那に還付するの權を大統領に委任し、四十五萬三千四百弗の金高はワシントンに於て支那公使に交付されたり。公使は政府に代りて之を受領し、感激の意を表せり。

リードは要償事件の結了すると同時に香港に赴きたり。是より先、天津の用務を結了するや、辭表を呈せしが、是に至りて國務省より其受領の通牒に接したるを以て、館務を書記官ウィリアムスに代理せしめ、一八五八年十二月歸國せり。其郷里フィラデルフィヤに歸るや、幾ならずして公開演説を試み、支那に於ける其事業を說述し、外國使臣の行動に就きて批評する所ありき。不謹愼は從來諸公使の共に非難を被りたる所なれども、之が爲めリードを批判すべからざるの理は毫も之なし。然れども、之を外にして、米淸關係上、重要なる時期に於て、能く任務を盡せしことは大に表彰すべき價値ありとすべきなり。

「第三十五國會第一議會上院行政事務文書」第四十七號並に「第三十六國會第一議會」第三十三號第一頁乃至第五百四十一頁。「ウィリアムス傳及び書翰」第七章並に第八章。ウィリアムス著「支那史」第六章。マーティン著「支那の一周紀」第一卷第十章並に第十一章。一八五九年十月發行「北米評論」第五百十八頁。一八六〇年一月發行仝上第百二十五頁。一八五八年十月發行「リッテル現代誌」第三百八十三頁。ワルード(Walrond)著「エルジン卿傳及び書簡」(Life and Letters of Lord Elgin) 第二百五十二頁。損害要償に就きては、「第三十六國會第一議會上院行政事務文書」第三十號第十二頁、第百一頁、第五百二十一頁、「第四十國會第三議會下院行政事務文書」第二十五號並に一八八五年分「合衆國外交關係」第百八十三頁を參照すべし。一八五八年條約の原文は一八八九年刊行「合衆國條約彙纂」に在り。

一八五八年、太西洋海底電線斷線前に到達したる歐洲通信の一は、支那との媾和並に天津條約の調印を報じ來れり。是よりして將來該帝國と滿足なる關係を保持すべきの觀ありしも、結果は希望を空しくせしめたり。支那人は猶一層大なる屈辱と懲罰とを被るに非ずんば到底其政府を他の世界各國と對等の地位に置かんことを肯んずるに至ること能はざりしなり。

リードの後を襲ぎし者はジョージア州人ジョン・イー・ワード(John E. Ward)とす。法學の教育を受けたりしが、公使に任せらるゝ前はブカナンを大統領に指名せし委員會の會長として知られたる外、州外に其名を鳴しゝことなく、且つ毫も外交上の經驗なかりき。一八五九年五月、其香港に至るや、英國公使此處に在り、佛國公使澳門に在り。皆頃者條約の批准交換を爲し、北京に駐在するの命を受けたり。ワードも亦ワシントン政府の訓令に依り、北京に駐在して、米清條約の批准交換をなすべき任務を有したり。香港に至りて、書を英佛公使に送り、其任命と來任とを通牒し、其用に供せられたるポーハタン艦の準備整ふや、兩國公使を待たずして途を白河に取り、北京に前往せり。

然るに天津訂約を商議せし支那全權委員は上海に在るを聞きたれば、乃ち該開港場に赴きて之と會商したり。全權委員は條約批准交換の爲めに選任せられたる旨を告げ、且つ英佛公使等の來上を待ち、北京に同行して、同時に交換を了せんことを望めり。米清條約中には批准交換の場所を指定せざりしかど、英佛露三國條約は皆北京を指定し、交換の北京に於てせらるべきは勿論の事にして、且つ米清條約交換期限は當に滿了せんとして、談判に時日を費すの餘日なかりしを以て、ワードは委員の希望を容れざるべからざるに至れり。

英米佛三國公使は殆ど同時に白河口に到達せり。英佛兩國は許多の軍艦を伴ひたるに反し、米國公使は僅に之を乘せ來りし軍艦と白河の沙洲を溯航すべき淺吃水の雇汽船とを具したるのみ。當時露國は既に條約交換を了し、公使は北京に駐在したり。白河口は防材を以て之を閉塞し、政府は令を發して、外國船の遡航天津に至ることを禁じたり。英國艦隊司令官はワードに告げて曰く、閉塞物にして除去せらるゝことなくんば、余は進みて之と太沽砲臺とを破壞し、兵力を以て北京に至るの道を開くべしと。ワードは當該官憲と會商し、能ふべくんば戰端を未發に遏めんと欲し、ポーハタン艦なるタットノール(Tatnall)提督と共に小汽船トーエーワン號に乘り、沙洲を經過せり。然るに未だ岸上の官憲に通信をなさゞるに、船は坐礁したり。英國提督は船の交戰距離に近接せるを見、蒸汽曳船を出して救助せしめたれども、之を浮揚せしむること能はざりき。公使館の書記官兼通譯官たるウィリアムスとマーティンとは端艇にて上陸し、官憲に會見したるに、官憲は曰く、何人と雖河を遡ることを得ず。然れども總督は此所を去る十哩許、河の北口に於て公使と會見すべしと。

翌日、英國司令官ホープ(Hope)大將は閉塞物除去の目的を以て沙洲に進行せしに、太沽砲臺は之に向ひて發砲せり。是に於て砲臺と英佛兩艦隊との交戰となりしが、同盟軍は船艦兵員共に多大なる損害を受けて撃退されたり。支那人が斯く防禦に成功せしは到る處人をして吃驚せしめたり。これ蓋し前年實戰の經驗に因りて、大に利益を得たるなり。

米國公使と提督との搭乘したる小汽船は潮流の爲めに浮揚したれども、戰線內を通過することを得ざりしかば、共に已むを得ずして、此戰闘を目撃せり。公使の報告に據るに、艦闘中タットノール提督は、ホープ大將重傷を蒙り、其艦も亦自由を失ひたりと聞くや、一人の水兵と共に急往せり。然れども、これ戰闘上の援助を與へんとするにあらずして、唯意外の大敗に陷らんとして、負傷せし同職の將校を慰問せんが爲めなりき。漕行中タットノールに隨へる艇長は其側に在りて撃殺されたり。此訪問は慰問に過ぎざりしと雖、ホープ大將の艦中、船員皆倒れて動作に堪ふるもの僅に三人に過ぎざるを見るや、タットノールが大將を慰めつゝある間に、米兵は砲の操縱を助けたり。加之タットノールは熱狂の餘其汽船を使用し、英國海員を乘せたる夥多の小舟、潮流風勢の爲めに進退を失ひたる者を曳きて戰闘に參加することを得しめ、又負傷者を收容して、戰線外に搬出するの勞を執りたり。彼の行動に就き、タットノールは自ら辯護して曰く、血は海水よりも深かりき、同胞の困苦に陷れるとき、之を看過するに忍びず。今日の此行、唯前日英將が曳船を出して我が汽船を沙洲より浮出せしめんとしたる厚意に酬いたるに過ぎざるなりと。此勇敢なる動作は提督の名聲を宣揚したれども、未だ幾ならずしてワードが支那官憲と折衝するに當り、惡影響を及ぼしたり。同盟軍は意外の敗衄を受けたる後、上海に引揚げたり。英佛公使は全く談判を斷絕し、ワードをして同一の行動に出でんことを熱望せしが、ワードが國務長官に致したる書中に曰く、小官の執るべき任務は明確なり。小官は英佛公使と共に此地に至りしと雖、其は同盟に加りしに由るにあらず、唯支那全權が同行を主張したるに由るなりと。又曰く、小官香港に至るや、他の諸國の交涉事件に投入するの累を避けんが爲め、直ちに其地を去りたり。是より引續き、北京に進み、條約批准を交換すべき訓令を執行するを義務なりと考量すと。

是を以てワードは總督との會見に指定されたる地に赴き、總督は事毎に懇篤の意を表し、告ぐるに氏を衞りて北京に赴くべき命を受けたりとの事を以てせり。

幾ならずして一行三十人は導かれて首都に前往せり。マーティンの報告書中に曰く、一行は皇帝の賓客となり、需品は帝室の給與に係れりと。公使は曩に上海に於て分袂せし訂約全權委員と相會せしが、第一囘の會見に於て全權委員は告げて曰く、北京に於ける公務を處理せんには必ず先づ皇帝に謁見をなすの要あり。謁見前數日間は之に必要なる禮儀の練習を爲さゞるべからずと。謁見の儀式に關する討論は二週間の長きに涉り、初め支那全權委員は主張して曰く、ワードは宮廷慣行の儀禮に則らざるべからず。又皇帝の面前に出づるときは、叩頭の禮を執らざるべからずと。ワードは憤怒を以て之を峻拒せしかば、全權は其主張を撤回し、代ふるに兩膝跪拜の禮を以てせんとせり。是亦公使の拒絕する所となりたるを以て、遂に一膝を以て跪拜の禮を執らんことを約せり。此事は曩に天津に於てエルジン卿と支那全權委員との間に議論を重ねたるものにして、當時エルジン卿は皇帝の面前に於て兩膝跪拜をなすを拒み、遂に一膝を屈して禮をなさんことを諾したり。全權委員は之を推して米國公使に及ぼさんとしたりしなり。然るにワードは尙頑として之を聽かず、南方武士の精神を發揮して答へて曰く、余は神と婦人との外、何人にも跪拜せずと。支那全權委員は其語を捉へて曰く、皇帝は神と同じと。ワードは猶承服せずして曰く、余は外國使臣が我國大統領に接するに必要なる儀禮を守るの外、何事をも爲す能はず。腰を屈して敬意を表すべきも、其以上を爲すを欲せずと。

此くの如き議論に數週日を費して、其局堂々たる大國の使臣が首都より退去を命ぜられたる事實は、今日より之を觀るとき奇異に堪へざれども、問題は支那人に取りては最も重要なるものゝ一なりしなり。支那人は其統治者を以て神胤に出で、神權を有するものとなし、面前に於ける叩頭平身の禮を爲すは、幾百年の慣行に係り、之を爲すや、敬意の外に崇拜の念を以てし、且つ皇帝が坤輿邦土の上に超越せるの徵證と見做したり。エルジン卿書を政府に致して曰く、支那人の説に據るときは、古代　慣例を蔑如するは皇威を毀損して、帝國の基礎を危くすべしと。抑〻叩頭の禮を廢せんは、宮廷諸官敎學の本旨に悖り、自尊の念慮に戻ること甚しきものたるべきなり。是故に一膝跪拜の簡單なる儀禮を以て、米國公使に謁見を許したるは一大讓歩にして、慈仁謙讓の意を明かにし、且つ大に友愛の情を表示したるものたり。謁見の協議は到底落着の見込なく、ワードは斯くては首都に於て他の公務を處辨すべからずとの通牒を受けたり。是に於てワードは主張して曰く、英清條約中には北京に於て批准交換を爲すの規定あれば、最惠國條款に照し、米國も亦此地に於て交換を爲すの權利ありと。支那全權委員は之に答へて曰く、英清條約は未だ實行の期に至らず。故に其特權は他國の利用すべきものにあらずと。米清條約は批准交換の地を記せざりしを以て、ワード氏は已むを得ず、白河々口に於て之を爲すべしとの支那の提案を承認したり。

首都に於て一切の公務を處辨すべからずとの決定に對し、支那全權委員は一の例外を設くることに同意せり。卽ち皇帝に宛てたる大統領自署の書翰は謁見の際捧呈すべき筈なりしも、此事なかりしかば、訂約全權委員の一人なる桂良は特命に依り、之を受領することゝなれり。ワードの記する所に曰く、桂良は皇帝の首相にして、帝國內皇帝の次位に在る高官なりと云ふ。及ぶべき限りの敬意を表して書翰を領したり。卽ち之を視線以上に捧げて後卓子の上に置き、儀仗兵を附して、之を皇帝に致さしめたりと。
公使と其一行とは表面上懇切なる待遇を受けたるが如くなりしも、首都滯在中は事實上罪囚と同じく、其居留の地には、兵を附して之を監視せしめ、何人も之と交通することを許さゞりき。是より先、國務長官は豫め書を露國政府に致し、米國公使北京訪問の際には同地駐在該國公使の援助を與へられんことを請ひたり。是に於て該公使はワードと交通せんとして、大に力めたりしも、其書翰は總て中途に於て押收せられ、其使者と隨員とは、米國人居留の地に出入することを禁せられたり。

ワードが首都に於ける使命は斯くの如くして全く不結果と了れり。ワードは曩に上陸せし白河々口なる北塘に歸り、此所にて在らん限りの敬意を盡して、總督と條約交換を爲したり。其北京に在るや、談偶〻タットノール提督の行動に及び、支那官憲は告げて曰く、皇帝は米國が英國を救援せしことに就き悔悟を表するの實證として、叩頭の禮を爲すべきことを要せらるゝと。條約交換の了るや、總督曰く、我皇帝陛下は公使に對する特惠を表章せんが爲め、砲臺攻擊の際捕獲したる一名の米國人を引渡すことを命ぜられたりと。該捕虜の引渡さるゝや、英國海軍に從軍せる加奈陀人なることを自白せりと雖、其捕へられし際には、待遇の酷烈ならざらんことを期し、米人と詐稱し、又攻擊に參加せし米人は二百人ありと告げきと云ふ。

英佛同盟軍が白河を退去せし後、ワードの執りたる徑路は英佛使臣の非難を受けたるのみならず、亦新聞紙の嘲笑する所なりしかども、其行動は訓令の趣旨と相合し、米國政府は却つて之を推賞せり。其北京に於て受けたる待遇は一身と自國とに取りては侮辱なりしに相違なし。然れども ワードは毫も之を豫期せずして、而して之に處するや、泰然能く權威を保持したり。侮辱を忍び、國民性と敎育とを異にせる國民に臨むに寬容を以てするは實に米國政府の政策の一なり。然るを支那人は米國公使を以て甚しき不條理を唱ふるものとなし、其謁見の儀禮に同意せざりしを以て、皇帝を侮蔑したる者とせり。

總じて遣淸公使の任は米國政治家の欣然就くを欲したる所にあらず。マックレーンの如きリードの如き着任後一年以内にして更迭せんことを請求し、ワードも亦大沽砲臺に於ける英軍敗戰後白河々口より書を致し、歸國を申請せり。是香港着後未だ四個月を經ざりし時なり。其北京訪問に於て不名譽なる待遇を受けし後廣東に至るや、氏は歸國の許可を得、一八五九年十二月ウィリアムス館務を代理することゝなれり。

「第三十六國會第一議會上院行政事務文書」第三十號第五百六十九頁乃至第六百二十四頁。マーティン著「支那の一周紀」第一卷第十二章。「ウィリアムス傳及び書簡」第九章。一八九八年十月發行「ハーパース・マガジン」第七百四十七頁。叩頭の事に就きては「第三十六國會第一號議會上院行政事務文書」第三十號第五百九十五頁、マーティン著「支那の一周紀」第百九十九頁、一八六〇年一月發刊「北米評論」第百五十九頁並に第百六十六頁、デヴィス著「支那人」第九十七頁、第一八五九年巴里刊行ガー・ポウチエー(G.Pauthier)著「政治的關係の沿革」(Histoire des Rélations Politiques)を參照すべし

其後十八個月間、支那に起りし事件は其歷史上記憶すべきものにして、又其將來に關係する所頗る大なり。然れども合衆國は殆ど之に關與する所なかりき。當時大統領の更迭と南北戰爭とは刻一刻に切迫し來りて、政府の注意を吸收し、事件の終了するに至るまでは新に公使を派遣することなかりき。英佛同盟軍は支那河川の一を遡往し、未だ外國貿易と旅行とに公開せられざる內地の一都府に至るの權利を要求し、且つ之を實行せんことを力め、支那官憲は使臣の宜しく河口

に於て上陸し、支那兵護衛の下に北京に至るべきことを告げたり。是に於て英國は三度敵對行爲を開始せり。此際に於ける支那人の行動は正當にして、英國開戰の論據は理に合せざる者なりしなり。然れども米國公使が北京に於て受けたる待遇より察するときは支那人をして、誠實に條約を尊奉せしめんには、尚强制的手段を用ふるの外あらざりしこと明かなり。

一八六〇年(譯者曰く、咸豐十年)大沽砲臺は玆に第三回の攻擊を受けて敵手に落ち、大軍は陸路北京に至り、皇帝は宮廷を擧げて北方に遁逃し、宮殿は掠奪燒失せられ、遂に和を媾ずるに至れり。是に於て支那は天津訂約の批准交換を了し、天津を開放して互市場となし、戰爭の賠償として償金を支拂ひ、土地を割讓し、外交官北京駐劄の權利と國交の對等とを保證したり。

マッカテー著「現代史」第四十二章。ブールガー著「支那史」第二百六十七頁。ウィリアムス著「支那史」第三百十九頁。一八七〇年倫敦刊行エーチ・ビー・ロック(H.B.Lock)著「一八六〇年エルジン卿第二回奉使中事件私記」(Personal Narrative of Occurrences during Lord Elgin's Second Embassy to China, 1860)。一八六二年倫敦刊行ウルズレー卿(Lord Wolseley)著「一八六〇年支那戰爭記(Narrative of the War with China)。

斯くて支那をして世界列國中に適當なる位置を保たしむるに至るべき進步の

第二幕は粗暴なる戰爭によりて開かれたり。然れども前途猶遼遠にして、或は外交上の壓迫を以てし、或は軍隊の威力を以てし、徐々に難關を排除せざるべからず。是より以後、合衆國は尙其平和政策を固執して而も古來より因襲せる保守と自尊との障壁を破碎せんが爲めに歐州諸强國と共同の運動を繼續せり。然れども、之と同時に其國の負ふべき忍耐の義務に就きては、終始意を加へて其履行を怠らざりき。是米國政府と其國民との特色に屬する者たればなり。

第八章　支那人の移住と排斥

一八六〇年英佛同盟軍の北京より退却せし後、支那は政府の改革を行ひたり。これ外國が兵力の威壓を以て敎訓を加へたるは帝國の利益となりしことを證するものたらずんばあらず。帝國には從來理藩院と稱するものありて、其屬邦即ち朝鮮、安南、其他附近諸邦との交渉事務を處理し、外國事務に關しては、殆ど意を用ふる所なく、一切之を該院の管掌に屬せしめたり。然るに今や、同盟國公使の要求を容れ、始めて外交事務に關する新官衙を組織するに至れり。之を總理外國事務衙門と稱す。是に於て戰爭の主たる結果として北京駐在の權を得たる外交使臣は新設衙門と直接に往復し、以て外交事務を處辨することゝなれり。同盟軍の近くや、皇帝は北京より逃走せしが、其撤退後幾もなくして崩じ、其子幼くして位を承ぎ（譯者曰く、穆宗を云ふ）、其伯父恭親王總理衙門の事務を總攝することゝなれり。親王は聰明にして改進の意見を抱懷し、海外諸國と交際をなすの急務たることを認識せり。其下に桂良あり、是より先、一八五八年天津に於て訂約談判の衝に當りて手腕を振ひ、外交事務の適任者たることを表證したり。第三位に在りしは滿洲人文祥にして、亦敏腕聰明にして識見に富み、帝國の時勢に精通せること他に其比を見ざりき。外務の首腦となり、當時第一流の政治家として、國家有用の材たりしこと十五年、一八七五年(譯者曰く、光緒元年)に卒去せり。以上諸人物は新に西洋諸國の使臣と折衝せしが、皆都雅賢明、能く公事を處して遺漏なく、外交界の好儔侶たるべき價値を表明したり、

此新外交界に入り、列國使臣の上に卓出したる米國使臣は、マサチユーセッツ州選出國會議員アンソン・バーリンゲーム(Anson Burlingame)にして、政界變動の爲めに偶然地位を得たる人なり。擧止文雅辯論に長じ、南北戰爭前物情騷然たりし時に名を顯したり。南カロライナ州人ブルークス(Brooks)嘗つて上院に於てチャールス・サムナー(Charles Sumner)を毆打せし時、大に之を非議し、爲めに決鬪を挑まれ、之を快諾したることは世人の最も能く知る所たり。大統領リンカーン其黨人に官職を分與せし時、駐墺公使に任ぜられしが、任地維納に赴く途上、巴里に至りし時、本國よりの通牒に接せり。曰く、貴下は曩に國會に於て匈牙利の志士コッスート(Kossuth)

と、ヴィクトル・エムマニュエル(Victor Emmanuel)の新興せる伊太利王國とに同情を表したるを以て、墺廷は貴下を迎接することを欲せずと。是を以て曩に空位となりたりし駐清公使の職に就くべきの命を受け、心ならずも北京に向ふことゝはなりき。

一八六一年(譯者曰く、咸豐十一年)十一月バーリンゲームは廣東に着せり。北京に赴任する前數個月間諸開港場を歷遊して事情を調査し、諸地に於ける米國人の利害を精竅し、翌年七月始めて北京に赴きゝ。是より先英佛露三國公使は既に公使館に在つて任務に就き、總理衙門も亦已に新事態に應じて事務を開始したり。バーリンゲームの擧止優雅なる、幾もなくして恭親王、文祥並に其同僚と良好なる關係を結ぶことを得たり。

バーリンゲームは本國政府の主義とせる友愛忍耐を以て精神とし、飽くまで之を貫徹し、幾もなく、其眞摯熱心は列國使臣の信賴を買ひ、其所謂協同政策を採用するに同意せしむることを得たり。是兵力に代ふるに公正なる外交的動作を以てするものにして、是に由りて列國をして利害共通の問題に對して協同一致の行動を執ることを肯せしめ、一方に於ては支那政府をして忠實に條約を遵奉せしむることを主張すると同時に、他の一方に於ては誓つて領土の保全を尊重し、政府を援助して叛亂を戡定し、又非常緊急の塲合の外は内政に干與せざらんことを期せり。

米國公使の友情は總理衙門の深く感佩する所となれり。其後幾もなく、米國南部同盟聯邦の巡洋船アラバマが支那海に出沒して數隻の米國船舶を破壞せし時、バーリンゲームは支那政府に向ひ、其帝國各港に出入するを禁じ、且つ支那人民をして需品を供給せざらしめんことを請求せしが、政府は直ちに令を發し官憲に命じて嚴密に監視を爲さしめ、アラバマ若しくは他の軍艦が米國人の財產に損害を加へんが爲めに領海內に近接する時は、其入港を禁遏すべきことを命令したり。歐洲諸國の政府にして若し同一の措置に出でたりしならんには、米國の商船は必ず破壞を免れて、內亂も亦鎭定の期を速にしたらんに、事茲に出でずして、却つて支那政府が前陳の處置を敢てしたるは、米國公使の勢力と其政府の友誼とを證して餘ありと謂ふべし。

バーリングーム在任中、當時帝國政府の執りたる改進主義を表證すべき趣味ある一事件は起れり。沈桂芬と云ふ者あり。學者にして或る一省の總督たり。一八四二年政府が已むを得ずして英清條約を訂結し、次ぎて一八四四年合衆國との條約を訂結せし後、幾もなくして一書を著し、西洋諸國の國民は蠻人にあらざることを國中の識者に示さんとせり。沈は外國語に通せずして、材料は總て厦門並に福州の開港場に於て會見せし數名の外國人より得たるものにして、書中載する所は合衆國の地理歷史あり。添ふるにワシントンに對する讃辭を以てし、其精神の存する所は末段の一節に由りて窺ひ知るべし。曰く、以上記する所に由りて之れを觀るにワシントンは非凡の人なり。其計を運すや勇往敢爲、陳欣、韓涀も之に及ばず。其國を護るや、剛氣勇猛、曹操、廉頗も之に如かず。四呎の劍を振ひて、領域を數萬哩の廣きに擴張し、而も王者の位に即くことを拒み、又之を後昆に傳ふることをも肯せず。選擧以て職を授くるの法を創始したり。不偏不黨何れの所にか之に優るものあらんや。堯舜禹、三代の遺制亦實に之に外ならざるなり。其國を治むるや、美風良習を養成奬勵し、而も敢て軍功を誇らず。これ他國に於て全く見るべからざる所とす。余は其眞影を見たり。風采容貌兩ながら堂々として以て人を服せしむ。嗚呼之をしも偉人と曰はずんば將た誰をか稱せんと。

沈は此書を著したるが爲めに總督を罷められ、官位を貶せられ、十六年間蟄居せざるべからざるに至れり。政府の改革成るや、一八六六年（譯者曰く、清穆宗同治五年）再び官に就き、總理衙門に列せり。國務長官シューワードは沈の經歷と其ワシントンに對する讚辭とに感激し、敬意を表せんが爲め、ワシントンの肖像を畫かしめ、之に添ふるに感謝の文を以てし、バーリンゲーム公使をして、合衆國に代り、外國使臣と支那の學士、官人との面前に於て之を贈呈せしめたり。

沈の總理衙門に出仕するや、兼て同文館を攝理することゝなれり。館は高官貴族の青年子弟中より學生を選拔し、之に歐洲の國語學問を授くる所たり。館長は支那學者ダブリュー・エー・ビー・マーティンにして、歐洲人の一團、教授として之を輔佐したり。バーリンゲーム公使の報告に據るに、總理衙門はマーティンの手に成りしホイートン（Wheaton）著「國際法漢譯」を刊行して、之を帝國諸官に配付せりと云ふ。是亦政府が進取の意見を抱持し、米國の思想を採用したる一證左たらずんばあらず。

バーリンゲーム在任中、合衆國と支那との間に重大なる難問題の生せざりしは、總理衙門の政策頗る時宜に適したると、米國公使の手腕友誼とに由れるなり。バーリンゲームは任に北京に在ること六年、任を辭し國に歸り、再び政界に入らんことを決意せり。

バーリンゲーム公使任命の事に就きては一八六一年「國務省發送文書草案集」墺國の部を見よ。其支那在任中の事績に就きては、一八六六年乃至一八六六年「合衆國外交往復文書」中支那の部、「ウイリアムス傳並に書翰」第十章、マーティン著「支那の一周紀」第二卷第二章を見よ。
沈桂芬の事に就きては一八六七年「合衆國外交往復文書」第一卷第四百五十三頁、並に第五百十三頁、スピヤース著「支那」第四百二十一頁、「ウイリアムス傳並に書翰」第四百十七頁を見よ。

總理衙門はバーリーゲームの決意を聞くや、衙門に於て告別の會見をなし、告辭の文換中、文祥は曰く、貴官歸國の途、歐洲を經由せらるゝ時、倫敦、巴里に於て支那の爲めに友愛の情を吐露せらるれば支那國の益する所頗る多かるべしと。バーリンゲームは直ちに喜んで此勞を執らんことを答へしかば、文祥は熱誠の辭令を相交へ、貴官は官吏として我帝國を代表するの意なきやと問へり。此時バーリンゲームは諧謔を以て巧に之を謝し、話頭を他に轉じたりとは其報告書中に見えたる所なり。然れども此事は後遂に事實となりて、バーリンゲームは欽差西洋諸國公使に任命せらるゝに至りき。

告別會見の席上、通譯の任務を執りたるマーティンの言に據るに、バーリンゲームは公使館に歸るや、直ちにロバト・ハート(Robert Hart)を訪へり。ハートは當時支那税務司を總理し、總理衙門の顧問として信任を受けたる英國人にして、バーリンゲームは之に告ぐるに會見中の事實を以てせり。ハートが支那に於て其地位を昇進し得たるはバーリゲームに負ふ所多かりければ、之を事實とせんことを欲し、數日の後バーリンゲームの諾否を問ひ、幾ならずして任命の上諭は發布せらるゝことゝなれり。バーリンゲームは此任命を承諾する前、國務長官シューワードに辭表を呈し、且つ曰く、小官は我國と文明との爲めに斯くは爲したり。(中略)小官は尙附言せん。世界中人類の三分一を包有する最老國が初めて西洋と交際せんことを希望するに當り、建國日最も淺き米國に乞ひ、其使臣を以て此革新の媒介をなさんとす。是望みて得べきものにあらず、又之を拒絶すべきものにあらずと。尙語を續けて曰く、小官は此任命を內諾する前に之を列國使臣に詢りたるに、皆誠實に支那政府の處置に賛同し、且つ小官の新使命に對して助力を與へんことを誓ひたりと。

一八六七年（譯者曰く、同治六年）に發布されたる上諭は黃絹に淨寫し、國璽を捺し、其文章簡明なり。曰く、全權公使アンソン・バーリングゲームは事を處する穩和懇篤にして、中外交涉の事に精通せり。是を以て之を全權大臣とし、訂盟各國に欽差し、委ぬるに中外事件一切の處辦を以てすと。是に於てバーリングゲームは支那政府中第一位の最高官となり、其下に總理衙門中第二位の支那官吏二名を附し、英國公使館書記官並に支那政府雇佛國官吏一名を書記官に任じ、多數の通譯官、屬僚、從者を隨員とせり。

使節は訂盟十一個國を歷訪すべき任務を帶び、先づ合衆國に赴き、一八六八年（譯者曰く、同治七年）三月ワシントンに至れり。その桑港に上陸してより、紐育を發し、歐洲に向へるまでは到る處最も懇切なる待遇を受け、歡迎に續ぐに歡迎を以てせり。倫敦に於ては、最初は冷淡を以て迎へられたりしが、バーリングゲームの熱誠と巧辯とは遂に英國政府と國民との好意を得るに至り、ウィンゾアー城中、女皇に謁見したる後晝餐を賜りたり。席上スタンレー(Stanley)卿は演說して曰く、バーリンゲーム君の英國に來らるゝや、或る程度の反對を受けたるは事實なり。これ支那使節の眞目的を解せざりしと英國傳來の强壓政策を固執せんとする期望とに起因したるなり。然れども、今や旣に此事なし。バーリンゲーム君は正々堂々其職務を執行し、其委任事項の重要なるを誠實に覺知して以て事を處せられたるが故に、英國人をして全然反對を排除し、支那と合衆國との雙方に對し、良好なる感情を抱かしむることを得たりと。

巴里の迎接は英國に於けるが如き熱誠を缺きたれども、伯林に於ては、周到なる用意を以て之を迎へたり。一行は獨乙を去りて聖彼得堡に前往せしが、バーリンゲームは此地に於て病魔の犯す所となり、日ならずして卒去し、光輝ある生涯は茲に其終を告げたり。其卒するや、一行は大に活氣を減じ、北京に歸りて、遂に解散をなしたり。此一事に徵するも、バーリンゲームは實に一行の生命、精神たりしことを知るべきなり。同行せる二名の支那官吏は其任に就くに當り、恭親王の訓諭に依り、外交事務上の實習經驗をなすの機會を得るを目的とせしが、其歸るや、內事に與ること丶なりて、政界より消失し去りたり。

一八五八年の天津條約は、翌年改正の提議ありて、前述使節派遣の起因は實に之に關聯し、其目的とせし所、諸條約國に請ひて、兵力威壓の政策を撤棄し、支那をして諸國と對等の待遇を受けしめ、支那が其適當とする時期方法を以て改革を行ひ、外國交際の法を定むるまで、他國の忍耐寬容を待ち、計畫中の改正條約は此意を以て訂結せんことを目的としたり。支那が此使節の長として合衆國の使臣を選擇せしは、實に思慮ある處置と謂はざるべからず。他なし、合衆國政府は支那に對して領土侵略の精神を有せず、其執る所の方針は相競爭せる歐洲諸國の猜忌危惧を起さしむることとなければなり。

使節の成就したる所、唯一あり。即ち合衆國政府と談判せし訂約にして、該條約の條項は聊か其創案當時に於ける恭親王並に總理衙門大臣の目的期望を表明するに足るものなり。其草案は國務長官シューワードの手に成れり。シューワードは既に說述せし如く、將來合衆國が太平洋に於て爲し得べき事業に就きて、最も望を抱きたる人にて、條約は支那の領土保全を規定し、其人民財產に對する主權を侵害すべき一切の權利を放棄し、條約に抵觸せざる內地商業を整理すべき支那の權利を承認し、領事の任命を規定し、宗敎の故を以てする刑罰又は資格消滅を廢棄し、任意移住の權を承認し、最惠國を基礎として兩國々內居留旅行の權を保證し、各種學校設立の特權を付與し、公共事業の進步に就き支那の政治に干涉すべき意見を放棄することに定め、支那の請求あるに於ては、何時にても甘んじて之を援助すべきことを表明せり。

一八六八年の條約が兩國將來の關係に何如なる影響を及ぼしゝかは、本章中後文に之を陳述せんが、主要なる條項は合衆國に於ける輿論の激變に因りて、全然その効力を失ひたり。是に由りて之を觀るときは、バーリンゲームの使命は實質的の効果を收むること能はざりしものと謂はざるべからず。當時該條約の討究は頗る活氣を帶び、殊に支那在留の外國商人は熱心之に反對し、之を以て西洋諸國を欺瞞するものとし、加之主張して曰く、支那人は衷心より外人に反對するものにして、之を待つに他の外國の同一の方法を以てするは愚の至りなりと。其後の駐淸公使は書を致して曰く、バーリンゲーム氏は度量寬大にして、其の想像に映じたるは支那人の美質なり。其意見頗る高尙なる者ありて、寬仁を主させる當時の人心を感動し、眞理に合ひ、實證を有し、我々國民の熱情を激發せしめし者多々之あり(中略)然れどもバーリンゲームの熱誠なる議論は一八七〇年(譯者曰く同治九年)天津暴動の爲めに抹殺し去られ、餘す所は唯支那人の排外思想は激烈執拗なりとの感情のみとなれり。

其は兎も角もバーリンゲームが使任の功を擧ぐること能はざりしとて、其識見技量を云々することを得ず。合衆國並に倫敦に於ける成功と死後突如使節の解散したる事實とは、其手腕の鋭敏、人格の高尙能く人心を收めたることを證明するに足るべきなり。ワシントンに於て其名譽表彰式を擧げし時、之に關係せしジェームス・ジー・ブレイン(James G. Blaine)は曰く、文化甚しく懸隔し、信敎全く相異り、讀書、談話共に通せざる異國に在りて、一個人にして能く勢力を及ぼしゝ者、支那に於けるバーリンゲーム氏の事業是なりとす。これ實に稀有の事にして、智身精神共に一種の怪力ありて、接觸する所の人物を感化するにあらざるよりは安んぞ能く此くの如きを得んと。天若し氏に假すに餘命を以てし、使命を完うして北京に歸り、異數の人格的感化を朝廷に及ぼさしめたらんには、支那の將來如何は之を想像するに難からざるなり。

バーリンゲームの任命奉使に就きては「合衆國外交往復文書」一八六八年分第一卷第四百九十三頁、第五百二頁並に第六百一頁、仝書一八七〇年分第三百十七頁並に第三百三十二頁、仝書一八七一年分第百六十六頁「ウィリアムス傳並に書翰」第三百七十頁、第三百七十六頁並に第三百八十二頁、マーティン著「支那の一周紀」第三百七十四頁、スピヤース著「支那」第四百二十九頁、ネヴィアス著「支那」第四百三十八頁、ウィリアムス著「支那史」第三百四十四頁、ドーグラス著「支那」第三百五十六頁、一八七二年刊行ジェー・エム・ガムパック (J. M. Gampach) 著「バーリンゲーム奉使記」(The Burlingame Mission)、一八六八年十月發行「ハーパース・マガヂン」第五百九十二頁、一八七〇年一月發行「ウェストミンスター・リヴュー」(Westminster Review) を參照すべし。

使命に關するバーリンゲームの意見はネヴィアス著「支那」第四百五十一頁所載紐育に於ける演説に在り。

一八六八年のバーリンゲーム條約は載せて「合衆國條約彙纂」第百七十九頁に在り。

一八七〇年天津暴民は十九名の外國人を殺し、佛國領事館天主會堂並に教會附屬の財産を燒却破壞したり。死者中の大部分は佛國宣教師なりき。これ第十九世紀中支那人排外主義の爆發したるもの丶中、最も激烈なるもの丶一なりしなり。米國公使は佛國領事と宣教師との行爲を以て不謹愼なりとして、報告する所ありたれども、犯罪者の所罰を支那官憲に要求するに就きては、他の公使と協同し、相當の補償と解決とを促すに力めたり。

一八七〇年並に一八七一年分「合衆國外交關係」中支那の部。ウィリアムス著「支那史」第三百四十七頁。ドーグラス著「支那」第三百六十頁。

外國公使の初めて北京に駐劄するに至りし頃より、帝國には二人の皇太后ありて、政を攝したりしが、一八七三年二月二十三日、幼帝は丁年に達し、政を親するに至り、恭親王は此事を各公使に通牒せり。是より先一八六〇年以來使臣の北京に至る者は、其信任狀の謄本を總理衙門に送り、原本を保留するを例とした り。これ攝政太后は親ら之に接見することをせざりければなり。而して今回皇帝親政の通牒を得るに及び、諸公使は敬意を表し信任狀を捧呈せんが爲めに、連署を以て謁見を請求せり。

斯くして、既往二百五十年間西洋諸國の使臣が中國君主の面前に出でんとする每に論爭を重ねたる謁見問題は復た起り來れり。總理衙門は一八五九年、米國公使ワードが北京に來りし時、宮廷の主張せしものと同一の論旨を固執し、外國使臣は謁見の際必ず跪拜せざるべからずとせり。之に關する討議は荏苒四個月に涉り、其間通牒覺書の交換並に會商は其數を知らず、外國政府は使臣をして其本國の輕侮を意味するが如き動作を爲さしめざらんことを欲し、跪拜叩頭の如きは屈辱たるを以て、之を行はしむること能はずとし、頑として動くことなかりき。國務長官は米國公使ロー(Low)に訓令して曰く、合衆國に於ては、禮式の問題の如きに重きを置かざるを例とすれども支那の場合は然らず、國交上の對等に關係する者にして、唯形式上の問題たるにあらず、莊重に考量すべき實質上の問題なり。宜しく愼重の態度を以て、支那廷臣の宿弊と自尊とを酙酌して、之に處すべし然して尚此問題に就きて正當の解決を下さしむることを得ずんば、國交斷絕の最後手段に出づることを得べしと。

幸にして此くの如き事なくして一件の落着を告げたり。恭親王並に文祥は終に宮廷と政府とを說破し、歐洲諸國の朝廷に行はるゝ三拜の禮を以て、敬意を表するに十分なりとするに至れり。これ支那が西洋の外交法に一致するに至りたる一進步にして、今回の謁見は實に支那の歷史上着目すべき一事件たり。然れども未だ之を以て全然東洋式を拋棄したりとは謂ふべからず。何となれば則ち謁見の式を擧行するに、正殿に於てせずして、屬邦使臣の接見に用ふる紫光閣を以て之に充てたればなり。加之、皇帝は直立せず、親ら信任狀を受領せず、使臣の言上に對して敕答をなさず。玉座に座し、信任狀は之を其面前の卓上に置かしめ、恭親王をして代りて應答せしめたり。此老國民が數百年來の習慣を打破せんは寔に難事なるかな。

一八七三年分「合衆國外交關係」中支那の部。ウィリアムス著「支那史」第三百五十九頁。ドーグラス著「支那」第三百七十五頁。

議論紛出したりし此難問題は一八七三年(譯者曰く、同治十二年)に解釋を告げたれども、未だ完了したるにあらざりければ、是後屢次議論を釀成せしは必然の事なりしなり。然るに幼帝同治帝(譯者曰く、穆宗)其後幾もなくして崩じ、光緒帝、尙幼にして、皇太后の攝政多年に亘りしを以て、一八九一年(譯者曰く、光緒十七年)に至るまでは謁見の事なかりしが、帝成年に達するや、駐淸外交團に謁を賜ふべき上諭を發し、是に於てか一八七三年來未決に屬せし諸問題は再び討議に上り、爾後三月の期間は外交團の會商と總理衙門大臣の會見往復とに兩者の注意を集中したり。

外國使臣の主張は第一謁見は朝貢使接見室に於てすべからず。第二主權者よりの書翰は直ちに皇帝の手に捧呈せざるべからず。第三各國の使臣並に隨員は之を合して引見すべからず、宜しく各國別に謁を賜ひ、代辯者通譯官各一名を附すべく、第四新任公使の着任するときは上諭に云へる毎年新年の接見を待たずして、其都度書翰の捧呈をなすべしと云ふに在り。第一第二の二點は半ば功を奏したり。謁見室の事に就きては初回の謁見は紫光閣に於てし、翌年より正殿中適宜の室を用ふべきことに決し、書翰捧呈の事に就きては、支那政府は又主張して曰く、古代の制、皇帝に書を呈するは何人と雖之を其膝下に置くの外之を許さずと。是を以て總理衙門總裁親王玉座より降り、階下に於て外國使臣より書翰を受け、之を皇帝の面前なる卓上に置き、跪拜して敕答を受くべきに定めたり。此際議論は儀式の瑣末に渉り、慶親王が跪拜をなすべき時期如何に關し、三個月の大半を費したり。讀者或は之を以て瑣々たる事とせん。而して外交團は主張して曰く、外國主權者又は大統領の書翰親王の手を離るゝまでは親王をして跪拜せしむべからず、何となれば書翰を卓上に置くまでは、親王は外國主權者の代理者たる資格を有すと謂ふべければなりと。此主張は遂に功を奏したり。

米國公使デンビー(Denby)は信任狀を捧呈するまで北京に於て五年の日子を費

しゝが、一八九一年の謁見を以て外交上の一大勝利とし、支那をして漸次純然たる諸國對等の主義を承認せしむるに至るの一階段なりと報告せり。然れども所謂天子をして玉座を降らしめ、大統領並に帝王自署の書翰を親受せしめ、外國使臣等と相對して面語せしむるに至りしは、一八九四年（譯者曰く、光緒二十年）の日清戰役と一九〇〇年（譯者曰く、光緒二十六年）の拳匪事件とより以後の事とす。

一八九一年分「合衆國外交關係」第三百五十五頁乃至第三百八十五頁、第三百九十二頁、第四百五十五頁並に第四百五十六頁。一八九二年分同書第八十五頁。一八九八年分同書第二百二十三頁。

謁見問題の討論に次ぎて、支那が改進政策を取るに至りし他の一事件あり。政府は米國公使に通牒して曰く、公費を以て多數の支那青年を海外に留學せしめんとす。貴國にして友誼を以て之を待つの保證を與ふれば、先づ之を貴國に派遣せんと。合衆國は直ちに之を諾し、三十名の青年は一八七二年（譯者曰く、同治十一年）を以て第一回の派遣を命せられ、翌年又三十名の增派あり。其米國に至るや、マサチューセッツコンネチカット兩州の家庭に收容せられたり。後他の留學生を派遣するや、エール大學卒業生永文監督となりて、ハートフォード（Hartford）に寄宿所を設けたり。此設備は多年繼續したりしも、終に閉鎖し、靑年は悉く本國に召還せられたり。これ頑固黨が多年の外住は祖國を忘れしむるに至らんことを主張したるに由れり。留學生派遣の一擧は支那政府の主腦改進主義に向ひ、合衆國に對して和親の意を抱きたるを證示するものにして、靑年の歸國するや、政海より隔離せられんとするの傾向はありけれども、外國敎育の價値は覆ふべからずして、多數は政府の下に重要なる地位を占め、祖國の爲めに最も有用なる材となれり。

一八七二年分「合衆國外交關係」第百三十頁。一八七三年分同書第百四十頁及び第百八十六頁。ウィリアムス著「支那史」第三百八十七頁。

エス・ウェルスポウィリアムスは一八五三年日本に於てペリー提督の書記官兼通譯官となりてより以來、初めて外交上の事務を鞅掌し、爾來在淸米國公使館に在勤し、或は書記官となり、或は代理公使となりて、二十餘年の久しきに及びしが、一八七五年を以て任を辭し、歸國せり。歸國後數年の間エール大學に於て支那語並に支那文學の講座を擔當し、以て一八八四年死去の時に及べり。支那に在勤したる米國官吏にして、本國の爲めに有用の事業をなしゝ者ウィリアムスの如きは稀なり。其著「中國總論」(The Middle Kingdom)は今日に至るまで、支那に關する典據となり、其編纂せる支那字書は多大の勞力と研究とを以てしたるものにして、其支那語に於ける蘊蓄の豐富なるを窺ふに足るべし國務長官フィシュ(Fish)は其辭表を受くるや、政府を代表して、大に其功を賞したり。リード公使は最大困難の時期に於て之と事を共にしたる人なるが、論じて曰く、ウィリアムス知識多方面に涉り、博學此くの如き未だ曾つて見ざる所なり。(中略)常に宗教を崇信し、絕えず勤行をなしたる此人の如きは未だ之なしと。最も能く其生涯を知悉せる米國宣教師は曰く、一人にして職に在ること斯くの如く長く、功勞斯くの如く顯著なるは稀有の事とすと

一八六八年、合衆國と訂結せしバーリンゲーム條約の特徵は移住に關する規定に在り。支那の古法、其國を脫する者ある時は、犯者の一族國內に留る者を嚴刑に處し、移住は法律を以て之を嚴禁せしのみならず、政府も亦之を遮阻せり。然るに開港場の內外に於ける支那人口は過殖を來し、外國人との交際を利用し、海外に赴きて富を致さんとする者續出し政府も亦之を阻遏するを得ざるに至れり。是より先數百年間、支那人は菲律賓群島に往來し、嚴罰死刑を以てするも、禁を犯して該島に居留する者數千の多きを算し、安南、暹羅、瓜哇、馬來半島並に英領海峽殖

民地に赴き、勤勉節用の習性を以て、惰弱なる土民を壓倒し得たる者亦少なからざりき。

合衆國がカリフォーニャ州を取得し、金坑を發見せし當時、支那人の移住は新なる刺激を受け、形勢は忽ちにして一變せり。秘魯は西班牙の征服以來土地荒廢に委せられたりしが、此時に當り再び耕作を振興し併せて採鑛事業を開始せんとし、勞力の需要頗る大なるに至り。玖巴島、甘蔗の栽培は頗る有利なる事業となり、且つ阿弗利加奴隷貿易を禁じたる國際條約の勵行ありて栽培業者は黑奴以外に勞力の供給を仰ぐの必要を生じ、ブラヂル其他の諸國も亦勞働者の增加を要したり。故に勞働の供給を人口漲溢せる支那に求めんは此缺を補ふに恰好の事たりしなり。

これ所謂苦力賣買(Coolie Trade)の起原にして、南部支那より勞働者を募集して、之を秘魯、玖巴其他の諸國に輸送し、表面は期限を定めて勞役に就かしむるの契約を結び、其實之を一種の奴隷とし、之に伴ふ艱苦と壓虐とを受けしめて、假借する所なかりき。苦力賣買の事に精通せる香港駐在米國領事は本國政府に報告して曰く、阿弗利加奴隷賣買と苦力賣買との差異は、勞働者を拉し來るに、一は腕力を以てし、一は騙瞞を以てするに過ぎずと。國務長官シューワードは、該賣買の業極盛に達せし時、世界一周の途次、支那に至り、其狀を記して曰く、憎惡すべきこと阿弗利加奴隷賣買に讓らずと。支那開港場と英領殖民地とは輪出を禁止したるを以て、該賣買の本部は之を澳門なる葡萄牙開港場に設け、澳門は之を以て、商業の主務となすこと殆ど二十年に及び、世界の主要なる海國が之を禁じたる後も、尙久しく之を繼續せり。

支那人中の極貧者生計の豐を期し、給料の多額に眩惑し、期限を定めて勞役の契約を結び、移住民となりて、而して遂に欺かれたるを覺る者比々皆然りとなす。勞力の需要益々增加し、任意契約の勞働者不足を告ぐるや、賣買業者は多數の支那人を誘拐し、內地の閭戶其間に立ちて必要なる用務を幇辦せり。誘拐せられたる者は先づ澳門なる屯舍に拘禁せられ、貨物として船中に搭載され、以て豫定の奴隷使役地に運送せらるゝなり。船中飢渴に迫り、慘憺言ふに忍びざる光景を呈することも少なからず。航海中行先地と勞役の種類との約に違へることを覺知し、相黨して役員水夫を斬殺し、歸國せし者往々にして之あり。衆寡敵せずして事を遂げざる者は大抵殺戮せられ、否らずんば捕虜となれり。自殺は甚だ多く、虐待疾病の爲めに命を殞しゝ者亦少なからず。或は相黨して火を船中に放ち、船長水夫は艙口を閉鎖し、端艇に乘じて遁去し、六百の支那人をして船内に慘死せしめたるが如き、人をして戰慄せしむべき慘事は多々之ありたり。

其目的地たる秘魯、玖巴に達するや、一人四百弗乃至千弗の價格を以て栽培地に賣られ、勞働の年限は、任意たると强制たるとを問はず、契約に定めたる者に準據すれども、期限滿期に至れば、雇主は或は借財ありと稱し、或は犯罪ありと云ひ、其他種々なる虛構の事實を設けて、更に之を延期せり。此期間苦力は純然たる奴隷の待遇を受け、或は焰印され、或は鞭撻され、或は拷問され、其苛酷なる往々死を以て之を免れんとする者あるに至れり。而して支那人の秘魯に赴きし者十萬、玖巴に赴きし者十五萬に達せりと云ふ。

此くの如く多數の臣民が領土より捕獲し去られて、殘酷なる待遇を蒙むるも、支那政府は恬然之を顧みず、毫も弊害を禁遏するの法を講ぜざるに至りては、無能冷淡も亦甚しと謂はざるべからず。地方官憲は誘拐を防止し、欺騙を抑遏せんとしたれども、其力十分ならずして功を奏せず、苦力賣買は多年隆昌を極めたり。パーカー公使は該貿易を抑止せんが爲めに最も奮闘せし人にして、此問題に關する文書をワシントンに致しゝが、中に厦門の一貴紳が頒布せし一書ありて、下民を規誡し、誘拐欺騙を避けしめんとするの意を明かにし、賣られて奴隷となりたる同胞の非運を痛哭せり。其書に曰く、仰ぎて天に訴へ、俯して地に泣くとも益なきなり。其蠻邦に赴くや、日夜役使せられ、睡眠だにすること能はず。之を免るゝ唯一死あるのみ。(中略)嗚呼生きて中華の民たるもの、死しては魂魄異域に迷ふ。嗟乎蒼天、我無辜の良民は是によりて亡びん乎哉と。

秘魯に在留せし支那苦力は米國人の本國に對する友誼に想到し、リマ(Lima)なる米國公使館に其慘狀を開陳し、其政府の盡力に由り、支那皇帝陛下を動し、救援に着手せんことを懇願し、至情紙上に溢れたり。北京駐劄米國公使は之を總理衙門に送付し、且つ外國の紛議を釀さずして救濟をなすべき方法を指示せり。公使の報告に曰く、總理衙門の官吏に其不幸なる國民に同情を表し、其陷誘せられて斯くの如き悲惨苛酷なる勞役に服するに至りしを遺憾とし、速に弊害を排除せんとの希望を開陳したりと。然るに又公使の言に據るに、官吏は本件に關し明かに責任を負ふの念慮なく、公使の指示せし救濟の方法に注意することなく、進みて請願者並に同一の慘狀に呻吟する幾千萬の同胞を其逆境より救出すべき何等の手段をも講ぜざりきと。

北京官吏の冷淡なる實に驚くべきなり。米國公使は其所以を說明して曰く、支那官吏は鎖國政策の下に立ち、其敎育儀禮は僻見を養成して世界の實狀に通せしめず、爲めに外交上新に事を構ふることを避けしめたり。加之大帝國は人口充溢せる南部諸省より數千萬人を排出したりとて、何等痛痒を感ぜざるなりと。一八五八年の訂約談判中、政府は領事を海外に派遣し外國に居留せる臣民の利害を考察せしむべしとの注意を受けし時、支那全權委員の一人は答へて曰く、皇帝治下の蒼生其幾千百萬なるを知らず。外邦に流寓せる浮浪の小群何ぞ留意するに足らんと。米國公使は合衆國に居留せる者の中、金鑛採掘に從事して富を致せるものあり。これ保護の價値なからずやと云ひたるに、答へて曰く、皇帝の富は算なし、鄕を去りたる臣民の貯蓄何ぞ心を勞するに足らんと。

然るに秘魯に於ける苦力の愁訴の外、玖巴なる支那人も亦未だ幾ならずして虐待の事を本國政府に告訴し、政府は英米兩國公使の勸告に依り委員を該島に派遣し、情況を視察せしめたり。該委員は一八七五年を以て報告書を提出し、事態最も慘憺たることを開陳せり。此報告に據るに、玖巴に在る支那人は殆ど皆暴力を以て誘拐せられたるか若くは詐術を以て欺瞞されたるものにして、澳門なる屯舍に監禁されて、囚人の待遇を受け、威嚇蠱惑の爲めに不當の契約に調印せしめられ、奴隷として船中に搭載せられ、而して航海中殘酷なる待遇を受けたり。誘拐されたる者の中には官階學位ある者もありて勞働を强制されたるを憤り、或は雜沓、汚穢、飢渴の爲めに發狂して海に投せし者多く、十中の一は航海中に死去したり。玖巴に至るや、賣買業者は價を高くして之を賣り大に利を獲たり。其勞働の時間は遙に通例の上に出で、休日を與へらるゝことなく、毆打、傷害、飢餓等殘虐至らざるなく、爲めに死したる者頗る多し。契約滿期に至るも、解放せらるゝことなく、再び契約を拒むときは浮浪を以て待たれ、罪人と視做され、遂に再約を諾するか若しくは賣られて勞役に從事するに至る。再約の期限滿了するも、亦同一の虐待を受け、誅求殆ど堪へ難く、逃遁せんと欲するも、旅行免狀を得るに頗る多額の手數料を要するが故に斷念するの外なきなり」云々。

此報告の發表せらるゝや、世界各國の人心は非常に激動し、開明國中最後まで奴隷制度を繼持したりし西班牙政府すら、支那と條約を訂結し、此不正なる勞働契約の慣行を禁止するの已むを得ざるに至り、葡萄牙政府も亦澳門に於ける屯舍の閉鎖をなさゞるべからざるに至れり。支那は玖巴、秘魯其他多數支那勞働者の居留せる諸國に領事を派遣することゝなり、是より支那人の愁訴を受け、之を審理するの機會は開けたり。

一八五五年、英國々會は率先して支那苦力賣買禁止の法案を通過し、英國船舶の此業務に從事する者は之を犯則とし、最初該賣買の業を創設したる香港の植民地政府に付與するに賣買禁止の全權を以てせり。斯くして該業務の本部は澳門に移り、輸送は英國の國籍に屬せざる船舶を以てすることゝなれり。支那駐剳の米國公使は相繼ぎて苦力賣買の禁遏に力め、特にパーカーの如きは布告を發し、米國船舶を戒むるに、苦力輸送に從事せざらんことを以てしたり。然れども公使は犯者を處罰すべき權能を有せざりしが故に、米國船舶は之を無視し、不名譽にも輸送に從事せし者一時頗る多きを見たり。然るに一八六二年、國會は法律を通過し、米國船舶が支那又は他の東洋諸國の臣民中苦力と稱する者を、其勞役地たる外國港に輸送するを犯則とし、合衆國々民の苦力賣買に從事し、又は此に從事する船舶を建造することを禁じ、米國海軍將校に犯則の米國船舶を搜索捕獲するの權能を付與せり。又合衆國諸港に向ひ支那を出港する船舶あるときは、米國領事をして船中の移住民を檢査し、其任意に出港するものなるや否やを確めしむべきことゝせり、

該法律を施行したる結果、米國船舶と米々國民との不正賣買は全く其跡を絕ち、合衆國に苦力を輸入することは絕無となりたり。是より先、米國人の支那に對する交際は既に支那人をして親愛の情を起さしめたりければ、外交關係の確定並に互市塲開放の後、幾ならずして、支那人は太平洋沿岸なる合衆國の領土に其意を傾注するに至り、其好む所の東洋流の形容辭を用ひ、之を呼ぶに美國の稱を以

てし、其國旗を華旗と稱したり。國會に於て未だ苦力貿易禁止法を通過せざりし前金坑の發見と勞銀率の高き勞力の需用とに誘はれてカリフォーニア州に入りたる支那人は既に數千を以て算へたり。然れども米國法律は强制勞働を許さゞりければ、勞力賣買は國內に行はるゝに至らざりき。カリフォーニアに來りたる支那勞働者の多數は廣東又は香港に於て商會若くは會社より旅費を前借し、勞銀を以て之を償還すべき契約に調印せり。然れども其合衆國に至るや、行動勞役共に毫末の束縛を受くることなかりき。

苦力賣買に關する米國公使の報告は「第三十三國會第一議會下院行政事務文書」第百二十三號第七十八頁、「第三十四國會第一議會上院行政事務文書」第九十九號、「第三十五國會第二議會上院行政事務文書」第二十二號第六百二十三頁、第六百三十二頁、第六百六十一頁並に第六百七十頁、「第三十六國會第一議會上院行政事務文書」第三十號第五十九頁、第百八十五頁並に第四百二十四頁、一八七一年分「合衆國外交關係」第百十四頁、第百五十頁並に第二百十頁、一八七三年分同書第二百五頁、第二百七頁、一八七五年分同書第二百九十三頁、一八七八年分同書第九十六頁、「支那書架」第十九卷第三百四十四頁並に第五百十頁、マーティン著「支那の一周紀」第三十一頁並に第百十頁、一八七三年紐育刊行シューワード著「世界一周紀行」第二百五十三頁、一八六四年六月發行「ハーパース・マガヂン」、一八六〇年一月發行「北米評論」第百四十三頁、ウィリアムス著「支那史」第三百四十六頁、「ウィリアムス傳並に書翰」第四百十四頁、スピーアス著「支那」第四百二十一頁に在り。

國會通過の諸法律に就きては「合衆國改訂法律集」第二千百五十八節乃至第二千百

六十四節「法律全集」第十八卷第四百七十七頁を參照すべし。

合衆國は其國民と船舶との苦力賣買に從事することを禁止せりと雖、尚進みてバーリンゲーム條約中に一項を挿入し、合衆國民若くは支那臣民が、他國の國民若くは臣民を其任意の承諾なくして外國に誘ふは、犯罪を構成するものなりとの國際契約の主旨を國法中に記入し、以て嚴に之を保證することゝせり。然れども合衆國に於て最も重きを置きたる條項は第五條と第六條となり。第五條に曰く、兩國政府は國籍並に臣從義務を變更するを人類固有の權利と認め、之を奪ふべからざる者となし、又兩國民が游歷貿易若しくは永住の目的を以て、自由に來往移轉するは雙方の利益たることを承認すと。第六條に曰く、兩國の國民若くは臣民は旅行並に居留に關し、最惠國の國民若くは臣民と同一の特權若くは免除を享有すべしと。

此條約の協定中、支那勞働者の米國大陸橫斷鐵道、即ち太平洋鐵道の工事に從事せる者數千に及びたり。此大擧は太西太平兩洋沿岸の領土を連絡せんとするものにして、其完成は之を國民の信用と資本家の富とに待たざるべからざるものなりしが、他に勞力の供給を仰ぐ能はざるに際して、其將に功を竣らんとするの期に近き得たるは、堅忍なる支那勞働者の團體ありしに職由せずんばあらず。太平洋沿岸諸州が急激に驚くべき發達を來しゝも、亦不屈不撓なる支那人種に負ふ所少なしとせず。支那人は實に米國の爲めに有用なる勞力を供給したるのみならず、亦其發達上に一層多大なる、又一層有利なる影響を及ぼすべきものたることは衆人の覺知せし所たり。

是を以て國民は上記の規定を包含せる條約を以て東洋に於ける米國の勢力を表證するものとなし、大統領はその談判の顚末を國會に通告するに當り、之を稱して寛大にして吉祥ある條約と曰へり。然るに支那政府は之を批准するに當り、遲疑する所ありて、或は實施に至らざるやの懸念を生じ、合衆國は頗る不安を感じたり。國務長官フィシュは大統領グラントの命を奉じ、北京駐剳米國公使に訓令するに、支那官吏を說きて速に批准を了せしめんことを以てせり。且つ書を與へて曰く、訓令中に陳述せし事情より推斷するも、批准を促すの必要あり。然れどもなほ他に事由の存するものあり。他なし、太平洋沿岸に來住する支那人は毎月數千を以て、數へ已にロッキー山脈を踰えて內地に至り其勤勉忍耐、忠實、才智は雇主の好意と信用とを買ひ得たり。此情勢は停止する所なくして益〻增大せんこと疑を容れず。これ米國の歡迎する所なりと。

條約は終に支那の批准を得、合衆國政府は支那を鎖國の狀態より救出し、之を國務長官の所謂前進の方向に誘ふに與りて力ありしを知り、得々然たりき。此條約調印の後十年にして大統領ヘース（Hayes）は國會に下したる敎書中に其規定の主要なる點を述べて曰く、支那政府が吾人の知悉し且つ歡迎する移住の事に關し、改進主義を採用するに至りしは、該帝國を開きて、西洋の文明宗敎を輸入するの步を進めたること頗る大なるものにして、吾人が視て以て人類の福祉に必要なりとなす技術、工藝、產業利用厚生の新法、並に政治宗敎の思想を擧げて此大國民中に傳播し、以て將來一層多大なる實利を擧ぐるの望ありと。

「大統領敎書集」第六卷第六百九十頁。同書第七卷第五百十六頁。一八七〇年分「合衆國外交關係」第三百七頁。

然るに條約實施後數年ならずして、該條約に關する輿論は變調を來し、主として支那國民の居留せる太平洋沿岸に於て特に然るを見たり「支那人の精勵勤儉なる採鑛、耕作、商業、隷僕其他各種の普通手工に於て白人勞働者を壓倒し得るに至り、勞働組合は相合して警を傳へ、人口過剩食物不足の支那より數萬の人民群をなして來り、將に白人勞働を驅逐し去らんとすと。カリフォーニア州並に其附近の地に居留せる支那人は他と隔離し、粗造汚穢の家屋に同棲し、公共の事を關知せず、衆民と同化せず、偶像を拜し、邪敎を奉ぜり。是に於てか、米國人は論ずらく、支那人は好ましからぬ人民にして、若し永く入國の自由を與ふるときは、我國の制度を破壞し、全然其顯著なる特性を變化し去るに至らんと。支那人移住の反對は、初めは個人的爭鬪、支那人の侮辱並に其財産の損害とを以て事實上に現れ來りしが、次いで州は法律を制定して其權利を拘束し、又移住を制限せんとするに至れり。然るに裁判所は審理の末、此州法を以て條約に悖戾し、合衆憲法に違背するものなりと宣告したりしを以て、當時勢力增長して州政を左右するに至りし支那人入國反對論者は一八六八年訂結のバーリンゲーム條約を廢棄し若くは修正せんことを國會に訴願せり。此訴願は國會を動かし、國會は一八七六年を以て兩院連合委員を選任し、太平洋沿岸地方を歷訪し、支那人移住の性質、區域並に效果を調査せしむることゝせり。

委員長はインディアナ州選出上院議員オリヴァー・ピー・モートン（Oliver P. Morton）にして、國會議員中最も手腕を有し、且つ最も勢力ありし一人なり。委員は桑港に於て屢次會合を催し、多數の證人を審問し、證據書類を收受し、精細なる調査を遂げ、次回の議會に提出せし報告書は證據書類と共に千二百頁に餘れる一卷をなしたり。委員長モートンは桑港に開催したる委員會には出席せしかども、歸途病を得、國會開會前に死去せしを以てカリフォーニヤ州選出上院議員サージェント（Sargent）代りて報告書を提出せり。委員中多數と少數との兩報告は、支那人移住問題に關し、二十五年間紛議を極めたる論點を擧示せるを以て、茲に其概要を陳述するを適當なりとす。

上院議員サージェントが委員會を代表して國會に提出せし報告書に曰く、調査の結果、物質的繁榮のみを以て論ずるときは、太平洋沿岸は支那人移住の爲めに利する所頗る多きを證せり。故に太平洋沿岸諸州の現在將來に於ける道德政治の安寧幸福を問題外に置くときは、支那人の勞力は急速に一般の富源を開發しつつあるものと謂はざるべからずと。支那人移住の制限に反對する者は資本家と其輸送によりて利する者と、並に支那人に接して之を基督教に化するの機會を有したる宗教家なりとす。

之に反して、勞働者と職工とは支那人入國の事に反對せり。高等職業者、商人神學者、裁判官中亦同一の意見を有する者多し。謂く、支那人の爲めに繁榮を加ふと云ふは皮相に通ぎず。其實茶毒を流布する者にして、勞働社會を滅亡し、階級制度を助長し、自由制度を危くするものなりと。

委員は實證を擧げて曰く、支那人は陋屋に住し、粗食に甘んじ、狹路に密集し、衛生の規則を無視し、防火の法令を蔑視し、而して其行の醜なる道德を腐敗し、殊に害毒を青年に及ぼしつゝありと。又曰く、支那人は勞銀を低うして、白人男女をして饑餓に瀕せしむるの程度に及ぼし、特に婦女をして一層の困難を感せしめ、白人勞働者を驅りて賤奴の狀態に陷らしむるの傾向ありと。これ支那人排斥の情を激烈ならしめたる原因にして、發して不當なる法律命令の發布となり、個人の汚辱となり、又匪徒の暴行となりき。

委員會は主張して曰く、言語を異にし、異敎を信じ、智德の劣等にして同化し難き一群の社會內に存在するは共和國に取りて好ましからざる事なり。政權を之に與ふるが如きは殊に然りとす。移住民の安否は政權の有無に關すれども、苟くも米國の安寧を保持せんと欲せば之を付與すべからざるや必せりと。

實證に據りて按ずるに、太平洋沿岸は早晚米國的たらずんば則ち蒙古的たるべきの勢を呈し、事情は米國人をして沿岸諸州を占有開發せしむるに利便を與ふる者なりとするも、支那人は占有の競爭に於て尙遙に大なる利益を享有し、其實在は白人の移住を遮阻すべきこと明かなり。

刑事裁判所判官の說に據るに、支那證人は大に誠實を缺き、宣誓の神聖なる所以を解せず。又事實の證明する所に據るに支那人は白人と同化し難く、之と社交をなさず、又結婚をなさず。米國に滯留すること二十五年に及びて、毫も此方面に向つて進步せるを見ず。皆其家族を伴はずして、永住の意思なく、賣春婦を輸入して奴隸を以て之を待ち、智德の點に於てアリアン人種に劣ること大なり。然れども其商人は取引上誠實なりとは衆人の是認せる所たり。

實證に據るに、支那人は公民となり、選擧權を得んとするの希望を有せず。縱し之ありとするも之を付與するときは事實上太平洋沿岸に於て共和政治を破壞し去るべきなり何となれば其所謂頭人は投票を賣買して之を左右すべく、又支那は專制政治以外に何等の政體をも理會せざればなり。又他の說明に據るに、支那人は米國法律以外に獨立して政府類似のものを設け、國俗に違背する者を處罰せしめ、死刑を課するの權能をも付與したり。

委員は勸告するに、行政部は宜しく現行支那條約を改正して、之を商業の範圍に止め、國會は須く法を定めて亞細亞人種の大來住を制限すべきことを以てし、其孰れの方法を取るも、支那の恨を買ふべきにあらずと信じたり。其は免に角太平洋沿岸諸州は現に大なる打擊に苦しみ、隱忍以て國會の救濟を期待しつゝあるが故に、之に對して處置を施さんは當然の義務なりとせり。

上院議員モートンはワシントンに歸着せざりし以前に死去せるを以て、委員の報告書を提出したる最後の會合には出席せざりしが、其性强硬にして、國會に大なる勢力を有し、頗る辯論に長じたるより推定するときは、若し餘命を保ちたらんには、縦し委員の報告を左右すること能はざるも、少くとも國會を牽制して、急激なる行動を取らしめざりしならん。モートンは生前原稿を調製して連合委員の報告中に之を挿入せんことを欲したりしが、死後之を少數の意見として上院に提出せり。

人類の平等、天賦の權利と云ふことは合衆國政體の基礎にして、其千古不磨の大主義とせる所なり。モートンは之を捉へて曰く、上帝は各人に同一の權利を賦與し、人種の如何を問はずと信ず。我國は世界各地の移住者に門戸を開放せることは獨立の布告、聯邦の法條之を宣言し、憲法之を承認し、實に政治の根本的原則たり。故に人種の如何、文明の性質、宗教の異同に依りて外人の移住を制限拘束せんは之を爲し得ざるのみならず、亦爲すべからざるものとすと。

モートンは又世人が支那人並に日本人の排外主義を攻撃し、其他國人の旅行居留を拒み、其制度の研究を許さゞるを非難するを指摘し、支那日本の門戸は既に開放されて米人は居留營業の權を得、保護十分となれるの今日、再び其撤棄せし所を採り以て一歩を退かんとするかと詰り、これ支那日本が外人の入國を以て自國の商業並に國民の勞力を傷害し、彝倫を紊し、宗敎を壞敗するものとなし、以て鎖國政策を辯護するの口實となしたると擇ぶ所なしと說けり。且つ曰く、我建國の根本主義を確守し、又人類の權利は改廢し得べき憲法の付授せる所にあらずして、均しく人類に賦與せられたるものなりとの事を深く心に銘せんは、吾人の取るべき唯一の道なりと。

モートンは又委員の調査事項より斷案を下して曰く、支那人排斥の起れる原因は其所謂醜行陋習若くはカリフォーニアなる白人に加へたる事實上の損害に在るよりも、寧ろ人種、衣服、風俗、宗敎の差異に在るなり。前日の南北戰爭は人種の差別より起れり。今や、上帝は神意を以て永久に之を救正したることを喜びたるに、今又支那人の塲合に於て此厭ふべき事件を再演するに至れりと。

モートン又曰く、證據書類の示す所に據るに、カリフォーニア州の農產物は支那勞働者の手を籍るに非ずんば、之を收獲し若くは市塲に運搬すること能はず。鐵道も亦之なくして功を竣るべからず。支那人が該州の白人に害を及ぼしたりとの言に對しては眞僞を判ずるに苦しむ。白人を用ふべき事業は尙これ有りて不足を告げず。加之支那人は其勞力に由り、白人の勞働者を容るべき廣大なる事業を開發し、其需要を增加したり。初め該州に製造業を開き、功を奏せしめたるは支那勞働者を使用したるに因るものにして、製造所の建設既に成りて其根據確立するや、支那人の使用は漸次減少し、白人勞働者は大に增加したり。調查せし所に據るに、カリフォーニア州には無頼の徒自ら求めて懶惰に流れ、支那人排斥を絕叫して喧囂を極むる者あれども、之を外にしては失職の白人多數に上りたりと信ずべき證憑なし。勞銀低廉の爲めに故らに白人を捨て支那人を用ひし塲合多々ありたるは疑ふべからざる事實なれども、法律の制定を要め若くは政治的行爲を以て救濟をなすの理由となるべき程度に至れりとは思はれず。

モートンは斷じて曰へらく、事實の證明する所に據るに、支那人の知力は白人と優劣なし。カリフォーニア州に在る支那勞働者は他國人と同じく自由を得、奴隷の形跡は毫も之なし。支那移住民の最多數は未婚の靑年にして、家族を伴ふもの甚だ少なく、婦人の輸入は醜業を目的とせり。支那人は賭博に耽るの特性あることは事實なれども、初めカリフォーニアに移住したる白人種が妻女並に家族を携ふる者少なかりし時代に想到せば、決して甚しとは謂ふべからず。賭博は固より悲むべき罪惡なり。然れども獨り支那人のみを責めて、之が爲めに特別の法律を制定すべきにあらず。支那人は飮酒に沈溺せず、酒舖の設なし。其不節制は鴉片の使用に在れども、鴉片は狂暴を起さしむるものにあらざるのみならず、又之を喫する者の數は酒舖に入りて泥醉する白人よりも遙に少しと。

モートンは一八六八年のバーリンゲーム條約を引用し、其中移住、居留、旅行の自由並に敎育設備の權利を規定せる第五條、第六條並に第七條に重きを置きて曰く、此條約の訂結せらるゝや、全國は之を以て米國外交と其主義との一大勝利とせり。支那が國籍を移し臣從の關係を變ずるは天賦の人權にして之を奪ふべからずと云へる米國主義を承認したるは殊に然りとなす。これ合衆國が建國以來、歐洲各國政府をして承認せしめんとして、商議に商議を重ね、努力奪勉、徐々に成功し得しものたりと。

モートンは結論を下して曰く、勞働は拘束を加ふることなく、完全なる保護を加へ、而して競爭に開放せざるべからず。法律を以て勞働の價格を定め、又は質素生

計を營み、廉價勞役に服する者を驅りて國外に逐ふの必要はなかるべきなりと

「第四十四國會第二議會上院報告書」第六百八十九號、「第四十五國會第二議會雜文書類」第二十號。

移住及び六會社の事に就いては、ピヤース著「支那」第十六章、第十九章並に第二十章を見よ。

委員の報告は一八七七年二月二十七日、第四十四國會閉會の期に迫りて之を提出し、次回の國會に於て討議に付したり。議論紛出の後、法律案は兩院を通過せしが、該案は甚しく支那人の移住を制限し、大統領の言を借りて言はゞ、殆ど絕對的の排斥に均しく、明かに一八六八年のバーリンゲーム條約に違背せり。又該案はバーリンゲーム條約中の第五條並に第六條の規定、即ち合衆國に於ける支那人移住居留の自由に關するものを癈棄するの條項を挿入せり。

此くの如き極端なる法律の制定を、多大の滿足を以てバーリンゲーム條約を迎へし十年前の事に比せば、輿論の變調頗る大なるを知るべきなり。然れども斯くの如く公然國際上の義務を無視せしことは、多數の米國人を憤怒せしめ、輿論の激昂は遂に大統領ヘースをして之を認可せしめず、從つて該案は法律とならずして止みぬ。大統領は本問題に關し國會に敎書を發するに當り、公義公道を維持

せんことを求めたれども、其書中、バーリンゲーム條約の實施に照して之を觀るに、外人の移住頗る大且つ急にして、我工業組織並に社會制度の包容同化し能はざる程度に達したれば、之を救はんには聊か該條約に修正を加ふる必要あることを是認すと云ひ、又意を吐露して曰く、公道を以て支那政府に求むる所あらば、此法律案より生ずべきが如き不面目を招かずして、希望の修正を遂行し得んと。

大統領は此政策に據り、一八八一年（譯者曰く、光緒六年）を以て委員を任命し、北京に前往して一八六八年の條約中支那人移住に關する規定の修正を議せしむることゝせり。委員はミシガン大學總長博士ジェームス・ビー・アンジェル（James B. Angell）、カリフォーニア州人ジョン・ティー・スウィフト（John T. Swift）前國務次官ダブリュー・エーチ・トレスコット（W. H. Trescot）より成り、其支那に至るや、政府は懇切に之を待ち、北京着後二個月を出でずして移住に關する條約を議定調印せり。之に據るに、合衆國政府は支那勞働者の移住若くは居留が其國の利益に影響を及ぼすか、又は及ぼさんとするの恐ありと認定する時は、何時たりとも之を規制、制限若くは中止する權利を有すれども、絶對に之を禁止することを得ずとせり。支那政府は斯くの如き寛大なる精神を以て移住問題に關する米國委員の希望を容れたるを以て、委員は報酬として、從來大に支那政府を苦しめたる鴉片貿易に關し、之に滿足を與ふべきことを快諾せり。乃ち支那の請求に依り、通商條約に調印せしが、其規定中に曰く、合衆國民は支那の各開港場に鴉片を輸入し、又は一開港場より他の開港場に之を輸送し、若くは各開港場に於て之を賣買することを得ずと。これ絶對に鴉片貿易を禁止したるものにして、適當なる法律を設けて之を執行せんことを期したり。後一八八二年の米韓條約中にも同一の條項を挿入したり。

通商條約の實施後、委員の一人にして北京駐劄米國公使となれるアンジェル博士は當時李鴻章の秘書官として久しく支那に在任せし、米人ダブリュー・エヌ・ペチック(W. N. Pethick)(一)より一書を得、支那人が如何に該條約中鴉片禁止の條に重きを置くかを證せんとして、之を國務長官に送付したり。此書鴉片貿易の歴史と之に關する支那人の意見とを評説し、皇室が米國委員の行動を多とせる事實を證明し、頗る趣味に富みたるものなり。博士曰く、支那は鴉片貿易を強制せられたれども、其大害を默々に付し去ることを肯んぜず。政府も亦茶毒の蔓延を憂慮せり。其輸入を拒がんとして血と財とを蕩盡し、戰敗れたれども政府は拱手害毒の國内に傳播するを傍觀せるにあらず。鴉片の一品にして、價格は全輸入品に匹敵し、重要輸出たる茶若くは絹の總額に越えたり。これ多年印度よりせる汚毒益〻其量を增し、愈〻其害を布くに至りしことを示すものたり。米國人は從來他國人と同じく此貿易に從事したれども、今や合衆國は任俠の心を以て奮然鴉片を排斥するの宣言をなし、世界に對し又上帝に對して耻づる所なき擧動に出で、多年の期待を成就し得るの望を起さしめ、又從來屢次摧折したる決心を再び確固ならしめ、以て支那政府に聲援を與へたり。されば支那が其國民の繁榮と精力とを奪ひ去りつゝある怪物と再び相戰ふに至らんは期して待つべきなり。云々。

(一)ペチックは戰爭中北軍に從ひ、其終るや、支那に赴き、其難解の國語に熟達し、一時合衆國公使館並に領事館の通譯となり、又多年李鴻章の幕僚となれり。李と支那の政治とに感化を與へたること最も大にして、終始改進の方針を執りたり。博學多識李の爲に口譯せし書籍英、佛、獨を合せて數百に及びきと云ふ。一九〇一年(譯者曰く、光緒二十七年)媾和條約談判の際李を助けて功多く、内外頗る之を敬重せしが、同年末に死去したり。

然るに此希望は水泡に歸したり。恭親王は支那に於て罌粟の耕作を禁ずる條件を以てして、鴉片輸入を止めんことを英國政府に請求せしが、英國は之を聽かざりき。英國に於ては輿論を喚起して、鴉片貿易を禁止するの目的を以て協會を組織し、李鴻章は一八八二年(譯者曰く、光緒八年)米國公使ヤング(Young)と會見せし際、該協會が英國政府を動かし得べき望あることを語り、且つ其協會に與ふる書面の寫を示したり。此書は鴉片問題に關する支那の意見を最も能く表示する者たり。其書に曰く、鴉片問題に關しては、英淸兩國意見を同じくすることを得ず。淸は道義を以て之を論じ、英は財政上より之を見、淸は國民の生命幸福の爲めに爭ひ、英は印度の財源を支持せんとす。(中略)今鴉片に輸入稅を課するは淸國の意に出でたるにあらずして、兵力に威壓せられて此に至りしなり。斯かる收入を適法のものとなすに異議を挾まんとせば、之を干戈に訴ふるの外なきなり。(中略)合衆國との新條約には鴉片貿易を禁ずる條項あり。これ將來支那と西洋諸國との關係上に正道博愛の大義を普及するに至るべき信念を固うせしむるものなり云々。

然れどもアンジェル博士と其同僚とが條約中に鴉片禁止の條項を挿入したるは

既に時機に後れたり。支那人と同種族たる日本人の盡力功を奏せしに照して之を見るときは、禁烟は實行し得べきものたること明かなるが如くなれども、奈何せん支那に於ては害毒既に固着して拔くべからず、鴉片貿易よりする所の印度の收入は重要なる財源となりて、之を撤棄すること能はざるに至れるを。

合衆國政府が初めより鴉片貿易を禁ぜんとせしことは、眞に喜ぶべきことなり。初めて支那と訂結したる一八四四年の條約中に規定して曰く、合衆國々民(中略)鴉片又は禁制品の貿易に從事したる者は、合衆國政府の保護を受くることなくして、支那政府の處分に從ふべしと。リードの清國に派遣せられて、一八五八年の條約を商議するや、訓令に據り、支那政府に傳へて曰く、支那政府が鴉片の輸入消費を禁止せんとするは稱揚すべきことにして、合衆國は其國民の爲めに法律上鴉片貿易を認可することをせざるのみならず、亦之を支那國内に輸入して、支那の法律を犯さんとする所爲は其何たるとを問はず、援助を與ふることなかるべしと。當時通譯官たりしマーティンは曰く、リードが支那全權に交付せし最初の約案中には鴉片貿易を非議禁止するの條項ありしが、英國全權公使エルジン卿の說く所と爲りて之を撤回し、大に支那全權を驚愕せしめたりと。英國政府の東洋に對する處置は賞讃の價値あるもの多々あれども、鴉片貿易に關する一事は其歷史に拭ふべからざる汚點を止めたり。英國民は人類狀態の改善に盡しゝ所頗る多かりけれども、鴉片問題に關しては、其道義の觀念は遂に東印度商會と其後繼者たる印度政府との貪婪の爲めに抑壓せられたり。

「合衆國條約彙纂」第百八十四頁、一八八一年分「合衆國外交關係」第二百十六頁。一八八三年分同書第百二十三頁並に第百二十八頁。「第三十六國會第一議會上院行政事務文書」第三十號第八頁。マーティン著「支那の一周紀」第百八十四頁。

合衆國々會は一八八〇年の移民條約を實施せんとし、一八八三年を以て法律案を通過し、二十年間支那勞働者の入國を禁止又は停止せんとせり。これ國會が支那移民に關して法律を制定したる第二回の擧なりしが、大統領アーサー (Arthur) は亦之を認可せず。其理由として述べたる所に曰く、移住の禁止二十年の如き長日月に涉るは、條約の精神に戾るのみならず、亦談判委員が我政府は互惠和親の精神と、完全なる正義とに則り、國會に付與せられたる大權を愼重に施行すべしと保證せし所に背戾すと。大統領は此保證と、支那勞働者渡航の制限に關する支那の譲步とに留意せんことを國會に要求し、且つ曰く、是故に支那は我國が之を實施するに當り、譲步の區域を超越せざらんことを期するに正當なる權利を有する者たりと。國會は乃ち敬意を表し、支那勞働者移住停止の期限を十年と修正せり。

一八八〇年の條約中に、本條約調印の當時、合衆國に在住する支那勞働者は任意に國を去り、本國に歸ることを得との條項あり。而して移住禁止期限の滿了に先ち、一層嚴密なる法律を制定せんことを國會に請願する者あるに至れり。其主張せし所に據るに支那勞働者、出發歸國に關する條約に由りて付與されたる特權を實行するに當りて、詐僞の手段を行ひつゝあり。例へば數年間合衆國に住居して財產を積蓄し、歸國したる後は再び來らず、他の支那人をして僞りて之なりと稱し、法を犯して入國せしむるが如き是なり。

一八八八年（譯者曰く、光緒十四年）國務長官は、此缺點を補正せんが爲めにワシントンに於て駐米支那公使と新條約を訂結し、合衆國に於ける支那勞働者中正當に出發歸國の特權を得べきは一千弗以上の財產を有するか、又は米國に於て妻若くは子を有する者に限り、合衆國政府は詐僞手段を防遏するが爲め適宜の規定を設くるの權を得たり。又合衆國はワイオミング(Wyoming)なるロック・スプリングス(Rock Springs)、ワシントン州なるタコマ(Tacoma)其他の地に於て支那人憎惡排斥の爲めに起りたる暴動に因り、損害を受けたる生命財産に對して、賠償を爲すことを約したり。

該條約は數項の修正を經て、上院の批准を經、支那政府も亦修正を提議せり。談判中大統領の選擧競爭は漸次進行し、太平洋沿岸諸州の勞働組合は喧噪支那人の移住に一層大なる制限を加へんことを唱道し、此地方の選擧人は最も激烈に支那人排斥を主張する黨派中より大統領を推さんとするの形勢を示したり。斯くて競爭は燒眉の急に迫り、支那政府の批准亦確かならざりければ、國會は急遽法律を通過し、絕對に支那人の入國を禁止せんとせり。これスコット決議案と稱する者にして、其明かに條約に違反せしに拘はらず、大統領クリーヴランド(Cleveland)は支那が新條約を批准せざりしを口實とし、之を認可して法律とせり。然れども暴動に起因せる損害の賠償は條約に遵ひ、支那に支拂ふべしとなし、國會は二十七萬六千六百十九弗を之に充つることを決議せり。

然るに大統領は合衆國をして條約違犯の汚名を負はしむるを欲せず。之を以て國務長官は新にワシントン駐劄支那公使と談判を開き、一八九四年（譯者曰く、光緒二十年）條約に調印せり。該條約は大抵一八八八年の未批准條約と同じく、兩國政府は之を承認せり。一八九四年の條約は合衆國が十年間支那勞働者の入國を禁止することを規定し、第五十七國會は期限滿了に先ち、現行法律の續行を討議したり。此時に當り、勞働協會の政治的勢力大に加りたると共に支那人移住に對する反感は漸次强盛となり、現行法の制限に尚一層の制限を加へんとする同種類の諸議案は兩院委員より報告せらるゝに至れり。其要は支那勞働者の移住禁止を永久とし、正當に合衆國に在住する者と雖、大陸と所領諸島との間に移轉することを禁じ、商人、學生、敎師、旅客の入國には殆ど禁止に均しき條件を附加し、他國に赴かんとする支那勞働者の合衆國經由に制限を加ふることを初めとして、米清條約に抵觸せる諸種の規定を提義したり。要するに是等の規定は、支那勞働者が合衆國に入らんことを熱望して詐僞手段を弄するが故に、其必要ありとは、發案者の主張せし所なり。

委員は多大に反對者なくして下院を通過せしが、上院に於ては激烈なる議論を惹起したり。該案の最も有力なる賛成者たりし上院議員ロッジ(Lodge)は本問題に關して長時間の演說をなし、終に臨み、支那人移住に反對の理由二點を擧示せり。曰く、第一支那人は頑固移らざる老國の民にして、此地に來るも、鍛展以て我習俗思想を採用し、我國民の一部を構成し得べき者にあらず。縱し之を爲し得とも、爲すを欲せず、其來るや、唯利の爲めにして、之を外にして何の顧みる所なし。これ國內に置くべからずして、宜しく國外に驅逐すべきなり。第二に支那人が我國民の到底存續し得ざる經濟的狀態を作出し得べき者なるが故に、余は支那人排斥に賛成を表す。これ至適者存續の問題にあらずして、存續すべき至適者の存續を危うするや否やの問題なり。最も優者は必ずしも存續する者にあらずして、今や四億五千萬の民此地に來りて新境涯を作り、我國民をして生活し能はざらしめんとすと。

該案に反對せる議員は一歩を讓りて今後支那勞働者の入國を禁止すべきこと

に贊同したりと雖、既に來りて國内に居留する者に對し、不正殘酷の待遇を爲すの可ならざることを主張し、又曰く、國勢調査に據るに、國内支那人の戸口は年々減少しつゝあるを以て、猶一層多大なる制限を加ふべき法律を制定するの要を見ず。殊に條約を無視すべき法律は決して之を制定すべからざるなり。又支那との商業をして益々隆盛ならしめんことを力めつゝあるの時に際し、其國民の感情を害するが如き手段を取らんは策の得たる者にあらずと。

討議の結果、苛酷なる規定を包含せる委員提出案を否決して、コンネチカット州選出上院議員プラット(Platt)の提出案を採用することゝなれり。該案は一九〇四年若くは新條約訂約の必要あるまで、條約に抵觸せざる現行法律の効力を繼續せんとする者たり。(二)これ明かに極端なる支那人排斥論の敗に歸したるものにして、國内健全なる輿論は猶忠實に條約上の義務を履行するの議を贊成せることを證明せり。

(一)「大統領教書集」第七卷第五百十四頁。同書第八卷第百十三頁並に第六百三十四頁一八八一年分「合衆國外交關係」支那の部。一八八八年分同書支那の部。一八九四年分同書支那の部。「合衆國條約彙纂」第百八十二頁。一八九九年刊行「合衆國現行條約」第百二十二頁。一八七七年紐育刊行エス・ウェルス・ウィリアムス著「支那人の内住」(Chinese Immigration)。ブレイン著「國會奉職二十年記」(Twenty Years in Congress) 第六百五十二頁。一九〇二年上院討議の事に就きては「第五十七國會第一議會國會記錄」第三千八百八十頁乃至第四千五百九頁、第五千五十頁竝に五千五十一頁を參照すべし。支那人移住に關し國會の通過せし法律に就きては、「法律全書」第二十二卷第五十八頁、同書第二十三卷第百十五頁、同書第二十五卷第四百七十六頁竝に第五百四頁、同書第二十七卷第二十五頁、同書第二十八卷第七頁・一九〇二年四月二十九日決議法律案を參照すべし。

關係法律の評論に就きては、一八九三年・七月發刊「北米評論」第五十二頁、一九〇二年七月乃至九月「チャールス・デンビー演說集」(Honorable Charles Denby in Fornm)、一九〇二年ワシントン陸軍省刊行敎授ジェー・ダブリュー・ジェンクス (J. W. Jenks) 著「東洋經濟問題報告」(Report on Certain Economic Questions in the Orient) 第三章支那人の植民移住中第五百十七頁、支那人の非律賓群島移住を參照すべし。

移住に關する國會の決議法律案は合衆國最高等裁判所の審理を經し者多し。其中最も重要なるは馮耀廷等對合衆國訴訟事件にして、載せて「合衆國諸報告書」第百四十九卷第六百八十九頁に在り。

以上記する所に由りて之を觀るに、合衆國に於て支那人移住に關する輿論に急烈なる變化を來しゝは、一八六八年大得意を以てバーリンゲーム條約を發布せしより以來の事にして、一八七七年上院議員モートンの少數意見書中に在る高尚なる思想の如きすら、實驗に依り經濟上の狀態を詳悉したる結果、遂に其壓伏する所となり、合衆國政府は原則としては外人の脫籍を可とするの說を持し毫も變ずる所なけれども、國民權は合衆國に入國せる外人に付與すべき特權とし、其請求すべき權利にあらずとし、且つ其入國を以て有害とし、若くは望ましからずと認むる時は、其階級の如何を問はず、政府は總て之を領土外に放逐するの權利ありとせり。要するに合衆國民の多數は亞細亞人種に屬する國民の來移を無制限に許可するは得策にあらず、殊に支那勞働を排斥するは望ましき事なりとの念を抱くに至れり。

之に反して、合衆國政府は既に陳述せし如く、條約上の責任を無視したりとの非難を避けんと欲し、政熱激昂の際、國會は一時公衆の喧囂に讓歩したれども、大統領は之を傍觀せずして干渉をなしたり。此際國會は常に道理の聲と、國家の體面とに鑑みて之に聽從し、法案を修正し、以て外交を處理する行政部の意見に順應したり。

支那政府も此件に關し、稱揚すべき好意と讓歩とを表せしこと前文陳述せし所の如し。初めバーリンゲーム條約を訂結するや、合衆國の意に應じて規定をなさしめ、而して合衆國の輿論一變したることと明瞭となるや、事實上自國臣民の特權を制限するに拘はらず、極端なる修正の要求に同意し、二たび條約改正の要求あるや、尙一層自國民の權利を制限すべき提案を聽許せり。加之支那人は時々匪徒又は熱狂せる官吏の爲めに暴行凌辱を加へられたれども、支那政府は之を以て合衆國政府の關知せざる所となし不幸にして苛酷なる法律の制定ありしも、毫も兩國の友誼を變更するに至らざりき。要するに、彼我共に內治の困難を諒察し、實行し難き要求の提出を避けたるなり。

第九章　朝鮮と其隣邦

朝鮮は野心ある隣接諸邦の角逐場となりしこと既に久し。其國東北西の三面は海中に突出し、水を隔てゝ優勢なる競爭國に對し、地勢の然らしむる所、外寇絶えずして、他國に隷屬して、財源を蕩盡したり。或は之を稱して絶東に於けるナボスの葡萄園なりと云へり。適評と謂ふべく、諸國窺窬の狀、古今其軌を一にせり。國民は自ら四千年の歷史を有すと稱し、西洋紀元前數百年に在りて、既に日本支那の侵す所となり、是より統治權は交互兩國に歸したり。蒙古が滿洲君主の下より崛起して勢力を得るや、其未だ支那を征服せざるに先ち、兵を朝鮮に遣し、劫掠を恣にしたり。近世に至り、同時に支那日本に使節を派遣して貢を納め來りしが、一八三二年(日本天保三年清嘉慶十二年)以來日本に對しては臣隷の實を行はず。而して支那は輓近日清戰役の爲めに宗主權を撤棄せしまで依然之を附庸としたり。第十九世紀の後半中、朝鮮の領土は、佛米英露四國の侵す所となり、今や將に日露戰爭破裂の原因とならんとせり。

第十五、第十六兩世紀中、葡萄牙が海上の發見をなしゝより以來、歐洲の通商は活氣を呈したれども、當時戰爭と租稅との爲めに困乏せる朝鮮に對しては毫末も心目を奪はれずして止みたり。始めて正式に朝鮮と貿易を開始せんとしたるは一八三二年を以て初見とす。當時英領東印度商會は廣東に於て一船を艤裝し、通商探檢の爲めに之を此國に派遣せしが、此際獨乙の宣敎師グーッラーフは米國傳道敎會に勤仕し、傳道事業の端緒を開かんと欲し、船客となりて赴往せり。該船は南部海岸に一月を費し、國王に贈品を呈したれども、國王は拒みて之を受けざりき。グーッラーフは幸にして支那國語に通ぜしを以て、國人に消息を通ずることを得、人民の醫療に從事し、馬鈴薯を植ゑて其栽培養法を敎へたり。然れども漢譯聖書、地理書、算術書等の配布は無效に歸し、要するに此遠征は通商上宗敎上共に失敗に終りたるなり。

一六五三年和蘭交通の事に就きては、一八八五年フィラデルフィヤ刊行グリフィス著「朝鮮の内外」(Corea, Without and Within)中に再刻したるヘンリー・ハメル(Henry Hamel)著「朝鮮沿岸遭難記」(Narrative of Unlucky Voyage and Shipwreck on the Coast of Corea)を參照すべし。
一八三三年紐育刊行「チャールス・グーッラーフ著「支那沿岸の航海」(Voyages along the Coast of China)第二百五十四頁竝に第三百三十二頁。一八九七年紐育刊行ダブリュー・イー・グリフィス著「隱れたる朝鮮」(Corea, the Hermit Nation)第百六十九頁竝に第三百五十九頁。一八九三年倫敦刊行アール・エス・ガンドリー(R. S. Gundry)著「支那と其隣邦」(China and Her Neighbors)。

始めて基督敎を朝鮮に布かんとしたるは一七八三年に在りて、當時北京に在留せし佛國ジェスイト派宣敎師之に當れり。初め新宗敎の禁頗る嚴にして、傳道、崇信共に酷刑に處せられたれども、加特力敎宣敎師は死刑追放に屈せず、熱誠勇を鼓して、力を盡すこと七十五年、聊か功を奏することを得たり。此間朝鮮政府は所謂異邦の邪敎を根絕せんとして、其方法を運らしゝこと其幾回なるを知らざれども、傳道は祕密の間に行はれ、國中の信徒誠實に之に歸依せる者數千に及べり。一八六六年、政府は全然外敎を撲滅せんと決し、茲に迫害は新に起りき。官憲の命に依りて非道の死に處せられし者、僧正三名、僧侶十七名ありて、支那に遁走せし者僅に三名あり。外國僧侶の殉難と共に內國の信徒數千亦斬罪に處せられたり。政府の處刑せし宣敎師は一二を除くの外皆佛國の臣民なりしを以て、北京に駐劄せる拿破崙第三世帝の使臣は朝鮮人を嚴罰に處するの手段を畫策したり。一八六六年十月、佛國水師提督は艦船六隻、兵士六百人を率ゐて濟物浦附近に至れり。其目的は首府に入りて國王を廢し、佛國僧侶を斬殺せし官吏を所罰せんとするに在りて、先づ灣內の島上人口二萬を有する江華府に至り之を焚きたり。然るに朝鮮の大軍は其進路を阻り、佛兵一隊は伏に陷り、多大の損傷を受け、退却するの已むを得ざるに至れり。米國公使バーリンゲームは此出征の事を報告して曰く、ローヅ(Roze)提督は衆寡敵せざるを知り、兵員補充の爲めに朝鮮を去りしならん。然れども其目的を達せんには、翌年の春又は夏を待たざるべからずと。然るに敗軍の報拿破崙帝に達せしときは、他に陸海軍人を用ふるの必要に迫りて、補充をなすこと能はず、獨乙との戰爭後、佛國新政府は遂に朝鮮事件を放棄したり。

一八七八年巴里刊行シャール・ダレー(Charle Dallet)著「朝鮮天主教史」(Histoire de l'Église de Corée)。グリフィス著「隱れたる朝鮮」第三百七十三頁竝に五百七十七頁。ガンドリー著「支那と其隣邦」第二百二十八頁。一八六六年分「合衆國外交往復文書」第五百三十六頁。一八六七年分同書第四百十六頁竝に第四百十九頁乃至第四百二十六頁。

次に合衆國が此絕東國と相鬪ふに至りしとは實に豫期以外のことなり。然れども佛國宣教師の殺戮せられしと同年に之を惹起すべき事件は生じたるなり。一八六六年八月、米國快走船ジェネラル・シャーマン(General Sherman)號は天津なる米國商會の雇船となり、商品を積載し、芝罘を發して朝鮮に向ひたり。乘組員中船長、運轉手及び支配人の三名は米國人、上乘、通譯の二名は米國人にして、十五名乃至二十名の支那水夫を具したり。船の大同江に入り、平壤附近に至るや、數日ならずして、水夫は皆殺され、船は燒かれたり。

此事件を惹起しゝ事情に就きては諸説區々に渉れるが、朝鮮政府の報告に據るに附近の士民水夫と口論をなし、遂に水夫を殺し、船を燒くに至れりと云ひ、他の記事に據るに、地方官憲は水夫を捕獲し、國王の命を以て其首を斬りたりと云ふ。一八六六年と一八六七年とに此附近に派遣されたる二隻の米國軍艦も亦此相撞着せる兩説を得て報告したり。

當時朝鮮の國法は外國との交通を嚴禁したれば、米國船は不正貿易を營めるものと視做されたるなり。當時外國宣敎師並に基督敎信徒の殺戮を距る日尚淺く、佛國政府は出征の準備に汲々たりければ、航海の時機最も不利なりしなり。米國船航海の目的は一は平壤なる國王の墳墓を發掘鹵掠するに在りとの説一般に行はれ、該船が武裝を十分にしたりし事實は此説を强うしたり。バーリングゲームの説に據るに、此事實が朝鮮人をして之を佛國人と誤認せしめしならんかと云ふ。

ジェネラル・シャーマン號の焼失に先づ三個月前、米國船サープライス(Surprise)號は朝鮮海岸に於て難破せり。當時水夫は官憲より懇切なる待遇を受け、必要品の供給を受け、馬上、北境に至り支那官憲に引渡されたり。然るに支那官吏は之を虐待し、加特力教宣教師の調停に由りて僅に免るゝことを得たり。後米國々會は宣教師の好意に酬いるに金製時計と大統領の謝狀とを以てしたり。

公使バーリングゲームはジェネラル・シャーマン號事件を米國亞細亞艦隊司令官に通報し、事實を調査して之をワシントン政府に報告し、訓令を待つべきことを告知せり。英國公使も亦同じく之を英國海軍司令官に通告せり。バーリングゲームは之より推して、佛米、英三國の大艦隊は明年必ず朝鮮海に赴往すべきことを豫期し、國務長官に書を送りて曰く、余の意見にして行はれなば、余の關與は列國の侵略を助長せしめずして、寧ろ之を制限し、此くの如き塲合に文明國が無智弱劣の小國より正當に要求すべき程度を超越せしめざらむことを得んかと。然るに不幸にしてバーリングゲームは任地に留らざりければ、ワシントンに於ける議論は他の方向に趨りたり。

米國艦隊司令官が朝鮮に派遣せし米國船は調査の結果を齎し來りしが、未だ戰を開くの理由を發見せざりしを以て、事茲に出でずして止み、英國政府も亦同一の方針を執れり。然るに後一年、上海なる合衆國總領事ジョージ・エフ・シューワード(George F. Seward)は國務長官に報告して曰く、聞く朝鮮政府は加特力敎宣敎師と朝鮮人の一行とを此地に派遣し、ジェネラル・シャーマン號破壞並に佛國宣敎師殺戮事件の辯明補償の爲め、使節を米佛兩國に遣すに當り、兩國は好意を以て之を迎ふるや否やを確めんとし、一行は旣に上海に達したりと。又聞く、朝鮮は通商條約を訂結して、外國貿易を開くの意ありと。

總領事この報を得るや、自ら亞細亞艦隊中の軍艦二三を具して朝鮮に至り、シャーマン號事件に關する政府の辯明を求め、能ふ可くんば修好通商の條約訂結の談判を開かんことを請へり。國務長官フィシュは之を北京駐剳米國公使ローに移牒し、且つ曰く、政府は難破船員保護の條約を訂結するの目的を以て、朝鮮當局者と談判を開始し、之に關する一切の事を貴官に委任することに决せり。若し朝鮮に於て商業上の利益を得べき好機ありと認めば、宜しく進みて條約中に其條項を挿入すべしと。是より先一八四五年、國會は既に朝鮮貿易の開始に就きて決議する所あり（第五章参照）、政府も亦之を念頭に置きたりしが、是に於て國務長官は此事を引用し、ローに訓令して曰く、細心愼重事を處し、海員の保護を受くべき合衆國の權利を固執し、國辱とならざる限りは、兵力の使用を避くべしと。又曰く、合衆國の品位を維持するに適當なる示威をなさんが爲め、東洋艦隊司令官に同行を命じたりと。

ローは初めより此事の成功を疑ひたれども、決然政府の訓令を實行せんことを期し、ロッジャース提督とシューワード總領事とを北京に招きて會議し、支那政府に米國公使の往訪と其目的とを朝鮮政府に豫報せんことを請求せり。總理衙門は答へて曰く、朝鮮は支那の屬邦なれども、政治、宗教、禁令、國法に關しては、全然自主の邦たり。貴官の請求は特例に屬すれども、之を報ずるの勞を取るべしと。

一八七一年五月三十日、米國公使は首府に最も近接せる濟物浦附近に至り、ロッジャース提督は旗艦に座乘し、四隻の軍艦を率ゐて之を護衛せり。然るに其至るや、來意を通ぜんとするも、當該官憲を看出すこと能はずして、困難を感ぜしが、遂に艦隊來航の目的は平和的なること、國王と文書を交換し得るまでは附近に滯留すべきこと並に其間艦船中江を遡りて首府に近接し、測量に從事する者あるべきことを通告せり。着後二日軍艦二隻は四隻の小汽船を具し、前年佛國人に破壞されたる江華府に達する水路を遡往せしが、朝鮮堡寨の砲擊を受けたるを以て、之に應戰し、一人の損失なくして、之を沈默せしめたり。ローは此行動を以て朝鮮政府が一切の交涉を拒絕したる者となし、從つて使命は失敗に歸すべきを知り、自ら謂へらく、事既に茲に到れば、朝鮮をして、夷狄敗衄の虛報を構造せしめて、支那に於ける米國の威嚴を失墜せざらしむるの外、他に策の講ずべきものなしと。是に於て地方官憲に砲擊の辯明を要求し、彼應ぜざるときは膺懲すべきに決したり。然るに再後十日を經て何等必要なる辯明を得ざりければ、六月十日、七百五十人の兵を上陸せしめ、前に米艦を砲擊せし堡寨を破壞せしめたり。これ豫め膺懲は唯堡寨に止めんことを決したればなり、米國の損失は戰死者三名負傷者九名にして、戰死者中マッキー(Mckee)大尉あり。大尉の父は墨西哥戰爭中陣頭に立ちて戰死せし人なるが、其子亦攻擊中、衆に先んじて胸壁を越え堡塞に闖入せりき。(一)ローの報告に曰く、戰塲に委棄したる敵の死體無慮二百五十にして、旌旗五十流を鹵獲し、捕虜數十名を引致せり。(中略)各方面の記事を湊合するに、朝鮮人が各國稀有の狂暴を以て戰ひたりとの事實は皆一致せりと。以上は即ち米國が始めて隱れたる朝鮮王國と接觸せし第一の記錄なり。

(一)東洋艦隊に在りて同僚たりし海軍將校はマッキーの紀念として、アンナポリス海軍兵學校禮拜堂に雅致ある壁額を設け、像牌には海軍徽章たる劔、帶、錨並に花環を彫み、其下なる楣に銘を刻し、身を棄てゝ國の爲めに死せし勇士の面影は長へに玆に存せり。グリフィス著「隱れたる朝鮮」第四百十八頁參照。

最初の砲擊と堡塞砲擊との間に於てせし朝鮮官吏とロー公使との往復は趣味ある者たり。軍艦砲擊後二日、府使は米國軍艦が堡塞の守備せる水路に入りたるに異議を挾み、書を送りて曰く、我國は東海の東に在り。貴國は西洋の西に在り。相距る七萬里、彼此信を通せざること玆に四千年許、謂ふ可し、天、界を立てゝ相遠ざからしめ、地境を設けて相斷たしむと(中略)古來、相互に毫釐の惡意を挾まざるに、何爲れぞ、今や干戈を以て相見ざるべからざるか。貴國若し求むるに我と修好を商議實行せんことを以てせば、我は問はん、一朝にして四千年來の禮樂・文物を廢棄し得べきやと。（中略）若かず速に道の存する所を行ひ、各〻其所に安せんには、蒙を啓き熟慮せよと。ローは謂へらく、斯の如き國民と談判を重ねんは權謀を以てするも、兵力を以てするも、寸功なしと。至言と謂ふべし。

氏の支那に歸るや、自ら以爲へらく、曩に國務長官フィシュが遠征を命ずるに當りて、その根據とせし諸報告は、全く事實無根の者たりしことを、國務省に報告するは、當然の義務なりと。是に於て書を致して曰く、曩に總領事に通報をなしたる者は將來自ら爲めにする所あらんと欲し、陋劣なる意思を以て、事實を揑造したるものなることを茲に言明するは小官の義務なりと信ず。該通報中には事實の片影だに存せりと信ずべき理由なしと。大統領は一八七一年教書中に通信の寫を添へ、此顛末を國會に報告し、且つ曰く、此問題に關しては、余は國會に其適當と認むる行動を取らんことを望むと。然れども國會は如何なる行動をも取ることなかりき。他なし、無分別に根據なき事業に着手したるは米國公使と米國海軍との信用を毀損し、且つ東洋に於ける米國外交の失策を表白するの最大なる者にして、之に對して當然取り得べき處置は一も之なかりしなり。

一八六四年分「合衆國外交往復文書」第一卷第四百十四頁、第四百二十七頁竝に第四百五十九頁。一八六八年分同書第一卷第五百四十四頁乃至第五百五十一頁。一八七〇年分「合衆國外交關係」第三百三十三頁乃至三百三十九頁竝に第三百六十二頁。一八七一年分同書第七十三頁、第百十一頁、第百十五頁竝に第百二十七頁乃至第百四十九頁。一八七四年分同書第二百五十四頁「大統領教書集」第七卷第百四十五頁。「第四十二國會第二議會行政事務文書」第一號第三卷第二百七十五頁。グリフィス著「隱れたる朝鮮」第三百九十一頁乃至第三百九十五頁竝に第四百十九頁乃至第五百三頁。ガンドリー著「支那と其隣邦」第二百四十頁。

官報の記する所は米國人に取りて甚だしき耻辱を表示せるものなるが、其中總領事シューワードの報告せし事實は一脈の滑稽を寓せり。曰く、事實を捏造して通報せし者はジェンキンスと稱する米國冒險家にして、當時佛國の一僧侶と一獨乙人と連合して不正の遠征隊を組織しつゝありしかば、巧に之を隱微せんが爲めに故意に之を朝鮮使節の一行と稱し、以て總領事を欺瞞したるなりと。前記獨逸人はシューワードの云ふ所に據れば、漢堡市民なりと云ひ、獨逸の史家は之を行商を業とせる猶太人なりとせり。又佛國僧侶の之に加りたるは曩に朝鮮國より放逐されたりければ、再び渡航して傳道事業を開かんことを期したるなり。シューワード又曰く、該遠征隊の目的は一朝鮮王の遺骨を發掘し、之を以て利を占めんとするに在りしと。

ジェンキンスは獨乙國旗を掲揚する船舶の雇入並に武裝の爲めに資金を供給し、從來屢次竊に朝鮮に來往したの獨逸人をして遠征の指揮に任せしめ、支那人とマニラ人との一隊を水夫となし、朝鮮海岸に上陸し、墳墓の地に近きたり、冢上の土を除きたるに石槨堅牢にして、人夫の携へ來りし鋤犂其他の器具を以てしては之を破ることを得ざりき。武裝隊の船中に歸るの途上、一人の水夫は犢を捕獲し、之を拉へ去らんとするや、土民の襲ふ所となり、鬪爭中水夫數名は斃れ、朝鮮人の死せる者頗る多かりき。此行動は遠征の目的を達することは能はざらしめたれば、隊は上海に歸り來れり。是に於てシューワードは敵對行爲を以てする遠征を組織したりとの罪を以てジェンキンスを捕へ審問に付したり。ジェンキンスは後證據不十分との判決を下され、無罪の宣告を受けしが、シューワードは斷言して曰へらく、ジェンキンスが此不面目なる事件に關係せる罪狀は掩ふべからずと。

一八六八年分「合衆國外交往復文書」第一卷第五百四十八頁。一八七〇年分「合衆國外交關係」第三百三十七頁。グリフィス著「隱れたる朝鮮」第四十五章。

一八六六年、佛國宣教師と內地基督教との虐殺將に行はれんとする時の事なりき、露艦一隻半島の東岸なる元山津の沖合に出現し貿易の權を得んことを要求せしが、拒絕されたり。一八六九年、日本駐剳獨逸公使は釜山なる日本居留地に至り、其伴ひ來りし日本人を介して、談判開始の事を求めしが、朝鮮官憲は此提議の受領を拒みたるのみならず、亦强ひて之を主張せば、日本居留地と一切の關係を斷絕すべしと威迫せり。是に於て公使は何事をも爲し得ずして東京に歸りき。佛米兩國艦隊の來航と、其目的を遂げずして退去せしこととは、朝鮮人をして大戰捷なりと思惟せしめ、益〻鎖國政策を保持するの決心を固うせしめたり。是より後數年間、西洋諸國は之と交際を開始せんとするの企圖を中止し、日本は王政復古後舊時の朝貢を復せしめんとしたれども、朝鮮人は倨傲之を拒絕せり。是支那の後援を賴みたるならんと云ふ。日本は屢〻交際を開始せんことを力めたれども、皆瓦餅に歸し、半島の南端釜山に於ける日本居留地も亦大に其利權を制限せられたり。日本人は大に之を憤り、之と戰を開き、以て再び島帝國の統治に歸せしめんことを期望せしもの多かりき。

日本人の期望を現實にすべき機會は自から來れり。卽ち一八七五年、日本軍艦朝鮮沿岸を巡邏せしとき、前年佛米兩國艦隊と戰を開きし同一の堡塞は發砲之を攻撃したり。日本は直ちに戰を宣せんとするが如くなりしが、堅實なる議論は勝を制し、先づ使節を派遣し、以て修好通商條約の訂結を求め、拒絶せられたる時に於て始めて戰を宣せんことに決し、手腕ある使節を北京に遣し、派使の目的を支那政府に通告し、此行動は支那の宗主權を侵害せざるや否やを確めしめたり。支那政府は前年、佛米兩國に對せし朝鮮の行動に就き責に任ぜんことを虞れ、條約に關しては監督の權を有せずと答へたれば日本は些の支障を受けずして、其計畫を實行せり。

日本使節は顯著なる陸軍將官(譯者曰く、黑田清隆を云ふ。)と經驗に富みたる政治家井上馨より成り、軍艦二隻と運送船三隻とを具し、海軍士卒八百人を從へ、艦隊は佛米の例を逐ひて、濟物浦附近に投錨せり。朝鮮國王は支那政府の言を用ひ、日本全權等に會見すべき使臣を派遣し、幾もなくして、修好通商條約の調印を了したり。實に一八七六年二月二十七日にして、惟ふに朝鮮は飽くまで交通を拒絶し、強盛なる隣國と干戈を交ふるの危險を避けたるなり。

該條約は朝鮮の獨立を承認し、三港を日本貿易の爲めに開き、日本使臣を漢城に駐在せしむることゝせり。談判中、朝鮮全權は條約の適用を日本に限り、西洋各國をして其利益に均霑せしむべからざることを明言し、又日本全權に對し、若し外國人の遠く此國に來る者あるときは、其力を以て之を遮阻せんことを請へり。條約調印後、朝鮮修信使の東京に至りし時も、之と同一の精神を表白したり。修信の來るや儀衞は未開國式の壯大を極め數百年以前と其趣を異にせず。正使は虎皮を敷きたる臺上に駕し、使丁八人之れを擔ひ、從者一人高く傘を其頭上に翳せり（譯者曰く、幼時一行の行列を觀て、奇異の感をなしたり。譯して此に至り今昔の感に堪へず。）使節の日本滯在中、外國人官吏其他の交際を求めんとする者あるも總て之を謝絶し要するに新條約は外國交際を開かんとするの意思を表明したるに非ずして、寧ろ往古日韓關係を復活したるものと謂ふべきなり。

一八八三年紐育刊行チャールス・ランマン（Charles Lanman）著「日本第一流の人物」（Leading Men of Japan）第三百五十六頁乃至第三百八十六頁。グリフィス著「隱れたる朝鮮」第四百二十頁乃至第四百二十三頁。一八七六年分「合衆國外交關係」第三百七十頁竝に第三百七十六頁。ガンドリー著「支那と其隣邦」第二百四十四頁。一八九六年刊行ジョージ・エヌ・カーゾン（George N. Curzon）著「極東問題」（Problems of the East）第百九十一頁。

然れども、歐洲各國は日本人の成功を觀て、事爲すべしと爲し、引續き朝鮮政府に通せんことを力めたり。一八七八年、英國船一隻濟州島に於て難破し、朝鮮人は其水夫荷物を救助し、之を長崎に廻送するに必要なる事項を備辨し、而して毫厘の賠償をも受けざりき。英國政府此機に乘じ、東京在勤英國公使館書記官をして、軍艦に搭じ、赴往せしめたり。其目的は表面上、朝鮮人の美行に對し、公式の陳謝を爲すに在りしが、其實使節は朝鮮政府と永久的交際を開くべき訓令を帶びたり。然れども此使命は失敗に了れり。

一八八〇年、一八八一年の兩年にも他の計畫は行れたり。露、英佛三國の軍艦は各〻所を異にして投錨し、京城の官憲に通信を求めたれども、總て峻拒せられたり。ゼア公爵伊國軍艦に搭乘して、世界を一周するの途次、釜山に寄泊し同地の日本吏員を介して、國王に消息を通せんことを望みたりしも、地方官憲は其書面の受領傳達を拒絶せり。公爵は之に失望せずして、元山に赴き、ラザレフ港に滯留して、地方官憲と親交を結び、是に於て之を威嚇して曰く、若し書翰を國王に申達せずんば、直ちに海兵を上陸せしめ、之をして直ちに國王に致さしむべしと。然れども、官憲は書翰の寫を作り、來訪の報告と共に之を該地方の長官に送致すべきを約したるのみにて、他に何等の功を奏すること能はざりき。

一八七九年分「合衆國外交關係」第六百十二頁、グリフィス著「隱れたる朝鮮」第四百二十六頁及び第四百二十八頁。ガンドリー著「支那と其隣邦」第二百四十五頁。

朝鮮は鎖國の政策を固執し、之を動かすこと能はざるの觀ありけれども、政策の變化を來すべき事情は既に存在したり。日本に赴きたる使節の一行は日本が外國の制度文物を採用して、大に進歩したるを目擊し、歸國の後は國民の休戚に關する從來の意見を變更するに至れり。且つ京城には支那日本の外交官と、西洋式の武裝訓鍊を有する兩國兵卒とありて、不完全ながらも近代文明の利益を看破し得しめたり。

一八八一年、日本駐剳支那公使館の屬員たりし朝鮮人は、國王に意見書を呈して、京城朝廷に大なる注意を惹起さしめたり。其要に曰く、我國の最も憂ふ可きは露國の窺窬に若くはなし。自今以後宜しく鎖國の策を棄て、廣く交を西洋諸國、支那並に日本に求め、親睦を厚うすべしと。又曰く、西洋諸國民中東洋諸國に最も友情を有するは合衆國なれば、宜しく條約を以て親を結ぶべしと。時に韓廷政變ありて、改進主義者政に參し、上書の到達は機宜に投じたり。尋ぎて上書の作者も亦京城に歸り來れり。是に於て政府は委員を天津に派遣し、當時支那の外交事務を管掌したりし總督李鴻章と會商せしめしが、慧眼なる李は直ちに朝鮮の鎖國を維持し得ざることを看破し、合衆國と條約を訂結せんことを慫慂せり。是より先、一八七一年の米國の朝鮮遠征は失敗に歸したれども、ワシントン政府は未だ之が爲めに絶望せずして、尙朝鮮に商業上の地歩を設定せんとするの希望を抱持したり。一八七八年、カリフォーニア州選出上院議員サージェントは決議案を提出し、本國を代表すべき委員を任命し、平和手段を以て米韓和親通商條約の訂結に盡力せしめんことを大統領に請求したり。其演說中、ジェネラル・シャーマン號に關する朝鮮人の行動を是認し、一八七一年米國海軍の堡寨攻撃を非難せり。此決議案に就きては正式の討論ありて、翌年政府は提督アール・ダブリュー・シューフェルド(R. W. Shufeldt)をして軍艦一隻を率ゐて支那海に至らしめ、能ふ可くんば、朝鮮と條約を訂結すべき訓令を與へたり。提督は訓令の主旨を實行せんと欲し、一八八〇年釜山に至りしが、他の外國官吏と同じく拒絶せられたり。然るに是時に當り、北京なる米國公使館は韓廷の議變じたりとの情報を得たれば、シューフェルドを北京に招致し、一時上海勤務より離れて、公使の下に服務せしめ、其間情勢の研究を遂げ、好機あらば、直ちに之に乘ずべきの準備を爲さしめんとせり。

シューフェルドは一八八一年より其翌年に跨れる冬季を北京に費し、三月の頃に至り、公使館は李鴻章を經由して朝鮮政府が合衆國と訂結するの意あることを聞知し、時季宜しきに至らば軍艦を出發せしむるの準備を爲し、五月七日、提督は訂約談判調印の全權を帶びて濟物浦に至り、支那の全權委員亦三隻の支那軍艦に乘じて行を同じくせり。これ支那の爲めに條約を訂結すべき全權を委任されたるものなり。兩者の目的大體に於て同一にして、考ふる所相一致したりければ、細故の協定も時を費さずして成れり。米韓和親修好通商航海條約は一八八二年五月二十四日を以て調印を了し、其式は簡單にして、軍艦碇泊場の對岸に設けたる假屋に於てせり。斯くして、隱れたる東方の王國は西洋新共和國の誘導に依り列國民の伍伴に入れり。シューフェルド提督は此條約調印前四十三年間を海軍々務に費し、奴隷貿易と南北戰爭とに關して、重要なる職務を執りたり。今回の使命決して偶然に起りたるに非ずして、ペリーと同じく適任者と認められたるが故なり。南北戰爭中は墨西哥に在り、外交官として其名を轟し、朝鮮に渡航せしこと兩回、其事情に精通せり。其朝鮮に於ける成功はペリーの事業と均しく、米國海軍の平和的偉勳を史上に殘したり。

條約に據り、合衆國は既に日本の爲めに開きたる三港と他日互市の爲めに開かるべき諸港とに於て貿易を爲すの權を得、公使領事の駐在を許され、難破船救助其他各通商條約中に存する普通の條項を規定し鴉片貿易を禁じ治外法權を米國領事に付與することゝせり。而して特に下の一項を挿入せり、曰く、他日朝鮮國王が法律並に司法手續を釐革改善し、合衆國が之を相當と認むる塲合に至らば、朝鮮在留の合衆國民に對する治外法權を撤回すべしと。是より兩國は相互に其國民若しくは臣民の居留營業を許すことゝなれり。

サーヂェントの決議案竝に演説は載せて「國會記錄」第三卷第二千三百二十四頁竝に第二千六百頁に在り。條約に就きては「合衆國條約彙纂」第二百十六頁、一八八二年五月二十九日「國務省發送書案」中シューフェルド提督報告書、「大統領教書集」第八卷第百十一頁、グリフィス著「隱れたる朝鮮」第四百二十八頁乃至第四百三十五頁、カーゾン著「絕東問題」第二百二頁、カンドリー著「支那と其隣邦」第二百四十七頁、一八八二年刊行アップレトン「歳事集覽」(Annual Cyclopaedia)第百七十五頁を參照すべし。

倫敦第一流の一雜誌は米韓條約調印を報ずるに當り、三十年前ペリーの偉功を追想して曰く、ペリーは歐洲各國を蹉跌せしめたる幾多の障害を排除し、一發の彈丸をも放たず、又惡感情をも殘すことなくして、日本を開き、外國に通せしめたり。米韓條約の訂結も亦絶東に於ける米國外交が平和の手段を以て功を爲したる一例とすべしと。是より朝鮮人は合衆國を通じて、西洋諸國と交通するに至りしことを以て、該國の公平無私なる友情に出でたるものとせり。

條約調印後幾ならずして米國公使ルシアス・エーチ・フート(Lucius H. Foote)は來任し、國王は多大の尊敬と懇切とを以て之を迎へ、王妃も亦公使夫人に接見せり。此行爲は日本に比して霄壤の差あり。何となれば、日本皇帝が始めて外國の使臣を引見せしは、ペリー條約訂結後十四年の後に在りければなり。況んや支那の如きは、西洋諸國と條約を訂結せしより二十五年を經由して、始めて此事ありき。

朝鮮は米國公使迎接に尋いで、大使を合衆國に特派せり。一行は貴紳二名と其隨員とより成り、合衆國軍艦に搭乘して往復し、其米國に至るや、大統領と國民とは多大の注意を以て之を迎へ、國王は厚く其厚遇を感謝したり、大使の歸朝するや、亦同じく謝意を表し、且つ曰く、余は闇夜に生れ出でて光明に接し、復た歸りて暗黑の裡に入れり、未だ前途を照す者なしと雖、幾ならずして之を得んことを期すと。

米韓條約談判の翌年、英獨の使臣も亦同じく條約に調印せり。然れども英國條約中には著く支那條約と異れる一事あり。即ち朝鮮に鴉片を輸入することを禁じたることと是なり。

一八八三年分「合衆國外交關係」第二百四十一頁乃至第二百四十五頁竝に第二百四十八頁乃至第二百五十頁。一八八四年分同書第百二十五頁竝に第百二十六頁。「大統領教書集」第八卷第百七十四頁。ランマン著「日本第一流の人物」第三百八十六頁。ガンドリー著「支那と其隣邦」第二百五十三頁竝に第二百五十四頁。グリフィス著「隱れたる朝鮮」第四百四十六頁竝に第四百四十七頁。

一八八七年に至るまでは、朝鮮は合衆國の外他の西洋諸國に使節を派遣せしことなかりしが、同年に至り、始めて全權公使二名を任命し、一は合衆國に駐在し、一は歐洲締約各國の朝廷に對して朝鮮を代表せしむることを發表せり。是に於て支那は異議を挾みて曰く、朝鮮は屬邦なり。故に此の如き處置に出でんとするときは、先づ支那皇帝の裁可を經ざるべからずと、是より先、一八八二年米韓訂約調印前、朝鮮國王は大統領に宛てたる親翰を認め、之をシューフェルドに交付せしが、其書中に曰く、朝鮮は往古より支那に屬隷すれども、合衆國は之に拘るの要なく、余は獨立自主の君主として、對等の條件を以て條約を訂結したりと。國王は他の西洋諸國と訂結するに當りても亦同意味の事を通告したり。

此件に關する支那の態度は前後撞着の甚しきものたり。一八六六年、佛國政府が朝鮮に赴往して、加特力敎宣敎師處刑の辯明を求めんことを提議せしとき、總理衙門は明白に朝鮮の行爲に關する責任を避け、且つ他國交涉の事に關しては、朝鮮は全然獨立自主たることを確言せり。加之一八七六年の日韓條約訂結並に一八八二年米韓條約訂結に際しても、同一の態度に出でたり。一八八五年、日淸兩國は條約を訂結し、朝鮮に關する紛議を協定せんとせしが、要するに支那は一方に於て朝鮮の外國交涉に關して責任を避けながら、他の一方に於ては終始之を掣肘左右せんとせるなり。

朝鮮國王は支那が之を口實として戰端を開かんことを慮り、辭を卑くして、米歐派遣公使の任命を聽許せんことを請ひ、同時に京城駐劄米國公使に公使派遣の議を決せりとの保證を與へたり。支那皇帝は朝鮮の請を裁可したれども、李鴻章を通じて國王に告げしめて曰く朝鮮國王の任命すべきものは、辨理公使に止め、以て支那公使の下位たらしめざるべからず。其謁見は支那公使を通じて之を請ふべく、又重要の事件は總て支那公使と內議を經るを要すと。

國務長官ベーヤード(Bayard)は北京駐劄米國公使に訓令して、支那の行動に抗議をなさしめ、且つ清韓兩國政府に通牒して曰く、合衆國は清韓の關係を關知せざるが故に、兩國を待つに獨立國を以てし、本國に駐在する兩國使臣は國際慣例に依り各自の政府を代表せる獨立の官吏と見做すと。是に於て朝鮮國王と其公使とは李鴻章の定めたる條件を無視し、公使のワシントンに至るや、支那公使の干與なくして、迎接を受け、以來支那は此問題に關して、合衆國と交涉する所なきに至れり。然れども、支那が絕對に其宗主權の主張を放棄せしは、一八九四年乃至一八九五年の日清戰役以後に在りとす。

一八八八年分「合衆國外交關係」第二百二十頁乃至第二百四十八頁、第三百八十頁、第四百三十三頁乃至四百四十四頁竝に第四百五十三頁。一八九四年分同書附錄第一

第二十九頁。カーゾン著「極東問題」第二百三頁。

朝鮮政府が合衆國に對して友情を有したることは、訂約後、交際其他の各方面に於て表證せられたり。公使駐剳の翌年、合衆國一致教會の傳道醫エーチ・エル・アレン(一)朝鮮に至りしが、國王は之を懇遇し、官立病院を攝理せしめたり。これ朝鮮に於ける新設備にして、其設立はアレンの手に成り、米國醫師二名之を助け、別に附屬醫學校を設けたり。朝鮮は又米國傳道女醫一名を聘して、妃嬪の侍醫と爲し、米國式の農場を設け、家畜の良種を輸入し、外國穀類蔬菜の栽培法を敎へ、米國士官の特派を請ひて、兵制の改革を規畫し、米國人一名を用ひて外務顧問となし、米國敎師指導の下に學校の建設を許し、其他改革に關しては、政府人民共に特に之を米國の援助に待たんとするの傾向を示したり。(二)

(一)アレンは多年朝鮮に居留して、以て今に至れり。其有用の材たると其愼重の態度とは本國朝鮮兩政府の大に感賞する所となり、二代の大統領に歷仕して、今尙其職に在り、中外の譽を繫ぎたり。

(二)一八八五年分「合衆國外交關係」第三百四十七頁竝に第三百五十三頁。一八八六年分同書第二百二十六頁。一八八七年分同書第二百五十三頁。「大統領敎書集」第八卷第二百六十九頁竝に第三百三十頁。グリフィス著「隱れたる朝鮮」第四百四十七頁竝に第四百五十頁乃至第四百五十三頁。

一八八二年の米韓條約と、一八八三年の英韓並に獨韓條約とは、大體に於て一八五八年の支那條約と同じかりしが、重要なる一事を缺きたり。卽ち信敎自由の保證是なり。然れども基督敎宣敎師は之が爲めに入國を阻拒せらるゝことなく、且つ國王は敎會の病院學校を設立することを默許することをフート公使に告げ、是に於てか、基督新舊兩敎の宣敎師は政府の默認を以て平穩に傳道事業を續行したり。

是より先、佛國は熱心に信敎の自由に關する條項を條約中に挿入せんことを力めて、而して得る所なかりしかば、一八八六年に至るまで訂約を爲さゞりしが、同年訂結の條約中には、下の條項を挿入することを得たり。曰く、佛國人にして言語、文章、科學、法律、若しくは技藝を硏究し、又は敎授するの目的を以て朝鮮に至る者に對しては、兩訂約國友情の證據として、終始救援保護を與ふべしと。是に於てか一八八八年朝鮮政府は米國公使に通告して曰く、米韓條約中には各種學校を開設し、宗敎を傳布することを許したる條項なし。故に政府は我國民に宗敎を傳ふるを許すこと能はず、公使は其國民に告げて此禁を遵守せしめんことを要すと。

國務長官ベーヤードは意見を述べて曰く、佛韓兩國政府は如何なる意味を以て此約を結びたるかを知らざれば米國人は佛韓條約の規定より推斷して、以て內地人に宗教を傳布するの權あることを主張するを得ずと。然れども、佛國政府と加特力宣教師とは條約に依り、此權あることを主張し、朝鮮政府の抗議に拘らず、之を固執して功を奏し、其結果米國其他諸國の宣教師は傳道事業を繼續し、稍〻好成績を擧げたり。

一八八四年分「合衆國外交關係」第百二十七頁。一八八六年分同書第二百二十二頁。一八八八年分同書第四百四十六頁乃至四百四十九頁。カンドリー著「支那及び其隣邦」第二百五十五頁。一九〇二年刊行紐育一致教會事務局エー・ジェー・ブラウン(A. J. Brown)著「朝鮮傳道報告書」(Report on Korean Mission)第七頁。

日本は一八六八年王政復古後古來の朝貢を復せんことを朝鮮に要求し、爾來絕えず王國に於て優越の權利を取得せんことを力めたり。支那は熱心之に抵抗し、其結果として、京城朝廷には陰謀續出して、政府の更迭相踵ぎ、皆暴行殘虐を以てし、日本使臣、兵力を以て京城を逐はれ、使館を破壞されしこと兩回に及びたり。旣に記述せし如く李鴻章と伊藤侯爵とは一八八五年を以て天津條約を訂結し、紛議を除去せんとしたれども陰謀擾亂は絕ゆる時なくして、遂に一八九四年の日清戰役を釀成せり。

日清戰役の原因顚末の記事は之を唯合衆國の關係したる事項のみに止め、其他は玆に之を說述すること得ず。

戰役の原因に就きてはウィリアムス著「支那史」第四百三十七頁乃至第四百四十四頁、グリフィス著「隱れたる朝鮮」第四百六十頁乃至第四百六十二頁、一八九五年紐育刊行ヘンリー・ノーマン(Henry Norman)著「絶東の國民と政策」(The People and Policies of the Far East)第三百五十九頁乃至第三百六十六頁、カーゾン著「絶東問題」第百九十六頁乃至第二百八頁、一八九六年倫敦刊行ウラディミール(Vladimir)發行「日清戰爭」(The China-Japan War)第一卷第三章竝に附錄第二、一八九九年倫敦刊行エフ・ダブリュー・イーストレーキ(F. W. Eastlake)山田義顯合著「勇壯日本一名日清戰爭史」(Heroic-Japan, A History of the War between China and Japan)第一頁乃至第十頁竝に第一章一八九五年大阪刊行井上十吉著「日清戰爭史」(History of War between China and Japan)第一章竝に第二章、一八九四年分「合衆國外交關係」附錄第一號第五頁乃至第二十三頁を參照すべし。

一八九四年六月、支那は大軍を朝鮮に派したり、其口實とする所は當時朝鮮政府を顚覆せんとせる叛徒を戡定するに在りしが、日本は之を以て一八八五年の條約に違犯する者とし、尋いで亦大兵を出して京城と其海港とを占領し、其通路に守兵を配置したり、是時に當り、叛亂鎭定に歸したるを以て、朝鮮國王に兩國政府に軍隊の撤去を要求し、支那は日本と同時に撤兵せんことを提議せしも、日本は朝鮮が此際政府の改革を斷行して、擾亂を再びせしめざるに至るまでは、現狀を維持すべしと主張せり。國王は其領土を戰爭の巷と爲すに至らんことを恐れ、駐韓外國使臣の斡旋を請ひ、撤兵を行はしめんとせり。

國務長官グレシャム（Gresham）は米韓條約中朝鮮の外國と葛藤を生じたる場合には、合衆國は善意を以て調停の勞を執るべしとの規約あるに基き、京城駐剳米國公使に電報し、及ぶ限り平和維持の爲に盡力すべきことを訓令せり。公使は訓令を實行するに當り、諸外國使臣と共同し國王の提議たる同時撤兵の議を再び日清兩國の使臣に提議し、兩國の體面を維持して、難局を救濟するの方法之に若くはなかるべしと論じたり。然れども、日本は再び之を拒絶せり。

國王は再度の拒絶に依り、日本は開戰を企畫せる者なるを知り、ワシントン駐剳朝鮮公使に打電し國土の獨立危殆に瀕せることを報じ、合衆國に請ひ、平和の爲めに調停の勞を取らしめんことを訓令し、親ら駐韓米國公使に面し、必要の場合には其使館に避難せんことを請ひ、公使は之を快諾したり。七月初旬、支那政府は北京駐剳米國公使に請ふに、支那政府に代りて國務長官に打電し、合衆國が諸國相聯合して日本に撤兵を要求する發議者たることを申請せんことを以てしたり、國務長官グレシャムは遂に此哀訴に感動し又合衆國に友情を有する日清兩國間に平和を維持せしむるに適當なる一切の措置を取らんは米國政府の本意なることを思ひ、ワシントン駐剳日本公使と會見し朝鮮支那兩國の訴ふる所を擧示し、日本は合衆國政府の同情を惹ける微弱依るなきの隣國に對し懇切公平を以てせんことを希望する旨を開陳し、且つ曰へらく、日本は朝鮮の領土に於て干戈を交へんとするの決心を有することを明白にして、此一事は合衆國が他國に越えて最大遺憾とする所なりと。日本公使は之に答へて曰く、我政府は朝鮮の自主獨立を承認するものにして、敢て其領土を割取せんとするものに非ず。然れども晩近の擾亂は秕政と官府腐敗との致す所にして、內政改善の實効を奏するまでは、軍隊の撤退を爲すを欲せずと。

七月八日、駐米英國公使は本國政府の命に依り、國務長官グレシャムを訪問し、合衆國は果して英國と連合し、日清兩國に干涉し、其戰爭を止めんと欲するの意あるや否やを知らんことを求めたり。グレシャム答へて曰く、我政府は友誼ある局外中立者として行動する外他に干涉を試みることを得ず。旣に日本に對しては、此手段を以てしたり。大統領は更に歩を進むべき權能ありと思惟せず、又友誼的干涉に於ても他國と連合するが如きは斷じて之を爲すことを得ずと。

戰爭を阻遏せんとせし米國の盡力は成功せざりきと雖も、朝鮮支那の懇請と日本が其調停に對せし懇切の態度とに由りて之を觀るに、三國が米國政府の公平無私を益〻敬重せしことは明かなり。戰の宣せらるゝや、日本は支那なる公使館並に領事館の官文書類財產と其臣民の利害とを擧げて一切之を米國公使領事に委託せんことを求め、支那も亦同じく駐日米國公使の保管を請ひたり。亦以て兩國が合衆國を信頼せるの證とすべきなり。抑〻此保管の事務を擔當するは頗る緻密を要すること多く、時には紛雜收拾し難きことあり。然れども、合衆國は之を快諾し無報酬を以て之を遂行し、兩國をして滿足せしめたり。

調停の勞を取りたることに就きては、一八九四年分「合衆國外交關係」附錄第一號第二十二頁乃至第三十九頁を參照すべし。

日淸兩國の爲めに善意を盡しゝ事蹟に就きては、一八九四年分「合衆國外交關係」第九十五頁竝に第三百七十二頁を參照すべし。

合衆國が此勞を敢てせしより、戰爭中廣く世人の注意を喚起し、或る部分に於て激烈なる米國々務長官の攻擊となりたる一事件こそ起りたれ。二人の日本青年、間諜の嫌疑を以て上海なる佛國租界に於て逮捕せらしが佛國領事は米國總領事を以て日本臣民に對する責任者となし之を轉致せり。支那政府は其引渡を要求せしに總領事は之を拒絶し、本國政府の訓令あるに非ずんば應ずること能はずと云へり。

上記の日本人の學生にして、三年間佛國租界に居留せしが、逮捕の當時、日清條約の規定に反して、支那服を着し且つ其衣嚢中に戰爭に關する地圖記錄を携帶せり。總領事は報告して曰く携帶せる筆記類は嫌疑の因を爲すものゝ如くなれども、年尚少く、未だ以て有罪なりとするに足るべきものに非ず。今人心激昂の際、之を支那に引渡すときは、公平なる審問を受け得ずして、拷問苛責終に斬に處せらるべきも計り難し。清佛戰爭中、佛國臣民の利益保護に任せし露國領事が支那官憲の告發したる國民に對し、自から裁判權を執行せし事例ありと。

國務長官グレシャムは自說を主張して曰く、戰爭中支那に於ける米國官吏の好意は、支那官憲に對する避難所を日本に供給するの程度に及ぶべからず。又日本人に關しては治外法權の特權を享有することを得ず。當然之を支那裁判官の審問處刑に屬せしむべきなりと。是を以て國務長官は二靑年を支那官吏に引渡すべきを命令したり。總領事の報告に據るに、該日本人は支那官憲に引渡されたる後、拘禁二週日に及び、審問の末間諜として、有罪の判決を受け、遂に斬首せられたりと云ふ。

無條件を以て日本學生を引渡しゝことは、駐淸代理公使チャールス・デンビー並に總領事ジャーニガン(Jernigan)の意見に反せしものにして、支那在留の外國人も亦殆ど皆之を非議したり。歐洲の或る戰史記者は之を評し、米國々旗を汚辱せしものとより甚しきは未だ曾つてなしと云へり。斯の如く一概に酷評を下すに至りしは、被告の無罪を想像したると其苛責拷問を受けたりとの風評に起因するものなるが、其罪を適法に斷ずべき者は支那裁判官を措きて他に之なきは明白にして、而かも、總領事の報告に據るに、當時其接手せし最も正確なる報道は拷問の事なかりしことを證明せりと云ふ。故に國務長官の處置は、正當にして、日本公使も亦確言して曰く、本國政府の見る所を以てせば、上海總領事は支那官憲の要求に反して、被告を保護すること能はざりしなるべく、若し日本に同一の事情ありしときは本國政府は支那人の引渡を要求せんと欲すと。

一八九四年分「合衆國外交關係」第百三頁乃至百二十六頁。ウラディミール發行「日清戰爭」第百十四頁乃至第百十六頁竝に附錄第五。

戰爭進行して、日本が海に陸に勝を制するや支那と歐洲諸國とは其結果に就きて危惧の念を抱くに至り、一八九四年十月、ワシントン駐剳英國公使は再び國務長官を訪ひ、合衆國政府は英、獨、佛、露の四國と連合して、日清間に干渉を試みんとするの意はなきやを問ひ、總理衙門も亦公使デンビーを通じて、同様なる意見を提出せり。グレシャムは答へて曰く、日清兩國が雙方の體面を傷けず、又朝鮮の屈辱とならざる條件を以て速に和を媾せんことは大統領の熱望する所なれども、諸國と連合して干渉をなすこと能はずと。

然るに大統領グリーヴランドは合衆國が平和の爲めに盡瘁する所なからざるべからざることを覺知し、獨力を以て之に當らんことを決し、十一月六日國務長官は東京駐剳米國公使に訓令し、日本政府に言はしめて曰く、合衆國の交戰國に對する態度は公平無私にして、友愛的局外中立を嚴守したれど、此悲しむべき戰爭は合衆國の政策に些の影響をも及ぼすものに非ず。然れども、大領統は日清兩國の幸福を祈り特に日本に對して最大の友情を有し、玆に好意を以て平和の爲めに勞を執ることあらんと欲す。貴國政府は果して之を納るゝや否やと。又公使に訓令し、日本政府に警告せしめて曰く、此戰爭にして日本の軍事行動を阻遏するなくして繼續せば、此方面に利害關係を有する他の諸國は、日本將來の安寧と福祉とに有害なる解决を要求するに至るべしと。此警告は後果して事實となりて、日本の屈辱に歸したり。日本は答へて曰く、合衆國をして此に至らしめたるの好意は之を感謝す。然れども日本軍は到る處成功せるを以て、政府は戰爭の終熄を友邦の協力に待つの必要を感ぜず。日本は戰捷の區域をば戰爭の結果として當然收め得べき事項の保障に止め、其以外に超出するの念慮なし。然れども支那が自ら來りて直接に和を乞ふに至るまでは、之を休止することなかるべしと。日本は此謝絶をなすと同日を以て米國公使に通告し、支那が媾和に關して日本と談判を爲さんことを欲する塲合には、宜しく北京なる合衆國公使館を經由すべきことを要求したり。支那政府は通告に接して大に喜び、直ちに其處置に着手し、二日を出でざるに、デンビー公使は直接に媾和の提案を日本に通達するに至れり。是に於て日本政府は友愛の精神を以て支那媾和使に接せんとの保證を與へたり。

一八九四年十二月、前駐米公使にして現に總理衙門の一員たる張蔭桓(一)と總督邵友濂とは媾和使と爲り、一八九五年一月、會商地に定められたる廣島に到着し、日本全權委員と會見せしに、日本は其信任狀を完全ならずとし、會見を止め、支那委員を國外に送還せり。信任狀に對する抗議は全く文字の上に存せしかば、支那委員は本國に電報し、日本の希望に應ずべき修正を加へんことを提議せしが、日本は之を拒絕せり。當時日本の大艦隊は威海衛を攻陷し、支那海軍を捕獲するの目的を以て將に其緒に就かんとするに際し、日本は此重要なる目的を達するまで和を媾ずることを欲せざりき。是れ談判破裂の眞因なりと云ふ。最も眞に近きが如し。

(一)張は合衆國に在るや、大に國人の敬重する所となり、在任中、支那の急務は西洋の文明に選出して政治の改革を爲すに在りと確信し、歸來改進派の領袖となれり。日清戰役後、改革の事業に就きて皇帝の諮詢を受け、其信賴する所となり、皇太后が事實上皇帝を廢して政權を握るに至るや、在職中不正ありとて、斬罪の宣告を受けしが、英米兩國公使は斡旋して命を乞ひ、特に罪を減ぜられて、蒙古に謫せられたり。後一九〇〇年、保守黨要路に立ちて、外國使館を包圍するや、皇太后は遂に之を斬首に處したり。張は改進の主義を抱懷し、識見に富みたる政治家なりしかば、拳匪事件の難局に立たしめたらんには、有用の材たりしこと疑を容れざるに、惜いかな。頃者政府は米國の勸告に由り、官位を復し、族親の罪を釋したり。

日本は威海衞占領後、米國公使館を通じて、媾和委員に任せられたる李鴻章に接見すべしとのことを通牒し、李は多數の隨員を具し、三月十九日を以て下ノ關に至り、總理大臣伊藤侯爵と外務大臣陸奥伯爵とに會見し、談判四週日に渉り、遂に媾和條約に調印せり。其條項の主要なるものは、朝鮮の獨立を承認して、支那に對する朝貢附庸の儀禮を廢止せしむること、遼東半島、臺灣並に澎湖列島を割讓すること、戰費賠償として二百萬兩を支拂ふこと、新に四港を開くこと、並に他の通商上の利權を付與すること等なり。

戰役終局後、幾もなくして、日本皇帝は合衆國大統領に親翰を贈りて、戰役中合衆國が支那在留日本臣民の爲めに盡しゝ好意と保護とに對し、又東京並に北京なる合衆國公使が媾和談判の開始と戰爭の終局とに關する豫備事項を整治したる勞に對し深く感謝の意を表したり。

陛下は曰く、米國の行爲は戰爭の慘害困難を輕減するに與りて力ありしを深く感謝す。幸に兩國を連接せる友愛の情は是より益々親密ならんことを期すと。

媾和談判に就きては、一八九四年分「合衆國外交關係」附錄第一號第二十九頁乃至第百六頁、一八九五年分同書第九百六十九頁、一八九五年天津刊行官校「日清兩國媾和談判史」(History of the Peace Negotiations between China and Japan)、ウィリアムス著「支那史」第四百五十九頁、ウラディミール發行「日清戰爭」第三卷第七章竝に第九章、附錄第九乃至第十一「勇壯日本」第三十三章竝に附錄第一號を參照すべし。

戰爭中の事件に就きては、一八九四年分「合衆國外交關係」附錄第一號第四十四頁乃至第百四頁、ウィリアムス著「支那史」第四百四十四頁乃至第四百五十九頁、ウラディミール發行「日清戰爭」第二卷並に第三卷附錄第四乃至第八、「勇壯日本」竝に井上十吉著「日清戰爭史」を參照すべし。

戰爭の結果に就きては、一九〇一年紐育刊行ジェー・エーチ・ウィルソン (J. H. Wilson) 將軍著「中國旅行記」(Travels in the Middle Kingdom) 第二十章を參照すべし。

戰爭中、合衆國が友愛の情を以て日清兩國の爲めに盡しゝことは、戰爭を終熄せしめんとしたる努力に止らず。支那皇帝は合衆國の一公民を招聘し、媾和談判の際、其全權委員を補任せしめ、日本全權委員も亦重要事務に關し、米國顧問に負ふ所ありき。

戰役の結果に就て陳述するは、本編の範圍外に屬するを以て、玆には、唯數言を列ぬるに止めん。支那は近き將來に於て世界の軍國中に算入され得べしとの思想は全く消滅し去り、日本は新に絕東の一大動力となりて、西洋諸國の政策に變調を來さしめ、大に世界の耳目を驚動するに至れり。日本は其國民の勇武忠實なるは勿論、其將校の兵略に富み、其海運の整備し、大軍輸送糧食供給に關する知識大に進み、國內の財源大戰役の鉅費に堪ふる事を實證したり。（一）若し夫れ戰捷の餘威、日本をして西洋諸國の制軛を擺脫し得しめたることは之を後章に陳述せん。

（一）日清戰役中、日本軍の大捷を奏したるは、世界一般の豫期せざりし所なりと雖、軍事に精通せる觀察者は早く已に之を察知したり。合衆國グラント將軍は日清兩國を訪問せし後、其意見を發表して曰く、日本の精兵一萬あらば、悉く前面の敵を驅逐し、支那全土を蹂躪し得べしと。一八八七年十二月發行「太西洋月報」（Atlantic Monthly）第七百二十五頁を參照すべし。

戰役前、朝鮮は猶支那の屬邦たる形跡を有せしが、茲に至りて全く之を拂拭し得たり。然るに更に其自主權を侵害せんとする新危險は出現したり。日本は戰役中、朝鮮の政治を左右して、媾和後に於ても亦新に取得したる商業上の利權と國王政治の監督とに因りて其戰勝の利益を收めんことを期せり。其計畫を實行するに當りて、露西亞の計畫と衝突せざるを得ざるに至り、廣大なる露國の政府は干涉の第一着手として、日本を强制し、遼東半島を支那に還付するの已むを得ざるに至らしめ、爾來終始島帝國と競爭して、京城朝廷の恩寵と特權とを獲んことに力めたり。惟ふに朝鮮に於ける兩國の角逐は復た太平洋上の戰爭を開始し、世界の平和を危うするが如きに至るなきを保せざるなり。

第十章　日本の權利囘收

日本開港後數年間を着色せし政治の紛擾及び攘夷運動の過半鎭定するや、政柄を執るの士は、世變に隨ひ國土を經營するの業に着手せしが、不期の新困難に遭遇せり。是より先、日本人は外交の術に慣熟せずして、其運用小兒の如く、ペリー提督竝にハーリス公使の起稿せし條約と、他國が之に倣ひて作成せし者と皆受動的に之を採納したるに過ぎざりしことは旣に說述せし所の如し。然れども日本の政治家は明敏にして國を愛するの念深く、早くも其國の隷屬狀態に陷れることを發見し、苟も此境遇を脫せんとせば、非常なる知慮、忍耐、節制を要すべきことを自覺せり。

條約の實施後幾もなくして、政府は主權と獨立とに屬すべき二大權利を讓與せることと明白となれり。即ち、領土住民に其權力を執行し、隨意に關税を制定變更し、若くは隨意に海關税を賦課するの權これなり。一八五四年竝に一八五八年の日米條約は、治外法權問題に關しては、一八四四年クッシングの訂約せし米淸條約に準據せしものにして、之に據るときは、日本に於て罪を犯したる米國人は、本國領事の審理を受くべく、米國人を被告とする日本人は、領事に出訴せざるべからざることゝなり、關稅も亦輸出入共に一定の率を定めたり。他の諸外國亦同一の條項を條約中に挿入せり。

王政復古して、東京政府の組織確立するや、幾もなくして、政府は駐劄外交公使を通じて、此規定を改廢せんことを力めしが、遂に功を奏することを得ざりき。條約は一八七二年を以て改正を商議し得べき期日と定めたるを以て、政府は改正に依り、屈辱煩累の難局を脫せんと欲し、此目的を以て使節を各訂約國の首府に派遣するに決せり。

一八七一年、使節の組織は成れり。左大臣兼外務卿岩倉具視を正使とし、木戸孝允、大久保利通、伊藤博文、山口尙芳之が副たり。皆既に顯要の地位を占め、且つ才識豐富にして、新日本の指導者となりし人なり。使節の主たる目的は條約改正に在りたれども、傍、西洋諸國の制度文物を研究せんとし、各省は理事官を選拔して之に附し、一行官吏四十九名、通譯從僕を合せて總員百人の上に出でたり。十二月下旬横濱を出發し、米國公使ド・ロング(De Long)と書記官とは東道の主となりて、先づ合衆國に赴き、上陸後、桑港なる日本名譽領事米人某も亦一行に加り、歐洲に同行せり。其桑港に着せしは一八七二年一月十五日にして、官民より多大の歡迎を受けたり。副使伊藤は是より先、既に海外に遊歷し、英語に熟達し居たれば、歡迎宴會の席上、主として談を交へたり。此屈指の政治家一行を鼓舞したる精神の如何は、伊藤の演說中に明かなり。

桑港市民の催し丶宴會の席上、伊藤は演說して曰く、日本は勇往勵進せんとするに切なり。我國旗の中心に畫ける赤圓は今や既に鎻國の封印たらず、是より以後旭日の實を現じ、文明各國に入りて、前進向上せんと。又サクラメントーに於て演說して曰く、我儕の來るや、貴國の强盛を學び、長所を利用して、以て將來我國の益〻强盛ならんことを期す。(中略)諸國習俗制度を異にすれども、皆一大人類中の一族にして、同じく萬能なる天帝の配下に在り。故に我儕は信ず、人類は愈〻益〻文明に進むべき共通の運命を有する者たることを云々。

國會は全會一致を以て一行を國賓とし、接待費を議決せり。一行ワシントンに至るや、大統領グラントは各官各局の長官並に國民中名士の多數と共に之を官邸に迎へ國會は之を衆議院の議塲に招待し、議長ブレイン(Blaine)と岩倉とは辯を巧にして、演説をなし、一行の歐洲に向へるまで、各市到る所公私の懇待を受けたり。

使節は條約改正に關し、國務長官フィシュと數度の會見をなし、フィシュは合衆國政府が日本に對し、最も寛大なる精神を以て本問題を考究すべきことを約したり。然れども日本使臣は條約調印の權能を委任せられざりしことを發見せしを以て、一行が歐洲に至りて各訂約國と會商するまで、確定を爲すことを延期したり。

合衆國滯在中、公使と理事官とは孜々制度習俗の研究をなしゝを以て、其復命書は一大册子を成すに至れり。岩倉は王政復古の紛亂中熱心なる勤王黨たりしを以て、米國の民主政治を以て則るべからずとしたれども、中央政府の權力强大なるを視て、大に覺る所ありき。其復命書中特に重きを置きたるは、社會狀態、國民の溫情、博愛の氣風、社會政治に對する宗敎の勢力、敎育制度と、婦人敬重の習俗、都市の發達並に歐洲國民の來住となりき。

使節の歐洲諸國の首府を訪ふや、其主たる目的は失敗に了れり、諸國政府は日本が其司法制度を改正するまでは、其臣民に對する裁判權を讓與することを肯せず、加之、外國貿易上取得したる地歩を拋棄することを欲せざりき。故に一行が權利回收の望を繫ぎ得たるは僅に合衆國の一國あるのみなりしかば、一行の日本に歸國するや、正使は其歡迎厚遇を衷心より感謝するの意を米國公使に致したり。

岩倉は日本歷史中有名なる人なり。其米國に至るや、深く米國人の友情を感謝し、其三子を米國に留學せしめて、米國を愛するの證を與へたるを以て、米國人も亦之を敬重せり。ビンガム(Bingham)公使は之を稱して、陛下の大臣中最も手腕ありて、智德共に一國に卓出する者なりとせり。一八八三年其薨ずるや、皇帝は勅して曰く、洵にこれ國家の棟梁にして、寔に臣民の儀表たり、況や朕幼冲にして祚に登り、匡輔に賴り、啓誨を納れ、誼師父に均し、天憖く遺さず、曷ぞ痛悼に堪へん。特に大政大臣を贈るべしと。

使節の目的失敗に歸せし上は、日本主治者の取るべきは唯二あるのみとなれり。

即ち歐洲諸國をして治外法權を撤回せしめんとせば、先づ國事を改善して、諸國行政の標準に合一せしむべきこと、國力を振作して諸國の尊重を招き、因りて以て關稅制度制定の權利を承認せしむべきこと是なり。

皇帝は夙に此方針を定め、一八七一年、使節の將に發せんとするや、宴を張り、席上政治革新の策を示し、國民を誘掖奬勵して文明に進ましめんことを望みたり。且つ曰く、上下協力鋭意治を勵まば、最高の文明に達するを得べく、列國の間に立ちて、國權を張り、獨立を全うし、尊敬を博さんは敢て難事とするに足らずと。(一)

(一)一八七一年分「合衆國外交關係」第五百九十七頁、一八七四年分同書第六百四十六頁。一八八三年分同書第六百七頁。一八七二年紐育刊行シー・ランマン著「米國に於ける日本人」(The Japanese in America) 第一卷。新渡戸稻造著「日米交通」第百六十二頁。

所謂最高の文明に達するの手段として、西洋式に據り、法律敎育を釐革し、各省局課を改更し、特に財政、兵制竝に內治に重きを置きたり。此目的を達せん爲めに俊才を海外に派遣して制度を研究せしめ、外人を招聘して改革を指導せしめたり。之を既往に徵するに、日本が此事を成就せんとするに當り、合衆國に期待せし所多かりしは當然の結果と謂ふべし。今米國が日本國民と政治革新との上に盡ししことを詳述し難しと雖、其一班を示さんに、米人は夙に外交顧問となりて、其事務を補佐し、以て今日に至り、教育の發達に關しては主要なる地位を占め、又合衆國大藏省は日本の請求に依り官吏を選拔して、財政改革に與らしめ、農務の局を設け、廣く科學的制度を採用するに至りしも亦米人の指導に依れり。現今完備せる郵便制度は其初め米人の創始する所に係り、始めて日本と郵便條約を訂結せしも亦合衆國なりとす。

一八七一年分「合衆國外交關係」第五百九十五頁竝に第六百十四頁。一八七五年分同書第七百九十五頁。一八七六年分同書第三百六十頁。新渡戸稻造著「日米交通」第百十七頁乃至第百三十九頁。一八九五年倫敦刊行ジェー・モーリス(J. Morris)著「日本の進步」(Advance Japan)第三百七十八頁。

米國々民が日本の改革上に及ぼしたる勢力と關聯して、一八七九年、グラント將軍が世界一週の途次、日本を訪問せしことを記せざるべからず。日本は將軍を待つに國賓を以てし、離宮を宿所に充てたり、是新政府に於て始めて例を開きし所とす。將軍は定式謁見の外、皇帝の求に由り、二時間餘に涉る謁見をなし、大臣と懇談せしこと亦屢〻なりき。皆日本の利害に關し、胸襟を披きて、意見を交換したり。當時日清兩國は琉球の主權を爭ひたり。これ一八五四年、ペリーが合衆國の占領を慫慂せし所たること讀者の記憶に存せん。東洋の二帝國は此問題に關して干戈を交へんとするの危險に切迫したりしが、將軍は平和維持の爲めに盡瘁する所あり、爲めに兩國は好意を以て永く將軍の來訪を紀念せり。

一八七九年分「合衆國外交關係」第六百三十六頁、第六百四十三頁竝に第六百八十五頁。一八八一年分同書第二百三十一頁。一八七九年紐育刊行ジェー・アール・ヤング(J. R. Young)著「グラント將軍隨行世界一周紀」(Around the World with General Grant)第四百十頁、第五百四十五頁竝に第五百八十一頁。新渡戸稻造著「日米交通」第百四十頁。譯者曰く、余少年の時、將軍東京大學の學位授與式に臨み、其風貌に接することを得たり。今や威容髣髴として記憶に存す。譯して此に至り、感慨に禁へず。

日本皇帝が鋭意勵精民を率ゐて改革の事業を遂行せしは、稱揚するに堪へたり。一八七二年、新年の賀儀を擧ぐるに當り、全然亞細亞式の儀禮を廢止し、歐洲宮廷の例に倣ひ、外交團を召し、以て改革の例を開きたり。後數年、皇后もまた皇帝に侍して謁を賜ふに至れり。ビンガム公使は之を以て帝國進步の一證なりとせり。一八七五年、地方議會を召集するの詔勅を發したり。これ皇帝が輿論に從ひて政を施さんとするの主旨に出でたるなり。是より先、英佛兩國の軍隊は橫濱開港後、居留外國人を保護するの目的を以て同地に駐屯せしが、同年を以て徹退したり。これ歐洲諸國が日本の主權を尊重するの意思を表明したる最初の擧と謂ふべし。

爾來法令に續ぐに法令を以てして、太陽暦を採用し、日曜日を休日とし、刑法其他の法典を制定施行し、歐洲の制度を參酌して憲法を制定し、帝國議會を召集することを定めたり。其間義務教育の制度を布き、民智の發達は新聞紙の增加、電線の架設並に鐵道の敷設と共に愈〻益〻速度を加へ來れり。

一八七二年分「合衆國外交關係」第三百二十一頁。一八七五年分同書第七百八十七頁並に第七百九十四頁。一八七六年分同書第三百七十七頁並に第三百八十一頁。一八七八年分同書第四百八十六頁。一八八〇年分同書第六百九十頁。一八八一年分同書第六百五十八頁並に第七百二十八頁。

日本政府は、改革事業其緒に就きたるも、治外法權の施行、國家屈辱を來せるを憤慨し、一八七八年、條約改正案を東京駐剳の諸國使臣に提出せり。討論の結果、諸條約は期限の滿了を定めざるが故に、改正の議決せざるときは、無期繼續に至るべきことを明かにしたり。

是より先、一八五八年、日米訂約を談判して、他國の模範を示し、ハーリスが治外法權の條項を挿入せしは、其良心に背反せりとは、其自ら言明せし所たり。曰く、余は之を以て不正となしたれども、國務長官マーシーの訓令に遵ひて之を挿入したり。而して國務長官も亦余と意見を同うしたれども、東洋諸國と訂結したる諸條約は皆之を挿入したるを以て、今之を削除せば、批准を得るに難かるべしと言へりと。要するにハーリスは之を以て單に一時の方便となしゝに過ぎざるなり。關稅目に關する規定は尙更存續の要なきなり。ハーリス曰く、日本委員は此事項に就きては初めより無智を表白し、全然余の爲す所に一任し余の誠意に信賴したりと。是を以てハーリスは最も日本の利益たりと信ずる所に據りて稅目を作成し、原料、食料品並に建築材料を無稅とし、若くは五分の稅を課し、製造品は二割、酒類は三割五分と定めたり。

エルジン卿は合衆國訂約後、幾もなくして日英條約を訂結し、英國の東洋輸出品中最も多額に上れる毛織物並に棉布を稅率五分の項目中に入るゝことを得、各國は最惠國條欵の慣例に依りて、之に均霑し、一八六六年、關稅改正の際には、輸入品の稅率は悉皆五分に輕減せられたるの結果を示したり。稅率は日本に取りて頗る不利益となり、綿の栽培は爲めに滅亡し、工場の破產亦相踵ぎ、勞働者の職を失ふ者數千の多きに達せり。加之、政府は關稅に依りて收入を得るの途を失ひ、合衆國其他の諸國は多くは關稅を以て國庫歲入の全部、又は半以上を塡充せるに、日本は僅に歲入全額の三十分の一以下を得辛うじて稅關の經費を償ふに過ぎざりしなり。然れども尙之より甚しきは、自負心の强き日本人の屈辱なりとす。抑〻此規定を强制されたるは一八六六年にして、當時日本は國事多難に際し、幕府は滅亡して、而して皇帝は尙其主權を支持するの能力に乏しかりしなり。

治外法權に關する條約の實施も亦等しく日本人の異論を喚起したり。晉に外國人が日本と其國民とに對する犯罪に關して自國領事の裁判を受くるのみならず、內地人も亦外國人に對する訴訟を被告の領事裁判所に提出せざるべからずして、當該領事が相當なる法律上の素養ありて、司直の資格十分なる塲合と雖、既に國辱たるべきに、況や領事が法律に通ぜずして、全く裁判事務に適せざる者往往之ありしに於てをや。之に反して日本裁判官は其專門の業に熟達し、行政權より獨立したり。之を彼に比せば其差啻に霄壤のみに非ざるなり。

當該領事職務の執行間然する所なしとするも、自國人に對して偏愛の心を抱かざらんとするは頗る難事に屬し、時に或は奇怪なる判決を見しことあり。一例を擧げんに、或る英國商人が禁制品たる多量の鴉片を輸入せんとして、稅關官吏の發見する所となり、領事廳に起訴されたるが、領事は該品を藥品と認定し、僅に五分の關稅を支拂はゞ自由に輸入し得べきものなりとし、無罪を言渡せり。治外法權は裁判事項の外に尙不便を生じたり。初め領事館の開港場に設けらるゝや、日本政府は未だ郵便制度を布かざりしを以て、各領事館は居留民の便宜の爲めに郵便局を開設し、外國通信を取扱ひしが、後日本政府が完全なる郵便制度を定めて之を實行するに當り、領事館郵便局を閉鎖して之に代へんことを照會し來れり。直ちに之に應じて郵便局を閉鎖したるは米國領事館に止まりて、他は數年の後に至るも、尙之を繼續すべき權利あることを主張せり。治外法權を適用して、猶一層多大なる困難を來しゝは檢疫に關することなり。一八七九年、虎列剌病流行し、政府は開港場に於ける檢疫規則を設定せしに、英獨其他數國の公使は之を遵守することを拒み、自國の船舶に對しては、開港場に於て自ら規則を制定するの權利あることを主張せり。時に獨船一隻流行地より直航し來りて、橫濱港外なる檢疫所に抑留せられしが、獨乙領事は、公使の命に依り、軍艦を以て之を檢疫所より出さしめ、港内に入らしめたり。當時來遊中のグラント將軍は大に歐洲外交官の行爲を非難し、日本政府は獨船を擊沈するも不當ならずと論じたり。英國公使は領事に訓令して、全然檢疫規則を無視せしめしが、之に反して、米國公使は其國籍に屬する船舶をして之を遵守せしめたり。當時日本人の惡疫の爲めに斃れし者十萬以上に上り、米國公使は本國政府に死亡統計表を送達し、諸外國が日本政府防疫の美擧に異議を挾まずして、之を幇助したりしならんには、死亡は斯くの如く多きに至らざりしならんとの信念を言明したり。

日本外務卿は政治並に社會の改革大に進步し、治外法權の弊害頗る明白となりたるの今日、舊條約實施の繼續に伴ふ所の困難より脫せんは、各國の欲する所なるべしと信じ、西洋諸國の使臣の條約改正の議を提したり。然れども、寸功をだに奏し得ずして、英國公使は主として之に反對し、他の歐洲諸國使臣亦之に贊同せり。當時英國の勢力は東洋各所に瀰漫し、其陸海軍は支那に迫りて訂約を强制せしこと兩回に及び、日本亦再度其兵力の威壓を被り、加之、其艦隊は到る所に遊弋して公使領事を聲援せり。

英國は商事に於ても亦牛耳を執れり。日本の輸入品は其大半、英國の産物にして、英商は關税の低率を利し、大に得る所ありしが故に、治外法權を撤去し關税々率を變更せんは其利益に合せず、是を以て改正談判は終に無効に歸し、賛成を表したるは唯米國公使ありしのみ。

是より先、列國共通の利害に關する事項は東京駐劄使臣協同して之に當るを例とせしが、米國公使ビンガムは深く日本要求の公正なるに感じ、歐洲諸國の使臣と意見を異にし、獨立の行動を取るに決したり。合衆國はビンガムの勸告に依り、一八七八年、日本と條約を改訂し、現行關税を全廢し、輸入税目設定に關する日本の特權を承認せり。然れども、新條約は合衆國をして日本の權利回收を賛成せしめたるに過ぎざりき。何となれば、該條約は日本が他國と同一の條約を訂結するまでは、効力を生せざることを規定したればなり。

一八七九年分「合衆國外交關係」第六百四十七頁竝に第六百七十頁。一八八〇年分同書第六百五十二頁、第六百五十七頁竝に第六百七十九頁。「合衆國條約彙纂」第六百二十一頁。一八七八年十二月發行「北米評論」第四百六頁。一八八一年五月發行「太西洋月報」第六百十頁。一八八七年十二月發行仝上第七百二十一頁。新渡戸稲造著「日米交通」第百四頁。

日本政府は一八七八年の失敗に拘らず、一八八二年を以て再び改正案を提議したり。然れども唯米國公使が之に應じたるのみにして、亦一の得る所なくして止みき。次いで一八八六年に至り、形式を具備したる活動を始め、各國公使の會議を催し、時の外務大臣井上伯竝に各訂約國公使之に參加せり。關稅々目の協定に就きては、稍〻歩を進めたれども、法權問題に關しては、意見相別れて一致を見るべからざるに至れり。討論久しきに亘り、會議は繼續して一八八七年に及び、日本は終に外國人關係の法廷には日本裁判官の外に歐米專門家の一團を加へ、多數を制せしむべしとの條件に同意を表するに至れり。而して日本が此讓歩を爲すに當り、公使は主張して曰く、外國裁判官は外交團の指名に由るべくして、該官は法律、訴訟手續並に司法の細故を監督すべし。井上伯の讓歩と、外交使臣の要求とが、日本公衆の知る所となるや、擧國憤慨し、反抗益〻激烈となりたれば、遂に會議を解散し、井上伯も亦其職を退くの已むを得ざるに至れり。是時米國公使は獨り日本に左袒し、ハッバード(Hubbard)公使は本國政府の態度を表明せんが爲めに、犯罪人引渡條約を協定し、該條約は批准を經て布告されたり。大統領クリーヴラントは該約案を上院に提出するに當り、曰へらく、此訂約は獨り刑法實施上適當の法を定めんとするが爲めのみに非ずして、亦日本が司法權の獨立と主權の完全とを得んとする努力を援助せんが爲めなりと。此訂約の起因は一名の米人に關する問題に在りしなり。該米人は合衆國に於て罪を犯し、日本に逃走せし者なるが、犯罪人引渡條約のなかりし當時に在りては其逮捕を日本に要求することを得ざりしなり。然れども日本政府は好意を以て之を合衆國に引渡し、是に於て合衆國は報酬として此訂約に調印したり。之に反して、英國政府は治外法權を基礎とし、斯くの如き條約なきも、英國は日本領土內何處にても、英國犯罪者を追跡逮捕し、之を本國に送還するの權ありと主張せり。斯くの如き主張は開港塲に於ける檢疫規則を無視せしと擇ぶ所なきなり。井上伯の談判は國民憤慨の爲めに破れ、大隈伯之を襲ぎ、歐洲使臣中に意見の相違あることを覺知し、國別に交涉して、以て改正を遂行せんとせり。獨佛露三國とは大體に於て議定の基礎を作りしも、英國は尙其主張を曲げざりしを以て、該國の同意を得ることに盡瘁せし際、狂者あり、過度の愛國熱に犯され、伯を以て國を賣る者となし、之を殺さんとし、伯重傷を被り、遂に其計畫を拋ちて、職を退きたり。是時に當り、歐洲諸國の態度は日本の保守的反感を喚起し、輿論は縱ひ條約中、法稅兩權の規定を廢棄せざるも可なり、內地雜居は斷じて許すべからずとせり。是に於て政府は意を失して、條約改正の事を斷念し、他日國を救ふの機到るべきを期したり。

一九〇〇年リッチモンド刊行アール・ビー・ハッバード(R. B. Hubbard)著「絕東に於ける合衆國」(The United States in the Far East)第十六章。ノーマン著「絕東の國民と政策」第三百八十五頁。一八八七年發行「太西洋月報」第四百四十三號。チェムバレーン著「日本の事物」第七百二十八頁乃至第七百三十三頁。新渡戶稻造著「日米交通」第百五頁。一八八六年分「合衆國外交關係」第五百六十四頁。「大統領教書集」第八卷第四百二頁竝に第五百一頁。

然れども、改革の業は駸々乎として進步し第二千五百四十九回の紀元節に當り日本歷史中の最も重要にして且つ國家の改革事業中最も光榮ある事件は起れり。是日皇帝は帝國憲法を發布し、之に添ふるに、勵行遵守の誓約と、帝國議會選擧法とを以てし、宮中正殿に於て莊嚴なる發布式を擧げ、其當時に至るまで、帝國の遂行せし政治竝に社會の革新を承認するを拒み、日本が列國の伍伴に入るを肯せざりし外國使臣も亦之に列したり。

一八八九年分「合衆國外交關係」第五百三十六頁。モーレー著「日本の話」第三百九十四頁。一八九五年五月發行「北米評論」第六百二十四頁。

日本政治家の忍耐節制は、終に西洋外交に對して名譽ある一大勝利を博したり。支那との戰役は東洋の狀勢に一新光明を放ち、新國民は國際政治の水平線上に出現して、啻に其獨立を保持し得るのみならず、亦列國間の商議戰爭に參加して、其力を發揮し得ることを表白したり。露獨佛は連合して、日本の束縛より支那を救出せんとし、英國は大陸諸國より分離し日本を以て有益なる同盟國となすの得策なることを看破するに至れり。英國政府は此態度を取るに躊躇せず、戰爭未だ破裂せず。三國の同盟猶未だ熟せざりし時に在りて、早く既に同盟に必要なる手段を取りたり。

帝國の最も希望せる所は西洋諸國との條約に起因する束縛を脫せんとするに在りしが故に、何れの國と雖讓步して此希望を滿足するに非ずんば、其友情を溫め、同盟を結ぶことを得ざるべかりしなり。是を以て英國政府は條約改正を議するの意を明かにし、當初の頑强を棄て、率先して日本の提案に同意を與へ、日本も亦其態度を變更し、一八八六年の提案に於けるが如く、外國判事參加の事を念頭に置かざるに至れり。日本の支那と開戰して其陸海軍を指揮するや、啻に隣邦との係爭點を解決せしのみならず、亦更に進みて世界各國に伍し、其獨立と主權とを全うせんことを期し、英國は其二十二個年間の外交的戰爭を經て、遂に決勝點に到達せしことを承認し、一八九四年、新條約を訂結し、全然治外法權を撤去し、日本は全國を開放して、外人の居留を許し、一八九九年より以降輸入品は日本國定關稅法に準據すべきことゝし、其間開港塲居留の外國居留人は此變化に順應するの準備に着手したり。

合衆國は一八八六年乃至一八八七年條約改正會議の延期後、幾もなくして新條約を訂結し、其商業上の競爭者たる英國が同一の條約を訂結すると同時に之を實施することゝせり。日英條約の確定するや談判をワシントンに開始し、一八九四年十一月二十二日調印を了し、迅速に之を批准發布したり。他訂約國も亦躊躇せずして之に倣ひ、斯くして日本を其隷屬狀態より釋放すべき日は定りたり。帝國內に在りし外國居留民は條約改正を喜ばず、日本の法律を其身體、營業の上に適用するを恐れ前途を悲觀したり。米英兩國民は特に危惧の抱を念き、本國政府に建議し、借地權、新聞紙並に保釋禁獄に關し、特例を設定せんことを請ひ、日本監獄の現狀を鑑みんことを主張せり。然るに本國政府は裁決して曰へらく、日本に其法律を實施せしめ、其上にて難件不正の生ずるあらば、日本政府が法律に依り、若しくは條約の改正を以てして、缺點を補ふを待つこと、正當の處置なりと認むと。

嘉辰の近くと兵に皇帝は有名なる詔敕を發し、來るべき事件を告げたり。曰く、朕が年來の宿望たる條約の改訂は規畫を悉し、交渉を累ねて、竟に各國と妥協を遂ぐるに至る。茲に其實施の期に迫びて、帝國の責任重きを加ふると共に、列國の和親愈〻其基礎を鞏くしたるは朕が中心の欣榮とする所なりと。而して皇帝は最も友情を表示せる語を以て臣僚國民に心を一にして善く遠人に交り、中心臣民をして均しく惠澤を享けて憾なからしめんことを要求したり。詔勅に次いで內閣並に各省は訓令を發し、所屬官吏を規誡し、實施の方法宜しきを得、信義を失せず、威信を毀損せず、外人をして各〻其堵に安んぜしめ、樂みて國內に住居するを得べからしめんことを以てせり。此國家の大事に際し、皇帝の諭告は最も時勢に切にして、大に民心を感動せり。何となれば皇帝は神胤に出で、祖先の威烈に頼りて、大業を施設する者たること、日本國民の夙に心に銘する所なればなり。

一八九〇年分「合衆國外交關係」第四百五十頁。一八九九年分同書第四百六十九頁。「現行合衆國條約」第三百五十二頁。ノーマン著「絕東の國民と政策」第三百八十七頁。ランソム(Ransom)著「變遷中の日本」(Japan in Transition)第十一章竝に第十六章。モーリス著「日本の進步」第十四頁。

外國居留民の危惧は幸にして、事實とならずして、一八九九年以降、平和と帝國法律保護との下に熙々と其生を送り、基督敎國の治下に在ると異ならざることを得、日本官吏と人民との擧止は全世界の稱贊を博したり。要するに日本の完成せし所は史上未だ嘗つて其比を見ざるなり。亞細亞洲中、積習を打破し、近代の文明に順應せし者日本の如きはあらず。又全世界中短時日の間に大變化を經、富源を涵養したる者日本の如きはあらざるなり。

日本人の智慮、堅忍、愛國心の勝利を茲に記し、米國人が其國民を喚起して、自己の高尙なる理想を抱かしむるの用を爲し、其顧問朋友と爲りて、革新獨立の奮鬪を幇助したる事實に想到せば、米國人たるもの喜を禁ずること能はざるなり。

帝國は今や列國中に立ちて、其永く希望したる位置を占め得て、皇帝の詔勅に在るが如く、大に責任の重きを加へたることを覺知するに至り、輓近其士卒が滿韓の野に於て歌ひたる

君が代は、千代に八千代に、さゞれ石の、巖となりて、苔のむすまで。

の精神は人心を皷吹し、古を誇り來を樂み、益〻自國を尊重するの念を勃興せしめたり。

第十一章　布哇の併合

一八五〇年後十年間、布哇を結局合衆國に併合せざるべからざる所以を明示せし事件、頻々として起り來れり。カリフォーニアは急激なる發達を爲し、太平洋沿岸に於ける米國勢力の增進は、捕鯨業の衰微に起因せし群島商業の頽勢を挽回し、該沿岸の需要は新に產業を興さしめ、特に農業の隆盛を致したり。甘蔗の栽培を始めて、其風土氣候に適合せることを發見し、馬鈴薯其他蔬菜類は多額の輸出を見るに至り、桑港麵粉の騰貴は一時麥作の盛大を致したり。要するに是等物貨の賣買は著しく群島々民の富を增加せり。

布哇政治の將來に關し、漸く注意を喚起し來りし事件あり。當時侵掠主義跋扈して、行政部を要し、蠶食政策を取らしめんとするに至れり。初め玖巴は太西洋沿岸に於ける運動の目的地たりしが、有名なるウォルカー(Walker)は已に桑港に於て下部カリフォーニア並にニカラガに對する不正の運動に着手し、兵力を以て布哇を占領し、群島を併合せんとの風評を傳ふるに至れり。カメハメハ第三世と其顧問官とは大に驚き、之を合衆國に訴へ、遂に米國軍艦のホノルル、派遣となれり。流言は事實無根なりしこと明白となりきと雖群島は結局合衆國に併合されざるべからざるの徵候を現出し來れり。

國勢調査は土人の減少甚しくして、終に絕滅の悲運に陷らんとすることを示せり。王室は好顧問官と基督致勢力との掩護を受けたれども、漸次治國の能力なきことを暴露し來り、後年に至り、尚一層明瞭に之を表白したり。合衆國は群島に於ける利害關係頗る大なる者ありしを以て大に此狀勢に就きて考慮を加へたり。

政府の國勢調査表に據るに、布哇土人の減少は下の如し。曰く、一八二〇年は十三萬三百十三人、一八五〇年は八萬四千百六十五人、一八五三年は七萬三千百三十七人、一八六〇年は六萬九千八百人、一八七二年は五萬六千八百六十九人、一八八四年は四萬十四人、一八九〇年は三萬四千四百三十六人、一九〇〇年は二萬九千七百九十九人たり。

國務長官マーシーは保守主義の人なりしかども、祖國の義務と運命とに就きては遠大なる意見を抱持し、今や合衆國領土に接近せる群島の地位を確定すべき時機來れりと爲したり。是より先、國王は佛國と事端を構へし時、其主權を合衆國に譲らんとするの意思を表明せしを以て、マーシーは該國駐劄公使に訓令して併合案を國王に提出せしめたり。國王は此擧に賛同し、約案も亦速に成りしが、該案中、年金を王室に支給し、又群島を一州として合衆國に加入せしむるの二項はマーシーの同意を得る能はざりき。

約案修正の談判中、カメハメハ第三世は崩じ、新王は併合を賛成せざりしを以て、該判は中止となれり。然るに新王は商業上、群島は合衆國に依從すべきことを承認したれば、一八五五年、貿易に關して、互惠條約を調印せり。然れども合衆國上院は之を賛成せずして止みき。

南北戰爭中、合衆國政府は布哇の事に關係するの暇なかりしが、平和回復の後、國務長官シューワードは米國公使に互惠條約談判の全權を委任せり。長官は言明して曰く、布哇國内には併合論頗る盛なるを以て、若し併合策と互惠策と相衝突するが如き場合を生じ來らば、宜しく前策を取るべしと。一八六七年、互惠條約の調印成り、大統領ジョンソン(Johnson)は其批准を元老院に求むるに當りて曰く、群島國民は近き將來に於て任意に併合を求むるに至るべく、本條約の訂結は其時に至るまで外國の侵略を豫防するの良策たるべしと。然るに南部各州の甘蔗栽培業者と本條約の實施を以て併合を遲延すべしとせる併合論者との勢力頗る大にして、遂に批准を了せずして止みき。

合衆國が併合と互惠とに就きて力を盡しゝことは群島內に居住する英國人竝に他の外國商人の嫉忌を誘致し、外交使臣亦之に贊同したりしが、英國中、先見の明を有せる者は來るべき事件に關して定見を有せしもの丶如し。一八五〇年歐洲各國を歷訪せし布哇委員のことは前章に記述する所ありしが、該委員の英國首相と會見するや、首相は合衆國に併合するの得策なるべきことを勸告したり。パーマーストーン卿曰く、布哇群島はカリフォーニアとオレゴンとに接近して、輸出入の貿易は自ら此二州の市場に倚賴するのみならず、布哇土人は漸次滅亡し、合衆國移民を以て之に代ふるに至るべきが故に併合は避くべからざるの運命なりと「倫敦ポスト」は一八五三年乃至一八五四年の併合計畫を論ずるに當り、米國の掠奪主義を贊成せざるの意を示したれども、米國勢力の優越は群島の領有を自然の趨勢とすべくして、これ世界通商の爲めに慶賀すべき事件なりと云へり。

「第五十二國會第二議會上院行政事務文書」第四十五號第十四頁乃至第十八頁。エー・チ・アレン報告書」。アレキサンダー著「布哇史」第二百七十三頁乃至第二百九十二頁。ホプキンス著「布哇」第三百二十五頁並に第三百九十七頁。一八五四年十月二十四日發刊「倫敦ポスト」(London Post)

布哇は米國が關稅戰爭を起し、群島繁榮の基礎たる市場を鎖すに至らんことを恐れ、孜々として互惠條約訂結を勉むること十年に及べり。其間、王位の交替は頻々たり。中には酒色の爲めに其命を短うせし者あり。是に於てカメハメハの血統は斷絕し、爾來國王は王儲を定めずして逝きたりしを以て、微弱なる政府の主を選ぶの件に關し、紛訌擾亂を續出し、米國海兵は公安維持の爲めに復た又駐屯の請求を受けたり。

大統領グラントの執政中、國務長官フィシュは布哇人の熱望を容れ、互惠條約に就きて新に談判を開くことを許し、米國公使に訓令を下すや、其政府の現狀並に其衰亡分裂の傾向明白なる事實と其外國の管轄に歸すべき危險とに說き及ぼし、且つ曰く、吾人はバーミューダ(Bermuda)と同樣なる前哨を將來之を吾人の不利益に利用せんとする者の手に付與することを希望せずと。要するに公使は一方に於て互惠條約の提案を出しつゝ、他の一方に於て併合贊成論者の感情を挫折せざらんことに力めざるべからざりしなり。談判はホノルヽに於て開かれたり。然るに國王カラカワは事件の重大に鑑み、二人の委員をワシントンに派遣し、第三回にして、初めて互惠通商條約を訂結することを得たり。第一回は一八五五年、第二回は一八六七年に在りて、共に上院の拒否する所となりしこと前文に陳述せし所の如し。

該條約は事實上、布哇と合衆國との物產を無税にて相互に輸入するの規定を設け、又布哇の領土は決して他國の租貸割讓すべからざることゝ條約に由りて付與されたる特權は之を他國民に讓與すべからざることゝを定め、以て併合論者の反對を鎭壓し、此條項ある上は、該條約は合衆國が結局布哇群島を領有するに至るべき保證を與へたるものと看做され、上院の批准を經、一八七六年を以て實施されたり。

該條約は布哇歷史中最も重要なる事件の一とすべし。最終の結果は併合に歸着すべきものたりしかど、直接には大に商業と內地農業とを振興したり。是より先群島に於ては、カリフォーニアの需要新に起りたりし當時より、甘蔗の耕作を開始し、既に二十年に及び、初めは黒奴を使用せる他國の産出と雄を合衆國市場に爭ふことを能はざりしも、該條約施行の結果、布哇砂糖の無税輸入は大に其耕作に刺戟を與へ、米も亦然るに至れり。數年ならずして、砂糖輸出の總額は十六倍以上の增加を來し、從つて政府の收入は增し、國の富も亦大に加りたり。

其結果、公私の企業勃興して、未曾有の繁榮之に伴ひ、官衙を造營し、公益事業を起し、鐵道を敷設し、電線を架設し、大規模の灌漑法を設け、甘蔗耕作の爲めに井を穿ち、新に學校、病院竝に會堂を建築したり。是皆互惠條約より生じたる直接の結果たり。

該條約より生ぜし他の結果は、群島の人口に急激の變化を來したることなり。甘蔗耕作の有利となるに至るや其業大に發展せしも、勞働の需要は未曾有の盛況を呈したり然れども、土民は耕作の勞苦を厭へるが故に、內地人の勞力を以て之に充つることを得ずして、ポリネシャ諸島より其供給を仰がんとしたりしが、亦滿足なる結果を得ること能はざりき。是に於て葡萄牙人一萬餘をアゾールス群島より輸入せしも、供給に限りありて、而して耕作地は益〻其面積を擴張せしかば、栽培業者は眼を支那日本の人口過剰に轉じ、兩國より各二萬以上の勞働者を得來れり。斯くの如くにして絶えず減少しつゝありし土人は少數者となり、懶惰にして用を節せず、遂に比較的不必要となりて、財產と富との大部分は外國人種の手に落ちたり。

「アレン報告書」第十九頁乃至二十二頁。アレキサンダー著「布哇史」第三百三頁乃至第三百十一頁。

互惠條約の期限は七個年なりしが一八八四年、商議の後、重要なる一項を加へて更に之を繼續すること〻し、合衆國は之に據り、海軍根據地として、眞珠灣（Pearl Harbor）を專用し、之を改良守備するの特權を得たり。是より先一八七三年、大統領グラントは海軍根據地を設置せんが爲めにショーフィールド（Schofield）將軍を派遣し、測量を爲さしめ、將軍は眞珠灣を好適の地と認めて報告し、後國會の委員會に出席し、群島を左右すべき或る手段を取るの必要を主張したり。

ホノル丶駐剳英國公使は眞珠灣を合衆國に讓與せし件に對し、抗議を提出して曰く、此讓與は必ず群島の獨立を失はしむべきなりと、而して其主たる論據とせし所は、英布條約中、英國軍艦は他國船舶の出入し得べき各港灣に出入するの自由ありと云へる條項に在りて、今回の處置は之に違背する者なりと云へり。然れども布哇政府は此主張に同意せざりき。

大統領クリーヴンドの第一回執政期中、布哇に於て合衆國の優越なる勢力又は權力を實證すべき諸問題に就きて、決行せし所少なからず。眞珠灣事項を挿入せる互惠條約繼續布告は其一なり。次に一八八六年倫敦に於て布哇稅關歲入を抵當として二百萬弗の國債を募集せんとするの計畫ありしも、國務長官ベーヤードは之を以て互惠條約中他國に布哇領土の割讓、又は其港灣の差押權を與ふべき事項を禁じたる條項に違背する者と爲し丶より、遂に失敗に歸したり。一八八七年、英國公使は英佛兩國が布哇の獨立中立を保證せんが爲めに取極めたる一八四八年の協約に加入せんことをワシントン政府に要求せしに、ベーヤードは布哇は互惠條約に據りて、物質的繁榮を享有し、港灣讓與と領土割讓とに關して特殊の義務を約し、且つ合衆國に對する關係は他の各國と同じからずと云ふ理由として、之を拒絕せり。是より先、國王カラカワはサモア國王と同盟の約を結び、一八八七年、合衆國の承諾を求めしが、ベーヤードは其不得策なる所以を指摘して、承諾を拒みたり。

布哇は互惠條約の實施に伴ひて、繁榮を來し、內帑充實するに至りしかば、カラカワ王は之よりして能ふ限り利を享くる所あらんと欲し、先づ合衆國を訪ひ、隣邦の王者たるに適當なる優待を受け、後世界一周の途に上り、亞細亞、歐羅巴各國の政府帝王の賓客となり、一身と其王國とに就き、一大抱負を以て歸國したり。一八八三年、英佛兩國がポリネシヤ中諸處の群島を占領するや、之に對して抗議を公にし、又サモアと同盟して、王威を輝さんことを規畫せり。

ギブソン(Gibson)と稱する冒險家あり。カラカワ王を籠絡して、首相と爲り、サモア同盟の爲め獻策する所ありたり。ギブソンは自ら英國貴族の出なりと稱し、嘗つて瓜哇に於て禁錮されしことありしが、遁れてソルト・レーク・シティー(Salt Lake City)に至り、ブリガム・ヤング(Brigham Young)(譯者曰く、モルモン宗の首魁にして、ソルト・レーク・シティーを創建せし人なり。)の命を奉じ、モルモン宗布敎師として、布哇に赴きしが、聖僧と事を構へ、基督新敎に改宗し、又幾もなくして羅馬法王に歸依して、內地天主敎會中有力なる者となれり。權術を以て國王の寵を得、遂に政府を主宰するに至れり。國王は溫雅愛すべき人なりしかど、宴遊其度に過ぎ、而してギブソンは能く其費途を辨じ他の點に於ても亦國王の望に應じて、遺憾なかりしかば、國王は深く之を信じ、其野心あるを知らずして、直ちに其言を用ひ、サモア國王に使節を派遣したり。

航海の用に供せられたるはカイミロア(Kaimiloa)と稱する小船にして、實に布哇海軍中唯一の艦船たり。混血種族に屬する一名の公使、書記一名並に使節に相當する隨員を載せ、サモアに航行せり。航海中、水夫は給與不足の爲めに暴動を起し、其到着するや、使節は驕奢至らざるなく、日ならずして同盟の約を結び、布哇人は祝宴を催しゝが、サモアの諸酋長は潦倒歸るを忘れ、翌朝に至るも猶宴席に充滿し、之を送還せざるべからざるに至れり。サモア國王は使節の一人に告げて曰く貴下來りて我民に宴飲を敎へんとする意ならば、速に此を去らんことを望むと使節は獨乙人の嫉忌に依り歸國を早うせざるを得ざりしかど、旅費に窮し、カイミロアを抵當として之を辨じたり、然るに其ホノルヽに歸るや、ギブソンは既に黜けられて獄に在り幾もなくして國外に放逐されたり。カラカワは此くの如き無謀の擧を敢てし、又此くの如き人物を用ひて政治を諮詢せしかば、在留民中、上流の人と合衆國民とは共に其施政を非議したり。

一八九〇年ワシントンに開催したる米國聯邦會議の會期中、國會は布哇政府に招狀を發し、之に加はらしむべき決議を可決したり。是より合衆國は群島を以て米國の一部分と認め、モンロー主義を其政治狀態に適用することゝなれり。(一)從來群島は合衆國と接觸せし初期より、支那貿易の根據地となり、日本が勢力を增加せしより、其地位は太平洋中に在りて重要の度を加ふるに至りしが、東洋に對する此親密なる關係は前述合衆國の執りたる手段の爲めに影響を受くること毫も之なかりき。

(一)「アレン報告書」第二十三頁乃至二十四頁。アレキサンダー著「布哇史」第三百四頁。一八九二年紐育刊行ロバート・ルイス・スティーヴンソン (Robert Rouis Stevenson) 著「サモア史」第五十六頁註脚。一八九四年分「合衆國外交關係」附錄第二號第六百四十五頁。

一八九一年、カラカワはカリフォーニアに轉地療養中、崩じ、曩に王儲と宣せられたるリリウオカラニ女王位に卽きたり。由來布哇は僅に君主國の體面を裝へるに過ぎざりけれども、居留民中有力なる者はカラカワが其國を思ふの至情と、其性質の温良とを諒し、其妄想、奢侈、專橫を寬恕し來りしが、其崩御は旣に顚倒の徵候を示したる王國の末路を速にしたり。新君主は即位の初めより、執拗なる性質を表白し、意に隨ひて政を爲し、國家の害毒と爲るべき不逞の徒を近け、政に參せしめんとし、其位に即くや、怨嗟の聲國内に滿ち、革命の計畫は將に其形を顯はさんとせり。カラカワの在世中に行れし、賄賂、敗德と宮闕を汚瀆せし游宴とは依然として繼續し、政治は愈〻益〻惡しく、立法議會は賂賄公行し、而も君主は之を是認せしものゝ如し。

一八九三年一月、危機は到來せり。女王は意を決して、現行憲法を廢し、代ふるに一層多大なる獨裁權を得べき者を以てせんとし、第一着手として、立憲内閣を倒さんことを計畫せり。是に於て立法議會を停止し、貴族と外交團とを宮殿に招集し新憲法發布の式に陪せしめんとせり。ホノルヽ住民中重要なる者は恐怖怨恨を抱き、相會して此計畫を非議し、公安保護の爲めに委員を選擧し、委員は時を移さずして同志を糾合し、武裝せる一隊を組織せり。女王は反對黨の氣焔勢力に懼れて、貴族と外交團とを退席せしめ、宮殿の高廊に上り、新憲法の發布を熱望せる土人に向ひ、發布の延期を宣言し、後立憲的方法に由らずんば、復た改革を爲さゞるべきことを布告せり。

公安委員は女王が尙畫策實行の時機を捕捉せんとすることを覺知し、斷然腐敗せる政府を顚覆せんとし、乃ち一月十六日を以て決行に着手したり。米國公使は革命の切迫せるを知るや、米國人保護の爲めに、海兵を上陸せしめんことを合衆國海軍司令官に請求し、十六日午後一分隊は上陸して、公使館並に領事館の周圍に駐屯せり。翌日即ち一八九三年一月十七日、革命黨は武裝して相集合し、政廳に進み、王政顚覆を宣言し、公安委員は一人の損傷なくして政府を占領せり。女王は屈從して敢て抵抗を試みざりしかど、王黨は合衆國軍隊の爲めに威壓されたることを主張し、復位を合衆國大統領に哀訴せり。

假政府は直ちに成りて、法官エス・ビー・ドール(S. B. Dole)其總裁に擧げられたり。ドールはホノルルに生れ、父母は亞米利加人たり。高等裁判所の職を辭して、新任に就きたり。新政府の組織せらるゝや、群島を通じて異議を挾むものなく、駐劄各國公使も亦之を事實上の政府と認めたり。其初めて擧行せし事件の一は米國併合條約談判の爲め國民中より委員を選出して、ワシントンに派遣せしことにして、委員は二月三日を以て目的地に到着し、合衆國駐剳布哇公使の紹介に依り、國務長官と會見し、信任狀を呈出し、訂約談判を開始せんことを請求せり。大統領ハリソン(Harrison)は委員が事實上の新政府を代表せしこと、結局併合を行はんは多年合衆國の執り來りたる政策なることを知悉したれば、之を許諾し、乃ち二月十四日を以て條約に調印し、布哇群島を合衆國に編入して其領州(Territory)とせり。

カラカワ治世中の事件に就きては、一八九四年分「合衆國外交關係」附錄第二號第六百四十五頁を參照すべし。革命の梗概に就きては同書第七百七十七頁並にスティーヴン公使の記錄第二百七頁を參照すべし。大統領ハリソンの敎書と一八九三年の併合條約とに就きては同書第九十七頁を參照すべし。

三月三日、大統領ハリソンの執政は滿期となり、上院は閉會に至るまでの時日僅少なりしを以て、該條約の討議を爲すことなかりき。クリーヴランド再び大統領となり、初めて擧行せしものゝ一は、上院より併合條約を撤囘せしことなり。これ女王の位を廢せられたるは臣民中多數の意思に反し、米國軍隊の駐屯ありしが爲めなりとの宣言に深く感動したるに由るなり。是に於てジェー・エーチ・ブルーント(J. H. Blount)を委員として、布哇に派遣し、革命の原因と、假政府に對する人民の感情とを調査報告せしめたり。ブルーントは詳密なる調査を爲し、報告して曰く、新政府に賛同する黨派は群島中の有識者を網羅し、財産の大部分は其掌中に在り。土人の大部分は前女王に黨與し、革命は米國公使と其軍隊との掩護に依りて成れりと。

ブルーントの歸國するや、大統領は布哇假政府に公使を派遣し、大統領はブルーントの報告に依り、前女王を復位せしめざるべからざることに決したれども、前女王は住民全體に對して、大赦を行はざるべからざることを前女王に告ぐべき旨を訓令せり。公使は前女王に會見して之を傳へしに、前女王は革命黨の首魁を斬殺し、其財産を沒收せんと欲すと答へたり。公使は之を大統領に傳ふるや、大統領は答へて曰く、前女王が大赦を行ふことに同意せずんば、復位の爲めにする盡力は一切之を放棄すべしと、第一回會見より一個月を經て、第二回の會見ありしが、前女王は革命黨の首魁を追放して其財産を沒收せんことを宣言し、後二日即ち一八九三年十二月八日、又之を反覆主張せり。然れども、第三回の會見後終に大統領の希望に應ずべき旨を書して、同意を表したり。

翌日公使は假政府總裁ドールと其閣員とに會見を求めて、直ちに其許諾を得たり。是に於て公使は大統領クリーヴランドの意見と書翰に認めたる前女王の保證とを傳へ、政府を前女王に引渡さんことを請求せり。二十三日、總裁ドールは書面を以て合衆國大統領が布哇政府の內事に干涉する權利なきことを言明し、斷然前女王に主權を復することを拒絕せり。

一八九三年十二月合衆國々會の開會するや、大統領クリーヴランドは特別敎書を出し、其執りたる方針に就きて理由を說明し、該問題に關する往復文書と公文書類とを添附し、國會の公明正大なる討議を求めたり。總裁ドールの政府引渡拒絕の書を受領するや、關係往復文書と前女王の行動に關する報告書とは意見を附せずして之を國會に送致し、問題の全體を擧げて之を國會に委任せしを以て、上院の外交委員は廣く各般の事項に涉りて調査を爲し、多數の證據書類を檢閱し、議員モルガンは多數の意見を報告せり。該意見は合衆國外交官と海軍將校とが過度の權力を弄したりとの主張に對して辯護を爲し、假政府の承認を合法的にして効力あるべき者とし、憲法を廢止せんとせし女王の計畫は却つて革命的なりとせり。少數は反對の意見を有したれども本問題に關して討論を爲さずして止みき。

大統領クリーヴランドの教書に就きては「大統領教書集」第八卷第三百九十八頁、一八九四年分「合衆國外交關係」附錄第二號第二百六十七頁、第四百四十五頁、第千百十九頁、第千二百四十一頁竝に第千二百八十五頁を參照すべし

ブルウントの報告に就ては同書第四百六十七頁乃至第千百五十頁を參照すべし

女王復位の事に就ては同書第千百九十九頁乃至第千二百九十二頁を參照すべし

一八九四年の上院報告書は「第五十三國會第二議會上院報告」第二百廿七號に在り

假政府は大統領クリーヴランドの行動を以て、合衆國行政部が併合條約を拒絕せる者なりとし、永久の政治組織を定めんとして、其步武を進めたり。立憲議會の委員選擧を命じ、住民中成年男子にして、新政府賛成の誓を爲したる者は、士人たると歐米の出たるとを問はず、總て選擧人たる資格を有せしめ、斯くして議會は成立し共和政體を採用し、一八九四年七月四日を以て憲法を發布し、共和國を組織したり。

一八九四年分「合衆國外交關係」附錄第二號第千三百十一頁乃至第千三百十九頁竝に第千三百五十頁。

新政府は布哇と條約關係を有する諸外國竝に合衆國の承認する所となり群島

民は平和に其權力の下に服從せり。前女王の殘忍なる、群島所在の責任ある有識者をして復位の必要なきことを覺知せしめしのみならず、亦廢位の不當を鳴らして前女王に同情を表せし合衆國國民にも嫌厭の情を起さしめたり。共和政府國を治むること四年群島民は未曾有の平和と繁榮とを享け、一八九五年一月、革命の擧あらんとせしが、勢力微弱にして、直ちに鎭定に歸したり。政を行ふに誠實を以てし、經費を支辨するに節儉を以てし、法律を施行するに公平を保ち、官吏を尊び、敎育を進め商業を奬勵し、生命財產の保護を厚うせしこと、新政府の如きは布哇の歷史中未だ曾つて有らざりし所とす。

マッキンレー(Mckinley)大統領と爲り、ワシントン政府變動せし後幾もなくして、併合問題は再燃し、一八九七年六月十六日、新條約の調印ありき。該條約は一八九三年の條約と同一にして、唯前女王と前王儲とに年金を支給するの條項を削除せしのみ。上院は其囘送を受けて、調查討議を爲したり。

此事實の公表せらるゝや、日本政府はワシントン駐劄公使を經て、國務長官に併合に對する抗議を提出したり。其理由とせし所三あり。曰く、第一、布哇獨立の維持は太平洋上に利害關係を有する諸國の平和を維持するに必要なり、第二、併合は布哇在住日本臣民が條約に依りて取得せる權利を危くすべき恐あり、第三、併合條約は對布哇日本要求の决定を遲延すべきに至ることなしとせずと。國務長官は日本は曩に一八九三年の條約に對して抗議を提出せざりしにあらずやと反問せしに、日本は答へて曰く、固より然り、同年以降、太平洋に於ける日本の利益は增大し、其活動も亦範圍を擴張し、今と日を同じうして語るべからずと。布哇在住日本人の增加は實に非常にして、其數は土人の上に出で支那戰爭以後、群島在留日本人は毫も屈從の態度に出でずして、日本政府も亦斷乎として其臣民の權利を主張し、大に共和政府を恐怖せしめたり。(一)然れども日本人の既得權と係爭中の要求とは併合に因りて毫も毀損せざるべしとの保證を與へたれば帝國政府は强ひて其抗議を繼續せず、友誼を失ふことなくして止むを得たり。

(一)一九〇〇年合衆國政府の統計に據るに布哇群島の人口は左の如し。

種類	人口	百分率
布哇人	二九七九九	一九、三
雜種布哇人	七八五七	五、一
白人種	二八八一九	一八、七

支那人	二五七六七	一六、七
日本人	六一一一一	三九、七
其他	六四八	〇、五
合計	一五四〇〇一	

併合條約は上院の懸案となりたりしが、一八九八年四月、合衆國が西班牙に對し、戰を宣し、デュウェー（Dewey）提督がマニラ灣に於て勝を獲し後、布哇群島の占領は軍略上の必要となるに至れり。然るに上院に於て併合條約の裁可に必要なる三分の二の投票を得べきや否や多少の掛念ありしを以て、政府はテキサス併合事件の先例を追ひ、兩院聯合決議に依りて之を得んことに決し、各院少時の辯論を費したる後兩院共に三分の二以上の贊成者を得て之を通過し、一八九八年、法律として之を發布せり。

一八九八年の條約に就きては「第五十五國會第二議會上院報告」第六百八十一號第九十六頁を參照すべし。

下院の討議に就きては「國會記錄」第三十一卷第五千七百七十頁乃至第五千九百七十三頁、又上院の討議に就きては同書第六千百四十頁乃至六千六百九十三頁を參照すべし。

聯合決議に就きては「法律全書」第三十號第七百五十頁を參照すべし。

領州編入の事に就きては「法律全書」第三十一號第四百十一頁を參照すべし。

併合に必要なる形式は直ちに之を履行し、遂に布哇を合衆國に編入し、條約と兩院聯合決議とに基きて之を領州とし、總裁ドールを知事とせり。一九〇〇年、國會は布哇領州設定に關する法律案を決議し、條約に據りて、合衆國々民となりたる總ての布哇國民に選擧權を付與し、群島住民は、皆異議なく、合衆國の統治權を承認し、是に於て群島住民は百有餘年間の紛擾亂脈の後を承け、初めて泰平を謳歌することを得、紛訌は唯、民主政治の通有せる政爭に過ぎざるに至れり。

布哇併合事件を詳述し、之に關する論爭の價直を評論するは本書の範圍外に屬す。讀者は引用公文書を繙閲せば隨意之を研究することを得べし。

布哇併合は一八四二年、國務長官ウェブスターの宣言以來、各大統領の履行せし政策より生じたる必要の結果にして、パーマーストン卿の如き歐洲政治家竝に太平洋貿易に關する群島の地勢を研究したる識者は早く已に之を豫想したり。菲賓群島の領有は其必要を倍蓰し、布哇は大陸西海岸なる米國領土の前哨たるより以上の要を加へ、太平洋上諸領土の連鎖となりしなり。若し機を見て群島を占領せんとせし英國又は日本の掌裡に之を歸したらんには、政治上の不得策は最も甚しかりしならん。

土人は責任ある政府を設立するの能力なきことを實證し、肥沃の地に於て天の賦與せる利益を增進すべき氣力と意思とを缺きたり。今や速に減少しつゝありて、支那日本の勞働者は之に代らんとし、在留米國人は、二百年前其祖先が、太西洋沿岸に於て土人と接觸せし時と同一の問題に逢着するに至れり。是より先、布哇に設立したる政府は理論實際共に完全なる主權の原素を有し、四年間活動を繼續し、而して自ら進みて米國に編入せられんことを求めたり。此際合衆國大統領竝に國會が機宜に投合すること能はざりしならんには、場合の如何を問はず、其任を全うせざりし者と謂はざるべからず。

第十二章　サモア事件

サモア群島は、赤道の南に位し、太平洋に於ける米國活動の範圍外に在るが如しと雖、之に就きて陳述する所なくんば、該洋上に於ける合衆國の外交關係を盡せりと謂ふべからず。加之群島近代の變遷は、ポリネシア群島の土人政府に關する合衆國の政策を重要ならしめ、他國との同盟又は連合處分より生ずる結果の一事例を供したり。

外國人が初めてサモア群島の住民と交通するに至りしは宣敎師の媒介に由れり。ポリネシアに於て有益なる事蹟を擧げたる倫敦傳道敎會は、布哇に於ける米國傳道會の組織ありし後數年、サモアに宣敎師を派遣し、爾後近世に至るまで其事業を繼續し、大に功を奏し、住民の幸福を增進するに與りて力ありしとは衆論の一致する所たり。一八九九年、合衆國委員ツリップ(Tripp)は命を奉じて、狀況を視察し、國務長官に報告して曰く、土人は決して蠻民ならず、體格は優秀にして、皆能く普通事項の智識を有し、大抵基督敎を尊信し、敎會宗旨に歸依すること頗る深し。

(中略)其多數と酋長の殆ど全體とは讀書を能くし、文明の習俗を採用するを欣榮とせり。これ宣敎師の賜たらずんばあらずと。近年加特力敎徒も亦傳道を開始し、多數の信徒を得るに至れり。

宣敎師の來航後、幾もなくして、貿易業者も亦此地に至りしが、其居留を爲すに至りしは猶數年の後に在りき。初めて來住せしは獨乙人にして、英米之に次ぎしが、政治に干涉し、紛訌を煽颺し、酋長の爭鬪を援助して、土民の分裂を釀成し、宣敎師が諸君長をして制定せしめたる火藥酒類輸入の禁を犯し、又は之を蔑如し、其交通は土人に荼毒を流布する者にあらざるはなかりき。英國政府が此等物品輸入の惡結果を看破するや、國會は法律を制定し、土人の管轄に屬する群島に於て英國臣民の此貿易に從事することを禁止せり。故に爾來此惡むべき事業を營みし者は大抵獨米兩國人となれり。

合衆國政府が初めて、此群島に注意するに至りしは、一八七二年にして、當時ミード(Meade)中佐は海軍附屬汽船ナラガンセット(Narragansett)號に搭じ、南太平洋を巡察するの途上、ツーツイラ(Tutuila)島なるパゴ・パゴ(Pago Pago)灣に入りしが、島内は紛擾を極め、外國の干渉を來すの恐ありたり。中佐は該島大酋長の請に依り、約を結び、海軍根據地として南洋中の最良港と稱せらるゝパゴ・パゴ港の讓與を受け、合衆國政府に代りて、大酋長の領土を保護國としたり。此所爲は政府の許可を經たるに非ざりけれども、大統領グラントは該約文を上院に送付し、其考量を求め、且つ曰へらく、パゴ・パゴ港の取得は利益の頗る大なるものなれども、該約文の裁可を爲すに當りては、先づ保護權の設定に關し、多少の修正を加へざるべからずと。然るに上院は之に關し何等決議する所もなかりき。

一八七三年、國務長官フィシュはミード約案を見て、注意を喚起し、特派吏員としてエー・ビー・スタインバーガー(A. B. Steinberger)をサモアに遣し、其狀態を報告せしめ、特に重きを商業關係の發展に置かしめたり。スタインバーガーは歸國して、報告書を提出し、再び出張を命せられ、大統領より酋長に宛てたる親書と贈品とを携帶せり。

其帶びたる訓令の趣旨は、保護權の設定は政府從來の慣例に違背するを以て、酋長に之を保證すべからずと云ふに在りき。スタインバーガーは第二回の訪問を以て、合衆國政府との關係を絶ち、酋長の欽慕する所と爲りて、其顧問と爲り、數年間群島政府の主腦となりしが、或る獨乙商會との親交度に過ぎ、英米兩國領事の憎む所となり、英國軍艦は米國領事の承認を經て、之を島外に放ち、斯くして其要職を褫ひたり。

「大統領教書集」第七卷第百六十八頁。「第四十三國會第一議會上院行政事務文書」第四十五號。「第四十四國會第一議會下院行政事務文書」第百六十一號。「第四十四國會第二議會下院行政事務文書」第四十四號。一八九二年紐育刊行ロバート・ルイス・スティーヴンソン著「歷史註脚サモア紛擾八年記」(A Foot-note to History, Eight Years of Trouble in Samoa)第三十八頁。

サモアの紛擾は依然鎮定に歸せざりしを以て、酋長等は外國の勢力に依りて、鞏固なる政府を設立せんことを希望し、一八七七年、使者をフィージー(Fiji)に遣し、同島駐在の英國官吏に援助を請ひしが、功を奏せず、復た使節をワシントンに遣して合衆國の保護を請求せり。保護は政府の拒絶する所となりたれども、國務長官エヴァーツ(Evarts)は翌年委員と通商條約を訂結し、後酋長の批准を經、パゴ・パゴ港を合衆國海軍根據地とすることを確定し、其翌年獨英兩國も亦酋長と通商條約を訂結せり。斯くして三國はサモアの獨立を承認し、次いで三國領事本國を代表し、サモア王と協商を結び、群島の首府アピア(Apia)の市政を三國領事の管理に屬することゝせり。

「大統領教書集」第七卷第四百六十九頁並に第四百九十七頁「合衆國條約彙纂」第九百七十二頁、「第五十國會第一議會下院行政事務文書」第二百三十八號第百二十六頁乃至第百三十四頁。

後數年間、三國領事の爭議絶ゆる時なく、群島內も亦承認されたる國王マリエトアと王位を窺窬せるタマセセ並にマタアファーとの間に常に調和を缺き、時に干戈を以て相見えたり。群島中に最も長く居住せしは獨乙人にして、從つて其貿易は多分を占め、且つ土人と不當なる約を結びて、多大なる土地を領有せり。其次位に在りしは英國貿易なりしが、規模小にして、見るに足るものなく、而して英國政府が群島に對して利害關係を有するに至りしは二個の理由あり。即ち英國宣教師の在留と世界中此方面なる諸領土の接近とは是なり。合衆國の商業は微々たる者にして、在留國民も亦數人に過ぎざりき。然るに酋長は再び機を得て、合衆國に其保護權を以て他國の占領を防遏せんことを請ひ、是に於てか米國領事は英獨の併合を妨遏すと稱し、自己の責任を以て再び國旗を掲揚せり。

一八八五年、紛擾は極端に達し、獨乙領事は獨乙の利益を無保護の狀態に在りとの口實を以て、獨乙政府の名を以て群島の事務を管理せんとし、主權施行の證左として、獨乙國旗を樹立せり。米國領事も亦之に對立して、其國旗を掲揚し、群島に對する米國の保護權を宣言せり。合衆國は直ちに其領事の行動を否認し、獨乙政府も亦其領事の所業に對し責任を負ふことを拒みたり。然るに此事件ありしより、國務長官ベーヤードは書を英獨兩國政府に寄せ、群島の平和を維持し、鞏固なる政府を設立すべき方策に關し會商するの全權をワシントン駐劄公使に委任せんことを求めたり。此提議は兩國政府の容るゝ所となりしを以て、一八八七年中三國は會議をワシントンに開きたり。

サモア政府改革案二あり。其一は獨乙公使の提出に係りて、英國公使の贊成を得たり。蓋し兩國政府は太平洋に於ける各自の利益に就きて一致する所ありしなり。本案はサモアに於ける獨乙の利益を最も優越なりとする事實を根據とし、獨乙に該島を指導せしめんとするに在り。ベーヤードは或る一國をして優越權を有せしむるには强硬なる反對を表し、群島の行政は之を國王と三國の選任せる三人の外國人とより成る行政委員會に委託し、三國政府は輪番に一隻の船を群島の海面に派遣し、以て其平和を維持し、又必要の場合には行政委員會の命令を執行せしむべきことを提議せり。

會商は遂に一致を見ること能はざりしが、獨英公使をして本國政府と議を重ねしめんが爲めに數月の延期を約し、其間群島の現状を維持することを定めたり。延期後幾もなくして獨乙領事は政府の命令に依り會商前マリエトアと其臣民とより損害を受けたりと稱し、補償をマリエトアに要求せしに、マリエトアの拒絶する所となりしを以て、戰を宣し、マリエトアを廢して之を放逐し、タマセヽを擁立して王と爲し、ブランダイス(Brandeis)と稱する獨逸人を以て其顧問とせり。合衆國はサモアに於ける獨乙の行動に憤慨し、國會は米國の利益保護の爲めに五十萬弗の支出を爲すことを決議し大統領クリーヴランドは艦隊をアピアに派遣せり。然るに艦隊の同港に着するや、幾もなく、不幸にして颶風に遭ひ船體を破壞され、又將校と水兵との多數を失ひたり。本國は之が爲めに暗愁を催しゝかども問題は益〻活氣を帶ぶるに至れり。

國務長官ベーヤードは伯林駐劄公使を通じ、サモア駐在獨乙官吏の行動に對する強硬なる抗議を提起し、曰へらく、其行爲は自己と商業との利益を取得し、又政治上優越權を掌握せんとするの目的に出でたるものにして、三國會商の精神に違反するものたり。之に反して合衆國の政策は商業上の利益を增進せんとするに在るよりも寧ろ目下太平洋中に殘存する少數の自主政府中其一たるサモアの發達を進め、其獨立を完うせんとする仁慈に出でたるものなりと。又輓近此方面に起りたる事件の實例を引證して、歐洲各國政府が擅にポリネシア諸島を占有し、土民の自主は殆ど其痕跡をだに留めざるに至りしことを指摘せり。合衆國が此公文を發せしより、兩國政府の往復となり、ビスマーク伯は一八八九年二月に至り、三國會商の再開を提議し、伯林に委員を招きたり。國務長官ベーヤードは直ちに之を諾せしが、大統領クリーヴランドの任期已に滿了に近きしを以て、米國委員の任命を其後繼者に委託することゝせり。大統領ハリソンの就職するや、幾もなくしてカッソン(Kas on)、ダブリュー・ダブリュー・フェルプス(W. W. Phelps)竝にベーツ(Bates)を伯林派遣の委員に任命したり。ベーツは曩に國務卿ベーヤードの命に依り、特別吏員として、サモアに出張せしことありし人なり。

國務長官ブレインは委員等に訓示するに當り、第一回會議に於ける前國務長官ベーヤードの提案を指摘し、且つ曰く、該案は政府政策の原則に適合せざるものなり。何となれば、該案は聯合保護を主張する者とせば、實に多大の抗議を呈すべき者たること明々白々にして、縱令此程度に至らずとするも、殆ど之に類する者にして、到底十分の効果を收め得べき者に非ずと。又曰く、大統領は該案を賛成せざれども、若し刻下の紛擾が絶對に干渉を必要とする場合には、之を一時的のものたらしむべきことを切望すと。然れども委員は獨乙の專横より此群島を救出するの道は聯合干渉の外他に執るべき方針なきことを發見せるを以て、終に主議に於てベーヤートの提案を採用し、其細目に多大の修正を加ふることゝせり。決定案はサモア政府の獨立と、其法律慣例に據り國王並に政體を選擇すべき土人の權利を承認し、マリエトアを任期滿了の日まで國王とし、三國の一致を以て外國人中より高等裁判官を選任し、付するに司法並に政治上廣大なる權力を以てし、アピアに外國人の自治政治を設け、三國の選任せる外國總裁を置き、三國より各一人の土地處分委員を選出し、土地權に關する一切の事を處理せしむることゝせり。土地處分委員の設置はベーヤードの極力主張せし所たり。其他租稅法を案出し、又土人に銃砲酒類を賣ることを禁止したり。

「第五十國會第一議會下院行政事務文書」第二百三十八號。「同上院行政事務文書」第三十一號、第六十八號竝に第百二號。「第五十國會第二議會下院行政事務文書」第百十八號、第百十九號。一八八九年分「合衆國外交關係」第百七十九頁乃至第四百二十三頁。三國條約に就きては同書第三百五十三頁を見るべし。

此法案に據るときは、サモア政府の獨立を承認し難くして、而も平和秩序を維持すべき良法は政府の管理を獨乙に移すの外、他に之なかりしが如し。マリエトア竝に其配下の酋長等は此案に同意を表し、新政府の機關は茲に運轉を開始せり。然るに幾もなくして、難件は生じ來れり。土人は高等裁判官の命令を遵奉せざるのみならず、亦其賦課されたる租稅にも反對するに至り、高等裁判官とアピヤ自治政府の總裁とは衝突を生じ、マタアファーは叛旗を飄し、其三國の爲めに追放せらるや、タマセ、は位を爭ひ、三國は秩序恢復の爲めに屢次各自の軍艦を以て干涉を爲すの必要に遭遇し國務長官ブレインが連合保護權は功を奏せずとしたる豫想は事實と爲らんとするに至れり。

クリーヴランド第二回の執政中、前大統領の作出せし連合保護政策は全然失敗に歸せしこと明白となり、國務長官グレシャムは露骨に此政策の過誤を表白して曰く、これ初めて傳來の良政策を抛ち、此半球より遠隔せる國土に關して、諸國と紛雜なる同盟を結びたる者なりと。

一八九四年五月、此問題に關する報告は國會に送達せられ、大統領クリーヴランドは例年の教書に於て連合より脱退すべき手段を執るの得策たることを勸告し、一八九五年の教書に於ても亦此事を言明したり。國會は此問題に就きて討議する所なかりき。

一八九四年分「合衆國外交關係」附錄第一號第五百四頁。「大統領教書集」第九卷第四百三十九頁、第五百三十一頁竝に第六百三十五頁。

一八九二年以前の事件に就きては、スティーヴンソン著「サモア紛擾八年記」、又一八八一年乃至一八八五年の事件に就きては、一八八七年倫敦刊行ダブリュー・ビー・チャーチワード(W. B. Churchward)著「サモア領事勤務記」(My Consulate in Samoa)を參照すべし。

不滿足なる三國連合保護は大統領マッキンレーの執政中猶繼續し、他に之に代ふべき良策の案出なかりしを以て、政府も亦之に甘んじたりしが、情勢の變化は終に三國をして更に考量を加へざるべからしむるに至れり。一八九八年、マリエトア死して王位繼承の爭は復た起り、高等裁判官はマリエトア・タヌーを立てんことに決せしに、マタアファーは謫所より歸り來りて、叛亂を起したり。獨乙領事と在留獨乙人とはマタアファーに左袒し、米英兩國領事は正統の援助に力めたり。是に於てか、數年間鎭靜に歸したる諸國間の反感を再燃せり。擾亂の塲に派遣されたる英米軍艦の司令官は水兵を上陸せしめて、土民の侵擊を抑壓するの必要を感じ、爭鬪尋いで起りしが、米國將校と水兵とは之に死し、財產の蕩盡も亦巨額に上れり。

三國政府は此放棄すべからざる狀態に對して有効なる處置を施さんことを決し、各〻一名の委員を選出し、秩序囘復の爲めに、臨機の處置を取るの全權を帶びて、サモアに至り、群島政府の基礎を鞏固にすべき方策を案出せしめたり。委員は一八九九年、桑港を發し、其至るや、領事並にサモア官吏と酋長とは其權能を承認せしを以て、幾もなくして秩序を囘復することを得たり。七月十八日、委員は連合して、報告書を調製し、添ふるに政治更始の方策を以てせり。該案は一八八九年の伯林條約を根柢より變革したるものにして、委員は三國連合政治は紛雜を救治すべき道に非ずとの信念を表明したり。

斯くして連合統治の不可能なることは明白となり、獨乙は群島の分割を提議し、英國は獨乙より他の方面に於て領土の補償を得べき誓約を得て、之に同意せり。合衆國のサモア貿易は甚だ僅少にして、其主たる物質的利益は海軍根據地としてパゴ・パゴ港を使用するに在りしのみ。是に於て三國は約を定め、合衆國はツーツイラと其周圍の小島嶼とを支配し、他の群島は總て獨乙の占領することゝなり、條約は一八九九年十一月竝に十二月に於て調印を了したり。マリエトア・タヌーは此處置に抗議し、倫敦タイムスに書を寄せて曰く、外國政府がポリネシアに輸入せし文明は從前其土人の享有せしものより劣等なりと。

一八九九年分「合衆國外交關係」第六百四頁乃至第六百七十三頁參照。
分割條約に就きては同書第六百六十七頁竝に一九〇〇年一月十二日「倫敦タイムス」を參照すべし。
サモア事情の詳細に就きては一九〇一年紐育刊行ジョン・ビー・ヘンダーソン(John B. Henderson)著「米國外交問題」(American Diplomatic Questions)第三章を參照すべく、其概畧に就きて、は一九〇一年ボルティモーア刊行ジェー・エム・カラハン(J. M. Callahan)著「太洋上に於ける米國關係」(American Relations in the Pacific)第九章を參照べし。

合衆國は國務長官ベーヤードが表白せる如く、太平洋の群島に殘存せる殆ど唯一の自治國民を維持せんが爲めに誠實に盡す所ありしが、主として群島に於ける獨乙國利益の爲めに妨げられ、功を奏せず、其執るべき方針は不滿足且つ無効力なる連合政治より脫退するの外なきに至れり。是より先合衆國がパゴ・パゴの良港灣を使用するの權利を得しは、二十餘年前の事にして、此特權は輓近太平洋に於ける海軍の發展と領土の擴張とに依り益〻重要となりしが故に、此特權を有効ならしめんが爲め分割に際し之を包有する一小島嶼の統治權を保留するの必要は起りたるなり。現今に至るまでツーツイラ住民の政治は之を其酋長にね、海軍根據地司令官が不法なる貿易と交通とを禁遏するが爲めに必要と認むる場合に限りて、監督權を執行するに過ぎざるなり。

遠隔せる領土を支配せんが爲めに他國と共同せし此實驗は、將來斯くの如き紛雜の渦中に投ずべからざることを合衆國に規戒したり。然るにサモア三國政治を脫退せし翌年、合衆國は支那に於ける利益保護の爲めに復た又他の十國と連合一致の行動を取らざるべからざるに至れり。ワシントンが職を去るに臨み紛擾を招致すべき同盟連合を避くべしとて國民に與へたる訓誡は尙威德を失墜せずと雖、今や合衆國の世界各國に對する位置は、之をして國際事件を受動的に傍觀せしむること能はざるに至れり。

第十三章　米西戰爭と其結果

合衆國が東洋諸邦と和親を結び、自由なる商業上の交際を開き、之を維持せんとしたるは、毫も爲めにする所ありて然りしに非ざることは前各章に於て陳述せし所の如し。米國使臣の支那、日本、朝鮮、暹羅諸政府に接するや、遠隔の國が其地に領土を擴張するの計畫を有せざることゝ、其唯一の希望は貿易の開始に因りて相互の利益を收得し、基督敎國文明の勢力を伸張せんとするに在ることゝを確言せしは亦既に說述せし所たり。

然るに今や東洋に對する合衆國の關係上に新動力を加へ來りて、其政治と通商との根柢に影響を波及し、牽きて其外交政策を一變せし事件を記述せざるべからざるに至れり。即ち、合衆國は從來遠隔の地に在りて唯公平無私の邦交と商工產業の發達とに力むるの外他事なかりしに、突如廣大なる領土を取得して、多數の亞細亞國民を統治し、陸海軍を以て之を守護せざるべからざるに至れり。

一八九八年、西班牙と戰を開きし當初は、合衆國の政府も國民も太平洋上に領土を取得するが如きは、秋毫も之を念頭に置かざりしなり。當時キューバ島の狀態、合衆國に困難を及しゝことと七十五年に及び、其極戰爭を起すの止むなきに至り、大統領マッキンレーは國會に開戰の事を報告し、其目的は合衆國の門戶に逼迫せる堪へ難き狀態を救濟するに在りと云ひ、一八九八年四月二十日、終に戰を宣したる國會の聯合決議は、キューバ島より西班牙を驅逐し、自由獨立の政府を建設するを以て唯一の目的とすと宣言したり。然るに提督デューウェーのマニラ灣に戰ひて捷を奏せしことは、全然此方策を變更せり。當時東洋の米國貿易と太平洋沿岸なる米國都市とは西班牙艦隊の刦掠を蒙れるを以て、菲律賓群島艦隊を派遣するの必要を見るに至り、提督は命令を遵奉して、該艦隊を全滅せしが、亞細亞の海上、戰時艦隊を容るべき港灣一もなかりければ、提督は其占領せし港灣に止りて、政府の命令を待つの外他に執るべきの方針を有せざりき。

マニラ灣占領中、提督は其敵に憐愍を加へ、外國艦隊の司令官に對する處置宜しきを得しことは、其軍功の上に更に一段の光輝を添へたり。斯くして提督は東洋の外交上、ペリー竝にシューフェルドと名譽を同うすべき價値を實證したり。

戰爭の終結するや、米國はキューバ、ポート・リコ竝にマニラ灣を占領し、米國政府は占領地の處分に關して、重大なる問題に逢着せり。

一八五二年は米國史中、中期の大政治家カルーン、クレー、ウェブスターの三人政治に終局を告げたる年なり。ヘンリー・クレーは其政治生活の初期、加奈陀の征服を期し、英國との戰爭を促すの主動者となり、晩年、現時國力繁榮の大原因たる保護制度の基礎を建設したり。ダブリュー・エーチ・シューワードは米國人中最も能く太平洋上に於ける米國の運命を理會し、上院の議塲クレーの棺側に立ちて、左の演説を爲したり。今日より之を見るに、豫言者が神託を受けたるの感あるなり。曰く、

上院の光明は今や沈沒せり。(中略)國運進歩して吾人は一層壯嚴なる舞臺に上り、富力を增加し、急速度を以て領土を擴張すべき時期に到達せり。吾人の設營はセント・ローレンスの水を後にし、墨西哥の谿を踰え、將に中央亞米利加の野に達せんとし、布哇群島並に支那沿岸も新に其餘響の及ぶべきを認めたり。此勢力の及ぶ所は、皆吾人の設營に依りて、保護を受けんことを希望するに至れり。勢力伸張を掣肘する者は反抗に基因する難件に非ずして、我邦國憲の結果たる穩和主義たるのみ。此制肘が何時に撤去せらるべきかは何人も之を說き

得ず。然れども通商の發達は古大陸と吾人とを接近せしめ、新地位を創始し、該大陸と關係を結ぶか又は植民地を開設すべき必要を生じたり(中略)其自衛の策として之を觀るも、東と云はず、西と云はず、遠隔の地は果して之を吾人の保護の下に置くべきか、將た之を急速の擴張をなしつゝある獨裁政治の領土併合に委すべきかの問題は必ず之を解決せざるべからず。此重大問題を解決するは果して誰ぞ、余は其人なきを憂ふと。

一八五二年ワシントン刊行「ヘンリー・クレー葬儀演說集」(Obituary Addresses on the Death of Henry Clay)第四十九頁。

所謂重大問題に逢着せしは、西班牙戰爭の終末に於ける大統領クリーヴランドなり。キューバ並にポート・リコに關して決斷を下すは比較的容易の業に屬したれども、菲律賓群島の處置は頗る難件たりき。是より先、合衆國は既に或る範圍内に於て太平洋上に領土を取得し、數年前パゴ、パゴの良港と之を有するサモア群島中ツーツイラ島とを占領し、布哇群島を併合したり。然れども太平洋を横斷して支那羅還の南岸に到達するには尙頗る遠かりき。大統領は其執るべき方針に苦しみ、一八九八年八月十二日の議定書に左の規定を挿入せり。此議定書は休戰を

約せる者にして、媾和條約の基礎たり曰く、

合衆國は媾和條約に據り、菲律賓群島の管理處分及び施政を確定するに至るまでマニラの市街及び港灣を占領所有すべし。

此議定書はキューバに對する西班牙の主權を撤棄し、ポートリコ竝に西印度群島中他の島嶼を合衆國に割讓すべきことを規定したれども菲律賓群島主權の變換に就きては毫も指示する所なかりき。當時の外交史を仔細に檢閲するときは群島の占領を完結するに至るまでに、政府の態度は三段の變遷を經過せしことを知り得べし。第一段に於ては終始商議談判を指導せし大統領は群島の主權と所有權との要求に贊成を表せざりき。議定書の文句と、大統領の私に宣言せし所とは之を證明せり。

一八九九年一月大統領マッキンレーはシャーマン(Schurman)に、初めは菲律賓群島を要せざりしことを告げ、且つ曰く、議定書に於ては群島を要せざるの意を示したれども、結局に至りては占領の外、他に選ぶべきの手段なきに至れりと。一九〇二年紐育刊行ジェー・ジー・シェーマン演説「菲律賓事件」(Philippine Affairs) 第二頁參照。

議定書調印後一個月にして、ダブリュー・アール・デー(W. R. Day)、シー・ケー・デヴィス(C. K. Davis)、ダブリュー・ピー・フライ(W. P. Frye)、ジョージ・グレー(George Gray)、ホワイトロー・レイド

(Whitelaw Reid)諸氏は媾和條約談判委員に任ぜられ、後三日訓令を受けたり。此間大統領は其態度を變更し、委員に訓令して曰く、初め群島の一部又は全部を取得するの意思なかりしも、マニラに於ける我軍隊の成功(マニラは議定書調印の翌日降服したり。)は余の看過し得ざる責任を余に與へたり。事件の進行は人爲の能く左右する所に非ずと。委員は呂宋島の割讓と、西班牙領中島中他の諸島に於ける互惠商權の取得とを要求すべき命令を受けたり。

米國代表者は九月二十八日巴里に到着して、十月一日西班牙代表者と第一回の會見を爲し、會商より菲律賓群島問題の談判に至るまでの間に、群島の事情に通ずる者を集め、調査する所ありき。その中にはメリット將軍(General Merritt)あり。マニラ駐屯米國陸軍の司令官にして、委員の顧問として、特に巴里に派遣されたる人なりき。各方面よりの報告は、土民が甚しく西班牙主權の回復に反對せること、從來西班牙政府の施政は壓制殘虐を極めたること、又土民は獨立の政府を支持すべき能力なく、米國の統治を撤去せば群島は紛擾無政府の狀態に陷りて、如何ともすべからざるに至らんことを證明したり。是を以て委員は之をワシントンに打電したり。十月二十五日、デー(後の國務長官)は、委員が其執るべき方針に關し、意見を異にして、一定せざることを大統領に申報し、訓令を仰ぎたり。デー自身も亦米國の主權を菲律賓群島に及ぼすの可否を疑ひたれども、呂宋島を占領して、通商海軍の根據地とせんことには同意を表したり。上院議員グレーは絶對に土地の取得に反對し、他の三委員は群島全部の取得に贊成したり。

其間大統領は中西諸州を巡囘して、平和克復の祝宴に臨み、輿論は群島全部占領を賛成せることを知り、ワシントンに歸來せり。是に於て十月二十六日、國務長官ヘー(Hay)は委員に打電し、大統領は政治上通商上並に人道上より、群島全部の讓與を受けざるべからざるの必要を感じたることを告げ、且つ曰く、大統領は新に負荷すべき重大なる責任あることを知悉すれども、此方針は困難を少くするの最上策にして、國民の爲めに最も有利なる者なるべしと信ず。國民の安寧幸福に就きては、吾人は到底責任を免れ得べきに非ずと。

斯くして、政府の態度は三變し、群島の讓與と西府牙政府に二千萬弗を支拂ふことゝの提案を西班牙委員に提出し、西班牙委員は抗議を提して曰く、これ正しく議定書の主旨に違背せりと。然れども戰爭の慘禍を避けんが爲め、勝者の法律に屈服するの已むを得ざることを言明せり。是に於て合衆國は群島の全部を取得すべき條項を定めて媾和條約の調印を了したり。

「第五十五國會第三議會上院文書」第六十二號第一卷第二百八十二頁。「第五十六國會第二議會上院文書」第四十八號。「媾和談判委員訓令書」第三頁。前掲上院文書第六十二號竝に第百四十八號中媾和議事錄。前掲上院文書第六十二號中第五頁媾和條約書

政治上商業上竝に道德上より、群島の割譲を要求するの理由として、合衆國の提出したる者三あり。

第一に曰く、合衆國の進歩は今や、其勢力を西半球に止むること得ざるの程度に達し、晩近交通機關の發達は各地間の距離を短縮したるを以て、合衆國と菲律賓群島との距離は、墨西哥より讓與せられし當時のカリフォーニアと合衆國との距離よりも一層近接したり。太平洋は既に文明世界の利益範圍に入り來りたれば、太平洋上亞細亞に接近せる部分に於て根據要衝を占めんは、適當の處置たるのみならず、亦合衆國將來の隆盛に必要缺くべからざるなりと。

第二に曰く、晩近米國產業の發達大にして、其輸出貿易亦頗る發展したれば、市場

の擴張を必要とするに至れり。然れども歐洲諸國に倣ひ、商業上活動の根據を作るべき方策を講ずるに非ずんば、到底之に拮抗することを得ず。合衆國の政策は門戸開放に在れども、これ米國の政權を確立するに非ずんば實行し難く、殊に世界中最大市場を存ずる部分に於て然りとす。

第三に曰く、植民地に於ける西班牙の施政は殘忍暴虐を極め、人權を蹂躪せり。此上、西班牙をして、統治を繼續せしめんは、人道上、然るべきことに非ず。該國政府の權力薄弱にして、群島內の紛擾無秩序を鎭定し、身命財產を保護し、政府必須の責務を遂行し得ず。米國制度の基礎たる民權平等、自治の主義を群島に及ぼさんは、小にしては群島の利益なるべく、大にしては人類一般の幸福なるべく、之を實行せんは合衆國が世界に對して避免すべからざる義務なるべしと。大統領マッキンレーが訂約談判後に於て宣言せし所を觀るに、大統領が群島取得の策に出づるに至りしは、主として此道德上の考慮に由れることを證明せざるはなし。

當時合衆國には以上の理由に反對せし大黨派ありて、主張して曰く、米國領土に遠隔せる土地と人種とを加ふるは、新奇の制度を施行して、却つて土民に害を及ぼし其意思に反して之を壓制し、陸海軍の軍費を増大して財政上の負擔を重くし、益〻外交上の紛雜を招致すべき恐ありと。然れども、此反對はルイジャナ地方、テキサス、カリフォーニア並に布哇の併合當時に行はれたる如く甚しきには至らずして止みき。米國史を按ずるに、建國以來領土の擴張は皆群民の贊成する所となりて、其繁榮を增進し、且つ併合されたる領土の住民にも利益を及ぼしたり。東洋に於ける新領土の取得も亦斯くの如けんとは、賛成論者の主張せし所たり。

群島割讓後、幾もなくして、合衆國政府が秩序の恢復と鞏固なる政府の設立とに從事せる間、支那に暴動起りて、政府を顚覆し、貿易を停止し、外人の身命財產に危害を及ぼさんとするの風評を傳へたり。數月を出でずして、暴動は未曾有の威力を以て紛擾無秩序の國土に爆發し、外人は男女老幼の別なく虐殺せられ、外國の設計に成りたる鐵道と其所有に屬する財產とは破壞毀損せられ、一人の外國公使は首府の市街に於て殺害され、他の外國代表員は總て公使館に包圍せられて危急に迫り、殘忍兇惡の匪徒は帝國政府を威壓して、之を左右しつゝあるに至れり。各文明國は此報を得て震慄せり。合衆國は北京、天津其他なる外交官と居留民との危急を救はんが爲め、急速令を發し、菲律賓群島駐屯軍の一部を割き、艦隊掩護の下に支那に上陸せしめ、軍隊は國民の救援と帝國の裁定改革とに與りて重要且つ光榮ある任務を遂行しり。

紛擾の動因は所謂拳匪の亂なりしが、忽ちにして首府と人口饒多なる數省とに蔓延し、外人掃攘の聲は、一時全國を風靡せんとするの勢を示したり。匪徒の勢力斯くの如く大にして、廣く國中に及び、合衆國と其他文明諸國とに大帝國の内外關係を整理すべき任務を賦課したることは大に考量を要すべきものとす。

由來支那には祕密結社頗る多く、義和團と稱する者即ち拳匪は數十年間山東省に成立して、一八〇三年（譯者曰く、嘉慶八年）政府の禁ずる所となりたり。其目的は團員相互の利益と扶助とに在りて、之に憂國信敎の精神を混じ、且つ幻術祕敎を行ひたるものゝ如し。最も能く支那の事情に通じたる著者は曰へらく、拳匪の組織は泰西人の了解し得ざる所多く、將來と雖も亦然らんと。日清戰役後、拳匪は頓に其活動力を加へ來り、官吏學者の敎唆援助する所となりて、急に國内に蔓延せり。外人排斥と清朝維持とを標榜して、先づ外人全部驅逐の定策を實行し、遂に公使館の包圍と列國の北京占領とを來したり。

一九〇〇年上海發刊上海マーキユリー所載「拳匪蜂起」(Boxer Rising)。一九〇一年紐育刊行エー・エーチ・スミス(A. H. Smith)著「擾亂中の支那」(China in Convulsion)第一卷第十章乃至第十三章。一九〇〇年紐育刊行ダブリユー・エー・ピー・マーティン著「北京包圍」(The Siege of Peking)第四章。一九〇二年倫敦刊行エーチ・シー・タムソン(H. C. Thompson)著「支那と列國」(China and the Powers)第一章並に第十三章。一八九八年分「合衆國外交關係」支那の部「第五十七國第一議會上院行政事務文書」第六十七號第七十五頁。

拳匪蜂起の直接原因は外國人と外國文物とに對する反感にして、これ稀少の例外を除きて、帝國一般に普及せる感情なり。抑〻支那に在留せる外國人は之を宣教師、商人、官吏の三種に分つべく、外國の活動も亦宗教、通商、政治の三方面に在りたり。

支那内地に於ける傳道事業は、實際は一八五八年條約調印の後に至るまでは存在せざりき。是より先、羅馬加特力敎の僧侶は多少從事する所ありたれども、保護なくして、安寧の保證を缺きたり。新敎徒も亦開港場附近に於て之て試みたる者ありけれども、帝國は歐洲交進の初期以來、事實上基督敎の入國を拒絕し、フランシス・ザヴィエーの日本に成功して歸國するや、途次、一五五二年を以て、支那海岸に上陸せしが、遂に入ることを得ずして止みき。ザヴィエーの高潔を以てして猶且つ禁を除かしむることを得ず、其永眠に就かんとするや、嘆じて曰く、維石巖々、何れの日にか開裂せんと。一八五八年の英米條約は始めて信教の自由を保證し、尋いで佛國條約に由り、宣教師は各省に土地を取得し、家屋を造營することを得るに至り、爾來基督教は帝國全部に普及せり。現今外國宣教師の傳道に從事せる者、加特力教千八百人、新教二千八百人ありて、內地の信徒は五十萬又は百萬と註せらる。最も能く國情を觀察したる者の證言に據るに、支那人は異教徒苛責の心を有せず。其宣教師に對する反感は、其宗教の異同に原由せるよりも、寧ろ其外國人なると、其在留は、外國の事物を輸入するの媒介たるとに起因するもの多し。然れども、基督教の傳道は激烈なる反對と、殘忍を極めたる暴動とを惹起したり。一八七〇年、天津暴動の事は既に記述せしが、其外一八八三年乃至一八八四年竝に一八九一年には、宣教師は猛烈なる襲擊を受け、之に次いで日清戰役後一八九五年の襲擊は頗る慘狀を極め、被害の範圍も亦頗る廣かりしが、一九〇〇年の宣教師賊害事件は中に就きて最も慘烈なりしものとす。

是時に當り、宣教師は小兒を誘拐し、殺戮を恣にし、魔術を行ひ、其他惡事を敢てする者なりとの風評、官吏學者の口より出で、或は貼札に或は冊子に之を傳へ、益〻外人に對する惡感を强うし、且つ基督敎の感化は現政體に背馳する思想を輸入するの趨勢を示し、祖先崇拜の風俗に打擊を與へ、宣敎師は固有の習慣たる奴隷、蓄妾、偶像敎儀式の支持並に纏足に反對し、要するに、基督敎の勢力は古來他の諸國に於けると同じく革命的なりしなり。抑〻基督は其來るや平和を齎さずして、劒を動かせりと言明し、最初の宣敎師ポールは經典は神の力なりと宣言するに當り、其希臘語を以て示したる力と云ふ語は英語に化して、近代爆發物中最も强烈なるダイナマイトを意味するに至れり。基督敎が英國の小島に入りし當時紛亂に繼ぐに流血を以てすること四百年の久しきに及びし事に想到せば其布敎が東方の大帝國に於て內訌を惹起しゝことは敢て奇とするに足らざるべし。

然れども宣敎師は單に新宗敎を說くのみを以て其職とせず、多方面に於て政府と社會とに有益なる事業を經營せり。其外交上に於ける功勞は既に之を陳述したり。其他至る所、學校、病院を設立して、敎育醫療の恩惠を與へたり。デンビー公使は久しく支那に在職し、支那事情の好判斷者なるが、其國務省に致したる書中、宣敎師に就きて曰へらく、其感化は內地人に有益にして、技藝、科學竝に文明の普及傳播に力を盡し、最も有要なる西方の書籍を支那語に飜譯し、常に慈善事業の率先者と爲れり（中略）故に宣敎師は文明の爲めに認容を受くべきのみならず、亦大に保護を被らざるべからずと。支那皇帝は屢次上諭を下し、其保護を受くべき權利あることゝ、支那に効用を及ぼす所以とを明かにしたれども、國民の眼中に映じたる宣敎師は醜夷たる外なかりき。

一八八〇年乃至一八九七年分「合衆國外交關係」支那の部。ウィリアムス著「支那史」第四百二十頁乃至第四百三十七頁。マーティン著「支那の一周紀」第二卷第十五章。タムソン著「支那と列國」第十五章竝に第十六章。スミス著「擾亂の支那」第一卷第三章乃至第五章。一九〇一年倫敦刊行イー・エー・チ・パーカー（E. H. Parker）著「支那の歷史外交竝に通商」(China, Her History, Diplomacy, and Commerce)第十五章。一九〇二年紐育刊行ロバート・スピーア著「傳道の主義及び實際」(Missionary Principles and Practice) 第百七十三頁。一九〇一年紐育刊行エー・ジェー・ブラウン著「支那傳道報告書」(Report on China Missions)第十六頁乃至第二十三頁。一八九五年分「合衆國外交關係」第百九十七頁。一八九七年分同書第百五十四頁乃至第百七十八頁。

仔細に之を考ふるに傳道事業は一九〇〇年暴動の主因に非ざりしこと明かなり。前章記する所に據るも、基督敎國民が東洋と交通せんとせし主たる目的は貿易の開始擴張に在りたるや明かにして、支那は之が爲めに屢〻戰を開き、歐洲强國の爲めに大なる屈辱を蒙りたり。厭ふべき鴉片貿易は全土を通じて、其害毒を及ぼし汽船航路の創設と鐵道の敷設とは數十萬の失業者を出し、英米木綿織物輸入の增加は織機の運轉を休止し、綿花の栽培を廢絶せしめ、米國石油は種油の產出を絶滅し、其他西洋貿易が內地の產業に影響を波及せしこと枚擧に遑あらず。斯くの如くして極端なる保守主義の國民は益〻古代の習慣に執着し、外國貿易を視ること宿仇の如くなるに至れり。群民は激烈に鐵道の敷設に反對せしが、其原因は前記の理由の外に、國民の尊重せる祖先崇拜に妨害を加へたるに在り。抑〻支那には一定の墓地なく、墳基は點々諸所に散在し、而して其褻瀆發掘は罪の最も惡むべき者たり。聞道らく、獨逸人が膠州灣より四十六哩の鐵道線路を敷設するに當り、能ふ限りの注意を以て、最も稠密なる墓地を避けたりしも、尙三千以上の墳墓を移轉せざるべからざりしと。如何なる鐵道線路も兵を配して、警護せざるべからざるは是故にして、敢て怪むに足らざるなり。

日清戰役後商業は新刺激を受け、外國商人と宣敎師とは內地に往來し、支那人は之を以て其領土を醜虜に蹂躪せらるゝものとせり。尋いで鐵道敷設權と鑛山特許權との爭奪起り、外國政府の代表者も亦大に此運動を援助し露佛英米其他の諸國は皆得る所あり。是に於てか帝國全土は其國民の憎み且つ怖れたる機關車の走路と爲り、最も有利なる事業は醜虜の掌握に歸すべき運命に陷りたるが如き觀ありき、

一九〇〇年倫敦刊行エー・アール・コルクーン（A. R. Colquhoun）著「支那に於ける問題」（The Problem in China）。スミス著「擾亂中の支那」第一卷第七章。ドーグラス著「支那」第四百四十七頁。一九〇〇年倫敦刊行エー・クラウゼ（A. Krausse）著「支那危機物語」（The Story of the Chinese Crisis）第百三十五頁。一九〇二年ボストン刊行エー・アイアランド（A. Ireland）著「支那と列國」（China and the Powers）。「ブラウン師報告書」第九頁乃至第十三頁。ウィルソン著「支那」第三百九十四頁。スピーヤ著「傳道の主義及び實際」第百五十七頁竝に第百六十一頁。

然れども、拳匪暴動の最も有力なる原因は傳道商業に非ずして、帝國の分裂破壞を來さんとしつゝありし、政治上の影響に在りて、此影響は一八九七年竝に一八九八年中最も明瞭に人目に映じ來れり。一八九五年臺灣の割讓ありしかど、大戰爭の結果として、勝者が領土の取得を以て賠償の一部とするは、當然の事なるが故に甚しく人心を激せざりけれども、次いで起りたる侵略は全然其趣を異にせり。一八九七年（譯者曰く、光緒二十三年）十一月、山東省の匪徒、獨乙の加特力敎師二名を賊害す

るや、獨逸政府は强大なる艦隊を廣濶なる膠州灣に派遣して、堡砦より支那兵を驅逐し、之を占領して、水兵をして衛戍せしめたり。幾もなくして北京駐剳獨逸公使は敎師賊害に對する謝罪と多額の償金との外、膠州灣竝に其附近地方一帶の租借權と、山東省內鐵道敷設、鑛山採堀の特權とを要求せり。總理衙門は即決の不當と要求の過大とに對して、抗議に力めたれども、寸効を奏し得ず、獨逸は遂に膠州灣を奪取したり。後一月露國艦隊は旅順口を占領し、一八九八年三月、遂に旅順要塞港灣竝に附近なる大連灣を租借し、併せて滿洲經由の鐵道を敷設して、旅大を西伯利幹線に連絡するの特權を取得せり。回顧せば、露國が佛獨と連合して、日本に迫り、遼東半島の所有は北京の安危を左右すべしとの理由に基き、之を放棄せしめたるは、僅々三年以前の事なりき。露國の行動は英國をして威海衛の要塞と、其對岸頭角なる地域一帶の租借權を要求せしめたり。佛國は數年來既に安南東京の大國に主權を施行せしが、亦一八九八年支那の領域を縮小して、保護の區域を擴張したり。

嗣いで露英兩國竝に獨英兩國は、支那に於ける勢力範圍に關し、協商又は條約を訂結せしが、之に就いては毫も支那政府の意見を徵することなく、又其希望と利害關係とを斟酌することなかりしのみならず、亦支那に迫りて、新に貿易港を開かしめ、例の如く領土の割讓と治外法權とを附隨せしめたり。是に於てか廣大なる支那帝國は長距離の沿岸上、訂約國の許諾なくして、海軍を集中し、戰鬪の策源地を設くべき一港だに有せざるの異例を作出するに至れり。拳匪の爆發を誘致せし原因の大なる者は實に開港塲に於ける外國人の權力と內地人の屈辱となりしなり。

一八九八年分「合衆國外交關係」第百八十二頁乃至第百九十一頁。一九〇〇年分同書第八十五頁。スミス著「擾亂中の支那」第一卷第八章。一八九九年紐育刊行チャールス・ベレスフォード卿(Lord Charles Beresford)著「支那の分裂」(The Break-up of China)第三十章。グラウゼ著「支那危機物語」第百四十三頁竝に第百四十七頁。一八九八年倫敦刊行エー・アール・コルクーン著「變遷中の支那」(China in Transformation)第十四章。一九〇一年倫敦刊行サー・ロバート・ハート著「支那問題諸論」(Essays on the Chinese Question)第五章。一九〇〇年紐育刊行ピー・エス・ラインシュ(P. S. Reinsch)著「世界政治」(The World Politics)第三卷竝に第四卷。

支那政府當局者は國民が憤慨の極、不可能なる外人放逐の擧を敢てしたる原因を詳悉したり。一九〇〇年拳匪の亂平ぎて後、李鴻章は其原因を指示し、言明して曰く、導火線の主たる者は獨乙の横暴にして、其根基は支那國民の腦裡に浸漬せる排外思想なり。支那は迫害、蹂躪、強壓、欺瞞、割讓、侮慢皆之を受たりと。拳匪の權勢極點に達して、將に一九〇〇年の爆發を起さんとせし際、西太后は嘆じて曰く、各國虎視耽々爭つて我地を割取せんと欲し、相後れざらんを期せり。皆謂へらく、中國財に乏しく、兵無し、何ぞ戰を開くことを得んと。然るに安んぞ知らん、我には寸毫も讓る能はざる者一あり。壓迫加はるの日には、堂々理の在る所を推して進むあらんのみ。之を知らば、我意自ら強くして、以て窺窬に對立することを得んと。斯くの如き狀態の下に在つて、拳匪は山東省を蹂躙し、附近の各省を席卷し、遂に帝都を陷れんとするに至れり。一八九八年、黃河汎濫して、遠近慘狀を極め、一八九九年には峽西省凶歉、俄孚路に橫り、盜賊暴民群をなして橫行し、秩序益〻壞亂し、北京に於ける政治上の紛亂も亦國患を釀成するに與りて力ありき。國民は官吏と合して保守主義を固執しつゝありし間に、有識の士は自ら謂らく、支那は須らく日本の例を追ひ、西洋諸國に倣ひて、政治と社會とを改良すべしと。青年の皇帝は英語を學び、聖書其他西洋書の譯本を涉獵し、帝國の慘狀を知悉せる改進主義の人士を採用して股肱とし、政府改革の斷行は能く弊害を救正し得べしと信じ、直ちに之に着手し踵を接して上諭を發すること三十有餘に及び、皆行政、財政教育に於ける根本改良を期したり。

李鴻章は西太后に依附すること最も厚く、皇帝の處置に賛成を表せず、遂に總理衙門に於ける地位を奪れしが、其敵張之洞は極端なる排外黨より豹變して强大なる改進主義の主張者となり、是時一書を著し、根本改革を推奬し、敕に依り、版行して、廣く之を全國に頒布せり。然るに皇帝と其股肱との行動は急激に過ぎしを以て、政府の保守黨は西太后に訴ふる所あり、數年前より表面上政務を見ざりし太后は決然起ちて、復た政綱を總攬し、事實上、皇帝を廢し、進みて其補弼を斬殺追放、禁錮し、顧問の首座たりし康有爲は獨り逃れて國外に去れり。

マーティン著「北京包圍」第二章竝に第三章。一九〇一年倫敦刊行エス・ピー・スミス(S. P. Smith)著「支那の內情」(China from Within)第二章竝に第三章。スミス著「擾亂中の支那」第一卷第九章。タムソン著「支那と列國」第二百十五頁。一九〇〇年紐育刊行張之洞著「支那の唯一の期望」(China's Only Hope)。一八九八年分「合衆國外交關係」第二百九頁竝に第二百二十一頁。

皇帝の改革案にして實行されたらんには、必ず外國の侵略を防遮すべかりしに、惜哉、中道にして蹉跌し、政府は依然外國の要求に屈從し、益〻拳匪の氣焰を增長したり。其態度頗る危險となるや、一八九八年十一月に至り、米國其他の公使は使館保護の爲めに守備隊を出さんことを請求し、天津なる軍艦は水兵を派遣し、北京に越年せしめて、之を引揚げたり。一八九九年中拳匪は其組織勢力の擴張を繼續したれども、未だ重大なる破裂を見ずして止みたりしが、一九〇〇年の初め攻擊的態度を現じ來り、五月に至り、外國公使は總理衙門に通牒し、之を鎭壓せんことを要求せしかども、同月鐵道各驛は其襲擊する所となり、使館守備隊は再度天津より急行せり。六月四日守備隊の到着すると殆ど同時に、拳匪は天津北京間の鐵道を占領し、幾もなくして、首府に通ずる電線を切斷せり、世界を驚動せし事件は踵を接して現出せり。海兵の一列は使館との交通を開かんとして陸路を進軍し、菲律賓群島駐屯米國陸軍の一隊は急遽前進行し、他の訂約國も亦最近の衛戍地より兵を派したり。聯合軍は太沽砲臺を砲擊すること數時間にして之を占領せしが、當時米國提督は之を以て戰鬪行爲とし、又本國政府の訓令は米國民の利益保護の外、兵を用ふべからずとの旨意に出でたりとて、攻擊に參加することを拒絕せり。然れども支那政府は方に拳匪の左右する所となり軍隊は之に合して外人に對抗したるを以て、提督の行動は用意宜しきを得たる者と謂ふべきなり。支那の大軍は天津を包圍し、居留外人は聯合軍の到着せしに依りて僅に殺戮を免れたり。時に北京よりの報は傳へて曰く、獨乙公使は殺害されたり。曰く、各公使館は包圍の中に陷りたりと。之に次ぎて首府駐在の外交團と外國人とは全滅せりとの怖るべき風評は傳はれり。

之に次ぎて使館救援隊の敗走、長日月を費したる勇敢なる包圍、天津に於ける聯合軍の集合、其北京進軍、被圍者の救出並に北京占領あり。茲には事件の詳細を記述すること能ざれども、包圍中備に艱難を嘗めたる二人の實驗談を錄して、以て支那人が如何に頑強にして、滿腔の敵意を抱きしかを說明すべし。米人ダブリュー・エー・ビー・マーティンと英人サー・ロバート・ハートは各〻支那に在ること五十年餘に及び、其中多くは支那政府の爲めに職務に從事せり。マーティンは罕覯の學者にして、國際公法其他之に類する著書を支那文に飜譯し、多年同文書院を攝理し、國務長官デンビーは之を稱して支那在住米人の魁と云へり。サー・ロバート・ハートは支那の稅關事務を擔當し、紛雜を理して序次を立て、大規模の腐敗を絕滅して、紀綱を嚴にし、責任を明かにし、微々たりし收入を增加し、遂に國費の大部分を支辨し、外債を償還し得しむるに至り、政府の信任を得て、樞要に參與し、支那の爲めに盡しゝ功勞甚だ多し。然るに亂起るや、血に渴したる拳匪と軍隊とは、憤然二人の邸宅を襲ひ、掠奪を恣にし、火を放ち、二人は衣服を負ひ、僅に身を以て免れ、公使館に遁竄せり。嗚呼、二人多年の勤勞は熱狂せる匪徒に取りては、一顧の價値だに有せざりしなり。

軍隊の行動に就きては、一九〇〇年「合衆國海軍長官報告書」第三頁竝に第千百四十八頁、一九〇〇年分「陸軍中將の指揮に屬する米國陸軍」第七卷、一九〇一年分同書第四卷第四百三十三頁。一九〇〇年分「合衆國外交關係」支部の部竝にウィルソン將軍著「支那」第二十二章乃至第二十四章を參照すべし。
本章に引用せし著書は大抵皆拳匪戰役と北京包圍との事を記したり。

一九〇〇年の暴動に伴ひたる虐殺掠奪より觀察するときは、其基督敎徒若くは特殊の或る社會に對したるにあらずして、汎く外國人と外國文物とを排斥するに在りしことを知るべし。宣敎師、鐵道技師、商人、學校敎員、竝に外交團皆賊害に逢ひ、外國人の財產竝に支那人の所有に係り若くは店頭に在る舶味品は悉く破壞せられたり。

西太后と一八九八年皇帝廢位後改造せし政府とは、拳匪に加擔し、政府は遂に拳匪と相結び天津襲擊と使館包圍とに對して責任を有せざるべからざりし證跡は枚擧に遑あらず。然れども皇帝が之を不可とせられしとの事は、之を信ずべき理由に乏しからず。總理衙門中の官吏其他の官人中、職責を重んじ、國家眞正の利益の爲めに挺身勇敢事を處したるの例證亦少しとせず。內地の基督敎信徒も亦大抵敎旨に忠實にして、危機に際し、奮つて外國の友人を援助したり。

米國が陸軍の一隊を派遣し、戰鬪準備を遺憾なく整備したるは、行政部が執りたる最も極端の行動にして、合衆國史中其比を見ざる所なり。前章に陳述せし如く、一八五七年、國務長官が英佛兩國の代表者より、天津出征に參加すべき請求を受くるや、答へて曰く、聯合二國の目的とする所、寸毫も合衆國の意見に異なることなしと雖、合衆國政府の行政部は作戰の權能を有せずして、支那領土に軍隊を出征せしむるには國會の決議を經ざるべからずと。(二)一九〇〇年事變の當時、若し國會の開期中たりしならんには、大統領は必ず派兵の事を其議に付したるべけんも、事態は切迫し、政府が北京なる公使、國民を救出するの擧に加はらざるべからずとせば、一刻を遲うすべからずして、義務、利益、便宜の三點よりして、菲律賓駐屯軍の一部を直ちに派出すべき必要を認めたり。此間大統領は果決能く急に應じ、米國軍隊をして名譽なる任務を盡し得せめたり。畢竟一九〇〇年の行動を必要とするに至りし事情は、一八五七年とは大に其趣を異にせしなり。一八五七年の場合に於て聯合軍に參加せば、支那政府に對して戰爭を開始することゝなるべかりしが、一九〇〇年の場合は之と異なり、支那政府の權力中止して、外國人を保護するの能力を缺きたる際にして、此危機切迫の間に軍隊を派遣し、國民と其利益とを保護せしめたるなり。斯くの如き先例は米國史中に多々之あり。但未だ曾つて斯くの如き大軍の派遣を要したることなかりしのみ。國民が大統領の行動を賞賛せし一事に由りて之を觀るも、事態は之を必要としたること瞭然たり

（二）第七章參照。

聯合軍は公使館を救ひ、以て其主たる目的を達したるが如しと雖、列強の事業は邦交に對して無比の迫害を加へたる原因を除去し、將來之を再せしめざるに必要なる豫防等を講究するまでは、未だ完結せりとすべからず。是に於て國務長官

へーは國際法侵犯の程度範圍を明かにしたる後、直ちに此目的を達するの第一歩に着手し、一九〇〇年七月三日、聯合各國に回文を送致し、當時事情の許す範圍內に於て其實行せんとする意見を通告し、其目的は列國と同一の步調を取り、危險に陷れる米國官吏と國民とを救ひ、支那各地に在住する米國人の身命財產を保護し、慘害の再現を阻遏すべき方策を講せんとするに在りと云へり。而して合衆國は第三の目的を達せんが爲めに永久支那の安寧平和を來し、其領土政治を保全し、條約と國際との保證せる一切の權利を保護し、竝に列國をして帝國各地の貿易に公平對等の原則を遵守せしむべき方策を運さんことを欲したり。此政策は輓近歐洲諸國中二三の對淸行動と調和すべからざりしかど、全然國際的正義に一致したるを以て、廣く識者の稱贊を博したり。爾來列國の商議荏苒容易に决せざりしも、其間米國の代表者は終始此政策を維持して、渝る所なかりき。米國公使コンガー(Conger)との通信杜絕すること數週日に及び、命を全うして逃走せしや否や疑はしきに至り、露日の大軍國內に集注し來り、聯合各國の地位と其支那に對する態度とは窺知すべからざるものあるに至れり。大統領は此危急の秋に當り、其意見を代表せる使臣を活劇の塲に派し、ワシントンに直接通信を爲さしむべき必要を感じ、ダブリュー・ダブリュー・ロックヒル(W.W.Rockhill)をして此任に當らしめたり。ロックヒルは前に支那公使館の書記官たりしが、後國務次官たり。其上海に至るや、聯合軍は既に北京を占領し、コンガーも亦其職に復し、合衆國政府と通信を交換し得るに至れり。ロックヒルは楊子江沿岸各省の總督と會見せし後、北京に赴き、コンガーが談判の衝に當りし際、其參贊官となれり。

公使館の包圍未だ解けざりし時、李鴻章は媾和談判委員に任命されたりとの報あり。而して聯合軍の北京を占領するや、幾もなくして、慶親王は各國公使に通牒して曰く、皇太后と皇帝とは遠く西方に巡幸したり。是に於て、小官は李鴻章と共に速に商議を開始し、關係各國の利益滿足に歸すべき方法を講ずべき命を受けたりと。然るに李の北京に至りしは、遷延して、十月二十六日となり、是に至り、列國と支那の委員とは初めて會合を爲し、正式の談判を開始したり。

其間列國の發したる宣言中、重要なる者あり。皆列國の猜疑を排除し、共同和親を來すに與りて力ありし者たり。其中日附の最も早くして且つ最も重要なるは七月三日附國務長官ヘーの回狀にして、次は八月二十八日附露國の宣言なり。曰く、露國は毫も支那領土の割取を期せず。今や支那政府は北京に在らざるを以て、公使駐剳の必要なく、軍隊も亦直ちに撤退すべく、露國は支那政府の復興を待ちて更に代表者を出し、談判を開かしむべしと。此宣言は提案の形式を具へたるを以て、合衆國は之に答へて曰く、列國の一致なくして、軍隊を撤退するは、其道にあらずと思料すと。

第三の宣言は九月十八日附獨乙の提案にして、曰く、媾和の豫備條件として、支那は外國公使の指名したる排外運動の首魁を聯合各國に引渡し、刑に處せしむべしと。合衆國は答へて曰く、支那をして進みて處罰の任に當らしめこんと却つて將來の爲めに有効なるべく、且つ支那に先づ其公道とする所と、其意嚮の在る所とを表明すべき機會を與ふるは最も正當なるべく提案に示したる事項の如きは後日必要と認むる場合に之を談判の條項中に挿入するも亦晩からざるべしと。之に關聯して記述し置くべき一事あり。歐洲諸國中、北京占領後問罪の師を出したる者ありしも、合衆國は毫も之に參加せざりしこと是なり。

第四の宣言は十月十六日附英獨協商にして、亦重要なる事件なりとす。曰く、第一、貿易上門戶開放を保持し、第二、刻下の狀態に乘じて領土を割取せず、第三、列國中若し上記の二策に背馳すべき計畫を爲したる時は、兩國は更に他の方針を取るべき權利を保留すべしと。國務長官へーは此原則を承認すべき要求を受けたりしが、答へて曰く、合衆國政府は旣に七月三日附の囘狀に記しゝ如く、第一第二の條項を採用することを宣言せり。而して第三に至りては事兩訂約者の關係に止るを以て、合衆國は之に對して意見を發表するの要あるを認めずと。

正式會見の未だ開けざりし際、佛國の談判の基礎として、六條の案件を提出し、列國は大體に於て同意を表したり。其要は犯罪者中主要なる者の處刑、銃砲輸入の禁止、損害の賠償、公使館守備隊の常置、太沽砲臺の武裝解除竝に北京海岸間外國軍隊衞戍地の設定なり。

以上の宣言と文書とありしを以て、諸國の代表者は大體に於て議決を爲すの困難を輕減し、一個月を出でずして、條約中に挿入すべき重要なる條項を協定せり。唯其細故に至りては意見を異にし、各〻本國政府に稟議するの必要を生じ、爲めに聊か議事の遷延を來したり。列國の議決せる要求に就きても、之を支那政府に提出すべき形式に異議を生じたり。各自單獨に公書を發すべきか、將た又、代表者の連署を以てすべきかの問題是なり。合衆國は例として歐洲諸國との聯合を欲せざりけれども、コンガーは本件に關しては連署を賛成せり。其理由とせし所は本件は世界全般に關渉し、合同一致は要求の力を加へ、連署の效力は各自署名に優ると云ふに在りき。列國は遂に連署に決し、十二月二十四日を以て、要求書を支那全權に提出し、全權は認諾すべしとの意見を附して、之を宮廷に進達せり。連署公書は十二條の要求を掲げたるが、大別して四とすべし。曰く、犯罪者の處刑、曰く、將來に於ける豫防策、曰く、賠償、曰く、邦交竝に商的關係の改善是なり。一月十六日、支那全權委員は上諭を奉じ、大體に於て十二條の要求を認諾したる旨を通牒したれども、細故に關しては許多の疑問意見を附し、修正を加へんことを希望したり。

コンガーは合衆國の爲めに談判の衝に當り、主要問題に就きては悉皆成功を告げたりしが、細目の討議は尙時日を要すべき見込なりしを以て、氏は政府より賜暇歸國の允許を得たり。其靜養の機を得たるは當然の事に屬せり。何となれば包圍中苦境に陷るや、剛勇愼重事を處し、談判の衝に當るや、孜々として倦まず、列國使臣をして米國政府の寛仁公明を領知せしむるに於て偉功を奏したればなり。其本國に滯在せる間、國民は厚意を以て之を待ちたり。以て其功勞を欽仰したる一徵證とすべし。

ロックヒルは大統領の命に依り、コンガーの後を承けて、合衆國委員となれり。當時尙協定を要すべき重要なる事件二あり。排外運動主謀者の處刑並に賠償金額と其支拂方法と是なり。談判中支那政府は外國公使の强求に依り、高官數人を刑し、或は自裁を許し、或は流謫貶黜せり。然れども、列國公使は之に滿足せずして、更に他の官吏十名を指名して、處刑を求め、尙他に百餘名を列擧して、其處分を要求したり。然るに露國公使は此人名表に異議を挾み、ロックヒル亦熱心に之を賛成して曰く、主謀者の處刑終らば、再び血を流すの必要なく、死刑は須らく之を以て最終とすべしと。兩國公使は日本公使と共に斡旋して、議を變せしめ、終に死刑は之を四人に止め、約五十名を其以外の罰に處することゝせり。

賠償問題は其間怨恨と貪婪とを混交せるを以て、決定の困難なる處刑問題の比にあらず。合衆國は最初より個人と政府との要求額を細別することを賛成せず、總括的に金額を豫定して、之を提出せんことを主張したり。何となれば、細別要求は總額の上に多大の增加を來すべき恐ありたればなり。協議は頗る困難にして、且つ時日を要せしが、議は終に總括要求に決したり。然るに總括金額の如何は更に一層大なる議論を釀成したり。サー・ロバート・ハートは支那と列國と雙方の諸詢に應じたりしが、曰く、支那は二億五千萬弗乃至三億弗以上を支拂ふの實力なしと。是に於てロックヒルは提議して曰く、總括金額は支那の支拂能力を超過すべからずして、列國は其要求額を遞減して、之に一致せしむべし、而して此金額は公平に之を列國に分配すべく、分配に就きて異議を生じたる場合には、宜しく之を海牙の仲裁裁判に附すべしと。仲裁々判の件は日露兩國之に同意し、要求額遞減の件は日本の賛成ありしのみにて、米國公使の提案は消滅したり。此際主として關係を有せる五國中、合衆國の要求額は最低に位し、日本之に次ぎたるの事實は最も注自すべき事なりとす。

償金額は終に四億五千萬兩と決し、議定書に定められたる交換率に據り、四分の利を附し、三十九年間、毎年金貨を以て支拂ふべきことゝせり。

各國政府の要求額は左の如し。

國名	金額
獨乙	九〇、〇七〇、五一五兩
墺地利匈牙利	四、〇〇三、九二〇、
白耳義	八、四八四、三四五、
西班牙	一三五、三一五、
合衆國	三二、九三九、〇五五、
佛蘭西	七〇、八七八、二四〇、
葡萄牙	九二、二五〇、
英吉利	五〇、七一二、七九五、
伊太利	二六、六一七、〇〇五、
日本	三四、七九三、一〇〇、
和蘭	七八二、一〇〇、
露西亞	一三〇、三七一、一二〇、
其他各國	二一二、四九〇、
總計	四五〇、〇〇〇、〇〇〇、

備考　各國欄中、瑞典、諾威の要求額は六萬二千八百二十弗なり。又、合衆國の要求額を弗に換算するときは、二千四百十六萬八千三百五十七弗となる。

細目の商議は數月の久しきに涉り、議定書は一九〇一年十月七日に至り、初めて列國代表者と支那全權委員との調印を了したり。上記處刑賠償の問題以外に尙重要なる事項あり、支那政府は特別使節を獨乙に派遣し、獨乙公使男爵フォン・ケッテレル(von Ketteler)虐殺に關し惋惜の意を表彰し、虐殺の地點に紀念碑を建設して、其官階に相當する銘誌を刻すべきこと、日本公使館書記生の虐殺に對し同樣の處置を爲すべきこと、外國人の虐殺せられ又は虐待せられたる各市府に於て、五年間一切の科擧を停止すること、外國若くは各國共同墓地にして汚瀆破壞せられたる者には贖罪の紀念碑を建設すべきこと、二年間兵器の輸入を禁ずること、列國は北京城内に一區域を畫し護衞兵を常設すべき權利を有し、清國人をして此區域内に居住せしめざること、太沽砲臺を削平すること、北京と海濱との間列國の協議を以て決定したる地點に外國軍隊を置きて之を占領せしむること、排外團體に加入する者を死刑に處すること、排外運動の發生に當り直ちに之を鎭定せず、又は其犯罪者を處罰せざりし總督と各省地方官吏とは之を罷免すべきこと、新に通商條約を締結し、天津竝に上海に至る河川航通を改良すべきこと、總理衙門を廢し、代ふるに外務部を以てし、各部の上に置くべきこと、宮廷の禮式を改革し西洋の例に準據すべきこと是なり。

談判に就きては、一九〇〇年分「合衆國外交關係」第二百八十五頁乃至第三百八十二頁、一九〇一年分「合衆國外交關係」の附錄として發刊したる「第五十七國會第一議會上院行政事務文書」第六十七號中ロックヒル報告書第十二頁に在る一九〇〇年七月三日附國務長官へ―覺書、同報告書第十九頁に在る八月二十八日附露國宣言書、同報告書第二十三頁に在る九月十八日附獨乙公書、同報告書第三十一頁に在る十月十六日附英獨協商、同報告書第二十六頁に在る十月四日附佛國提出媾和談判の基礎、同報告書第五十九頁に在る十二月二十二日附列國連署公書、同報告書第二百二十五頁に在る賠償記事、同報告書第三百十二頁に在る最終議定書を參照すべし。

談判を通じて、合衆國が勢力を有せしことは、明かに之を視得べく、特に極端なる處置を限制し、賠償に關する列國の行動を變更したる上に於て著しとす。一方に於ては實際有罪なる主謀者を處刑すべき議論に贊成し、將來米國々民と其利益との保護を保證し得べき處置を要求して、而して他の一方に於ては、列國をして政府の基礎と其領土の保全とを動搖阻遏すべき處分に出でざらしめんことに焦慮したり。是終始列國と共同し、能ふ限り、其野心を檢束すべき必要ありし故なり。賠償の總額を定めて、之を列國に分配するの案を提出して、遂に議決を見るに至りしは亦頗る重要なる事とす。列國若し個別に其要求を爲したらんには、清國に債務を負擔せしめて、租稅徵收の事務を外國人の掌裡に委することゝなるか、さなくば、他に求むべき唯一の方策は、諸國が土地を分割占領し、其勢力範圍内に於て租稅を徵收して、以て支拂の擔保とするに在らんのみ。一朝此くの如き條件の成立するあらば、之を回收せせんこと實に容易の業にあらざるなり。

一八九九年拳匪暴發の前、國務長官ヘーは歐洲諸國中隨意に支那の領土を分割し、又は之を其勢力範圍内に編入せんとするの意嚮顯然たりしより、爲めに米國商業上に影響を波及せんことを慮り、書を英、獨、露、佛、伊、日の各政府に送り、支那政府を鞏固にし、其領土を保全するは世界商業の利益たる所以を開陳し、且つ戶口稠密なる大帝國をして世界公開の市場たらしめんが爲めに其領土尊重の主義數則を提出し、以て其同意を求めしに、上記各國政府は皆之に同意したり。米國々務長官が堅實に其主義を貫徹し、時機に投じて、處置宜しきを得たること、世上の聲譽を買ふの價値ありと謂ふべきなり。(一)列國をして賠償要求に關し、米國の總括說に同意せしむること能はずんば、到底門戶開放の政策を支持し得ざるに至るべきは國務長官が談判中夙に豫想せし所たるや疑を容れざるなり。

(一)「第五十六國會第二議會下院行政事務文書」第五百四十七頁。

議定書調印後、支那が財政の困難に陷り、外國の侮辱に屈せざるべからざりしに際し、合衆國は復た支那の爲めに考量を加ふるの機會を得たり。一九〇二年償金支拂の第一期に達せしに、列國金貨に對し支那の兩を計算するの基礎を協定したる後、通貨たる銀の相場は暴落を來し債務履行の上に多大の困難を生じたり。是に於て支那は列國に哀訴し、計算基礎協定の際に於ける爲替相場を以て支拂を爲さんことを求めしが、快諾を與へたるは僅に合衆國ありしのみ。媾和議定書を以て支那に負荷せしめたる諸條件は、將來排外の暴動を抑壓するに效力あるが如き觀ありしも、外國人に對する嫉惡の念は依然國內に存在し、列國の誅求主義に因りて議定書中に挿入したる一項は、絕えず憤懣の因を作し、不平の氣焰を煽颺したり。何ぞや、當時列國は合衆國と支那の財政能力を知悉せし識者との抗議ありしに拘らず、到底負擔に堪ふべからざる政府に償金の重きを課したるを以て政府は債務に應ぜんが爲めに勢ひ租稅を增徵するの已むを得ざるに至り、而して國民は其憎惡すべき外國人の口腹を充す者たるを知れるが故に、拒絕擾亂は起り得べき事實にして、拒絕は又支那自主の問題を再燃すべきに至るべきなり。

これ人種に對する惡感、支那の民心を左右する間は、世界の平和は到底期すべからず。何となれば坤輿上各强國の利害は支那の運命と密接の關係を有すればなり。菲律賓群島の占領以來、合衆國も亦痛痒を感ずること他の最も接近せる諸國に譲らざるに至れり。絕東問題を硏究せし著者竝に政治家中、黃禍を論ずる者頗る多きを加へ、日淸戰役と聯合軍の北京進軍とは、此論を非議嘲笑するの傾向を生じ來りたれども、支那の歷史と其偉業とを以て之を推すときは、時代の古今を問はず、國民人種の如何に論なく、大國民を以て自ら稱するの權利ある者支那人に若くはなかるべきなり。合衆國が建國以來自負せし主義を拋棄し、支那人を排斥して自國人民との競爭を止めんとするの已むを得ざるに至りし事實を以て考ふるも、支那人種の能力と忍耐とを證して餘りありと謂ふべきなり。

近代支那の政治家中に於て智慮達觀を以て稱せらるゝ文祥常に外交團と急進主義を鼓吹する者とに告げて曰く、諸君中國を警醒して、新路に上らしめんとする切に過ぎたり。宜しく其目的を達すべし。而も後日臍を噬むとも及ぶなきの期あらん。他なし、我一たび奮然起たば、必ず長足の進步をなすべく、其疾きは諸君豫想の外に在るべしと。サー・ロバート・ハート支那人の性質能力を研究すること五十餘年、亦曰く支那人の排外思想は現代に於て未だ世界の危險を釀すが如きこと非ざれども、近き將來には必ず、之を實現するに至るべし。舊習を墨守して移らざる四億の民衆は異人種嫉惡の念に驅られて、早晩太平の氣象を棄て、戰維れ事として以て今日の讎を復するの行動に出づべきなりと。パートは此目前の危險を阻遏するの策二ありとせり。列國の支那分割と基督敎の普及と是なり。而して第一策は多困多難にして容易に爲し得べきにあらずとなし、又第二策は支那を化して最も親愛なる國土と爲すべき宗敎上の勝利にして、之を行ふこと能はざるにあらざれども殆ど期すべからずとせり。

「サー・ロバート・ハート論文集」第五十四頁乃至第五十五頁。

然れども、亞細亞問題を研究し盡さんと欲せば、支那の外に尙算入すべき局部の一國あること、本書東洋外交を評論したる所に由りて明かなり。何ぞや、日本是なり。其產業の發達は實に驚くべきものありて、兵威の宣揚よりも一層顯著なりとす。伊藤侯の近著中商舶工業竝に外國貿易增進の統計を臚列し、且つ曰く、日本は商業上既に地位を得、平和の捷利を尊重すること、兵力の捷利に譲らずと、至言と謂ふべし。最近數年間日本が支那貿易中の第二位を占むるに至りし事實は以て其商業上の活動を證明するに足るべく、前總理大臣大隈伯は曩に條約の改正と支那役の戰勝とを豫期し、言明して曰く、吾人は世界强國の列に入らざるべからずして、何れの國と雖、亞細亞に於て事を爲さんとせば、先づ吾人に商議せざるべからずと。これ日本の政治家が世界の政治に於ける自國の地位を評定したる標準を窺ふべき者にして、思を日英同盟の事に致さば、伯の言强ち誇大にあらざるを知るべけん。

一九〇二年二月二十日紐育インデペンデント所載伊藤侯爵述「日本商業の將來」(Commercial Future of Japan)。ノーマン著「絕東の國民と政策」第三百九十二頁。

支那日本兩國の最も怖るゝ所は露國にして、亞細亞に於ける其領土の廣大なる、該大陸の事件に關し最も重きを置くべき者たり。其政體は合衆國と正反對にして、其傳道上の抑壓も亦米國民中大多數の希望に一致せざれども、政治上の關係に就きては、兩國政府は終始誠實に和親を保ちたれば、相互に門戸開放の主義を尊重せば、亞細亞の事件に關し、兩國の睽離を招くの理あらざるべきなり。

太平洋上に於て合衆國の輕々看過すべからざる政策を行へる他の强國は英國なりとす。本書該政府の行動に就きて批評を試みるの機會を有したるが、概言せばその東洋諸國に對する、常に尊大にして、攻擊の態度を存したれども、毫も私利の心を挾みて利權を獨占することなく、貿易居留に關して、其自國の臣民の爲めに取得せし所は、遍く之を他國に及ぼしたりと言ふを適當なりとすべし。東洋中其勢力の及べる所には、土人の未だ曾つて知らざる公平不偏の裁判制と租稅法とを施行し、其行政は民智を啓發し、德義を高うしたり。英米兩國政府は制度を等うし、祖先、言語を同うし、東洋貿易上共通の利益を有したれば、自然に協心戮力するの傾向を生じたり。菲律群島讓渡に歸したる米西戰爭中、他の歐洲諸國は合衆國に對し冷淡なるにあらずんば、友情を缺きたりしに拘らず、獨り英國は大に同情を表白しこの方面にアングロ・サクソンの勢力を伸展したるを快とせし一事は、米國人の忘るゝ能はざる所たり。亞細亞の事件に關し、兩國の政治的提携を見んことは、到底望むべからざれども、合衆國が最も必要とせる東洋諸國市場の開放を主張するに當りては、一致の行動を取るべきことあるべしと信ず。

シューワードが太平洋上利害關係の增加と、此遠隔の地に達する米國の膨脹とに關して下したる豫言は、既に過去の歷史と爲り了れり。而して其事實と爲るの速なりしはシューワードは勿論他の米國政治家の豫期以外に在りしなり。政府の困難と責任とは領土の膨脹と共に一層の增大を加へたれども、成功を期待せる國民は我政治の組織と公人の智慮とが優に刻下の急務と責任とに堪ふることを信せざるべからず。東洋に對する政府の行動政策が建國以來、正義、忍耐、寬仁を標的としたるの確證を得たるは、大に誇とするに足るべきのみならず、亦以て將來の信賴を繫ぐに足るべきなり。支那、日本、朝鮮との交際は終始其安危を一身に擔ひたる友人の行爲と等しくして、其世界列國中に加りて、名譽ある地位を占めんとするや、進んで其擧を幇助し、加之其擧に伴ふ所の難件あらば、喜んで之を排除するに力めたり。

非律賓群島占領の可否は暫く措きて論せず、合衆國は其取得と共に更に東洋諸國に對する善隣の關係を增加し來れり。合衆國富源の開發頗る大にして、外國販路の擴張を必要とするに至りしことは、過去に於ける政策の拘束を弛緩せしめ數百萬の住民を有する新領土の接近は、東洋の國民と其政府とに對して、未曾有の和親を以て相交はらしむるに至り、合衆國は遂に亞細亞の一邦國となりぬ。是に於てか盡すべきの新義務を生じ、保護すべきの利益を加へたり。然れども百餘年間亞細亞との交際を存續したる尊重すべき歷史は以て將來に於ける安全なる指針とすべく、全世界の爲めに一層市場を開放し、東洋の國民を誘掖して、基督教文明の恩澤に浴せしむることを得ば、合衆國は能く其功を遂げたる者とこそ謂ふべきなれ。

米國の對東外交 終

附　録

第一　一九〇一年（光緒二十七年 明治三十四年）支那と列國との議定書

譯者曰く。最終議定書と稱す。

獨逸國全權委員アー・ムム・フォン・シュワルツェンスタイン (A. Mumm von Schwarzenstein) 閣下、奧地利洪牙利國全權委員男爵エム・チカン・フォン・ワトルボルン (M. Czikann von Wahlborn) 閣下、白耳義國全權委員ジュースタンス (Joostens) 閣下、西班牙國全權委員ベ・ジー・ド・コロガン (B. J. de Cologan) 閣下、亞米利加合衆國全權委員ダブリュー・ダブリュー・ロックヒル (W. W. Rockhill) 閣下、佛蘭西國全權委員ポール・ボー (Paul Beau) 閣下、大不列顛國全權委員サー、アーネスト・サトウ (Sir Ernest Satow) 閣下、伊太利國全權委員侯爵サルヴァゴ・ラッジー (Salvago Raggi) 閣下、日本國全權委員小村壽太郎閣下、和蘭國全權委員エフ・エム・クノーベル (F. M. Knobel) 閣下、露西亞國全權委員エム・ド・ギールス (M. de Giers) 閣下、及清國全權委員總理外務部事務和碩慶親王奕劻殿下、太子大傅文華殿大學士商務大臣北洋大臣直隷總督部堂一等肅毅伯李鴻章閣下

ハ清國カ列國ノ滿足スル如ク千九百年十二月二十二日ノ連名公書ニ列擧セラレ且清國皇帝陛下ニ於テ千九百年十二月二十七日ノ上諭ヲ以テ其ノ全部ヲ納レタル所ノ各條件ニ遵應シタルコトヲ確認スル爲メ茲ニ會合スルモノナリ。

第一條甲　去ル六月ノ上諭ヲ以テ醇親王載灃清國皇帝陛下ノ大使ニ任セラレ此ノ資格ヲ以テ故獨逸國公使男爵「フォン・ケッテレル」閣下虐殺ノ件ニ關シ清國皇帝陛下及清國政府惋惜ノ意ヲ獨逸國皇帝陛下ニ致スヘキコトヲ命セラレタリ
醇親王ハ此ノ使命ヲ果サムカ爲ニ去ル七月十二日北京ヲ發程セラレタリ
第一條乙　清國政府ハ故男爵「フォン・ケッテレル」閣下虐殺ノ地點ニ於テ死者ノ官位ニ適合シ且羅甸語、獨國語、清國語ヲ以テ右殺害ニ關シ清國皇帝陛下ノ惋惜ヲ表スルノ銘誌ヲ有スル紀念碑ヲ建設スヘキコトヲ聲明シタリ
清國全權委員閣下ハ去ル七月二十二日ノ書簡ヲ以テ道路全幅ノ牌坊ヲ該地點ニ建設スルコト去ル六月二十五日ヨリ其工事ニ着手シタルコトヲ獨逸國全權委員閣下ニ通知シタリ
第二條甲　千九百一年二月十三日及二十一日ノ各上諭ヲ以テ外國政府及外國臣民ニ對スル非企及罪惡ノ首犯者ニ左ノ刑罰ヲ科シタリ
端郡王載漪及輔國公載瀾ハ斬監候ニ處セラレタリ而シテ若、皇帝ニ於テ之ニ恩典ヲ加ヘ死ヲ免カレシムヘシトノ叡慮アルトキハ之ヲ新疆ニ遠謫シテ永久禁錮ニ處シ何等減刑ノ恩典ヲ加フルコト無カルヘキ旨約定セラレタリ
莊親王載勛、都察院左都御史英年及刑部尚書趙舒翹ハ自盡ノ刑ニ處セラレタリ
山西巡撫毓賢、禮部尚書啓秀及前刑部左侍郎徐承煜ハ死刑ニ處セラレタリ
吏部尚書協辦大學士剛毅大學士徐桐及前四川總督李秉衡ハ官位追奪ヲ宣告セラレタリ
千九百一年二月十三日ノ上諭ヲ以テ昨年ニ於ケル最モ憎ムヘキ國際公法違犯ノ行爲ニ反對シ

之カ爲ニ生命ヲ奪ハレタル兵部尚書徐用儀、戸部尚書立山、吏部左侍郎許景澄、內閣下學士聯元及大常寺卿袁昶ノ官位ヲ復セラレタリ

莊親王ハ千九百一年二月二十二日英年及趙舒翹ハ二十四日ニ自裁シ毓賢ハ二十二日啓秀及徐承煜ハ二十六日ニ死刑ヲ執行セラレタリ

甘肅提督董福祥ハ後日ヲ待テ其ノ刑罰ヲ確定スヘキモノトシテ先ツ二月十三日ノ上諭ヲ以テ其ノ官職ヲ奪ハレタリ

千九百一年四月二十九日及八月十九日ノ各上諭ヲ以テ昨年夏季ニ於ケル非企及罪惡ノ有罪者ト認メタル地方官吏ニ各自相當ノ刑罰ヲ科セラレタリ

第二條乙　千九百一年八月十九日ノ上諭ヲ以テ外國人カ虐殺セラレ若クハ虐待セラレタル各市府ニ於テ五箇年間科擧ノ停止ヲ命セラレタリ

第三條　故日本國公使館書記生杉山氏ノ虐殺ニ對シ名譽アル補償ヲ爲スカ爲ニ清國皇帝陛下ハ千九百一年六月十八日ノ上諭ヲ以テ戸部侍郎那桐ヲ特使ニ任シ杉山氏虐殺ノ件ニ對スル清國皇帝陛下及其ノ政府ノ惋惜ノ意ヲ日本國皇帝陛下ニ致スヘキコトヲ特ニ命セラレタリ

第四條　清國政府ハ外國若ハ各國共同墓地ニシテ汚瀆セラレ又ハ其ノ所在墳墓ノ破壞セラレタルモノニハ各贖罪ノ紀念碑ヲ建設スルコトヲ約シタリ依テ關係公使館ハ右建設ニ關シ指示ヲ與フヘク清國ハ其ノ一切ノ費用ヲ支拂フヘキコトニ列國代表者トノ協議商定ヲ經タリ而シテ此ノ費用ハ北京及其ノ近傍ノ墓地ニ對シテハ各一萬兩地方ノ墓地ニ對シテハ各五千兩ト豫算シ該全額ハ支出ヲ了セラレタリ茲ニ墓地表ヲ添附ス

第五條　清國ハ兵器彈藥及專ラ兵器彈藥ノ製造ニ使用セラルヘキ材料ヲ清國版圖內ニ輸入スルノ禁止ヲ承諾シタリ而シテ二箇年間該輸入ヲ禁止スル爲メ八月二十五日ノ上諭ヲ發布セラレタリ嗣後尙列國ニ於テ之ヲ必要ト認ムル場合ニハ更ニ上諭ヲ以テ前記ノ期限ヲ引續キ二箇年宛延長スルコトヲ得

第六條　清國皇帝陛下ハ千九百一年五月二十九日ノ上諭ヲ以テ列國ニ四億五千萬海關兩ノ償金ヲ支拂フコトヲ約諾セラレタリ此ノ金額ハ即千九百年十二月二十二日ノ連名公書第六條ニ指定シタル國家、團體個人及淸國人ニ對スル償金ノ總額ヲ表示スルモノトス

(甲)　此四億五千萬兩ハ左ニ示スカ如キ海關兩ノ列國金貨ニ對スル相場ニ基キ計算シタル金貨債ヲ組成スルモノトス

一海關兩ハ

三、〇五五　「マルク」
三、五九五　墺洪國「クロウンス」
〇、七四二　金弗
三、七五〇　「フランク」
〇、三志〇片
一、四〇七　圓
一、七九六　蘭國「フロレン」
一、四一二　金「ルーブル」(品位一七、四二四「ドリア」)

ニ相當ス

清國ハ右金貨債額ニ年四分ノ利子ヲ附シ別紙償還表（略）ニ示セル條件ニ從ヒ三十九箇年ヲ以テ其ノ元金ヲ支拂フヘキモノトス

元金及利子ノ支拂ハ金貨ヲ以テスルカ若ハ各支拂期日ニ於ケル爲換相場ヲ以テスヘシ

元金償還ハ千九百二年一月一日ニ始マリ千九百四十年ノ末ニ終ル償還金ハ毎年之ヲ支拂フヘキモノトシ其ノ第一回ノ拂込期限ヲ千九百三年一月一日ト定ム

利子ハ千九百一年七月一日ヨリ起算ス然レトモ清國政府ハ千九百一年十二月三十一日ニ終ル第一期六箇月分ノ利子ヲ千九百二年一月一日以後三箇年ノ期限内ニ支拂フコトヲ得但シ右延滯額ニ對シテハ年四分ノ重利ヲ附スヘキモノトス

利子ハ六箇月毎ニ支拂フヘキモノトス其ノ第一回ノ拂込期限ヲ千九百二年七月一日ト定ム

（乙）　公債支拂ハ左記ノ方法ニ依リ上海ニ於テ之ヲ行フヘシ

列國ハ各一名ノ委員ニ依リテ銀行者委員會ニ代表セラルヘシ該委員會ハ特ニ之カ爲ニ指定セラレタル清國官吏ヨリ利子及元金ノ支拂ヲ受ケ之ヲ各關係者ニ配分シ且之ニ對シテ領收證ヲ交附スヘキ任務ヲ有スルモノトス

（丙）　清國政府ハ北京駐劄筆頭公使ニ償金總額ニ對スル一ノ債券ヲ交附スヘシ而シテ右債券ハ追テ特ニ之カ爲ニ指定セラレタル清國政府委員ノ記名セル小額債券ニ變換セラルヘキモノトス右ノ事務及債券ノ發行ニ關スル一切ノ事務ハ列國カ其ノ代表員ニ下スヘキ訓令ニ準シ前記委員ニ於テ之ヲ處理スヘシ

（丁）　償券ノ支拂ニ充テタル財源ヨリ生スル收入ハ毎月之ヲ委員會ニ交附スヘシ

（戊）債券ノ擔保ニ供セル財源ヲ列擧スルコト左ノ如シ
第一　新税關ノ收入ヲ抵當トシタル舊外國債ノ利子及元金ヲ拂ヒタル上存スル該收入ノ剩餘金ニ海路輸入品ニ對シ現行税率ヲ現實五分税ニ引上タルヨリ生スヘキ收入ヲ加ヘタルモノ但シ外國ヨリ輸入ノ米、穀類、穀粉、金銀貨及金銀地金ヲ除クノ外從來無税ニテ輸入セラルル各物品ハ總テ五分税ヲ拂フヘシ
第二　開港場ニ於テハ新税關ヲ管理ニ屬スル舊税關ノ收入
第三　鹽税ノ收入總額但シ從來外國債ノ擔保ニ充テラレタル分ヲ除ク
現行輸入税率ヲ現實五分税ニ引上ルコトハ下記ノ條件ヲ以テ承諾セラレタリ
此税率引上ハ本議定書調印ノ日ヨリ二箇月後ニ之ヲ實施シ而シテ各日附ヨリ遲クモ十日以内ニ運搬ノ途ニ上リタル商品ノ外其ノ適用ヲ免カルヽコトヲ得サルモノトス
第一　從價ニテ徵收シ來レル輸入税ハ爲シ得ル限リ且成ルヘク速ニ從量税ニ改定スヘキモノトス此ノ改定ハ左ノ如クスヘシ即千八百九十七年千八百九十八年及千八百九十九年ノ三箇年間ニ於ケル各商品陸上當時ノ平均價格換言スレハ輸入税及雜貨ヲ控除シタル市價ヲ以テ評價ノ基礎トス但シ右改定ノ結了ヲ見ルニ至ル迄ノ間ハ從價ニテ徵税スルコト
第二　白河及黃浦江ノ水路ハ清國ノ經費分擔ヲ以テ之ヲ改良スルコト
第七條　清國政府ハ各國公使館所在ノ區域ヲ以テ特ニ各國公使館ノ使用ニ充テ且全然公使館警察權ノ下ニ屬セシメタル者ト認メ該區域內ニ於テハ清國人ニ居住ノ權ヲ與ヘス且之ヲ防禦ノ狀態ニ置クヲ得ルコトヲ承諾シタリ此ノ區域ノ境界ハ別紙圖面（略）ニ示ス如ク定メラレタリ即

西方ハ　　　　一、二、三、四、五線
北方ハ　　　　五、六、七、八、九、十線
東方ハ　　　「ケッテレル」街ノ十、十一、十二線
南方ハ　　　韃靼城壁ノ南址ニ循ヒ城堞ニ沿ヒテ畫シタル十二、一線
清國ハ千九百一年一月十六日ノ書簡ニ添附シタル議定書ヲ以テ各國カ其ノ公使館防禦ノ爲ニ公使館所在區域内ニ常置護衛兵ヲ置クノ權利ヲ認メタリ
第八條　清國政府ハ大沽砲臺竝ニ北京ト海濱間ノ自由交通ヲ阻碍シ得ヘキ諸砲臺ヲ削平セシムルコトヲ承諾シタリ而シテ右ニ關スル處置ハ實施セラレタリ
第九條　清國政府ハ千九百一年一月十六日ノ書簡ニ添附シタル議定書ヲ以テ各國カ首都海濱間ノ自由交通ヲ維持セムカ爲ニ相互ノ協議ヲ以テ決定スヘキ各地點ヲ占領スルノ權利ヲ認メタリ即此ノ各國ノ占領スル地點ハ黄村、郎房、楊村、天津、軍糧城、塘沽、蘆臺、唐山、灤州、昌黎、秦王島及山海關トス
第十條　清國政府ハ二箇年間地方ノ各市府ニ左記ノ上諭ヲ揭示公布スルコトヲ約諾シタリ
(甲)　排外的團體ニ加入スルコトヲ永久ニ禁止シ犯ス者ヲ死刑ニ處スル旨ヲ記載シタル千九百一年二月一日ノ上諭
(乙)　有罪者ニ科シタル刑名ヲ列擧シタル千九百一年二月二十三日、二月二十一日、四月二十九日及八月十九日ノ上諭
(丙)　外國人カ虐殺セラレ若ハ虐待セラレタル各市府ニ於テ科擧ヲ停止スル千九百一年八月十

九日ノ上諭

(丁)總督巡撫及各省各地方ノ官吏ハ各其ノ管轄内ニ於ケル秩序ニ對シテ職責ヲ有スヘク且排外的紛擾ノ再發竝ニ其ノ他條約違反ノ事アルニ當リ直ニ之ヲ鎭定セス又ハ其ノ犯罪者ヲ處罰セサル場合ニハ該官吏ハ直ニ罷免セラルヘク且新官職ニ任命セラレ若ハ新名譽ヲ享受スルコト能ハサルヘキ旨ヲ宣告シタル千九百一年二月一日ノ上諭

以上ノ上諭ハ全帝國内ニ漸次揭示セラレツヽアリ

第十一條　清國政府ハ外國政府カ有用ト認ムル通商及航海條約ノ修正竝ニ通商上ノ關係ヲ便利ナラシムル爲メ其ノ他ノ通商事項ニ關シ商議スヘキコトヲ約諾シタリ

清國政府ハ償金ニ關スル第六條中ノ規定ニ基キ今ヨリ左記ノ如ク白河及黃浦江水路ノ改良ニ協力スルコトヲ約諾シタリ

(甲)千八百九十八年清國政府ノ協同ヲ以テ創始セラレタル白河航路ノ改良工事ハ各國委員ノ管理ノ下ニ再興セラレタリ天津ニ於ケル行政ノ清國政府ニ返還セラレタル上ハ清國政府ハ直ニ自己ノ代表者ヲ該委員ニ加フルコトヲ得ヘク且工事ノ維持費トシテ毎年六萬兩ヲ支出スヘシ

(乙)黃浦江更正及其ノ水路改良工事ノ指揮監督ヲ掌ルヘキ水路局ヲ設置ス該局ハ上海ノ海路貿易ニ於ケル清國政府ノ利益ト外國人ノ利益トヲ代表スル委員ヲ以テ組織ス

經營ノ事業及一般ノ事務ニ必要ナル費用ハ最初二十箇年間ハ毎年四十六萬兩ト見積リ清國政府ト關係者タル外國人トニ於テ各其ノ半額ヲ支出スヘシ

水路局ノ組織、職權及收入等ニ關スル細則ハ附屬書中ニ之ヲ記載ス(附屬書ハ之ヲ略ス)

第十二條 千九百一年七月二十四日ノ上諭ニ於テ列國ノ指定シタル旨趣ニ因リ外交事務衙門タル總理衙門ヲ改革セラレタリ即總理衙門ヲ外務部ト改メテ他ノ六部ノ上位ニ置クコトト爲シ而シテ又前記ノ上諭ヲ以テ外務部ノ主要ナル官吏ヲ任命セラレタリ

外國代表者ノ謁見ニ關スル宮廷ノ禮式ニ關シテモ亦既ニ商定ヲ經タリ此ノ件ニ關スル淸國全權委員ノ書簡數通アリ別紙覺書ニ其ノ要點ヲ摘載ス(覺書ハ之ヲ略ス)

終リニ前記ノ各宣言及列國全權委員ヨリ發シタル附屬文書ニ關シテハ佛文ヲ以テ憑ト爲スコトヲ特ニ約定ス斯ノ如ク淸國政府ハ列國ノ滿足スル如ク千九百年十二月二十六日ノ連名公書ニ列擧セラレタル各條件ニ適應セラレタルヲ以テ列國ハ千九百年夏季ノ騷擾ヨリ發生シタル狀態ノ終止ニ至ラムコトノ淸國ノ希望ヲ承允シタリ之ニ因テ列國全權委員ハ第七條ニ記載シタル公使館護衞兵ヲ除キ千九百一年九月十七日ヲ以テ北京ヨリ全然列國軍隊ヲ撤退シ又第九條ニ記載シタル地點ヲ除キ同九月二十二日ヲ以テ直隷省ヨリ撤兵スヘキコトヲ其ノ各自ノ政府ノ名ヲ以テ茲ニ宣告ス

本最終議定書ハ同文十二通ヲ作リ各締約全權委員之ニ署名シ列國全權委員ニ一通宛ヲ交附シ淸國全權委員ニ一通ヲ交附ス

千九百一年九月七日北京ニ於テ

列國及支那全權委員 署名

第二 一八九四年三月十七日(光緒二十年二月十一日)調印同年

十二月八日公布米清移民條約

譯者曰く。漢文之を中美會訂華工條約と稱す。按ずるに華工は勞働者なり。以下皆勞働者の語を以て之に充つ。

千八百八十年十一月十七日即光緒六年十月十五日亞米利加合衆國及清國ノ間ニ締結シタシ續定條約ハ清國勞働者ノ合衆國ニ赴往在留スル者ヲ限制セシガ闘キテ清國勞働者ノ合衆國境内ニ在ル者迭ニ苛虐ニ遭ヒ邦交ヲ損センコトヲ慮リ清國政府ハ自ラ勞働者ノ境ヲ出テ來リテ合衆國ニ至ルヲ禁ゼント欲シ茲ニ兩國政府ハ合力辦理合衆國ニ來ルノ勞働者ヲ禁止センコトヲ願ヒ並ニ他ノ方法ヲ以テ邦交ヲ全クセンコトヲ願ミ互ニ約款ヲ立テ彼此意ヲ加ヘ彼此國境内ノ彼此國民ヲ保護セントス是ヲ以テ合衆國大統領ハ合衆國國務長官ヲルター・キュー・グレシャム(Walter Q. Gresham)ヲ清國皇帝陛下ハ欽差出使美國全權大臣太常寺少卿楊ヲ各其ノ全權委員ト爲シ各奉スル所ノ全權委任狀ヲ示シ其ノ良好妥當ナルヲ認メ左ノ條款ヲ會訂セリ

第一款 兩締約國ハ本條約批准交換ノ日ヨリ起算シ十年ヲ限リテ期ト爲シ以下約款載スル所ノ條件ヲ除クノ外勞働者ノ合衆國ニ前往スルヲ禁止スルコトヲ議定シタリ

第二款 合衆國ニ寓シ註册ヲ受ケタル清國勞働者ニシテ或ハ父母正妻兒女ヲ有シ或ハ銀一千弗ニ値スル財産ヲ有シ或ハ負債銀一千弗アリテ未、償還ヲ了セス而シテ合衆國ヨリ清國ニ回リ再清國ヨリ合衆國ニ回ラント欲スル者ハ第一款限禁ノ例ニ入ラズ但シ該勞働者ハ未、合衆國ノ國境ヲ離レザル前ニ須ク先ツ其ノ國境ヲ離ルヽノ地方ニ於テ詳細ニ前記ノ眷屬財産負債ノ各情

ヲ縷列シテ該地方ノ稅務司ニ報告シ以テ再、合衆國ニ囘ルノ據ニ備フベシ
該稅務司ハ須ク合衆國法律ノ定ムル所ノ現時ノ例又ハ後日定ムル所ノ例ニ遵ヒ本條約ニ據リテ合衆國ニ囘ルコトヲ得ベキノ執照ヲ該勞働者ニ發給ズベシ但シ定ムル所ノ例ハ本條約ト相悖ルコトヲ得ズ報告スル所ノ各情、僞ニ屬スルコトヲ査出セバ該執照ヲ以テ准シタル合衆國囘寓ノ權利ハ盡ク消滅スベキモノトス
合衆國ニ囘ルコトヲ得ルノ權ハ合衆國國境ヲ離レタル日ヨリ起算シテ限ルニ一箇年ヲ以テ期ト爲ス倘、疾病其ノ他不可抗ノ要事アリテ合衆國ニ囘ルコト能ハザルトキハ更ニ一箇年以內ノ期ヲ限リテ之ヲ准スベシ但シ該勞働者ハ須ク其ノ緣由ヲ具シテ之ヲ合衆國國境ヲ離レタル地方ノ清國領事ニ稟報シ憑批ノ給與ヲ受ケ妥據ヲ作爲シテ以テ該勞働者カ合衆國國境ニ入ラントスル地方ノ稅務司ニ信ヲ取ルベク、又、該勞働者若シ稅關ニ於テ合衆國ニ囘ルノ執照ヲ呈驗セズンバ陸路ヨリスルト水路ヨリスルトニ論ナク均シク合衆國國境ニ入ルコトヲ准サズ
第三款　本條約定ムル所ノ限制章程ハ專、勞働者ニ係ルモノニシテ官員傳敎學習貿易游歷ノ清國人現時合衆國ニ來寓スルノ權利ヲ享受セル者ニ對シテハ妨礙スル所アラズ
此項ニ屬スル清國人倘シ新ニ合衆國國境ニ入ルノ權利ヲ得ント欲セバ清國官員或ハ出口地ニ於ケル他國官員給スル所ノ執照ト出口地ニ於ケル合衆國公使或ハ領事ノ簽名ヲ得。之ヲ呈驗シテ以テ合衆國ニ入ルノ據ト爲スベシ
茲ニ又清國勞働者ノ他國ニ來往スルモノ道ヲ合衆國國境內ニ假ルヲ議允シタリ然レトモ該勞働者ハ合衆國政府ガ隨時酌定スル所ノ章程ヲ遵守シテ以テ弊端ヲ杜クベキモノトス

第四款　千八百八十年十一月十七日即光緒六年十月十五日合衆國及淸國ガ北京ニ於テ立約シタル淸人來美續約第三款定ムル所ニ遵由シ茲ニ復タ在合衆國淸國勞働者又ハ其ノ他ノ淸國人常居ト暫居トヲ問ハズ其ノ身命財產ノ保護ノ爲メ、合衆國ノ國籍ニ入ルコトヲ准サザルヲ除クノ外其ノ餘盡ク合衆國法律准ス所ノ利益ヲ享クルコト最惠國民ト異ナルコト無カラムコトヲ會訂セリ

茲ニ衆合國政府ハ仍ホ續約第三款訂スル所ヲ按照シ、權力ヲ盡用シテ、在合衆國淸國人ノ身命財產ヲ保護セムコトヲ允諾シタリ

第五款　合衆國政府ハ意ヲ加ヘテ淸國勞働者ヲ保護セムガ爲ニ千八百九十三年十一月三日修改ヲ經タル千八百九十二年五月五日裁可合衆國議院定例ニ依リ該定例通過以前合衆國内ニ在住スルコトヲ准サレタル淸國勞働者ヲ總テ前記ノ二定例ニ照シテ註册ヲ受ケシムベキモノトセリ淸國政府ハ現ニ合衆國ノ辦理ヲ聽シタレバ合衆國政府モ亦應ニ淸國政府ガ相類ノ條例ヲ定立シ淸國ニ寓居スル一切ノ合衆國粗細工人ヲ(議院條例ノ許セザル商人亦此中ニ包括ス)開港場ニ在ルト否トニ論ナク總テ費ヲ收メズシテ註册スルコトヲ聽スヘシ

合衆國政府ハ本條約批准交換ノ日ヨリ起算シテ十二箇月以内ニ前項以外ノ合衆國人民(宣教師ヲ包括ス)開港場ノ内外ヲ問ハズ淸國ニ寓居セントスル者ノ姓名年歲行業居處ニ關スル册報ヲ造リ淸國政府ニ送リ以後毎歲一次册報ヲ送ルコトヲ允准シタリ但シ合衆國公使人員又ハ淸國ニ在リテ駐紮或ハ游歷スル一切ノ奉公官員及其ノ隨從傭用人等ハ此ノ款ニ入ラズ

第六款　本條約ハ批准交換ノ日ヨリ起算シ十年ヲ以テ期トスベク、限期ノ屆滿前六箇月以内ニ於

テ兩國政府カ限禁ヲ停止スルノ意ヲ將テ行文知照セザルトキハ更ニ十年ヲ展ベテ限禁ノ期ト
スベキモノトス
右證據トシテ各全權委員ハ本條約ニ記名調印スルモノナリ
千八百九十四年三月十七日、光緖二十年二月十一日華盛頓ニ於テ本書二通ヲ作ル
　　　　　　　　　　　　　　　　　　兩國全權委員記名調印

第三　一八九四年明治二十七年十一月二十二日調印、一八九五年明治二十八年三月二十一日公布日米通商航海條約

譯者曰く。日本に於ける公布の日附は三月二十四日なり。

亞米利加合衆國大統領及日本國皇帝陛下ハ兩國民ノ交際ヲ皇張增進シ以テ幸ニ兩國間ニ存在スル所ノ厚誼ヲ維持セムコトヲ欲シ而シテ此ノ目的ヲ達セムニハ從來兩國間ニ存在スル所ノ條約ヲ改正スルニ如カサルヲ確信シ公正ノ主義ト相互ノ利益ヲ基礎トシ其ノ改正ヲ完了スルコトニ決定シ之カ爲メニ亞米利加合衆國大統領ハ合衆國國務大臣「ウォルター・キュー・グレシャム」ヲ日本國皇帝陛下ハ米國駐劄帝國特命全權公使從四位勳四等栗野愼一郞ヲ各其ノ全權委員ニ任命セリ因テ各全權委員ハ互ニ其ノ委任狀ヲ示シ其ノ良好妥當ナルヲ認メ以テ左ノ諸條ヲ協議決定セリ

第一條　兩締盟國ノ一方ノ臣民或ハ人民ハ他ノ一方ノ領土內何レノ所ニ到リ、旅行シ或ハ住居スルモ全ク隨意タルヘク而シテ身體及財產ニ對シテハ完全ナル保護ヲ享受スヘシ

該臣民或ハ人民ハ其ノ權利ヲ伸張シ及防護セムカ爲メ自由ニ裁判所ニ訴出ルコトヲ得ヘク又該裁判所ニ於テ其ノ權利ヲ伸張シ及防護スルニ付內國臣民或ハ人民ト同樣ニ代言人、辯護人及代人ヲ撰擇シ且使用スルコトヲ得ヘク而シテ右ノ外司法取扱ニ關スル各般ノ事項ニ關シテ內國臣民或ハ人民ノ享有スル總テノ權利及特典ヲ享有スヘシ

住居權、旅行權及各種動產ノ所有、遺囑又ハ其ノ他ノ方法ニ因ル所ノ動產ノ相續竝ニ合法ニ得ル所ノ各種財產ヲ如何ニ處分スルコトニ關シ兩締盟國ノ一方ノ臣民或ハ人民ハ他ノ一方ノ領土內ニ在リテ內國若ハ最惠國ノ臣民或ハ人民ト同樣ノ特典、自由及權利ヲ享有シ且此等ノ事項ニ關シテハ內國若ハ最惠國ノ臣民或ハ人民ニ比シテ多額ノ稅金若ハ賦課金ヲ徵收セラルルコトナカルベシ

兩締盟國ノ一方ノ臣民或ハ人民ハ他ノ一方ノ領土內ニ於テ良心ニ關シ完全ナル自由及法律、勅令及規則ニ從テ公私ノ禮拜ヲ行フノ權利竝ニ其ノ宗敎上ノ慣習ニ從ヒ埋葬ノ爲メ設置保存セラルル所ノ適宜便宜ノ地ニ自國人ヲ埋葬スルノ權利ヲ享有スベシ

何等ノ名義ヲ以テスルモ該臣民或ハ人民ヲシテ內國若ハ最惠國ノ臣民或ハ人民ノ納ムル所若ハ將來納ムヘキ所ニ異ナルカ又ハ之ヨリ多額ノ取立金若ハ租稅ヲ納メシムルヲ得ス

兩締盟國ノ一方ハ臣民或ハ人民ニシテ他ノ一方ノ領土內ニ住居スル者ハ陸軍、海軍、護國軍、民兵等ニ論ナク總テ强迫兵役ヲ免カレ且其ノ服役ノ代リトシテ取立ル所ノ一切ノ納金ヲ免カレ又一切ノ强募公債及軍事上ノ賦歛或ハ捐資ヲ免カルヘシ

第二條　兩締盟國ノ間ニハ相互ニ通商及航海ノ自由アルヘシ

兩締盟國ノ一方ノ臣民或ハ人民ハ他ノ一方ノ領土内何レノ所ニ於テモ總テ正業ニ屬スル各種ノ生産物、製造品及貨物ノ卸賣若ハ小賣營業ニ從事スルヲ得ヘシ右營業ニ從事スルニ於テ自身ニ之ヲ爲シ或ハ代理人ヲ以テシ又ハ一人ニテ之ヲ爲シ或ハ外國人若ハ内國臣民或ハ人民ト組合ヲ結ヒテ之ヲ爲スモ隨意タルヘク又必要ナル家屋、製造所、倉庫、店舗及附屬構造物ヲ所有シ或ハ之ヲ借受ケ又ハ使用シ且住居及商業ノ爲ニ土地ヲ借受クルコトヲ得但内國臣民或ハ人民ト同樣其ノ國ノ法律、警察規則及稅關規則ヲ遵守スルヲ要ス

該臣民或ハ人民ハ他ノ一方ノ領土内ノ各地、諸港及諸河ニシテ外國通商ノ爲メ開カレ又ハ開カルヘキ場所ヘ船舶及貨物ヲ以テ自由ニ到ルヲ得且通商及航海ニ關シテハ政府、官吏、公吏、一私人或ハ會社若ハ何等施設ノ名義ヲ以テスルカ又ハ其ノ利益ノ爲ニ課セラルル所ノ稅金或ハ取立金ハ其ノ性質若ハ名稱ノ如何ヲ論セス内國臣民或ハ人民若ハ最惠國臣民或ハ人民ノ拂フ所ニ異ナルカ或ハ之ヨリ多額ノモノヲ拂フコトナク外國臣民或ハ人民若ハ最惠國臣民或ハ人民ト同一ノ取扱ヲ受クヘキモノトス

但本條及前條ノ規定ハ兩締盟國ノ各方ニ於テ商業、勞働者ノ移住、警察及公安ニ關シ現ニ行ハレ又ハ將來制定セラルヘキ法律、勅令及規則ニハ何等ノ影響ヲ及ホスコトナシ

第三條　兩締盟國ノ一方ノ臣民或ハ人民カ他ノ一方ノ領土内ニ於テ住居若ハ商業ノ爲ニ供スル家宅、製造所、倉庫、店舗及之ニ屬スル總テノ附屬構造物ハ侵スヘカラス

右家宅等ヘハ猥ニ侵入搜索スヘカラス又帳簿、書類或ハ簿記帳ヲ檢査點閲スヘカラス但内國臣民或ハ人民ニ對シ法律、勅令及ヒ規則ヲ以テ制定セル條件及定式ニ據ルトキハ此ノ限ニ在ラス

第四條　合衆國領土內ノ生産或ハ製造ニ係ル物品ハ何レノ地ヨリ日本國皇帝陛下ノ領土內ニ輸入シ又日本國皇帝陛下ノ領土內ノ生産或ハ製造ニ係ル物品ヲ何レノ地ヨリ合衆國ノ領土內ニ輸入スルニモ總テ別國ノ生産或ハ製造ニ係ル同種ノ物品ニ課スル所ノ税ニ異ナルカ或ハ之ヨリ多額ノ税ヲ課セラルヽコトナカルヘシ又締盟國ノ一方ノ領土內ヘ別國ノ生産或ハ製造ニ係ル物品ノ輸入ヲ禁止スルニ非サレハ他ノ一方ノ領土內ノ生産或ハ製造ニ係ル同種ノ物品ヲ何レノ地ヨリ輸入スルコトヲモ禁止スルコトナカルヘシ但此ノ末段ノ取極ハ人畜或ハ農業ニ有用ナル植物ノ安全ヲ保護スルニ必要ナル衛生上及其ノ他ノ禁止ニハ適用スヘカラサルモノトス

第五條　兩締盟國ノ一方ノ領土內ヨリ他ノ一方ノ領土內ヘ輸出スル一切ノ物品ヘハ他ノ各外國ヘ輸出スル同種物品ニ對シ賦課シ若ハ賦課スヘキ所ニ異ナルカ或ハ之ヨリ多額ノ税金又ハ雜費ヲ賦課スルコトナカルヘシ又兩締盟國ノ一方ノ領土內ニ於テ他ノ各外國ニ向ヒ物品ノ輸出ヲ禁止スルニ非サレハ他ノ一方ノ領土內ヘ同種ノ物品ヲ輸出スルコトヲモ禁止セサルヘシ

第六條　兩締盟國ノ一方ノ臣民或ハ人民ハ他ノ一方ノ領土內ニ在リテ總テノ內地通關税ヲ免除セラルヘク又倉入、奬勵金、便益及税金拂戾等ノ事項ニ就テハ全ク內國臣民或ハ人民ト均等ノ取扱ヲ享クヘシ

第七條　日本國皇帝陛下ノ領土內ノ諸港ヘ日本國ノ船舶ヲ以テ適法ニ輸入シ若ハ輸入セラルヘキ物品ハ亦合衆國ノ船舶ヲ以テ同樣ニ之ヲ右諸港ニ輸入スルコトヲ得此ノ場合ニ於テハ日本國船舶カ右樣ノ物品ヲ輸入スルトキ課スヘキ税金或ハ雜費ノ外何等ノ名義ヲ以テスルモ更ニ

別種或ハ多額ノ税金、雜費等ヲ課セサルヘシ又合衆國ノ領土内ノ諸港ヘ合衆國ノ船舶ヲ以テ適法ニ輸入シ若ハ輸入セラルヘキ物品ハ亦日本國ノ船舶ヲ以テ同樣ニ之ヲ右諸港ヘ輸入スルコトヲ得此ノ場合ニ於テハ合衆國船舶カ右樣ノ物品ヲ輸入スルトキ税金或ハ雜費ノ外何等ノ名義ヲ以テスルモ更ニ別種或ハ多額ノ税金、雜費等ヲ課セサルヘシ右相互對等ノ取扱ハ右物品ノ直ニ原産地ヨリ到ルト其ノ他ノ場所ヨリ到ルトヲ問ハス必ス之ヲ施スモノトス

輸出ニ關シテモ前項ノ場合ト同樣全ク均等ノ取扱ヲ施スヘシ故ニ締盟國ノ一方ヨリ適法ニ輸出シ若ハ輸出セラルヘキ物品ハ其ノ輸出ノ日本國船舶ニ依ルト合衆國船舶ニ依ルトニ拘ハラス又其ノ仕向先ノ締盟國ノ一方タルト第三國ノ一港タルトヲ問ハス締盟國ノ領土内ニ於テハ之ニ課スルニ同一ノ輸出税ヲ以テシ又之ニ許スニ同一ノ奬勵金並ニ税金拂戻ノコトヲ以テスヘシ

第八條　政府、官吏、公吏、一私人、會社若ハ何等施設ノ名義ヲ以テスルカ又ハ其ノ利益ノ爲ニ課セラルル所ノ噸税、港税、水先案内料、燈臺税、檢疫費其ノ他之ト同種ノ税金ハ其ノ性質並ニ名義ノ如何ニ拘ハラス同一ノ條件ヲ以テ同樣ノ場合ニ於テ内國船舶一般若ハ最惠國船舶ニ課スルモノニ非サレハ兩締盟國ノ一方ハ其ノ領土内ノ港ニ於テ之ヲ他ノ一方ノ船舶ニ課セサルヘシ此ノ如キ均等ノ取扱ハ兩國ノ船舶カ何レノ地或ハ港ヨリ來リ又何レノ所ニ往クモノタリトモ相互同一タルヘキモノトス

第九條　兩締盟國ノ一方ノ領土内ノ海港、海灣、船渠、川河或ハ其ノ他ノ碇泊所ニ於テ船舶ノ繋留又貨物ノ船積、船卸ニ關スル一切ノ事項ニ就テハ内國船舶ニ許與セサル特典ハ均シク他ノ一方ノ

締盟國ノ船舶ニモ許與セレルベシ但本件ニ關シテモ亦兩締盟國ノ目的ハ兩國ノ船舶ニ對シ互ニ均等ノ取扱ヲ施スニ在ルモノトス

第十條　兩締盟國ノ沿海貿易ハ本條約ニ於テ規定スルノ限ニ在ラス各其ノ法律、勅令及規則ニ從ヒ之ヲ規定スヘキモノトス然レトモ日本國皇帝陛下ノ領土內ニ於ケル合衆國人民又ハ合衆國ノ領土內ニ於ケル日本國臣民ハ此ノ事項ニ關シテハ各右法律、勅令及規則ヲ以テ他ノ外國臣民或ハ人民ニ許與シ若ハ許與セラルベキ諸權利ヲ享有スルモノトス

合衆國ノ領土內ノ二箇以上ノ港ヘ仕向ケタル荷物ヲ外國ニ於テ積載シタル日本國船舶及日本國皇帝陛下ノ二箇以上ノ港ヘ仕向ケタル荷物ヲ外國ニ於テ積載シタル合衆國船舶ハ外國貿易ヲ許サレタル仕向港ノ一ニ於テ其ノ積荷ノ一部ヲ陸揚シ而シテ其ノ最初ニ積載シタル荷物ノ剩餘ヲ陸揚スル爲メ他ノ一港若ハ數港ヘ進航スルコトヲ得ヘシ但常ニ兩國ノ法律及稅關規則ニ從フヘキモノトス

但日本國政府ハ本條約ノ期限間是迄ノ通リ合衆國ノ船舶カ帝國ノ現開港場間ニ積荷ヲ運搬スルコトヲ許スコトヲ承諾ス尤大阪、新瀉、及夷港ハ此ノ限ニ在ラス

第十一條　兩締盟國ノ一方ノ軍艦或ハ商船ニシテ暴風又ハ其ノ他ノ危難ニ遭遇シ避難ノ爲メ已ムヲ得ス他ノ一方ノ海港ニ進入スルモノハ內國船舶ノ拂フヘキ稅金ノ外何等ノ稅金ヲ拂フコトナク其ノ港ニ於テ更ニ艤裝ヲ爲シ一切ノ需用品ヲ求メ再ヒ航行スルヲ得ヘシ但商船ノ船長ニシテ其ノ費用ヲ支辨スル爲メ其ノ積荷ノ一部ヲ賣却スルヲ要スル場合ニハ該船長ハ其ノ寄港地ノ規則及稅目ヲ遵守スヘキモノトス

兩締盟國ノ一方ノ軍艦或ハ商船ニシテ他ノ一方ノ沿岸ニ於テ淺瀨ニ乘上ケ或ハ難破シタルトキハ地方官ヨリ其ノ事件ノ生シタル地方ニ在ル所ノ總領事、領事、副領事又ハ代辨領事ヘ其ノ旨ヲ通知スヘシ但若其ノ地方ニ領事官ノ駐在セサルトキハ最近地方ノ總領事、領事、副領事又ハ代辨領事ヘ通知スヘシ日本國皇帝陛下ノ領海ニテ難破シ若ハ海岸ニ乘上ケタル合衆國船舶ノ救助ニ關スル一切ノ手續ハ日本國法律、勅令及規則ニ從テ之ヲ爲スヘク又相互ノ主義ニ基キ合衆國ノ領海ニテ難破シ若ハ海岸ニ乘上ケタル日本船舶ニ關スル一切ノ救助ノ處分ハ合衆國法律ニ從テ之ヲ爲スヘシ

右難破若ハ乘上ケタル船舶竝ニ其ノ器具及其ノ他一切ノ附屬品及該船舶ヨリ救上ケタル貨物竝ニ商品及右等ノ諸物件ニシテ海中ニ投棄セラレタルモノ又ハ之ヲ賣却シタルトキハ其ノ收入得金竝ニ該遭難船内ニ發見セラレタル一切ノ書類ハ右船舶ノ持主或ハ代理人ヨリ要求スルトキハ之ニ引渡スヘシ右持主或ハ代理人ノ現場ニ在ラサルトキハ内國法律ニ定メタル期限内ニ當該總領事、領事、副領事或ハ代辨領事ヨリ請求アレハ之ヲ引渡スヘシ而シテ右領事官、持主或ハ代理人ハ内國船舶難破ノ場合ニ於テ拂フヘキ所ノ物品保存費竝ニ難破救助費及其ノ他ノ費用ノミヲ拂フヘキモノトス

難破船ヨリ救上ケタル貨物及商品ハ消費ノ爲ニ通關手續ヲ爲スモノニ非サレハ一切ノ關稅ヲ免除スヘシ但消費ノ爲ニ賣拂ク場合ニハ普通ノ關稅ヲ納ムルヲ要スルモノトス

兩締盟國ノ一方ノ臣民或ハ人民ニ屬スル船舶ニシテ他ノ一方ノ領土内ニ於テ淺瀨ニ乘上ケ或ハ難破シタルトキハ其ノ持主、船長若ハ持主代理人不在ノ場合ニハ當該總領事、領事、副領事、若ハ

代辨領事ハ其ノ自國臣民或ハ人民ニ必要ノ輔助ヲ與フル爲メ職權上ノ助力ヲ爲スヲ許サルヘキモノトス此ノ規定ハ持主、船長若ハ他ノ代理人現ニ其ノ場ニ在ルトキト雖モ右樣ノ輔助ヲ與フルヲ請求スル場合ニハ亦適用スヘキモノトス

第十二條　本條約ニ於テハ日本國ノ國法ニ從ヒ日本國船舶ト看做サルベキ一切ノ船舶ハ之ヲ日本國船舶ト看認メ又合衆國ノ國法ニ從ヒ合衆國船舶ト看做サルベキ一切ノ船舶ハ之ヲ合衆國船舶ト看認ムヘシ

第十三條　兩締盟國ノ一方ノ領土內ニ駐在スル他ノ一方ノ總領事、領事、副領事及代辨領事ハ自國ノ脫船人ヲ取戾ス爲メ法律ノ許ス所ノ輔助ハ之ヲ地方官ヨリ受クヘキモノトス

但海員カ其ノ各自ノ所屬國ニ於テ脫船シタルトキ此ノ規定ヲ適用セサルモノト知ルヘシ

第十四條　兩締盟國ハ其ノ一方ノ通商及航海ノ他ノ一方ニ於テ總テ最惠國ノ基礎ニ置ク主意ヲ有スルニ因リ通商及航海ニ關スル一切ノ事項ニ關シ其ノ一方ヨリ別國ノ政府、船舶、臣民或ハ人民ニ現ニ許與シ或ハ將來許與スヘキ一切ノ特典、殊遇若ハ免除ハ他ノ一方ノ政府、船舶、臣民或ハ人民ニモ若別國ヘ無報酬ニ許與シタルトキハ無報酬ニテ又若條件ヲ附シテ許與シタルトキハ其レト均一ノ條件ヲ附シテ之ヲ許與スヘキコトヲ兩締盟國ニ於テ約定ス

第十五條　兩締盟國ノ一方ハ他ノ一方ノ海港、都府及其ノ他ノ場所ニ總領事、領事、副領事、代及代辨領事ヲ置クコトヲ得ヘシ但領事官ノ駐在ヲ認許スルニ便宜ナラサル場所ハ此ノ限ニ在ラス然レトモ右ノ制限ハ他ノ諸外國ニ對シ之ヲ適用スルニ非サレハ一方ノ締盟國ニ對シテ之ヲ適用スルヲ得サルモノトス

總領事、領事、副領事、領事代及代辨領事ハ一切ノ職務ヲ執行スルコトヲ得且其ノ在留國ニ於テ最惠國ノ領事官ニ現ニ許與シ或ハ將來許與セラルヘキ一切ノ特典、特權及免除ハ總テ之ヲ享有スヘキモノトス

第十六條　兩締盟國ノ一方ノ臣民或ハ人民ハ他ノ一方ノ領土內ニ於テ法律ニ定ムル所ノ手續ヲ履行スルトキハ專賣特許、商標及意匠ニ關シ內國臣民或ハ人民ト同一ノ保護ヲ受クヘシ

第十七條　兩締盟國ハ左ノ取極ニ同意ス

日本國ニ在ル各外國人居留地ハ全ク其ノ所在ノ日本國市區ニ編入シ爾後日本國地方組織ノ一部トナルヘシ

然ル上ハ日本國當該官吏ハ之ニ關シテ其ノ地方施政上ノ責任義務ヲ皆負擔スヘシ又之ト同時ニ右外國人居留地ニ屬スル共有資金若ハ財產アルトキハ之ヲ右日本國官吏ヘ引渡スヘキモノトス

尤前記外國人居留地ヲ日本國市區ニ編入ノ場合ニハ該居留地內ニテ現ニ因テ以テ財產ヲ所持スル所ノ現在永代借地券ハ有効ノモノト確認セラルヘシ而シテ右財產ニ對シテハ右借地券ニ載セタル條件ノ外ハ別ニ何等ノ條件ヲモ附セサルヘシ但借地券中ニ領事官トアルハ總テ日本國當該官吏ヲ以テ之ニ代フヘキコトト知ルヘシ

外國人居留地公共ノ目的ノ爲ニ無借料ニテ既ニ貸與シタル各地所ハ永代ニ保存セラルヘシ且該地所ニシテ最初貸與シタルトキノ目的ニ使用セラルル限ハ總テノ租稅及徵收金ヲ免スヘシ但土地收用權ニハ從フヘキモノトス

第十八條　本條約ハ其ノ實施ノ日ヨリ兩締盟國間ニ現存スル嘉永七年三月三日卽千八百五十四年三月三十一日締結ノ和親條約安政五年六月十九日卽千八百五十八年七月二十九日締結ノ修好通商條約慶應二年五月十三日卽千八百六十六年六月二十五日締結ノ改税約書明治十一年七月二十五日卽千八百七十八年七月二十五日締結ノ約書及之ニ附屬スル一切ノ諸約定ニ代ハルヘキモノトス而シテ該條約及諸約定ハ右期日ヨリ總テ無効ニ歸シ隨テ合衆國カ日本帝國ニ於テ執行シタル裁判權及該權ニ屬シ又ハ其ノ一部トシテ合衆國人民カ享有セシ所ノ特典、特權及免除ハ本條約實施ノ日ヨリ別ニ通知ヲナサス全然消滅ニ歸シタルモノトス而シテ此等ノ裁判管轄權ハ本條約實施後ニ於テハ日本帝國裁判所ニ於テ之ヲ執行スヘシ

第十九條　本條約ハ明治三十二年七月十七日ヨリ實施セラルヘキモノトス而シテ其ノ日ヨリ十二箇年間効力ヲ有スルモノトス

兩締盟國ノ一方ハ本條約實施ノ日ヨリ十一箇年ヲ經過シタル後ハ何時タリトモ本條約ヲ終了セント欲スル旨ヲ他ノ一方ヘ通知スルノ權利ヲ有スヘシ而シテ此ノ通知ヲ爲シタル後十二箇月ヲ經過シタルトキハ本條約ハ消滅ニ歸スヘキモノトス

第二十條　本條約ハ兩締盟國ニ於テ之ヲ批准シ其ノ批准ハ本條約調印後六箇月以内ニ可成速ニ東京又ハ華盛頓ニ於テ交換スヘシ

右證據トシテ各全權委員ハ之ニ記名調印スルモノナリ

千八百九十四年十一月二十二日、明治二十七年十一月二十二日華盛頓ニ於テ本書二通ヲ作ル

兩國全權委員　記名調印

譯者曰く。本條約は合衆國政府の提議に係る修正ありて、第十九條第二項中「兩締盟國の一方ハ」の下「本條約實施ノ日ヨリ十一箇年ヲ經過シタル後ハ」の文字を削り「其ノ後」の文字を挿入することゝなれり。因つて該項は左の如くなるべし。

兩締盟國ノ一方ハ其ノ後何時タリトモ本條約ヲ修了セムト欲スル旨ヲ他ノ一方ヘ通知スルノ權利ヲ有スヘシ而シテ此ノ通知ヲ爲シタル後十二箇月ヲ經過シタルトキハ本條約ハ消滅ニ歸スヘキモノトス

第四　一八九八年布哇を合衆國に併合する件に關する兩院協議決定書

布哇共和國政府ハ布哇群嶋及其ノ屬嶋内ニ於ケル又之ニ對スル統治權ノ一切ヲ擧ケテ絶對無條件ニ之ヲ亞米利加合衆國ニ讓與シ又公有地、官有地、王室所領地、公有建物及造營物、港灣、兵備其ノ他布哇政府ニ屬スル各種公有財産ノ絶對占有及所有權利竝ニ之ニ屬スル一切ノ權利及附屬物ヲ合衆國ニ讓渡スコトトノ意思ヲ該國憲法ノ規定ニ遵應シ適法ノ形式ヲ以テ表明シタリ是ヲ以テ亞米利加合衆國國會上下兩院ハ相會議シテ左ノ諸項ヲ決議シタリ

第一　該讓與ハ之ヲ允諾シ批准シ又確定シ布哇群嶋及其ノ屬嶋ハ自今以後之ヲ合衆國領土ノ一部トシテ併合シ合衆國ノ主權ノ下ニ服從セシメ前記各項ノ所有權及諸權利ハ總テ之ヲ合衆國ニ收ム

公有地ニ關スル合衆國ノ現行法ハ之ヲ布哇ニ通用セズ然レトモ合衆國國會ハ該國公有地ノ經理處分ニ關シテ特別ノ法律ヲ制定スベシ但該公有地ヨリ生ズル一切ノ收入又ハ其ノ收益ハ合衆國政府文武ノ目的ノ爲ニ使用若クハ占有セラルル部分ニ關スルモノ又ハ地方行政ノ用ニ供セラルルモノヲ除クノ外總テ布哇住民ノ利益ノ爲ニ教育其ノ他公共ノ目的ノ爲ニ之ヲ使用スベクシテ而シテ之ヲ其ノ他ノ費途ニ充ツルコトヲ得ズ

合衆國國會ガ布哇群嶋政府ノ規定ヲ議決スル時ニ至ルマデハ該嶋ニ於テ現政府ノ行使セル行政司法及軍事ノ權ハ總テ合衆國大統領ノ任命スル一人若クハ數人ノ官吏ニ委任シ其ノ行使ノ方法モ亦大統領ノ定ムル所ニ據ルベシ而シテ大統領ハ該官吏ヲ罷免シ又缺員ヲ補充スルノ權能ヲ有ス

布哇ト諸外國トノ間ニ成立セル現行條約ハ自今以後消滅ニ歸シ合衆國ト該諸外國トノ間ニ現ニ成立シ若クハ將來締結セラルベキ條約ヲ以テ之ニ代フベシ布哇ノ市制ニシテ消滅スベキ前記條約ノ履行ノ爲ニ制定セラレタルニ非ザルモノ又本決議ノ旨意ニ牴觸セザルモノ又合衆國ノ憲法若クハ現行條約ニ違背セザルモノハ合衆國國會カ別ニ規定ヲ設クルノ時ニ至ルマデ効力ヲ存スベキモノトス

合衆國ノ關税法及關税諸規則ヲ布哇ニ適用スベキ法律ノ制定アルマデハ布哇ト合衆國及他ノ諸國トノ間ニ存在セル關税關係ハ總テ從前ノ通タルベキモノトス

本決議通過ノ日ニ適法ニ現存シタル布哇共和國ノ國債ハ布哇郵便貯金銀行ノ預金額ト共ニ合衆國政府ニ於テ之ヲ引受クベシ然レトモ之ニ關スル合衆國ノ債務ハ何如ナル場合ニ於テモ四

百萬弗ヲ超過スルコトヲ得ズ但布哇ノ現政府及現在ノ商業關係ガ前項規定ノ通リ繼續セル間ハ該國債ニ對スル利子ノ支拂ハ引續キ該政府ノ負擔ニ屬スベキモノトス

清國人ノ布哇ニ來寓スルコトハ合衆國ノ法律ガ現ニ准シ又ハ今後准スベキ條件ヲ以テスルノ外總テ之ヲ禁ズベク又支那人ハ本決議ヲ理由トシテ布哇ヨリ合衆國ニ入ルコトヲ得ズ

大統領ハ委員五名ヲ選任シ布哇ニ關シ其ノ適當若クハ必要トスル法律制定ノ意見ヲ成ル可ク早キ時限内ニ國會ニ提出セシムベシ該委員中少クトモ二名ハ布哇在住者タルベキモノトス

第二　本決議ニ規定セル委員ハ上院ノ協賛ヲ經テ大統領之ヲ任命スベシ

第三　大統領ヲシテ本決議ヲ實行セシムルガ爲ニ十萬弗若クハ必要ノ金額ヲ大藏省ヲシテ他ニ支拂豫定ナキ國庫金中ヨリ支出セシメ其ノ費途ハ大統領ノ意見ニ一任スベシ

千八百九十八年七月七日可決

第五　一八九九年十二月二日調印一九〇〇年二月十六日公布サモアに關する米獨英條約

亞米利加合衆國大統領、獨逸國ノ名義ヲ以テスル獨逸國皇帝兼普魯西國皇帝陛下、大不列顛愛爾蘭聯合王國皇帝兼印度國皇帝陛下ハサモア群嶋ニ關シ三國ノ間ニ起リタル問題ヲ平和ニ解決シ且該群嶋ニ於ケル三國ノ共有權利若クハ別有權利並ニ占有若クハ管轄ノ權利ニ關シ將來一切ノ誤解ヲ除去センコトヲ希ヒ特別條約ヲ締結シテ以テ此ノ事ヲ確定センコトニ同意シタリ獨逸及大丕列顚兩國政府ハ既ニ合衆國政府ノ一致ヲ以テ該群嶋ニ於ケル各自ノ權利及利益ニ關シ協定ヲ爲シタレバ茲ニ三國ハ前記ノ目的ヲ達センガ爲メ各全權委員ヲ任命シタリ即亞米利加合衆國大統領ハ合衆國國務長官「ジョン・ヘイ」ヲ獨逸國皇帝兼普魯西國皇帝陛下ハ特命全權大使フォン・ホールレーベン(von Holleben)ヲ大丕列顚愛爾蘭聯合王國皇帝兼印度國皇帝陛下ハ特命全權大使グランド・クロッス・オヴ・ゼ・モスト・オノレブル・オーダー・オヴ・ゼ・バス(G.C.B)グランド・クロッス・オヴ・ゼ・モスト・ヂスチングイシュド・オーダー・オヴ・セント・ミカエル・エンド・セント・ジョーヂ(G.C.M.G)ポーンスフォート(Pauncefote)卿ヲ各全權委員ト爲シ、各全權委員ハ其ノ委任狀ヲ示シ其ノ妥當ナルコトヲ認メ茲ニ左ノ條項ヲ協議決定シタリ

第一條　千八百八十九年六月十四日伯林ニ於テ前記三國ノ決定調印シタル條約及其ノ以前ノ條約協商取極ハ總テ無効トス

第二條　獨逸ハ「チューチュイラ」嶋竝ニサモア群嶋中綠威西經百七十一度以東ナル各嶋ニ對シ又關スル一切ノ權利要求ヲ放棄シ之ヲ合衆國ニ讓與ス

大丕列顚モ亦同シク「チューチイラ」嶋竝ニサモア群嶋中綠威西經百七十一度以東ナル各嶋ニ對シ又關スル一切ノ權利要求ヲ放棄シ之ヲ合衆國ニ讓與ス

亞米利加合衆國ハ其ノ代トシテ「ウポルー」及「サヴイ」二嶋竝ニ「サモア」群嶋中綠威西經百七十一度以西ノ各嶋ニ對シ又關スル一切ノ權利要求ヲ放棄シ之ヲ獨逸ニ讓與ス

第三條　締約三國ハサモア群嶋ノ各嶋中其ノ商業ノ爲ニ開カレタル港ニ於テハ其ノ何レノ處タルヲ問ハズ商業及商船ニ關シ主權國ノ享受スルト同一ナル特典及條件ヲ引續享有スベシ

第四條　本條約ハ成ルヘク速ニ批准ヲ得ヘク批准交換後直ニ之ヲ實施スヘシ
右ノ證據トシテ各全權委員ハ記名調印シタリ
千八百九十九年十二月二日華盛頓ニ於テ三通ヲ作ル

各全權委員　記名調印

第六　一八九八年八月十二日米西議定書

合衆國國務長官キリアム・アール・デー(William R.Day)ニ合衆國政府ノ又華盛頓駐剳佛蘭西國特命全權大使ジュール・カムボン(Jules Cambon)閣下ハ西班牙國政府ノ各全權委員ト爲リ合衆國及西班牙國兩國政府ガ和ヲ媾ズルノ目的ヲ以テ下ニ開列スル件件ニ關シ一致シタル條件ヲ包含スル左記ノ條項ヲ協議決定セリ

第一條　西班牙國ハ玖巴ニ對スル統治領有ノ權利一切ヲ放棄ス

第二條　西班牙國ハ「ポート・リコ」嶋及西印度群嶋中現時西班牙國ノ統治權ノ下ニ在ル他ノ諸嶋ト「ラドローン」群嶋中合衆國ノ選擇スル一嶋トヲ合衆國ニ讓與スヘシ

第三條　合衆國ハ媾和條約ニ依リテ菲律賓群嶋ノ管理處分及施政ヲ確定スルマデ「マニラ」ノ市街及港灣ヲ占領スベシ

第四條　西班牙國ハ直ニ玖巴「ポート・リコ」竝ニ西印度群嶋中現時西班牙國ノ統治權ノ下ニ在ル他ノ諸嶋ヨリ撤退スヘシ
此ノ目的ヲ達セムガ爲ニ兩國政府ハ本議定書調印後十日以内ニ委員ヲ任命スベシ該委員ハ本

議定書調印後三十日以内ニ「ハヴナ」ニ會合シ前記玖巴及其ノ附近ナル西班牙國領有諸嶋ヨリノ撤退ニ關スル細則ヲ議定實施スヘシ

兩國政府ハ又本議定書調印後十日以内ニ他ノ委員ヲ任命スヘシ該委員ハ本議定書調印後三十日以内ニ「ポート・リコ」嶋「サン・ジュアン」(San Juan)ニ會合シ前記「ポート・リコ」竝ニ西印度群嶋中現時西班牙國ノ統治權ノ中ニ在ル他ノ諸嶋ヨリノ撤退ニ關スル細則ヲ諸定實施スベシ

第五條　合衆國及西班牙國ハ各媾和條約ヲ締結スベキ任務ヲ有スル委員五名以内ヲ任命スベシ該委員ハ千八百九十八年十月一日ニ後レザル日取ヲ以テ巴里ニ會合シ媾和條約ノ談判及締結ニ從事スヘシ該媾和條約ハ兩國各其ノ憲法ノ規定ニ遵應シテ之ヲ批准スベシ

第六條　本議定書ノ決定調印ト共ニ兩國ハ戰鬪行爲ヲ中止シ兩國政府ハ成ル可ク速ニ之ヲ其ノ海陸軍司令官ニ通達スベシ

千八百九十八年八月十二日華盛頓ニ於テ英佛兩文各二通ヲ作リ之ニ署名調印スルモノナリ

兩國全權委員　記名調印

第七　一八九八年十二月十日調印一八九九年四月十一日公布合衆國及西班牙國媾和條約

亞米利加合衆國及西班牙國皇帝「ドン・アルフォンゾー」(Don Alfonso)第十三世陛下ノ名ヲ以テスル西班牙國攝政皇后陛下ハ現今兩國ノ間ニ成立セル戰爭ヲ休止センコトヲ希ヒ之カ爲ニ合衆國大統領ハ合衆國國民「ヰリアム・アール・デー」(William R. Day)「クシュマン・ケー・デヸス」(Cushman K. Davis)「ヰリアム・

ピー・フライ」(William P. Frye)、「ジョージ・グレー」(George Gray)、及ホワイトラーウ・レイド(Whitelaw Reid)ヲ又西班牙國攝政皇后陛下ハ上院議長「ドン・エウジェニオ・モンテロー・リオス」(Don Eugenio Montero Rios)、上院議員「ドン・ビュエナヹンチュラ・ド・アバルヅーヅア」(Don Buenaventura de Abarzuza)、下院議員兼高等裁判所陪席判事「ドン・ジョーセ・ド・ガルニカ」(Don José de Garnica)、白耳義國駐劄特命全權公使「ドン・エンセスラオ・ラミレー・ド・ヸラウルーチア」(Don Wenceslao Ramirez de Villa Urrutia)及師團長「ドン・ラファエル・セセロー」(Don Rafael Cecero)ヲ各其ノ全權委員トシ各全權委員ハ巴里ニ會合シテ其ノ委任狀ヲ示シ其ノ適法妥當ナルヲ認メ提出ノ事件ヲ討議シ茲ニ左ノ條項ヲ決定セリ

第一條　西班牙國ハ玖巴ニ對スル統治領有ノ權利一切ヲ放棄ス

該嶋ハ西班牙國ガ撤退セル上ハ合衆國ノ占領スベキモノタルガ故ニ合衆國ハ其ノ占領ノ繼續スル間ハ國際法上占領ノ結果トシテ起ルベキ身體及財産保護ノ責務ヲ引受ケ且履行スベシ

第二條　西班牙國ハ「ポート・リコ」嶋、西印度群嶋中現時西班牙國統治權ノ下ニ在ル他ノ諸嶋及「マリアナ」群嶋即「ラドローン」群嶋中ノ「グアム」嶋ヲ合衆國ニ讓與ス

第三條　西班牙國ハ通常菲律賓ト稱スル群嶋ト左記線内ニ在ル諸嶋トヲ合衆國ニ讓與ス

北緯第二十度ノ線ニ沿ヒ又ハ接シテ西ヨリ東ニ至リ「バチー」海峽ヲ通過シ綠威東經第百十八度ヨリ綠威東經第百二十七度ノ線ニ沿ヒ北緯第四度四十五分ニ至リ北緯第四度四十五分ノ線ニ沿ヒ綠威東經第百十九度三十五分ト相接スル地點ニ至リ綠威東經第百十九度三十五分ノ線ニ沿ヒ北緯第七度四十分ニ至リ北緯第七度四十分ノ線ニ沿ヒ綠威東經第百十六度ト相接スル地點ニ至リ一直線ニ北緯第十度ト綠威東經第百十八度ト相接スル地點ニ至リ綠威東

經第百十八度ノ線ニ沿ヒテ起點ニ至ル線
合衆國ハ本條約批准交換後三箇月以內ニ二千萬弗ノ額ヲ西班牙國ニ支拂フベシ
第四條　合衆國ハ本條約批准交換ノ日ヨリ起算シテ十箇年間ヲ期トシ西班牙國ノ船舶及商品ニ合衆國ノ船舶及商品ト同一ノ條件ヲ以テ菲律賓群嶋ノ諸港ニ至ルコトヲ允許スベシ
第五條　合衆國ハ本條約調印ノ後「マニラ」攻陷ノ際合衆國ノ軍隊カ捕虜トシタル西班牙國ノ軍人ヲ合衆國ノ費用ヲ以テ西班牙國ニ送還スベシ
西班牙國ハ本條約批准交換ノ後、千八百九十八年八月十二日ノ議定書ニ遵應シテ「ポート・リコ」竝ニ西印度群嶋中ノ他ノ諸嶋ヨリノ撤退ニ關シ任命セラレタル委員ノ議決セルト同一ノ條件ヲ以テ菲律賓群嶋及グアム嶋ヨリノ撤退ニ着手スヘシ千八百九十八年八月十二日ノ議定書ハ其ノ規定ノ全然完了スルマデハ引續キ効力ヲ有スルモノトス
菲律賓群嶋及グアム嶋ヨリ撤退スルノ時限ハ兩國政府ニ於テ之ヲ議定スベシ
菲律賓群嶋及「グアム」嶋ニ於ケル西班牙國ノ陸海軍ニ屬スル旗旒、拿捕セザル軍艦、小銃、各口徑ノ砲熕竝ニ其ノ砲架及附屬品、火藥、軍需品、家畜竝ニ各種ノ材料及糧食ハ西班牙國ノ所有タルベシ而シテ野砲ヲ除キ要塞及海岸防禦ニ使用スル重砲ハ本條約批准交換ノ日ヨリ起算シテ六箇月間之ヲ元ノ位置ニ据置クベシ其ノ間ニ於テ合衆國ハ兩國間ニ滿足ナル協定ヲ爲シ得バ之ヲ西班牙國ヨリ購賣スルコトアルベシ
第六條　西班牙國ハ本條約調印ノ後、玖巴及菲律賓群嶋ノ叛亂竝ニ合衆國トノ戰爭ニ關聯シテ捕虜ト爲リタル者及政治上ノ犯罪ノ爲ニ拘留禁獄セラレタル者ヲ悉皆釋放スベシ

其ノ代トシテ合衆國ハ合衆國軍隊ガ捕虜ト爲シタルモノヲ悉皆釋放シ又玖巴及菲律賓群嶋ナル叛徒ノ手ニ在ル西班牙國捕虜ヲ悉皆釋放セシムルコトニ盡力スベシ

本條ニ依リ釋放シタル又釋放セシメタル捕虜ヲ合衆國政府ハ其ノ費用ヲ以テ玖巴ニ西班牙國政府ハ其ノ費用ヲ以テ合衆國玖巴「ポートリコ」及菲律賓群嶋ニ各郷貫ニ從ヒ送還スベシ

第七條　合衆國及西班牙兩國ハ玖巴叛亂ノ發生以來又ハ本條約批准交換ヨリ以前ニ他ノ一方ノ政府ニ對シテ起リタルベキ兩國政府若クハ其ノ人民或ハ臣民ノ損害要償ヲ相互ニ抹殺ス戰費賠償ノ要求モ亦然リトス

西班牙國ニ對シテ合衆國人民ノ起シタル要償ニシテ本條ニ依リ抹殺セラレタルモノハ合衆國ニ於テ之ヲ引受決濟スヘシ

第八條　西班牙國ハ本條約ノ第一條第二條及第三條ニ據リ法律ニ依リ西班牙國政府及西班牙國皇室ニ屬スル家屋、造船所、兵營、城寨、建造物、公道竝ニ其ノ他ノ不動産ヲ玖巴ニ於テハ放棄シ又「ポートリコ」及西印度群嶋中他ノ諸嶋、グアム嶋、竝ニ菲律賓群嶋ニ於テハ讓與ス

前項ニ示シタル放棄若クハ讓與ハ何如ナル場合ニ於テモ法律ニ依リ州縣、市府、公私營業所、僧俗團體、若クハ前項ニ依リ放棄讓與セル土地ニ於テ財産ヲ取得所有スル法律上ノ資格アル團體又ハ國籍ノ何如ヲ問ハズ各私人ガ各平和手段ヲ以テ所有スル財産若クハ諸權利ヲ損害スルコトヲ得ザルコトヲ玆ニ宣言ス

前項ニ示シタル放棄若クハ讓與中ニハ專、放棄若クハ讓與ノ主權ニ關係アル公文書ニシテ西班牙國政府ノ簿册ニ存スルモノノ一切ヲ包含ス該簿册ニ存スル公文書ニシテ唯一部分前記主權

ニ關係アルモノハ合衆國ノ要求ニ由リ其ノ寫ヲ提出スベキモノトス前項ニ示シタル諸嶋政廳ノ簿册ニ存スル文書ニ關シテハ合衆國ハ亦同樣ノ處置ヲ取ルベシ

前項ニ示シタル放棄若クハ讓與中ニハ西班牙國皇帝及其ノ官吏カ前記諸嶋ニ於ケル行政及司法ノ公文書及記錄中前記ノ諸嶋ト其ノ住民ノ權利財産トニ關スルモノニ就キ所有スル所ノ權利ヲ包含ス該公文書及記錄ハ愼密ニ之ヲ保存スベク私人ハ其ノ何如ナル階級ニ屬スルヲ問ハズ契約書、遺言書、竝ニ公證人ノ登記ニ入ルベキ他ノ文書又ハ西班牙國ト前記諸嶋トヲ問ハズ行政廳若クハ司法廳ニ存スルモノノ公正謄抄本ヲ法律ニ遵應シテ請求スルノ權利ヲ有スベシ

第九條　西班牙國ガ本條約ニ依リ主權ヲ放棄若クハ讓與シタル領土ニ在住スル西班牙國臣民ニシテ西班牙本國ノ土人タル者ハ前記ノ領土ニ在留スルモ又ハ之ヨリ退去スルモ隨意タルベシ但何レノ場合ニ於テモ財産若クハ財産收益ヲ賣買讓渡スルノ權利ヲ包含セル一切ノ財産權ヲ保有スベシ又他ノ外國人ニ適用スベキ法律ニ遵ヒ工業農業商業及業務ヲ行フノ權ヲ有スベシ其ノ前記領土ニ在留スル場合ニ於テハ本條約批准交換ノ日ヨリ一箇年以内ニ西班牙國皇帝陛下ニ忠實ニ服從スベキ旨ヲ登記所ニ於テ宣言シ以テ該服從ヲ存スベシ而シテ若該宣言ヲ爲サザルニ於テハ之ヲ以テ服從ヲ放棄シ其ノ在住スル領土ノ國籍ニ入リタルモノト看做スベシ

本條約ニ依リ西班牙國ヨリ合衆國ニ讓與シタル領土土人ノ私法上ノ權利及政治上ノ資格ハ合衆國國會ニ於テ之ヲ定ムベシ

第十條　西班牙國ガ主權ヲ放棄シ若クハ讓與シタル領土ノ住民ハ信敎ノ自由ヲ保證セラルベシ

第十一條　西班牙國ガ本條約ニ依リ主權ヲ讓與シ若クハ放棄シタル領土ニ在留スル西班牙國民

ハ民事並ニ刑事ノ事件ニ關シテハ其ノ在住スル國ノ裁判所ガ其ノ國ニ施行セラルル普通ノ法律ニ依リ執行スル所ノ裁判權ニ從フベシ而シテ該國民ハ前記裁判所ニ出頭シ又前記裁判所ノ屬スル國ノ人民ト同一ノ手續ヲ履行スルノ權利ヲ有スルモノトス

第十二條　本條約批准交換ノ時、西班牙ガ主權ヲ放棄若クハ讓與シタル領土ニ於テ未決ニ屬シタル裁判事件ハ左ノ各項ニ依リテ之ヲ決定スベシ

(甲) 私人間ノ民事事件ニ關シ又ハ刑事事件ニ關シ本條約ノ批准交換前ニ判決ヲ下シ西班牙國法律ニ依リテハ再審ノ途ナキモノハ之ヲ以テ最終ト看做スベク當該官吏ハ該判決ヲ執行スベキ領土ニ於テ正式ニ之ヲ執行スベシ

(乙) 本條約批准交換ノ時、未判決ヲ下サザル私人間ノ民事訴訟ハ當時審理中ノ裁判所又ハ之ニ代ルベキ裁判所ニ於テ之ヲ判決スベシ

(丙) 西班牙國ガ本條約ニ依リ主權ヲ放棄若クハ讓與シタル領土ノ人民ニ對スル刑事事件ニシテ本條約批准交換ノ時、西班牙國高等裁判所ニ於テ未判決ヲ爲サザルモノハ該裁判所ノ裁判權ニ屬シ以テ判決ニ至ラシムベシ然レドモ該判決ヲ下シタルトキハ其ノ執行ハ事件ノ發生シタル土地ノ當該官吏ヲシテ之ヲ爲サシムベキモノトス

第十三條　玖巴嶋、「ポート・リコ」、菲律賓群嶋其ノ他西班牙國ガ合衆國ニ讓與シタル諸地ノ西班牙國民ガ本條約批准交換ノ當時版權及專賣特許權ニ依リテ取得シ居タル所有權ハ引續キ之ヲ尊重スベシ西班牙ノ科學的、文學的及美術的著作物ニシテ前記諸地ノ公安ニ妨害アラザルモノハ本條約批准交換ノ日ヨリ十箇年間引續キ無稅ヲ以テ之ヲ前記諸地ニ輸入スルコトヲ得ベシ

第十四條　西班牙國ハ本條約ニ依リ主權ヲ放棄シ若クハ讓與シタル領土ノ諸港及諸地ニ領事官ヲ置クコトヲ得ベシ

第十五條　兩國中一方ノ政府ハ十箇年間入港稅及出港稅ヲ包含スル各種ノ港稅燈臺稅及噸稅ニ關シ沿岸貿易ニ從事セザル自國ノ商船ニ對スルト同一ニ他ノ一方ノ國ノ商船ヲ取扱フベシ

本條ハ一方ノ政府ガ六箇月以前ニ他ノ一方ノ政府ニ之ヲ終了セムト欲スル旨ヲ通告スルトキハ消滅ニ歸スベキモノトス

第十六條　合衆國ガ本條約ニ依リ玖巴ニ關シテ引受ケタル各般ノ責務ハ該嶋占領ノ時限間ニ限リ、占領ノ終了ト共ニ合衆國ハ該島ニ設置セラルル政府ニ該責務ヲ引受ケシムルコトヲ勸誘スベシ

第十七條　本條約ハ合衆國ニ於テハ上院ノ協贊ヲ經テ大統領之ヲ批准シ西班牙國ニ於テハ攝政皇后陛下之ヲ批准ス該批准ノ交換ハ調印ノ日附ヨリ六箇月以內若クハ成ル可ク早ク華盛頓ニ於テ之ヲ行フベシ

右ノ證據トシテ各全權委員ハ記名調印ヲ爲シタリ

千八百九十八年十月十日巴里ニ於テ本書二通ヲ作ル

各全權委員　記名調印

附錄終

本會は明治四十一年三月に創立し、同年十月初卷を刊行してより本年本月に至るまで豫定の如く滿三年間に五十卷、三萬餘頁の書を續出することを得たり。本會は廣く公衆の知識を培養し、世界最新の健全思想を傳播せしめんことを期待したり。然れども前述の如き速力にて外國の書を翻譯し、交ふるに編纂著述を以てせんとするの事業は從來本邦の出版界に前例なき所なり。畢竟本會が不完全ながら其業を繼續し今日に至ることを得たるは、全く本會の目的營利に非ずして著者、譯者、編者又た外國出版業者各々其意を諒察し、文化普及の爲めにせんことを勉め、而して會員諸君が三年の久しき、猶ほ本會に同情を寄せ助力を添へられたる結果なりとす。本會は前記諸氏幷に會員諸君に厚く感謝の意を表し、併せて本會の事業爰に完結したるを祝すと云爾。

明治四十四年十二月

大日本文明協會々長　伯爵　大隈重信

明治四十五年一月十日印刷
明治四十五年一月二十日發行

米國の對東外交

非賣品
（第五十回配布分）

編輯兼發行者　大日本文明協會
右代表者　磯部保次
東京市京橋區南鍋町壹丁目貳番地
印刷者　中村政雄
東京市麴町區有樂町貳丁目壹番地
印刷所　報文社
東京市麴町區有樂町貳丁目壹番地

東京市京橋區南鍋町壹丁目貳番地
發行所　大日本文明協會
電話新橋｛一七八〇　一七八一　一七八二｝
振替貯金口座　一三七〇〇

大日本文明協會役員

本會會長　伯爵大隈重信

本會評議員　（イロハ順）

東京帝國大學文科大學教授　文學博士　井上哲次郎
東京帝國大學農科大學教授　理學博士　石川千代松
東京帝國大學農科大學教授　法學博士　和田垣謙三
東京高等師範學校校長　嘉納治五郎
早稻田大學學長　法學博士　高田早苗
早稻田大學教授　文學博士　坪內雄藏
東京帝國大學文科大學教授　文學博士　上田萬年
早稻田大學教授　法學博士　浮田和民
東京帝國大學工科大學教授、實業學務局長　工學博士　眞野文二
「日本及日本人」主幹　文學博士　三宅雄二郎
東京帝國大學文科大學教授　文學博士　元良勇次郎

本會編輯長　法學博士　浮田和民
本會編輯主任　杉山重義
本會理事　江藤哲藏
同　磯部保次

明治期の米日外交史観

第1巻　米国の対東外交

2019年 6 月25日　発行

監修・解説　佐　藤　元　英

発行者　椛　沢　英　二

発行所　株式会社 クレス出版
東京都中央区日本橋小伝馬町 14-5-704
☎ 03-3808-1821　FAX 03-3808-1822

印　刷　株式会社 栄　光

製　本　東和製本 株式会社

乱丁・落丁本はお取り替えいたします。

ISBN 978-4-86670-064-9　C3320　¥20000E